INFIEL

INFIEL

Por qué casi todo lo que imaginamos
sobre las mujeres, la lujuria y la infidelidad es incorrecto
y cómo la ciencia reciente puede liberarnos

WEDNESDAY
MARTIN

HarperCollins

© 2019, HarperCollins México, S.A. de C.V.
Publicado por HarperCollins México
Insurgentes Sur No. 730, Oficina 213,
Col. Del Valle Norte, Alcaldía Benito Juárez
03100, Ciudad de México.

Infiel. Por qué casi todo lo que imaginamos sobre las mujeres, la lujuria y la infidelidad es incorrecto y cómo la ciencia reciente puede liberarnos.

Título original: *Untrue. Why Nearly Everything we Believe About Women and Lust and Adultery is Wrong The Surprising New Science on the Female Libido and How it Can Set Us Free.*

Copyright © 2018, by *Wednesday Martin*

Traducción: Germán Martínez.
Diseño de interiores: Ricardo Gallardo.
Diseño de forros: Ana Paula Dávila.

ISBN: 978-607-8589-73-9
ISBN (SPANISH EDITION): 978-607-562-040-4

Primera edición: octubre de 2019.

Algunos nombres y datos han sido modificados.

Índice

ÍNDICE

Ni siquiera en lo más básico sabemos la causa final de la sexualidad…
El tema entero aún está escondido en la oscuridad.
CHARLES DARWIN, "Sobre las dos formas, o la condición dimorfa,
en la especie *primula* y su notable relación sexual", 1862[1]

Nuestras visiones del mundo restringen nuestra imaginación.
PATRICIA GOWATY, profesora distinguida
de ecología y biología evolutiva, UCLA[2]

Toda mujer razonable tiene un hombre en la puerta trasera.
SARA MARTIN, "Strange Lovin Blues", 1925[3]

INTRODUCCIÓN
Conocer a la adúltera

Adúltera.

La palabra está cargada de significados. Escandaliza y estimula. Las letras que casi deletrean la palabra *adulta* la hacen sonar como algo maduro y serio, como si se tratara de parte del territorio de aquellas personas con suficiente experiencia en la vida y con la facultad para saber lo que es mejor hacer, en lugar de llanamente hacer aquello en lo que están involucradas. El final de la palabra, en inglés, *adulteress*, es un quiebre y un siseo, un largo y bajo silbido de feminidad y deshonestidad, que se frotan uno contra otro; un vestido de seda contra un traje, que crean, ambos, una conmoción conceptual. La adúltera tiene perfil de actriz de *film noir*: quizá ha terminado un trámite de divorcio en la década de los cincuenta del siglo XX. Usa medias cosidas. No es niña ni ángel. Y aunque podamos juzgarla con severidad, tenemos que admitir que puede ser muchas cosas, pero no aburrida.

En contraste con adúltera y adulterio, la palabra *monogamia* suena... Bueno, literalmente suena como monotonía. La monogamia también tiene el sonido de algo confortable donde uno puede sentarse —"Ven y acompáñame en la monogamia"—; después de todo, eso es. En nuestra sociedad, la monogamia es nuestra base emocional, cultural y sexual, un lugar que nos reconforta. Nos decimos a nosotros mismos que la exclusividad sexual es evidencia de haber llegado a ser personas bien adaptadas, saludables y maduras. El adulterio y la adúltera son un salvaje balanceo que se aleja de ese lugar que conocemos, de ese punto de referencia de

13

seguridad y protección. Visto de esta manera, la palabra *adúltera* no es sólo sensual e interesante, sino también lleva consigo un cierto aire de diagnóstico taxonómico, y no sólo posee un tinte de lo ilícito e inmoral, sino también parece una enfermedad. Y esto es por una buena razón. Durante las últimas décadas, varios psicólogos, antropólogos y científicos[1] prácticamente han creado un fetiche a partir de la monogamia y de la unión de pareja, al insistir en que serían la esfera "natural" de las mujeres, llegando incluso a afirmar que el binomio heterosexual es la razón de que los seres humanos hayamos llegado a dominar el mundo, mientras que los otros homínidos mordieron el polvo. De la idea, difundida por biólogos, de que el óvulo de una mujer es valioso y preciado, mientras que el esperma es una moneda de poco valor; pasando por la presunción, no desafiada por mucho tiempo, de los primatólogos (desde Darwin), de que los machos se benefician de tener más de una pareja[2] y compiten por hembras sexualmente pasivas que buscan a un gran tipo; hasta los profesionales de la salud mental y los científicos sociales que sostienen que los machos y las hembras humanos están "cableados", destinados, o que han evolucionado, para hacer esa misma danza con guión de género, prácticamente todo nos dice que, particularmente para las mujeres, la infidelidad está fuera del mapa y fuera de los límites.

Y sin embargo.

Las mujeres desean con intensidad y son infieles. Y eso nos excita. Shere Hite sufrió las consecuencias, recibió amenazas de muerte[3] y eventualmente terminó exiliada en Europa, después de expresar que 70% de nosotras somos infieles.[4] Otras estadísticas van desde un bajo 13% hasta un elevado 50% de mujeres que admiten que han sido infieles a su esposo o compañero.[5] Varios expertos afirman que las cifras podrían ser mucho más altas, dada la asimetría y el mordaz estigma atribuido a ser una mujer que lo reconoce. Después de todo, ¿quién quiere confesar que es infiel? Lo que resulta claro es que varias décadas después de la segunda gran ola de feminismo, que incrementó la autonomía, el poder adquisitivo, las oportunidades, y puesto que ahora contamos con toda clase de posibilidades de establecer conexiones digitales, las mujeres estamos, como les gusta decir a los sociólogos, cerrando la brecha de la infidelidad.[6] Simplemente no estamos hablando del tema.

Al menos no con voz más alta que un suspiro.

"No creo que realmente quieras hablar conmigo, porque, la verdad es que soy… rara…", comienza diciéndome la mayoría de las mujeres con quienes me he reunido para conversar. ¿Por qué dicen eso?, me pregunto.

"Porque tengo una libido muy fuerte. Y no creo que esté hecha para la monogamia", me dicen, con vacilación, una tras otra. Platicamos tomando café, en persona o por teléfono. Temen "alterar los datos" por su monstruosa singularidad. Piensan que son como valores atípicos de una encuesta. Expresan que son ajenas a la tribu de las mujeres… Y lo creen. Pero cuando una mujer tras otra, que son parte de una relación comprometida, dice que es rara sexualmente, porque quiere más sexo del que se supone que debe querer, porque se siente compelida o tentada a extraviarse… uno no puede quitarse la idea de que, en cuestiones de deseo femenino, en particular de monogamia, lo que ellas llaman "raro" es normal en la práctica, por lo que nuestro concepto de "normal" requiere una redefinición. Urgentemente.

Infiel es un libro con un punto de vista: lo que sea que pensemos de ellas, las mujeres que rechazan la monogamia son valientes y sus experiencias y eventuales motivaciones ofrecen una enseñanza. No sólo porque la infidelidad femenina esté lejos de ser poco común, sino también por el hecho de que ocurra y porque nuestras reacciones hacia ella son medidas útiles de la autonomía femenina y del precio que las mujeres siguen pagando por aprovechar privilegios que históricamente les han pertenecido a los hombres. Este libro no es una reseña exhaustiva de la bibliografía sobre la infidelidad, aunque hace referencia a docenas de artículos y libros que leí, en una variedad de campos, en un intento por lograr abarcar el tema. Pero, si bien cito muchos estudios que proponen que el comportamiento sexual femenino de tener una "pareja extra" es una estrategia social y reproductiva que ha ayudado a las hembras en contextos particulares, a través de milenios, hay otros estudios que argumentan o afirman algo distinto. Yo sólo soy tu guía en el camino de mi visión, una visión formada en las ciencias sociales y en la ciencia. Me sentía atraída hacia esas disciplinas y fui orientada por expertos, quienes creo que están corrigiendo prejuicios en sus campos: que lo que hoy llamamos promiscuidad femenina es un comportamiento con rastros considerablemente antiguos. Por así decirlo, hay una prehistoria y una historia fascinantes de este asunto y un no menos interesante futuro, que amerita consideración desde una mente abierta y desde múltiples perspectivas. Por mucho tiempo hemos entregado nuestros problemas sexuales y nuestros pecadillos exclusivamente a los terapeutas y a los psicólogos, suponiendo que estos asuntos serían de carácter personal o incluso patológico, por estar enraizados primordialmente en nuestros antecedentes emocionales, nuestro origen familiar, nuestras "dificultades individuales" respecto de la confianza y el compromiso, y por suponer que esos especialistas tienen soluciones. Sin embargo, estas cuestiones notoriamente personales, acerca de cómo y por qué tenemos relaciones sexuales y por qué experimentamos dificultades con la monogamia, también tienen profundos fundamentos históricos y prehistóricos. Factores biológicos, de control social, de contexto cultural, que tienen que ver con el ecosistema… La sexualidad femenina y nuestro menú de alternativas están moldeados por estos y otros factores. Se puede decir que pensar de nuevo temas tan complejos como la infidelidad femenina y nuestras frecuentemente acaloradas reacciones frente a ella requiere múltiples lentes. La sociología, la biología evolutiva, la primatología y la teoría literaria son sólo algunos de los discursos que pueden aumentar nuestro entendimiento, replanteando a la adúltera de maneras que faciliten una mayor empatía y comprensión respecto de ella, además de entendernos a nosotros mismos.

Este libro, entonces, es un trabajo de crítica cultural interdisciplinaria. Destila y sintetiza la investigación sobre infidelidad femenina de expertos de una gran variedad en campos, fusionado lo anterior con mis propias opiniones e interpretaciones de todo, desde artículos de revistas académicas, pasando por estudios de científicos sociales, hasta canciones y películas de la cultura popular. Entrevisté a 30 expertos de campos que incluyen la primatología, la antropología cultural y biológica, la psicología, la investigación sexual, la sociología, la medicina y "el activismo y la defensa de opciones de estilo de vida". También quería incluir la perspectiva de quienes han experimentado la infidelidad femenina de primera mano. Para este fin hay tanto anécdotas como historias más largas de mujeres y hombres que entrevisté, de un rango de edad desde los 20 hasta los 93 años, así como percepciones y observaciones de personas con quienes hablé sobre la infidelidad de una manera más informal (véase la "Nota del autor" para mayores datos). No hubo una sola conversación aburrida. Las mujeres que se niegan a ser sexualmente exclusivas no pueden ser encasilladas. De manera abrumadora me parecieron profundamente normales. Pero lo que todas tienen en común es que se atrevieron a hacer algo que se nos ha dicho que es inmoral, antisocial y constituye una violación de nuestras más profundas concepciones acerca de cómo son las mujeres por naturaleza y de cómo "deben" ser. Como ha dicho la socióloga Alicia Walker,[7] al ser infieles las mujeres no sólo violan un guión social sino también un respetado guión de género.

Las mujeres con quienes hablé, obviamente, no constituían una muestra representativa; no se trataba y no se trata de eso. Eran contadoras de historias, algunas veces con arrepentimiento, frecuentemente con culpa o con ambivalencia, en ocasiones desafiantes, otras sin arrepentimiento, e incluso algunas entusiasmadas sobre lo que habían hecho y que, por ello, agregaron colores vibrantes y detalles a las realidades de la infidelidad femenina sobre las que leí, en estudios y revistas académicas, y sobre las que aprendí de los expertos. Eran las caras ruborizadas de las estadísticas y las protagonistas de sus propias narrativas, así como también representaban la más amplia narrativa de nuestra cultura ambivalente sobre las mujeres que son infieles.

Llegué a interesarme de manera abierta en la obsesión que nuestra cultura tiene por las mujeres que son infieles. En mis años veinte, luché con la monogamia y con el espectro del adulterio, como muchas otras jóvenes. Me mudé a Nueva York por la vibrante cultura intelectual, la intensa vida nocturna, las personas de ideas afines… Y el amplio conjunto de potenciales compañeros románticos y sexuales. Sí, Nueva York parecía un gran lugar para encontrar un novio… O varios. Y así fue. Mi intención era salir con ellos uno por uno, para terminar de manera clara con uno, antes de pasar al siguiente, hasta que encontrara al indicado y me casara con él, en la sempiterna tradición de la monogamia en serie. Eso era lo que la gente *hacía*.

Pero en la práctica las cosas eran algo más complicadas. Caí en un patrón: salía con alguien, tenía relaciones sexuales estupendas, me enamoraba de él, la relación se ponía sería, muy seria y… me aburría. El siguiente paso siempre era tratar de resucitar una cosa que ya resultaba forzada, muy forzada. Buscaba convencer a mi libido de que podíamos y debíamos hacer que eso funcionara. ¿Qué buena mujer no lo haría? ¿Qué clase de mujer joven podría llegar al tedio psicosexual y, por ello, alejarse, sin sentimientos, sin romanticismo? "Pero si es un buen tipo", me reprendía a mí misma… Y a mi libido. Pero era difícil convencer a mis deseos y todavía más difícil negociar con ellos. No tenía algo que ofrecer a cambio y mis impulsos tenían otros planes. Éstos eran: fijarme en otro hombre, sentir un tirón de atracción mutua y actuar en consecuencia. Cuando resultaba descubierta, o cuando simplemente lo revelaba, invariablemente había escenas caóticas y dolorosas. Pronto aprendí que ser sincera no era la solución que había esperado que fuera. Ser directa sobre mis deseos expresando: "De verdad me gusta estar contigo, pero me gustaría que pudiéramos ver a otra gente" o "Estoy enamorada de ti, pero la monogamia no es fácil para mí", resultó algo que podía ser efectivo para mis amigos homosexuales hombres, que me lo habían recomendado (según los expertos que han investigado el tema,[8] muchas parejas gay son "consensualmente no monógamas", literalmente), pero para mí no funcionó. Mis novios se sentían lastimados, como probablemente me habría sentido yo de haber estado en su posición. En represalia, ellos me decían, o hacían, algo hiriente; sugerían que yo era una puta o simplemente se alejaban, en ese mismo momento, de mí, heridos y trastornados, como yo lo habría hecho. De cualquier manera, no soportaba hacerlos sentir de esa manera, de la misma forma en que yo no podía tolerar el aguijón del juicio y el sentimiento de haber hecho algo malo. De *ser* mala. Y aunque sentía la necesidad de hacerlo con varios, por no poder mantener mi interés en un solo hombre por el tiempo que yo sentía que debía hacerlo, no quería ser sometida, yo misma, a la falta de exclusividad. De manera hipócrita, quería tener aventuras, pero no quería que mi compañero las tuviera. Como me dijo una bella e inteligente mujer de más de 35 años de edad:[9] "No quiero estar con un promiscuo, aunque yo quiera *serlo*". Por supuesto, agregó: "¿Por qué estoy tan mal?" También lamentaba estar soltera y sin hijos, lo cual atribuía a su "inhabilidad para sentar cabeza", con lo que quería decir "ser monógama". A pesar de que ella no era religiosa ni políticamente conservadora, tenía su propia narrativa catastrofista sobre las *consecuencias de la infidelidad femenina*. ¿Acaso no la tenemos todos?

Como ella, y como otras mujeres con quienes me entrevisté, aprendí a ser indirecta en estos asuntos. No preguntaba, no decía. Trataba de que mis pretextos fueran coherentes. Estuve a punto de ser descubierta. Durante algún tiempo decidí simplemente dejar de estar en una relación, porque tratar de ser fiel y permitirme ser infiel eran, ambas, opciones muy angustiantes. Estaba segura de que algo estaba mal en mí. ¿Cómo era posible que mientras más conocía a un joven, que en teoría y en la práctica era correcto para mí, mientras más cercanos nos volvíamos, menos lo deseaba? Todo el mundo sabía que las mujeres queremos intimidad y cercanía. Y compromiso.

Mientras tanto, no pocos de mis novios eran infieles, y eso me lastimaba profundamente. Pero yo no cuestionaba el hecho de su extravío de ninguna manera profunda. Eso es lo que se debe esperar de los hombres, ¿no es así?

Durante la siguiente década, o más, trabajé, socialicé, tuve relaciones y mucho sexo. Pensaba que maduraría y que dejaría atrás mi libido "loca", que la no monogamia quizá era un estado de desarrollo de los veinteañeros y que cuando llegara a mis 30 las cosas cambiarían. Me calmaría, y entendería las cosas y la vida se volvería más fácil. No fue así. Cuando estaba en una relación seria, la chispa sexual se apagaba en uno o dos años. Me sentía anormal de que así fuera y de que el sexo me importara tanto como para alejarme y buscar otra fuente de excitación. Cuando no estaba en una relación anhelaba el sexo y lo buscaba. Esto también me hacía sentir un monstruo, porque todo el mundo sabe que los hombres quieren sexo... más que las mujeres.

Cada vez más, sin embargo, aprendía que mis compañeras también tenían problemas. Como ya éramos mayores, mis amigas y yo teníamos más perspectiva y menos aprehensión de hablar. Incluso aquellas de nosotras que manteníamos relaciones sexualmente exclusivas no éramos precisamente fieles, al menos en nuestras mentes. Fantaseábamos sobre otros, y algunas de nosotras también fantaseábamos sobre mujeres. Y luchábamos con el hecho de que lo hiciéramos. Algunas de nosotras se atrevieron a hacerlo. Todas estábamos aburridas del sexo en pareja después de un año o dos. Pero, ¿qué podíamos hacer? Ser infieles representaba mucho trabajo, mucha estigmatización. No obstante, cuando pensábamos sobre el asunto o experimentábamos la pasión y la excitación de estar con alguien nuevo, o considerábamos probar algo que hasta entonces no conocíamos, parecía valer la pena correr los riesgos. De hecho, parecía urgentemente *necesario* hacerlo en ocasiones.

¿Por qué? Si cuando menos lo hubiéramos sabido. Según Sarah Blaffer Hrdy, primatóloga y bióloga evolutiva, mis amigas y yo enfrentábamos algunos de los dilemas típicos de las primates hembras bípedas de orden superior, receptivas sexualmente de forma semicontinua,[10] que viven a la sombra de la agricultura. Nuestra edad no importaba tanto; nuestro *género* sí. Contrariamente a todo lo que habíamos aprendido y a lo que nos habían dicho, varias de nosotras ansiábamos experiencias sexuales variadas y novedosas. Y teníamos dificultades con la monogamia precisamente *porque* éramos *hembras*. Por una parte, habíamos desarrollado apetitos y necesidades que en algún momento constituyeron una gran adaptación. En ciertas, no poco comunes, circunstancias ecológicas,[11] la promiscuidad era una estrategia reproductiva inteligente; una manera en que las tempranas hembras homínidas o humanas incrementaban la posibilidad de obtener esperma de alta calidad y de quedar embarazadas, al tiempo que maximizaban la probabilidad de que varios machos pudieran estar dispuestos a mantenerlas durante su embarazo y ayudar a proveerlas, a ellas y a su descendencia, cuando hubieran dado a luz. Por otra parte, estas mismas predilecciones, altamente evolucionadas, ahora nos ponían en conflicto con una cultura que sigue diciéndonos, incluso después de la segunda ola de feminismo, que las mujeres eran naturalmente selectivas, tímidas y sexualmente pasivas. Y monógamas. Los hombres querían sexo, las mujeres querían poner el freno. ¿Verdad?

Sentí un alivio cuando, a mitad de mis 30, encontré a alguien por quien sentía lujuria y amor, con quien podía imaginarme sentando cabeza, alguien con quien podía tener hijos y una vida. Alguien a quien podía serle fiel. Calmó una especie de estática sexual en mi cerebro, por un tiempo. Pronto me embaracé y estuve exhausta por las exigencias del cuidado de un bebé, que se convirtió en un niño, que comenzó a ir al kínder, y después todo empezó de nuevo con un segundo hijo. Pero cuando la fase más difícil de ser madre amainó, cuando el cuidado y las noches en vela terminaron y de nuevo volví a ser yo misma, una mujer madura en control de su cuerpo y de su mente, descubrí que, aunque tenía un anillo de casada en mi mano izquierda, las cosas no habían cambiado mucho. Mi esposo y yo, afortunadamente, habíamos vuelto a tener relaciones sexuales, sexo que yo disfrutaba y que tenía en abundancia. Entonces, ¿por qué, en mi mente, era infiel? Tenía fantasías que no quería compartir; cuando soñaba despierta las fantasías eran mucho más gráficas que románticas y dulces. Me gustaban las novelas y las películas sexualmente explícitas tanto como antes. Quizá incluso más que antes. Y tenía flechazos completamente incorrectos: con hombres casados, demasiado jóvenes para mí o demasiado viejos para mí. También tenía flechazos con mujeres, a pesar de que estaba completamente segura de que no era gay, ni siquiera bisexual. ¿Qué clase de esposa y madre se sentía de esta manera?

Entonces ya era mayor y mi trabajo como escritora me permitía alguna autonomía en mis búsquedas intelectuales y profesionales. Hacía preguntas a terapeutas, a amigas que eran madres de mentalidad abierta y a expertos. Volvía a interesarme en la antropología y en la primatología, especialmente en las obras de antropólogas feministas y en la nueva disruptiva investigación sobre sexo hecha por mujeres. ¿Qué era sexualmente normal para las mujeres? ¿Por qué era tan difícil ser fiel?

Mi lista de preguntas era larga. Quería saber: ¿quién es la mujer que se atreve?, ¿por qué lo hace?, ¿sus motivaciones son diferentes a las de los hombres?, ¿qué separa a la mujer que es infiel de aquellas que sólo piensan en serlo?, ¿cómo experimentan su infidelidad quienes se pierden en ella y de qué manera viven con eso?, ¿por qué, como sociedad, nos sentimos de la manera en que lo hacemos sobre estas mujeres, es decir, obsesionados, desatados y convencidos de que tienen que ser contenidas, corregidas y castigadas, que algo debe *hacerse* sobre ellas? Finalmente, me preguntaba, ¿qué grandes enseñanzas nos pueden dejar las adúlteras sobre los anhelos femeninos y su lujuria, sobre nuestra fijación respecto de la mujeres que calificamos como "engañosas" y sobre el pasado, el presente y el futuro de las relaciones y el compromiso?

También quería saber cómo habían cambiado las cosas para las mujeres jóvenes desde que yo lo había sido. Y cómo esos cambios estaban teniendo un impacto en la vida de mujeres de diferentes edades, grupos socioeconómicos e identidades. Incluso, mientras escribo estas palabras, el suelo se mueve bajo mis pies. #MeToo y la reacción contra él dramatizan, en tiempo real, cuánto está en juego respecto de las narrativas de la autonomía sexual femenina. Los medios de comunicación, en su manera de escribir al respecto, siguen encasillando #MeToo. Reducen a las personas involucradas en dos categorías claras: las mujeres como víctimas o acusadoras (ellas son) y los hombres como villanos o potencialmente acusados de manera falsa (algunos de ellos son). Pero este encasillamiento simplista deja fuera lo que yo entiendo que es probablemente la cuestión más importante de lo que las mujeres están diciendo con sus historias #MeToo: que los hombres ya no tienen permitido decir a las mujeres, en palabras o en andanzas, que la decisión sobre el sexo les pertenece. Hombres como Harvey Weinstein, Matt Lauer y Charlie Rose crearon ecosistemas en los que ellos tenían derechos sobre mujeres —quienes resultaban ser piezas decorativas—, como una manera de quitarles poder de decisión y adjudicárselo ellos mismos. Mientras tanto, los hombres que no se atienen o que trivializan el consentimiento afirmativo, sostienen una visión del mundo en la que el permiso de las mujeres es un extra o un obstáculo al que hay que encontrar una salida. Para esta mentalidad, el deseo femenino es meramente un adorno respecto de lo importante: lo que los hombres quieran. Las prácticas de estos hombres anulan de manera efectiva el derecho sexual femenino. #MeToo no lo hace. Responde: "No soy una extensión de tus deseos sexuales". Ahora llega la siguiente ola, mujeres que dicen: "Acosarme y agredirme sexualmente y no actuar conforme a las reglas del mutuo consentimiento ya no son opciones, porque me rehúso a aceptar lo que me dices cuando haces estas cosas: que el sexo no es cuestión de mi deseo sino del tuyo. Tengo mis propios deseos sexuales y mi agenda sexual". En cuanto a esta afirmación, ponerlo en estos términos podría ser, simultáneamente, demasiado peligroso y demasiado complicado: ¿qué podría pasarle a las mujeres que desafíen nuestras categorías mediáticas fáciles y reduccionistas y el tipo de pensamiento que los aprieta con esta afirmación desafiante? Lo mejor, por ahora, es resguardarse detrás de la noción conocida, protectora y pesada de que las mujeres no lo desean y que los hombres sí.

Ha habido mucho frotamiento de manos sobre el hecho de que #MeToo convertiría a las mujeres en "víctimas" que necesitan "sofás para desmayarse". Y quejas de que el consentimiento es poco romántico y que llevaría a la muerte del coqueteo. Y que, de alguna manera, #MeToo estaría robándole su deseo y su facultad de actuar a las mujeres. Yo veo que está haciendo precisamente lo opuesto. Su horizonte lógico es que comenzamos a pensar en la sexualidad y en el sexo centrados en la *mujer*, enfocándonos en los deseos de las mujeres, en el placer y en el privilegio de las mujeres. Quizás en los meses y en los años por venir #MeToo y #TimesUp abran el espacio cultural para una nueva realidad: la de los derechos sexuales femeninos. ¿Podrán llegar las mujeres a verse a sí mismas tan inherentemente merecedoras y deseantes de la emoción, el regocijo y el placer de la exploración sexual como los hombres? Y, si lo hacemos, ¿qué más podría cambiar? ¿Cómo podría esta nueva visión de la sexualidad femenina —"naturalmente autónoma", asertiva y aventurera— alterar el más amplio *orden de las cosas*? ¿Qué podría significar el hecho de cerrar la "brecha de los derechos sexuales"? En varios sentidos, la adúltera ha estado esperando a que todos la alcancemos. Para bien o para mal, las mujeres que son infieles con frecuencia lo son porque sienten que tienen el derecho, con toda certidumbre, de conectarse, de ser comprendidas, y, sin duda alguna, el derecho al sexo.

Un cambio, no necesariamente a que todas las mujeres sean infieles, sino hacia que las mujeres escribamos nuestros propios destinos sexuales y que seamos protagonistas de nuestras propias historias sexuales, podría ser eventualmente alentado en parte por las redes sociales y por la tecnología. Todo, desde las *selfies* hasta aplicaciones como Bumble y Pure —amigable con las mujeres—, que ayudan a encontrar parejas sexuales a minutos de la ubicación de una. (El lema de Pure es: "Los problemas son para los terapeutas, Pure es para divertirte",[12] y su página de bienvenida propone: "Después, hagan como si no se conocieran: sin llamadas, sin mensajes de texto, sin acercarse el uno al otro en público". El experto en tecnología sexual Bryony Cole[13] me dijo que un sorprendente número de usuarios son mujeres.) "Toda mi vida cambió al tener un iPhone", me dijo una mujer veinteañera.[14] "No hacía falta que tuviera un mensaje de texto notoriamente visible en la pantalla de mi teléfono. Ni un comentario en Facebook que todo el mundo pudiera ver o un tuit que mi novio pudiera leer y decir: "¿Quién es éste que le da 'Me gusta' a tus tuits? Pude usar aplicaciones —Snapchat, mensajes directos en IG u otras— para reconectarme con gente que no había visto en un largo tiempo y organizar mis encuentros". Estas tecnologías están cambiando el ecosistema sexual en el que viven las mujeres. Por ejemplo, esta joven vive en una comunidad de dominicanos muy cohesionada en la que los hombres del barrio le "echan un ojo" a las mujeres. Con las aplicaciones eso es mucho más difícil. Esto también nos lleva a revisitar la pregunta acerca de qué constituye una infidelidad en la era digital. ¿Mensajes de texto sexuales? ¿Mensajes de coqueteo? ¿Mensajes de correo electrónico sin contacto físico? Pensando un poco a futuro, ¿habrá robots sexuales tanto para hombres como para mujeres? ¿Qué esperaremos de ellos? ¿Usarlos será infidelidad?

Un punto más: el movimiento poliamoroso, que ha florecido en más o menos la última década y que, según los expertos, está conducido, en buena medida, por mujeres.[15] El poliamor —estar involucrado con más de una persona al mismo tiempo y ser sincero al respecto— es una opción que, como los matrimonios abiertos y el intercambio de parejas de antaño, permite nuevas libertades a las mujeres. Pero, ¿también podría reavivar viejos roles y estereotipos, abriéndolos a viejas formas de estigmatización, como calificar a alguien como puta o la violencia interpersonal que ha afectado durante tanto tiempo a las mujeres que "se salen de la norma"? Una mujer con acceso a recursos, poder o fama, como Tilda Swinton —quien en algún momento reportó que ocasionalmente vivía tanto con su ex compañero como con su actual pareja, pero que negaba estar en una "doble relación" o en un "trío"—[16] podría salirse con la suya y sostener una relación íntima con dos hombres a la vez. ¿Pero qué pasaría con mujeres comunes de ingresos medios? ¿Qué pasaría con mujeres de color cuyas vidas sexuales, anhelos y predilecciones, han sido sometidos por largo tiempo a un escrutinio extraordinario y a un férreo control social? ¿Podría el poliamor cambiar sus vidas también?

Y, de hecho, ¿qué significa la "infidelidad femenina" en un contexto en el que, cada vez más, los *millenials* pueden identificarse como posbinarios, rechazando las claras distinciones de antinomia que previamente definieron nuestras vidas, creando significados e incluyendo heterosexualidad y homosexualidad, hombre y mujer, cierto y falso? Me sorprendió oír la frase: "No soy binario" de parte de varias personas veinteañeras y treintañeras con quienes hablé y quedé impresionada por la convicción con la que tanta gente vive con esa perspectiva.

Finalmente, el libro se asoma a la "fluidez sexual femenina", un término creado por la psicóloga Lisa Diamond para describir tanto la tendencia de varias mujeres a sentir, y algunas veces a actuar, a partir de atracciones que no se ciñen a su orientación, como la creciente aceptación social de esta realidad. Cuando Elizabeth Gilbert, autora de *Comer, rezar, amar*, dejó a su esposo por su mejor amiga, estaba rompiendo el molde y al mismo tiempo se acercaba más al perfil de las mujeres que están amando de formas más flexibles que las que pertenecen a las categorías que actualmente tenemos para describir estos asuntos. ¿Cómo está impactando la fluidez sexual femenina nuestros matrimonios, relaciones de pareja, aventuras y amistades? ¿Es "infiel" una mujer que descubre que prefiere estar con otra mujer que con su esposo?

Conversación tras conversación, artículo tras artículo, experto tras experto, descubrí cosas que enriquecieron la imagen de lo que significa ser mujer y lo que implica la autonomía sexual. También erosionó mi sospecha de que mis amigas, las participantes en mis entrevistas y yo, de alguna manera fuéramos patológicas o extremas en cuanto a nuestros deseos sexuales, nuestras fantasías y, en algunos casos, nuestras prácticas. Las cosas que aprendí también desafiaban mi profunda suposición, no puesta a prueba, de que había una forma correcta o mejor de ser parte de una pareja o de una relación. Los expertos y los entrevistados para este libro, la bibliografía que revisé, el trabajo de campo que llevé a cabo y las anécdotas que otros me compartieron, me proporcionaron todo un nuevo sentido sobre cómo y por qué hay mujeres que se rehúsan a la exclusividad sexual, que simplemente tienen anhelos, cómo viven con esa situación y qué significa ser fiel.

CAPÍTULO UNO

Libera tu mente

No sabía qué ponerme para ir a un taller que duraba todo el día sobre no monogamia consensual.

Era una típica mañana de decepcionante primavera de Manhattan: lluviosa y más fría de lo que había esperado. El programa al que asistía se había diseñado para profesionales de la salud mental, pero estaba abierto a escritores curiosos y ciudadanos de a pie que, como yo, pagaran los 190 dólares de inscripción.

Quizás pensaba de más las cosas al estar frente al estrecho armario, considerando mis opciones. Pero esta necesidad, experimentada profundamente, no sólo de encontrar algo apropiado para ponerme, sino de ser decorosa y al mismo tiempo algo rebelde, me recordó toda la negociación que hacemos con nosotros mismos sobre la monogamia. Me quedaba mirando fijamente las blusas, los pantalones y los vestidos, pensando sobre las grandes y las pequeñas concesiones que hacemos. También reflexionaba sobre el mayor intercambio de todos, en el que sometemos nuestras decisiones individuales y nuestra autonomía sexual, por completo y vertiginosamente, a cambio de la seguridad de la pareja. Este dilema —de que hay que extinguir esa parte en que una anhela un universo de otros, a cambio de la posibilidad de criar hijos, cumplir proyectos y dormir durante la noche superando la obsesión sobre qué será exactamente lo que *mi media naranja única* anda haciendo cuando no estamos juntos— es el corazón latente y gimiente de *El malestar en la cultura* de Freud[1] y de mucho más escrito sobre el tema de emparejarse de por vida. Renunciar a la libido, o domarla, a favor de la estabilidad. De alguna manera suponemos que este es un imperativo de maduración; el sello de calidad de la madurez y de la salud. Y estamos seguros de que esto sería más fácil para las mujeres, que para ellas ocurriría de manera natural.

¿Había alguna manera de darle la vuelta a este arreglo tan específico, con todo y sus suposiciones implícitas sobre el género y el deseo? Quizás hoy podría aprender algo nuevo de las personas que tratan de evitarlo. Los imaginaba —a los señalada y deliberadamente no monógamos, así como a quienes los apoyaban— como ninjas en ropa deportiva negra, lentes oscuros de aviador, clandestinos, muy hábiles en defensa personal y extremadamente flexibles.

Escogí una blusa con estampado de flores, un abrigo rojo y pantalones negros de mezclilla. De último minuto también me puse algo de lápiz labial rojo, porque era viernes y estaba yendo a un taller sobre no monogamia consensual, a pesar de que seguía diciéndolo al revés cada vez que le explicaba a alguien sobre esto: a un taller sobre no monogamia consensual.

"Acabas de revelar *muchas* cosas", bromeó una amiga psicoanalista, mientras platicábamos, cuando notó que yo decía las cosas al revés. Como ella tenía muchos pacientes en ese momento no había podido inscribirse al taller. "¡Ten muchos encuentros anónimos en mi representación!", me dijo esa mañana, mediante un mensaje de texto, otro amigo terapeuta, que tampoco pudo asistir por la misma razón de carga de trabajo. Al hacerlo, confundió, con un guiño, a psicólogos que ayudan a quienes intercambian parejas con quienes intercambian parejas. Y a los adictos al sexo. "Pobre Joel", reaccionó mi agente literario cuando le conté la misión que tenía yo ese día, expresando falsa simpatía hacia mi esposo. Durante varios meses fui aprendiendo, al hablar con la gente, que la infidelidad, la promiscuidad, la no monogamia, sean cuales sean los términos que usemos para describir la práctica de rechazar la exclusividad sexual, nos resulta fascinante y pone muy nervioso a cualquiera.

También sabía, por andar provocando y hurgando, por leer y entrevistar, y simplemente por ser mujer, que el espectro de una *mujer* que es infiel todavía genera molestia, eleva la presión sanguínea y genera escándalo, de manera especial, en todos los ámbitos. Para las personas conservadoras en el ámbito social, la infidelidad femenina —aprovechar lo que generalmente se cree que es un privilegio masculino, hacer lo que una desea, sexualmente hablando— es síntoma de una corrupción y una degradación más profunda del tejido social. ("Señora: qué mujer tan patética y decadente es usted. No tiene usted que preguntarse por qué Occidente [*sic*] está en declive, simplemente véase en el espejo", me dijo a través de un mensaje de correo electrónico alguien que se describía a sí mismo como una "personalidad tradicionalista de los medios de comunicación".) Entre los progresistas, particularmente los que se describen a sí mismos como "positivos hacia el sexo", la autodeterminación sexual femenina puede ser tolerada, incluso elogiada. Pero en su mundo, una mujer que tiene una aventura es probable que todavía sea considerada, o incluso llamada, de una manera mucho peor que "autodeterminada" por haberla tenido. (La cámara de resonancia del odio obsesivo hacia Hillary, por parte de quienes apoyaban tanto a Sanders como a Trump, demuestra que la izquierda puede ser tan pequeña como la derecha, cuando se siente provocada por la idea general de la autonomía femenina.) Mientras tanto, muchos partidarios de la no monogamia "abierta" creen que la transparencia es lo mejor y que la infidelidad, tanto de hombres como de mujeres, es poco ética. Pero con capas empalmadas de historia e ideología es difícil encontrar un espacio en el que no haya una cortina particular sobre la *mujer* que se mueve sigilosamente y miente, incluso en el contexto de estos acomodos aparentemente ilustrados. Descubrí que todos tienen un punto de vista sobre las mujeres que rechazan la exclusividad sexual, sea que ellas lo hagan de manera abierta o encubierta.

Hablar de mi trabajo podía elevar el cociente de incomodidad en las fiestas formales. Mucha gente estaba ansiosa por preguntarme y debatir sobre la infidelidad femenina. Casi con la misma frecuencia yo tenía que detener la conversación. Después de algunos intercambios desagradables, decidí que era más fácil decirles a las personas que estaba escribiendo un libro sobre la "autonomía femenina". Me pareció obsequioso de mi parte usar esa media verdad sobre una realidad poco placentera para ahorrársela a quienes realmente no querían debatir al respecto. Y para desplazar cualquier ira o juicio dirigido hacia mí, por asociación, cuando pronunciaba la palabra "yo". "Algunos de nosotros hemos estado en ese banquillo", me dijo duramente más de un hombre, como si eso fuera razón suficiente para que mejor escribiera sobre otro tema. Un colega, con quien puedo ser franca sobre mi trabajo, y en cuyas opiniones confío, me vio desde el otro lado de su escritorio y me compartió: "Un psicólogo que conozco me dijo que todas las mujeres que son infieles están locas". Durante una cena, le pregunté a un terapista de parejas, que hasta ese momento parecía perfectamente encantador, sobre su perspectiva informada acerca de la no monogamia. "¡Esa gente *no está bien*!", farfulló. Quienes estaban a su alrededor —con altos niveles de educación, biempensantes, considerados con los demás y, a su vez, tomados en cuenta— estuvieron de acuerdo, refiriéndose a "enfermedad" e "inestabilidad". "Él estudia a gente sana y usted a gente enferma", dijo una mujer amablemente, como si eso fuera un hecho. Y este era un grupo de personas *amigables*. Cuando hablaba sobre mi trabajo con amigas y conocidas, con frecuencia deslizaba la idea de que la monogamia obligatoria era una cuestión para la reflexión feminista y que si no hay autonomía sexual femenina no puede haber verdadera autonomía femenina. La reacción ante el argumento anterior iba desde el total acuerdo con entusiasmo, pasando por la más completa confusión —¿qué tenían que ver la monogamia y la infidelidad con el feminismo?—, hasta la descalificación de las mujeres que se atrevieron a ser infieles, a las que describieron como "dañadas", "egoístas", "putas" y, mi favorito, "malas madres". Esto lo dijeron quienes se describían a sí mismas como feministas.

No obstante, por mucho, la reacción más común cuando hablaba de mi tema era la siguiente: "¿Por qué *estás* interesada en *eso*?" y "¿Qué piensa tu *marido* de tu trabajo?" El tono variaba de marcadamente curioso a acusador. Lo que los tonos implicaban era claro: investigar la infidelidad femenina me convertía, por extensión, cuando menos, en una puta.

Sospechaba, sin embargo, que las personas de ese día, las del taller, serían diferentes.

"Trabajo con parejas no monógamas" se realizaría en un mediocre centro de servicios familiares, en un vecindario desconocido entre Midtown West y Chelsea. (Más tarde supe que el lugar estaba dentro de lo que alguna vez se llamó "El Filete",[2] la zona de tolerancia y entretenimiento de Manhattan desde finales del siglo XIX hasta principios del XX, y que la calle en particular alguna vez había hospedado una serie de burdeles.[3] Los reformadores se habían referido al área como "El Circo de Satanás" y "Gomorra Moderna".)[4] El edificio del centro estaba cerca de un restaurante de sushi y de un mayorista de bolsas de mano. Como había ido a una charla de la misma serie ("Terapia sexual en la ciudad"), en el mismo lugar, aproximadamente un año antes, sabía que iba a estar rodeada de terapistas que acudían para lograr certificaciones y para aprender, de un experto en su campo, sobre las mejores maneras de acercarse a cuestiones que era probable que surgieran durante su trabajo. También sabía un poco sobre la no monogamia consensual: que era para gente que no quería ser monógama y que no quería mentir al respecto. Podía suponerse que era para "adultos con consentimiento mutuo", lo cual lo hacía sonar un tanto sensual y un tanto no sensual y clínico, al mismo tiempo.

Al registrarme con Michael Moran, uno de los organizadores del taller —un psicoterapeuta amigable y energético, con elegante pelo canoso corto—, hizo el comentario de que, si bien en años previos había trabajado principalmente con hombres gay para quienes la no monogamia "con frecuencia más o menos se daba por hecho", él notaba que recientemente había un repunte en su consultorio, en general de parejas heterosexuales que buscaban soluciones a *sus* dilemas con la monogamia.

"Es muy impactante que las personas se comprometan de por vida, y se casen, sin siquiera *conversar* sobre la cuestión de la exclusividad sexual", dije para romper el hielo, dándome cuenta, al decirlo, de que mi esposo y yo nos habíamos comprometido de por vida, y nos habíamos casado, sin siquiera *conversar* sobre la cuestión de la exclusividad sexual. La monogamia y el matrimonio, para la mayoría de la gente heterosexual de Estados Unidos, van juntos, como uña y carne. O solían hacerlo. O quizá no. Después de muchos meses de investigación y entrevistas, al ver encabezados como "¿Un matrimonio abierto es un matrimonio feliz?",[5] en la portada de *New York Times Magazine*, al acudir a fiestas del Club de Faldas en que mujeres heterosexuales declaradas, frecuentemente casadas con hombres, tenían encuentros sexuales casuales con otras mujeres, y al platicar en fiestas formales de Amor Abierto y en otras actividades semejantes con gente de la comunidad poliamorosa, ya no estaba yo tan segura. Las cosas estaban cambiando, pero era difícil vislumbrar qué tanto, qué tan rápido y con qué amplitud. Después de todo, las señales pueden parecer desconcertantemente contradictorias. Por ejemplo, un nicho de los solteros, la televisión, ha visto un rápido repunte de series sobre la no monogamia, las cuales incluyen: *Poliamor: casados y en citas*, de Showtime; *Esposas hermanas*, de TLC, sobre un patriarca polígamo y sus cuatro esposas; *Tú, yo, ella*, de HBO, y la serie en línea *Unicorniolandia*, sobre una joven divorciada de la ciudad de Nueva York que explora sus opciones de relacionarse con diferentes parejas. Pero también hay un contrapunto: las exitosas 17 temporadas de *Infieles*. Este programa tiene una premisa irresistiblemente simple, como la cámara escondida para los que se ocultan: "Enviar un equipo de vigilancia a seguir al miembro de la pareja que se sospecha que es infiel para recabar evidencia en video que la incrimine. Y después de revisar la evidencia, la parte ofendida tiene la opción de confrontar a su pareja infiel".[6] Esta nómina de programas dramatiza una contradicción: el duradero énfasis en nuestro país de vigilar y forzar la "fidelidad" precisamente al enfrentarse a un impulso de redefinirla.

Una ojeada a los anaqueles de la sección "Relaciones" de cualquier librería confirma que, de hecho, algo está en marcha. Títulos como *¿Cómo puedo perdonarte?*, *Superar la aventura*, *Cuando la gente buena tiene aventuras* (título que implica que, en general, creemos que no las tienen) y el largamente dominante *Trascender el trastorno de estrés postinfidelidad*. Pero recientemente también hay libros que ofrecen alternativas a la narrativa de devoción final/traición total en la que se unen los estadounidenses cuando nos referimos a la monogamia y a la infidelidad. Y son populares. *Abrirse, una guía para crear y mantener relaciones abiertas*, de Tristan Taromino,[7] siempre se está vendiendo. Lo mismo pasa con *Ética promiscua*,[8] un manual para la mujer que quiere tener relaciones sexuales fuera de la monogamia, apegándose a ciertos principios; más aún, siendo *virtuosa* (al parecer todas mis amigas y mis amigos divorciados veinteañeros lo estaban leyendo). En *La nueva monogamia*,[9] de Tammy Nelson, una gurú para quienes tienen dificultades con la cuestión de la exclusividad sexual, redefine hábilmente la monogamia como una *práctica*, con frecuencia difícil, como el yoga, que requiere compromiso. Ella también propone que pensemos la monogamia como un *continuum*, que incluye todo, desde "No puedes ver pornografía porque es una traición" hasta "Puedes acostarte con otras personas, pero nuestra relación es la prioridad".[10] *Sexo en cautiverio* y *El* *dilema de la pareja*, de Esther Perel,[11] junto con trabajos de los psicoanalistas Michele Scheinkman y Stephen Mitchell, desafían nuestra expectativa de que nuestras parejas puedan y deban ser todo para nosotros: con quienes compartimos la paternidad, compañeros, confidentes y amantes. Scheinkman propone que más que suponer que estamos fracasando en nuestro matrimonio cuando no podemos hacer que funcione, y que "sea todas las cosas", podemos, en cambio, considerar el "modelo segmentado"[12] de matrimonio que existe en Europa y América Latina, donde se entiende que aquél logrará satisfacer algunas necesidades, pero no otras. Las aventuras y el matrimonio son dominios separados en algunos de estos contextos, y en esos ambientes es más factible que las aventuras sean consideradas algo "privado" más que algo "patológico". Scheinkman critica lo que llama la "dogmática política de carecer de secretos"[13] que tiende a prevaler en nuestros 50 estados de aventura y en las sesiones de terapia en que tratamos de resolver las cosas con nuestras parejas.

Como para describir este reciente cambio en nuestro pensamiento, la idea de que la exclusividad sexual de por vida podría ser reconsiderada, el asesor sexual y en relaciones humanas Dan Savage, abiertamente gay y despiadadamente crítico de lo que considera la hipocresía de la monogamia obligatoria en Estados Unidos, creó el término *monogamoide*[14] para describir una relación comprometida que permite correrías con otros. Savage asegura que la monogamia es una prueba difícil, que necesitamos alternativas, y que los hombres gay popularizaron la no monogamia entre las personas heterosexuales, como lo hicieron de alguna manera en el Upper West Side y en San Francisco. Pero, en realidad, ¿qué tan importantes son las modificaciones que se han hecho a la casa que construyó la monogamia? En el año 2000, los expertos reportaron que alrededor de 95% de una muestra nacional representativa de estadounidenses adultos casados, o en cohabitación, respondió que esperaban un comportamiento monogámico de sus compañeros y creían que sus parejas también lo esperaban de ellos.[15] En 2014, investigadores australianos presentaron estadísticas casi idénticas.[16] La socióloga Alicia Walker, quien ha estudiado la infidelidad a profundidad, hace notar que, a pesar de los cambios en el paisaje sociosexual, "los estudios y las encuestas encuentran, de manera rutinaria, que los estadounidenses desaprueban la infidelidad sea cual sea su razón [y que] el mandato cultural en contra de ella es tan fuerte que nadie quiere admitir que le han sido infiel ni quiere ser la persona que diga, públicamente, que no piensa que la infidelidad sea tan mala".[17] ¿Alguna vez habrá parroquianos de Starbucks y Bugaboo en el inquieto y estimulante vecindario Monogamoide, con M mayúscula? Me preguntaba.

Por alguna razón había decidido no ponerme mi anillo de casada al asistir al taller y lo había metido en el bolsillo frontal de mi pantalón de mezclilla durante mi traslado al centro. Mientras Moran registraba a más asistentes y yo me unía a las varias docenas de terapistas que deambulaban alrededor de una mesa llena de café, té y naranjas, mi anillo se hizo notar, enterrándose en mi muslo. Mark Kaupp, TCMF (terapista certificado para matrimonios y familias), el conferencista anunciado, estaba sentado al frente del salón. Cuando me presenté, se levantó de un brinco para estrechar mi mano, asintiendo y riendo amigablemente al tiempo que platicábamos sobre su trabajo y sobre el mío. Criado en California, Kaupp es larguirucho y afable. Además, supe que daba clases sobre terapia para parejas a estudiantes de maestría y doctorado en la Universidad Estatal de San Diego y tiene un próspero consultorio privado. Llevaba puestos una camisa de manga corta, de tartán azul brillante, un pantalón gris y tenis; se balanceaba de un lado a otro sobre sus pies y rebosaba una especie de entusiasmo educado y nervioso que me recordaba a las personas del Medio Oeste entre las cuales me crié, si es que hubiesen dedicado su energía a apoyar "tríadas" y "cuadrángulos", grupos de más de dos que están comprometidos entre sí emocional, romántica y sexualmente, en ocasiones de por vida.

Cuando tomamos nuestros lugares y Kaupp comenzó su charla, me di cuenta de que, como mi papá, con frecuencia se refería a las mujeres como "niñas" y decía "Dios mío" muchas veces. Pero, a diferencia de mi padre, él contaba: "Me llamó una niña para preguntarme qué tan cómodo me sentiría atendiendo personas del 'estilo de vida'...", con lo cual se refería a gente que intercambia parejas. "Y yo le dije: '¡Sin problema!'" Hacía declaraciones del tipo: "En algún momento decidí que, aunque no tengo fotos en mi oficina, aparte de la de mi perro, y a pesar de que no llevo anillo de casado durante las sesiones con mis clientes —porque no quiero que se distraigan con mis propias decisiones—, ya había *superado* por completo el hecho de no poder ir a la playa nudista gay porque podría encontrar a un paciente o a un ex paciente en ese lugar". Lo hace de una manera tan práctica y con un tono tan razonable que uno se descubre a sí mismo asintiendo de manera automática, expresando acuerdo, como si uno también tuviera esas posibilidades de simplemente *superar* limitaciones autoimpuestas. Kaupp es apasionado, persuasivo y tiene una cualidad vagamente torpe de accesibilidad que quizá tiene que ver con su estatura, combinada con su intento de pasar inadvertido y con su risa fácil. Todo esto contrasta con su vasta experiencia clínica y su impresionante compromiso con el subcampo de la terapia marital y familiar que está sumergido en el misterio y en la incomprensión de muchos terapistas. Mark Kaupp es lo que podríamos llamar un experto de expertos, a quien se recurre para dar clases a los que dan clases.

Kaupp está certificado en terapia emocional enfocada (TEE), un tipo de psicoterapia de la que la doctora Sue Johnson fue pionera, y es autor del enorme éxito de ventas *Abrázame fuerte*.[18] El objetivo de la TEE es ayudar a las parejas en terapia a construir una unión emocional segura y sana. La lógica de este método es que no sólo mejora nuestras asociaciones íntimas, sino que también puede curar todo nuestro ser. Pero, complicando las cosas para Kaupp, Johnson, a quien él admira mucho, cree que la monogamia ayuda a fortalecer las uniones sanas y que la no monogamia las trastorna. En su apasionado apoyo hacia quienes escogen no ser sexualmente exclusivos, Mark Kaupp, dejando de lado su orientación gregaria, es un dinamitero. Y ese día no tardó en llegar a ese punto.

"La mayoría de los terapistas dirán que trabajar con parejas sobre la no monogamia consensual es como reacomodar los camastros en la cubierta del *Titanic*", dijo Kaupp. "La no monogamia no funciona. ¡Te hundirá con ella!" Movió sus brazos de manera histriónica, repitiendo como un loro la perspectiva de muchos expertos clínicos del país y, quizá, de no pocos en el salón. Señaló que las personas para quienes la no monogamia *funciona*, probablemente no son las que buscan la ayuda de los terapistas. Dijo que creía que los terapistas deberían ir a sus comunidades, en general, y a las comunidades no monógamas en particular, para educarse ellos mismos y ampliar sus puntos de vista. Con demasiada frecuencia estaban viendo a pacientes no monógamos sólo cuando los pacientes estaban en crisis, lo cual sesgaba su visión sobre el tema, volviéndola innecesariamente negativa. "La no monogamia *puede* funcionar", insistió.

"La verdad es que no creo que pueda funcionar", dijo con voz callada, detrás de mí, un terapista de pelo chino y apariencia moderna.

Kaupp definió la no monogamia consensual para nosotros. Es, dijo, un término general para relaciones en las que todos los participantes involucrados están de acuerdo en que es aceptable tener relaciones románticas o sexuales con otras personas. Esto la convierte en lo opuesto de lo que los expertos llaman no monogamia encubierta o no consensual, en la que alguien lo hace sin decir o conversar sobre el particular por anticipado. Describió su labor como facilitador grupal en el Centro Comunitario LGBT de San Diego, para hombres homosexuales, en un grupo para quienes estaban revelando su identidad sexual. También habló sobre su reciente trabajo con pacientes, hombres gay en relaciones abiertas. Después describió la propia evolución de su relación con el compromiso y con la no monogamia. Nos dijo que, en ese momento, él y su compañero estaban experimentado introducir lo que él llamó un "tercero", una nueva persona con quien los dos tendrían una relación. Esto había sido idea de Kaupp, quien aseguró que mientras él estaba realizando el taller, su compañero y la nueva persona se estaban conociendo, entre sí, en San Diego. Dijo que esperaba que todo saliera bien y que, entretanto, él estaba un tanto receloso. Yo tomaba notas en mi computadora y, en ese momento, escribí, toda la frase en mayúsculas: "¿CÓMO DEMONIOS PUEDE CONCENTRARSE ESTE HOMBRE EN ESTE PRECISO MOMENTO?"

Kaupp dio la instrucción de que nos dividiéramos en grupos de tres o cuatro personas. Así que volteé para unirme con dos mujeres en la hilera detrás de la mía. Una de ellas parecía querer, mucho, estar en algún otro lugar; se la pasaba revisando su teléfono. La otra era la de cabello chino y las dudas sobre la no monogamia. Al platicar nos dimos cuenta de que yo conocía a su pareja y de que las dos teníamos hijos adolescentes. Kaupp puso una diapositiva en el proyector. Estiré el cuello para poder ver la imagen. Había cuatro puntos, cada uno con signos de interrogación.

- ¿Cómo sería para ti ver a tu compañero/esposo sostener relaciones sexuales con alguien más… y constatar que realmente está disfrutando?
- ¿Qué sentimientos experimentarías?

- ¿Qué significaría para ti su disfrute del sexo?
- ¿Qué pasaría si se enamoraran?

Me reintegré a mi grupo. Nos mirábamos entre nosotras, en silencio. Pensé, por un momento, en la excitación que solía sentir cuando se abría la posibilidad de tener sexo con alguien nuevo, como en una especie de Serengueti interpersonal, vasto y repleto de deliciosas posibilidades y peligros potenciales. Instantáneamente después visualicé cómo me hace terminar de rodillas ese tipo de días en que tengo que entregar un trabajo, la máquina lavaplatos se descompone y recibo una llamada en la que me informan que uno de mis hijos tiene algún problema en la escuela. Imaginé qué pasaría si a eso se sumara una noche de ver que mi esposo tuviera relaciones sexuales con alguien más.

"Vas primero", le dije a la mujer que había dicho que no creía que la no monogamia pudiera funcionar.

Nuestro equipo parecía más bien de dos personas, porque la otra participante no se unía con facilidad, pues aparentemente se sentía incómoda con el tema que se estaba tratando. La mujer del pelo chino y yo decidimos seguir adelante pues nuestra "tercera" sólo seguía a la espera (no pude evitar pensar en ella de esa manera y reí para mis adentros). Decidimos que si viéramos a nuestro compañero teniendo relaciones sexuales con alguien más, y disfrutando, podríamos sentirnos celosas, excitadas, lastimadas, enojadas, curiosas, emocionadas, destrozadas y mucho más. Podríamos atribuirle significados como: no soy suficiente, él/ella está aburrido/a de mí, hay algo malo en mí o en nuestra relación. Estar con alguien nuevo es estimulante y eso no tiene que ver conmigo. Si nuestro compañero se enamorara de esa otra persona, nos sentiríamos confundidas, tristes, amenazadas y devastadas. Añadí que quizá yo también sentiría impulsos homicidas. ("Debes tener una aventura si lo necesitas, como base para la investigación de tu libro", ofreció mi esposo despreocupadamente cuando comencé con el proyecto. Él es más seguro de sí mismo y más coherente que la mayoría de la gente que conozco... Seguramente más que yo. "Si estás buscando mi permiso para ti mismo... *no* lo tienes", le espeté en respuesta.)

Cuando Kaupp preguntó a cada uno de los grupos qué habíamos conversado, terminé siendo la primera en hablar. Kaupp escuchaba con atención, especialmente cuando compartí que tendría impulsos asesinos y que me excitaría. Explicó que lo contrario a los celos —que se sienten como una cuchillada al corazón y como cálculos en las vísceras— es la "compersión", un tipo de excitación que se experimenta al presenciar al compañero de uno disfrutar el sexo con alguien más. Durante las primeras etapas con una nueva persona uno puede experimentar "ENR", o energía de una nueva relación, ese ataque de sentimiento, hormonas y cambios neuroquímicos que se padece cuando uno está conectando emocional y sexualmente con una persona y todo marea, es esperanzador y apasionado. Esto también puede ser llamado "limerencia", que gozosamente me sonó como *limerick* (quintilla humorística), pero que se refiere a querer, en ocasiones de manera casi desesperada, estar en presencia de la nueva persona y de que los sentimientos hacia uno sean recíprocos. Después de eso está la "NMC", porque decir "no monogamia consensual" una y otra vez llega a ser demasiado.

Otras personas en el salón tenían percepciones, comentarios y preguntas. "El género de la persona… —dijo un hombre—. Me interesa cómo puede afectar estas cosas." Supuse que era heterosexual, no sé por qué, y adiviné que quería decir que para él sería diferente ver a su esposa teniendo relaciones sexuales con otro hombre de lo que sería si la viera hacerlo con una mujer. Pero me pareció descortés preguntar.

"La gente puede recrear cuestiones de su origen familiar en un trío como éste", se animó a decir otro terapista.

"¿Tiene algo que ver aquí la justicia?", quería saber un hombre con acento europeo.

Nadie parecía querer hablar sobre cómo se sentirían, lo que me hizo sentir torpe y fuera de lugar entre aquellos expertos de la salud mental, como el turista que está papando moscas, estupefacto, observando los altos edificios de Nueva York.

El salón se quedó en silencio. Kaupp esperó.

"Sería maravilloso o sería como un choque de trenes", dijo bruscamente, por fin, una terapista de pelo oscuro.

Todos nos reímos, incómodos. Kaupp asintió.

Sin embargo, todavía no había terminado con nosotros. Había otro ejercicio: "Establezcan algunas reglas o lineamientos que podrían poner en marcha si ustedes o sus parejas decidieran ver a otras personas".

Volvimos a formar los equipos. "No salir con alguien que ya conocemos y no ver a las otras personas durante el fin de semana", propuse, evidenciando súbitamente mi carácter territorial respecto de mis amistades y protegiendo la santidad de mis sábados y mis domingos con mi hipotético esposo no monógamo. El tercer miembro de nuestro equipo asintió, con los brazos cruzados sobre su pecho. La mujer del pelo chino dijo con firmeza: "Tienes que dejar eso si yo lo pido". ¿Por qué *yo* no había pensado en eso? Tenía que admirar su previsión.

Después, los grupos compartimos nuestras reglas.

"Tener buena higiene oral y genital."

"No documentarlo. Sin fotografías, ni nada, en redes sociales."

"Sin rasguños, ni chupetones."

"Sólo penetración. Sin mirarse a los ojos ni besarse."

"Puede tener relaciones sexuales, pero no orgasmos."

"Si tenemos hijos, no revelar a nuestra comunidad nada sobre nuestro estilo de vida."

"Puedes ver a esa persona sólo tres veces."

"Puedes ver a esa persona una sola vez. Después tienes que buscar a alguien más."

"No puedes hablar de mí ni de nuestra relación a esa persona."

"Tienes que volver a la casa y contarme lo que pasó."

"Debes tener relaciones sexuales conmigo inmediatamente después."

"No puedes tener relaciones sexuales conmigo inmediatamente después."

"No me digas nada sobre eso después."

Eso parecía todo. Kaupp preguntó si había otras reglas que tuvieran sentido para nosotros. Hubo una pausa.

"Tráeme un trofeo. Unos calzones, por ejemplo", dijo sin mayor emoción una mujer que parecía tener unos 60 años de edad.

"Tu nueva persona no va a conocer a nuestro perro", dijo el hombre que estaba sentado al lado de ella.

Kaupp pronto aprovechó lo que habíamos dicho para provocarnos ideas sobre qué, exactamente, podría hacernos sentir a cargo de la situación imaginaria que estábamos confrontando: que nosotros o nuestros compañeros de vida estuviesen saliendo con otros, con el consentimiento y el conocimiento de todas las partes involucradas.

"Rara vez he visto que las reglas introduzcan un sentido de seguridad en esas situaciones. ¿Cómo podríamos anticipar todas las posibilidades? Es un intento de controlar, pero puede hacer que las personas se sientan más *fuera* de control", dijo. Nos explicó que en su trabajo con parejas que practican la NMC él mantenía el énfasis en el vínculo creado por la fuerza de su unión y dejaba que los involucrados formularan reglas, sin entrometerse mucho en eso. Según su experiencia, dijo, las reglas podrían cambiar, o incluso desvanecerse con el tiempo, si la seguridad en la relación es suficientemente fuerte. "Mi trabajo es ayudar a la gente que ha decidido no ser monógama a seguir regresando el uno al otro si se sienten inseguros o llenos de miedo. De esa manera, lo negativo se convierte en positivo. Lo que podría debilitar o hundir una relación, la fortalecería".

Después Kaupp nos dijo que había tres tipos de no monogamia y que, aunque pueden coincidir, sus practicantes pertenecen a tribus muy diferentes. Hay personas en "relaciones abiertas", acuerdos en los que las parejas aceptan ver a otras personas, pero que quizá no quieren hablar al respecto o siquiera saber sobre ello. "Te vas y lo haces, pero yo no quiero oír de eso", es como Kaupp resumió esta práctica, poniendo sus manos sobre sus oídos para explicar a lo que se refería. A su vez, quienes intercambian parejas están comprometidos a tener relaciones sexuales con otros, tanto individualmente como en pareja. No pude evitar recordar los años setenta y, por alguna razón, me venían a la mente imágenes de los fuegos artificiales que se veían con los créditos iniciales de *Amor estilo estadounidense*, un programa que veía de niña. Hablan el uno con el otro sobre lo que están haciendo, hacen cosas con otras personas juntos, y a veces por separado, y pueden ir a convenciones, cruceros o clubes sexuales en los cuales pueden conocer a otras personas de ideas semejantes, comprometidas con lo que llaman "el estilo de vida". Como en las relaciones abiertas la pareja es la relación principal para quienes intercambian compañeros, invitan a otros a su relación establecida, cuyos contornos, aunque a veces maleables, están más o menos claros. La jerarquía carece de ambigüedad: el lazo previo de pareja es el fundamento.

Después están los poliamorosos o la gente poli. Poliamor es la práctica de tener múltiples parejas románticas, sexuales y/o íntimas, con el conocimiento y el consentimiento de todas las personas involucradas, explicó

Kaupp. Quienes practican el poliamor creen que pueden amar a más de una persona y estar en más de una relación simultáneamente. Tienden a escoger conexiones emocionales más profundas con sus compañeros que las de las personas en relaciones abiertas o de intercambio de parejas y algunas veces no privilegian alguna de las conexiones o las parejas. La "jerarquía" puede ser que todas las conexiones importan de igual manera. El poliamor puede ocupar mucho tiempo y es complejo, tanto logística como emocionalmente. Algunas veces quienes lo practican tienen contratos verbales o escritos —redactados por abogados o por terapistas que se especializan en esas cuestiones— para mantener las cosas claras y con sentido de justicia.[19] El poliamor requiere conversaciones, reglas básicas claras, mucha apertura y "reportarse". Como dijo Kaupp: "¡La gente en configuraciones poli tiende a sacar la mierda de todo!" Aunque no hay datos duros, los poliamorosos y los expertos que trabajan con ellos y los estudian están de acuerdo en que las relaciones poli, en la mayoría de los casos, son comandadas por mujeres.[20] Y es probable que los *polimirones,* como llegué a llamarlos en mi mente, pongan énfasis en que sus relaciones no son "sólo" sexuales y que el componente emocional es tan, si no es que *más*, importante que el elemento físico.[21] (Qué decepcionante, pensé, que, en este sentido, hasta el movimiento poli retoma la insistencia de nuestra cultura sobre el hecho de que las mujeres, que están a su cabeza, serían menos sexuales.)

Las personas poliamorosas pueden vivir en "triejas" o tríadas, cuadrángulos o grupos más grandes. Con todas sus buenas y fervorosas intenciones y su deferencia al hablar de todo esto, como Kaupp, son fundamentalmente dinamiteras que apuntan a algo no menos sagrado que la bandera de Estados Unidos o la creencia en Dios. En esencia, aunque aceptan a las personas que quieren hacer las cosas a su modo, también quieren destruir a la pareja heterosexual y a la pareja en general, que es elogiada y privilegiada y en la que se cree tan fervientemente, si bien tiene variaciones locales, por todos, en todas partes, en el Occidente industrializado; así como por quienes intercambian parejas y quienes están en relaciones abiertas. Mucha gente poli concede que la pareja funciona para otros. Pero como una realidad obligatoria, dicen, es anacrónica y es, asimismo, fuente de mucho dolor y descontento porque está predicada y promulgada a partir de una vieja idea limitada y limitante: que las mujeres son de la propiedad de los hombres, que "evolucionamos" para ser parejas unidas, que rechazar la exclusividad sexual es pecaminoso o simplemente malo para la sociedad, una droga de entrada que lleva a otras formas de corrupción y que daña los cimientos de nuestra cultura. ("Lo mejor para la igualdad de género y las relaciones será que toda la gente vieja se muera", bromeó una joven en una mesa redonda sobre sexualidad a la que asistí posteriormente. Sólo estaba bromeando en parte.)

Además, mientras que el resto de nosotros quizá ve el amor como el agua en un pozo y creemos que llega un momento en que rascamos el fondo del pozo y ya no queda nada —llamemos a esto el "modelo de la escasez"—, los poliamorosos creen en lo que llaman el "modelo de la gratificación". Como me preguntó Mischa Lin, una educadora y activista poliamorosa, acerca de nuestros hijos, ¿diríamos: "Uno tiene que irse. No hay espacio suficiente en mi corazón para dos hijos"? Cuando conocemos a un nuevo amigo, ¿les decirmos a los demás: "Lo siento, sólo tengo energía y ancho de banda suficiente para uno"?[22] No lo hacemos. Y esto es evidencia suficiente para los poli de que el amor, la lujuria y los sentimientos de conexión en la práctica son abundantes, no finitos, y que pueden y de hecho crecen de manera expansiva, incluso exponencial, si nosotros lo permitimos.

Kaupp decía que cuando alguien lo llama y le pregunta: "Somos poli. ¿Nos puede ayudar?", él responde: ¡Claro! ¿Por qué no vienen todos?" Algunas veces, nos contó, el sofá de su oficina se llenaba de gente.

Anoté en mi computadora toda la frase en mayúsculas: "¿VALIENTE O LOCO?" Me refería a la gente… y a Kaupp.

Cuando regresé al centro, después del descanso, los asistentes llevaban varios minutos viendo un video de una sesión de terapia que Kaupp había tenido más o menos un año antes con una trieja. El hombre, de apenas poco más de 40 años de edad, tenía el pelo oscuro y estaba sentado en un sofá entre una nerviosa castaña y una rubia redonda y de apariencia triste. Mi impresión inmediata fue que la mujer del pelo oscuro no se encontraba bien de una manera que casi me hacía sentir abatida por ella. Cuando el hombre y la rubia se tomaban de las manos y se veían a los ojos uno al otro, la mujer del pelo oscuro decía cosas como: "Quiero que echemos raíces y seamos sustentables. Quiero que construyamos nuestro vínculo y quiero seguir abriéndome". El hombre y la rubia siguieron viéndose el uno al otro y me parecía que casi estaban expresando su hastío con sus gestos, mientras que la mujer de pelo castaño seguía hablando. Ésta puso su mano en el hombro del hombre y él se volvió hacia ella por un momento. Yo quería golpearlo cuando él dijo: "No sé qué demonios está pasando".

Kaupp le preguntó a la mujer rubia cómo se estaba sintiendo *ella*.

"Me da miedo que me vuelvan a alejar —respondió—. Estoy confundida sobre qué es lo que ellos necesitan y me da miedo el futuro. No sé cuáles son los límites y cómo queremos que funcione esto."

Kaupp le puso pausa al video. Nos pidió comentarios y reacciones.

Una terapista dijo que pensaba que la de pelo castaño no era sincera. Otra expresó la hipótesis de que ésta se había dado cuenta que la rubia recibía la atención del hombre por ser vulnerable y que ella quería tener esa atención siendo vulnerable también, pero que, en realidad, no podía *ser* vulnerable. Yo quería decir que odiaba al hombre por sentarse en medio y por tenerlo todo, por estar envuelto con la atención de dos mujeres, pero me pareció improductivo hacerlo y no lo hice. No importaba. Kaupp parecía intuir lo que nosotros sentíamos.

Él nos dijo que la pareja casada —el hombre y la mujer de pelo castaño— finalmente terminó su relación con la rubia, la tercera en la tríada. En mi mente me vi dando un pequeño puñetazo. Después desee que la rubia y la de pelo castaño se hubieran deshecho de él y se hubiesen vuelto una pareja, porque eso, se me ocurrió, de alguna manera era un resultado más justo. Pero una joven y bella terapista afroamericana, que estaba sentada enfrente de mí, tuvo la reacción opuesta. "¡Oh, no, eso es decepcionante!", dijo sobre el regreso de la pareja a la monogamia. Ella estaba abogando por un concepto, la tríada, pero yo difícilmente podía comprenderlo.

"Tengan algo de paciencia y no se exasperen", nos recomendó Kaupp conforme otros asistentes al taller comenzaron a hablar. Entonces, prescriptivamente, a todos, y no a alguien en particular, sugirió que en una situación como esa, como terapista "es mejor ponerse las pilas y descubrir cómo encontrarlos agradables y comprender lo que les esté pasando".

Según su experiencia, con lo que tenemos que lidiar es con los altibajos de la seguridad sobre nuestra unión. Mientras menos seguridad tengamos en nuestra unión, para comenzar, menos conectados nos sentiremos con nuestro objeto de amor y los otros parecerán más amenazados y amenazantes. Mientras tengamos más seguridad en nuestra unión, más tendremos que dar, no sólo a alguien, sino potencialmente a una miríada de otras personas. Y también así toleraremos más que nuestras personas amadas hagan lo mismo. En este replanteamiento sorprendente de la no monogamia, limitarnos a nosotros mismos el romance y la sexualidad de pareja es restrictivo, proveniente más de la ansiedad que de una postura moral o incluso pragmática.

Cuando pensé en el argumento de Kaupp tenía sentido que hubiera un universo paralelo en el que me sintiera suficientemente segura de mi relación con mi esposo como para soportar que él estuviese con alguien más. Y tan segura de nuestra mutua unión que yo podría hacer lo que quisiera con otros hombres sin molestar ni degradar nuestro matrimonio. La visión de Kaupp de la no monogamia consensual como una especie de solución que permitía a las personas "dejar de mentir y empezar a vivir sus vidas y sus relaciones de una manera un poco o mucho más auténtica", como él dijo, parecía muy razonable. "La gente encuentra difícil mantener sus genitales cubiertos. ¿Por qué no les damos una manera de vivir sin tener que escabullirse, sin ser hipócritas y sentirse como traidores?"

De cualquier manera, no pude dejar de imaginar escenas de celos y drama. Estaba equivocada, pues después supe que las personas poliamorosas, los que intercambian parejas y quienes están en relaciones abiertas "generalmente reportan altos niveles de satisfacción con su relación de pareja y felicidad" y que "no experimentan más celos en sus relaciones que los individuos monógamos".[23] ¿Pero qué hay de las cuestiones prácticas de la vida experimentada de manera poliamorosa o, incluso, "sólo" abierta? El poliamor está en desventaja cuando se trata de instituciones tan concretas como esas que dan las licencias de matrimonio y tan abstractas como el complejo industrial de la monogamia, que produce docenas de libros y miles de sesiones de terapia y muchos congresos cada año sobre cómo sobrevivir a la abrasadora traición de una aventura. Los padres de familia se sienten exhaustos. Todavía es más factible que las madres de niños pequeños sean las cuidadoras primarias y tengan menos acceso al campo de juego, por así decirlo, que tienen los padres de niños pequeños. ¿Cómo podríamos equilibrar las exigencias de nuestras carreras con las exigencias de nuestras libidos desatadas? ¿Y la complejidad emocional de múltiples involucramientos? Stephen Snyder, médico psiquiatra, terapista sexual y autor de *Vale hacer el amor*,[24] me diría después que en su consultorio, a través de los años, de las personas que tenían matrimonios abiertos la mayoría eran hombres gay o "parejas mayores con el tiempo, la energía y la madurez para sobrellevar tales negociaciones complicadas y cuyos hijos habían dejado su casa". (Guiñando un ojo agregó que no tenía duda de que la siguiente revolución sexual sería hecha por los jubilados.)

Terminé pensando que el poliamor, la no monogamia consensual y las relaciones abiertas pueden ser buenas opciones para los idealistas con agendas flexibles y tiempo en sus manos. Pero para el resto de nosotros difícilmente parecía realista. Y todas las cosas sobre transparencia y honestidad, sobre no monogamia ética y su estándar de franqueza implacable —acerca de lo cual Hugo Schwyzer, columnista de *Atlantic*, escribió: "La innegociable revelación de los hechos es el precio de la liberación"—,[25] en la NMC encendía focos de alerta para mí. La estudiante de licenciatura que todavía vive en mi cerebro, una foucaultiana de los años noventa, veía y aún ve la revelación de los hechos como una obligación —aunque sea fundada en principios y ética—, como una forma de control social. A fin de cuentas, ¿qué volvía eso mejor que plantear a las mujeres que deben ser monógamas? También tenía un aire de puritanismo: adoptar la no monogamia consensual, que según un estudio reciente más de 20% de los adultos estadounidenses solteros han practicado en algún momento, era como si los estadounidenses necesitáramos arrepentirnos y confesar al mismo tiempo que hemos estado pecando.[26] También, de alguna forma, ofendía mi idea de la privacidad, de una forma en que yo no estaba segura de que quisiera reflexionar sobre eso de manera muy profunda y de tal modo que se relacionaba con mi idea de que si yo iba a ser promiscua, no quería que alguien me estuviese diciendo cómo hacerlo éticamente. ¿Acaso no es parte de la gracia de la promiscuidad la apasionante libertad de decir: "¡A la chingada la ética!"? Me preguntaba molesta por qué estas personas no simplemente, y de una vez por todas, se salían de mi recámara.

Simplemente, hablar de poliamor y de NMC me estaba haciendo sentir amenazada y a la defensiva. Me preguntaba cómo vivía realmente la gente esas situaciones. Y admiraba a los poliamorosos en particular. No sólo por su compromiso para encontrar otro camino y hacerlo funcionar, sino también por el enfático radicalismo de su postura. Para ellos, el pensamiento binario y la pareja —los principios fundadores de todo nuestro sistema de pensamiento sobre el sexo, la intimidad y las relaciones— son simples reliquias. Por eso rechazan nuestra Estrella del Norte.

¿Cómo llegamos a este punto? Al punto en que, como cultura, hacemos y vamos a talleres sobre no monogamia consensual. Y al punto en que la no monogamia consensual es un asunto. Según Elisabeth Sheff, investigadora e historiadora de la NMC, la "primera ola" de experimentos intencionales de no monogamia fueron iniciados por los poetas románticos y después refinados por los trascendentalistas, quienes llevaron a la práctica sus ideas sobre la vida en grupo y sobre el sexo grupal en congregaciones experimentales, incluyendo a la progresista Granja Brook, una comunidad de amor libre fundada por un antiguo ministro unitario con la ayuda de Nathaniel Hawthorne, la Comunidad Oneida de John Humphrey Noyes, que ponía énfasis en la sexualidad y en el "matrimonio" grupales —donde los niños vivían juntos en una casa común—, así como la comunidad experimental Nashoba, fundada por Frances Wright en 1826, que unió a negros liberados con blancos "para trabajar y hacer el amor" en una gran granja para combatir el racismo.[27]

Y, a pesar de lo anterior, lo que Sheff llama la "segunda ola" de la NMC —los movimientos más o menos marginales de amor libre, de vivir en comunidad, de relaciones abiertas y de intercambio de parejas de la década de 1970— parecían una ruptura radical con la tradición. Había mucho escándalo en los ambientes convencionales sobre "vivir juntos", lo cual en la actualidad es algo extraño. Era factible que la mayoría de las personas que no estaban a favor del "amor libre" no compartieran que andaban a tientas en la monogamia, en parte porque la terapia de pareja no existía como tal sino hasta recientemente (en 1970 sólo había 3000 terapistas matrimoniales y de familia en Estados Unidos, mientras que, en mayo de 2017, la cifra oficial había ascendido a cerca de 43000).[28] Cualquiera persona que afrontara problemas maritales, interesada en asuntos de sexualidad y de infidelidad, por no decir necesitada de hablar abiertamente sobre acuerdos de no exclusividad sexual, no tenía un gran número de partidarios, ni voces expertas, ni asesores, ni profesionales con la experiencia con la que cuentan hoy. De hecho, el término "no monogamia consensual" parece haber sido usado por primera vez en el año 2000, cuando unos psicólogos escribieron un artículo académico sobre el estilo de vida de quienes intercambiaban parejas, introduciendo el término casi como un añadido sin mayor importancia.[29] Es seguro que dicho término fue creado porque describía una situación que ya se estaba produciendo con relativa frecuencia, aunque se refería a una subcultura estigmatizada. (Bueno, en realidad a dos, como sostienen Kaupp, Moran y Savage: los hombres gay y los individuos que intercambiaban parejas, y que ya practicaban la NMC mucho antes de que la llamáramos así.)

El taller de Kaupp que estaba teniendo lugar ese día gris de primavera atraía a muchos terapistas que consideraban importante asistir porque la no monogamia de cualquier tipo —consensual/abierta y no consensual/ encubierta, masculina, femenina y transgénero, heterosexual y gay— era un hecho. Desde algunos ángulos, el interés por el tema parece haber alcanzado un punto crítico o de inflexión. En plataformas noticiosas o intelectualoides, como *Psychology Today*, CNN, *Salon*, *Slate* y NPR hay escritores inteligentes y expertos que ofrecen piezas provocativas como: "Quizás la monogamia no sea el único camino al amor", "Repensar la monogamia hoy", "Un momento cultural para el poliamor" y "Las personas negras lo hacen: una mirada realista a la no monogamia consensual en la comunidad negra".[30] También hay colaboraciones que parecen de servicio, como: "¿Es correcta para ti la no monogamia consensual?" y "Expertos en citas explican el poliamor y las relaciones abiertas", presumiblemente para ayudarnos a entender el asunto. Mientras tanto, la no monogamia consensual no sólo es una línea argumental sino prácticamente un personaje de varios programas: en la segunda temporada de la magnífica *Insecure*, en la que su creador, Issa Rae, empapa a sus personajes femeninos de deseos y poder sexual rara vez vistos en la pequeña o en la gran pantalla, Molly se involucra con un hombre en un matrimonio abierto (en algún momento él debe irse de manera intempestiva durante un acontecimiento sensual en la tina porque a su esposa se le olvidaron las llaves de la casa). En *House of Cards*, con toda su lúgubre iluminación y sus juegos de poder, la primera dama tiene amantes con pleno conocimiento y consentimiento de su esposo.

Si nuestros hábitos en Google son un indicador en algún sentido, estos programas y estos artículos sobre el tema han alimentado nuestra curiosidad. Amy Moors, investigadora sexual y miembro del Instituto Kinsey, descubrió que de 2006 a 2015 hubo un significativo repunte en búsquedas de términos como "poliamor" y "relación abierta".[31] Sheff llama a esto la "tercera ola" de la NMC.

La no monogamia —esta es una afirmación obvia— está ganando nuestra atención porque la monogamia no está funcionando para todos. Ciertamente, en 2008, cuatro quintas partes de los estadounidenses consultados en la Encuesta Social General (ESG) —una herramienta sociológica de entrevista exhaustiva— aseguraron que la infidelidad "siempre estaba mal".[32] Y 91%, de más de 1500 adultos, respondió a una encuesta Gallup de 2013 calificándola como "moralmente incorrecta".[33] Sin embargo, investigaciones que dependen de la ESG y otras muestras representativas también sugieren que, en el transcurso de nuestras vidas, de 20 a 37.5% de nosotros es infiel alguna vez.[34] El porcentaje real podría ser más alto, según los expertos, porque se subestiman nuestras infidelidades. Una fuente sugiere que aproximadamente 60% de los hombres y 50% de las mujeres en Estados Unidos "reportaron relaciones sexuales con alguien que no era su pareja estando casados".[35] Preguntar sobre la infidelidad en el conjunto de la vida —"¿Usted alguna vez ha sido infiel en su matrimonio o respecto de su compañero de vida?"— es probable que arroje cifras más altas que preguntas sobre el año o la década previa, dicen los especialistas.

Acceder a las estadísticas precisas sería pretensioso, no sólo porque a las personas no nos gusta revelar comportamientos estigmatizados, sino también porque nuestras definiciones de infidelidad y de engaño han cambiado a través de las décadas. ¿Desarrollar un vínculo cercano con alguien, sin tener relaciones sexuales —lo que algunas veces se llama "microinfidelidad"—, es realmente ser infiel? ¿Es infidelidad cuando uno no está casado? ¿Es infidelidad enviar mensajes de texto de contenido sexual, incluyendo mandar o recibir fotografías desnudo o semidesnudo? (Una encuesta descubrió que aproximadamente dos tercios de los hombres y más de la mitad de las mujeres han intercambiado mensajes de carácter sexual con sus teléfonos celulares; la mitad de quienes respondieron eran casados.)[36] Para mantenerse al tanto de nuestras creencias y de nuestras prácticas cambiantes, los expertos ahora dividen la infidelidad en varios tipos: cópula, actividad sexual sin cópula, "infidelidad emocional", que no involucra sexo en absoluto pero que sigue siendo percibida como traición, y "ciberinfidelidad", en la que se intercambian fotografías y mensajes digitalmente.

Expertos como Marianne Brandon aseguran que a pesar de que nuestra norma cultural es la monogamia, existen altos niveles de no monogamia encubierta.[37] Sea la que sea la manera como definimos la infidelidad, lo que queda claro es que ocurre, y no con poca frecuencia. Un estudio caracteriza la infidelidad como "secreta, pero práctica social extendida (y ampliamente reconocida)",[38] en tanto que el sociólogo Eric Anderson, autor de *La brecha de la monogamia*, la define de manera sencilla: "La infidelidad es tan común como la fidelidad... aunque la sociedad aprecia la monogamia".[39] En otras palabras, el fundamento al que nos aferramos como la medida de que somos morales y sanos —la monogamia—, se puede decir, no es el fundamento en absoluto.

Y, no obstante, la dificultad de la monogamia, e incluso el hecho de luchar contra ella, puede crear una gran presión. "La gente se pregunta: '¿Qué está mal en mí que no puedo hacer esto?' Eso es algo con lo que mis pacientes, en especial las mujeres, luchan mucho", me dijo Tammy Nelson, autor de *La nueva monogamia*.[40] Las apuestas son altas: muchos estudios aseguran que la infidelidad es la razón más común que las parejas mencionan como causa de divorcio.[41]

Si la monogamia es tan complicada y somos incapaces de cumplir con sus rasgos distintivos, ¿por qué nos aferramos a ella? Muchos antropólogos, adoptando una perspectiva de larga duración y objetiva de estas cuestiones, aseveran que la monogamia y el matrimonio monógamo no están en nuestra sangre ni en nuestro ADN.[42] Constituyen un arreglo más bien reciente e imperfecto de la especie, una forma suficientemente efectiva para encontrar compañeros y criar niños en nuestras actuales circunstancias ecológicas, en las que estamos lejos de la familia extendida y sin acceso fácil o de calidad a opciones de cuidado infantil. Algunos datos sugieren que las relaciones comprometidas de larga duración son buenas para nosotros, tanto física como emocionalmente. Y también hay investigaciones que señalan que el matrimonio acarrea beneficios de salud a los hombres, pero no a las mujeres. Un estudio longitudinal de 16 años con una muestra representativa de más de 11 000 adultos demostró no sólo que el matrimonio tiene poco impacto en la salud o en la felicidad, sino que cualquier efecto positivo del matrimonio es probablemente atribuible a una evaluación positiva de la propia vida más que a mejoras de variables concretas.[43] Si bien puede haber algún beneficio psicológico derivado de ser parte de una pareja exclusiva, en una cultura que considera que la soltería es patológica, eso difícilmente parece razón suficiente para salir a bailar de felicidad a las calles o correr a comprar un anillo de compromiso.

De hecho, dos quintas partes de los estadounidenses encuestados en 2010 dijeron que el matrimonio se estaba "volviendo obsoleto".[44] No obstante, ese año sólo 51% de los adultos estadounidenses se casaron, un récord nacional a la baja.[45] El matrimonio ha estado perdiendo "cuota de mercado" en Estados Unidos durante el último medio siglo, sin importar el estado de la economía o los grupos de edad, según informa la misma investigación del Pew Center. Y, sin embargo, hoy somos menos tolerantes con la infidelidad que en 1976: cuando menos la mitad de los universitarios que respondieron la ESG afirmaron que la infidelidad "siempre estaba mal".[46] Y 75% estuvo de acuerdo con esta afirmación en 2008. Hugo Schwyzer explica, con algo de sorpresa, que pensamos que la infidelidad es peor que "el suicidio, la clonación humana y la poligamia", y que a pesar de que las encuestas demuestran que somos más tolerantes que nunca hacia el divorcio, el sexo premarital, la homosexualidad y el matrimonio gay, la infidelidad sigue siendo, en cierto sentido, "nuestro último tabú sexual".[47]

Podríamos pensar que los matrimonios están en crisis, que la monogamia está bajo presión y que la infidelidad de los hombres abona en su destrucción. ¿No es eso lo que siempre hemos pensado? ¿Que los hombres, que poseen un "impulso sexual más fuerte" que el de las mujeres, son infieles a sus esposas y a sus parejas femeninas porque no tienen alternativa? ¿Que los hombres tienen que conquistar y esparcir su semilla? ¿Que los hombres están programados para buscar nuevas parejas, mientras que las mujeres están hechas para buscar la comodidad, la compañía, la seguridad y el confort de permanecer en pareja y que apetecen esto más que los estremecimientos de los orgasmos? Así es, ¿no es cierto?

Quizás nos sorprendamos al descubrir cuántas cosas que creemos saber sobre los quiénes y los porqués de la infidelidad están equivocados. De hecho, resulta que, en cuanto tiene que ver con nuestras personas sexuales, a las mujeres se nos ha vendido una lista de bienes. Pero en cuestiones de sexo no somos las más mansas, ni las más recatadas ni las más reticentes al sexo. No somos el sexo que anhela, o que se resigna con mayor facilidad, a la vida conyugal, a la monotonía, a la familiaridad. Tampoco somos, después de todo, angelitos en relación con los hombres en cuanto se refiere a la fidelidad.

CAPÍTULO DOS

CAPÍTULO DOS

Mujeres que aman el sexo demasiado

Imagine a un extraño preguntándole, entre otras cosas, si ha tenido usted relaciones sexuales con alguien, aparte de su esposo, desde que se casó.

En 2013 hubo nuevos datos que salieron de la ESG:[1] era aproximadamente 40% más probable que las mujeres fueran infieles a sus esposos de lo que lo habían sido en 1990.[2] Mientras tanto, los porcentajes de infidelidad de sus esposos no habían cedido. El hallazgo no era único y no constituía un nuevo desarrollo, según se pudo dilucidar. En 1993, del otro lado del Atlántico, en Cambridge, una académica británica se había dado cuenta de que si eliminaba de su estudio de infidelidad a los hombres que afirmaban haber tenido 20 o más parejas sexuales (éstos son llamados "valores atípicos" en una muestra), la proporción de infidelidad entre hombres y mujeres era casi igual.[3] Y en cuatro encuestas nacionales realizadas entre 1991 y 1996 las mujeres y los hombres de menos de 45 años de edad estaban prácticamente empatados en el juego de la infidelidad,[4] mientras que una encuesta de 1992 encontró que las mujeres estadounidenses de 18 a 29 años de edad reportaron todavía *más* aventuras que sus semejantes varones,[5] y una ESG todavía más reciente reportó lo mismo. Mientras tanto, un estudio de 2017 aseveró que entre las mujeres de 25 a 29 años, las experiencias de sexo en grupo y los tríos son iguales a las de los hombres de la misma edad, además de que las mujeres tienen casi el doble de probabilidad de haber ido a un *calabozo*, BDSM, fiesta sexual o intercambio de parejas, desafiando, con ello, nuestra suposición de que los hombres por naturaleza son más aventureros sexualmente.[6]

Algunos expertos creen que esta nueva paridad de género en autonomía sexual y en amoríos, con frecuencia descrita y nombrada de manera amplia como la acción de "cerrar la brecha de la infidelidad", puede deberse, en cierto modo, a que cada vez más mujeres están formando parte de la fuerza de trabajo.[7] Ahí tienen una mayor exposición a un creciente número de potenciales parejas sexuales, pasan más tiempo lejos de sus esposos o compañeros y tienen más oportunidades de viajar (la gente suele tener aventuras cuando viaja), por no mencionar que posee más medios financieros e independencia, lo que puede hacer parecer que ser descubierto sería, en todo caso, una potencial catástrofe menor, un riesgo que vale la pena afrontar. La tecnología también podría estar dando cierta ventaja a las mujeres en cuanto a la exploración sexual, pues varias redes sociales y aplicaciones les ofrecen la oportunidad de sostener encuentros lejos de su pareja de manera discreta. Pero usar la tecnología, apalancar los medios financieros o mantener una separación física de su esposo, para tener una experiencia fuera de la pareja, o simplemente actuar siguiendo sus deseos, requiere *querer hacerlo*. Y *tener* deseos.

¿Y qué tal si las mujeres de todas las edades están disociando el sexo de la monogamia sencillamente por lo que son y por quienes somos? El trabajo reciente de varias investigadoras del sexo sugiere que podría ser así. En la última década, Meredith Chivers, biopsicóloga de la Queen's University de Kingston, Ontario; Marta Meana, profesora de psicología clínica de la Universidad de Nevada, Las Vegas, y Alicia Walker, socióloga y experta en infidelidad femenina de la Universidad Estatal de Missouri, en Springfield, terna de expertas académicas, han puesto en evidencia lo que Natalie Angier, escritora sobre ciencia, ha caracterizado como "las múltiples envolturas de compromiso y restricción" que encubren y retuercen la sexualidad femenina de manera tan minuciosa como para convertir a las mujeres en extrañas de nosotras mismas y de nuestras propias libidos.[8] Lo que estas expertas han revelado cuestiona muchas de nuestras suposiciones más profundamente enraizadas, y queridas, sobre quiénes son las mujeres, lo que nos motiva y lo que queremos. Nuestros seres sexuales están siendo repensados, reexaminados y, quizá, finalmente, revelados.

PIONERAS

Los investigadores del sexo son una tribu amigable. Al menos quienes asistieron a Montreal, en 2017, al congreso anual de la Asociación para la Investigación y la Terapia Sexual. Hacía un frío demencial y el cielo estaba permanentemente gris cuando llegué a la ciudad más grande de Quebec, al final de abril —el tema del congreso era "Curar relaciones y fomentar el bienestar sexual"—, pero encontré cálidos y hospitalarios conmigo, de una presentación a otra, a sexólogos e investigadores, terapistas y educadores sexuales. Las presentaciones incluían "Terapia de grupo de comportamiento dialéctico para usuarios de pornografía en internet que están fuera de control" e "Impacto de los síntomas de excitación genital persistente en el funcionamiento psicosocial y sexual de las relaciones de la mujer", y sesiones sobre "Conciencia de excentricidad sexual". Nadie rechazó mis solicitudes de entrevistas, ni siquiera me desanimó, un riesgo de los escritores que tienen que tratar con los expertos. En vez de eso, me ofrecieron sus libros, sus datos para contactarlos y consejos sobre artículos académicos que podrían serme de utilidad. Las preguntas formuladas a los ponentes por parte de sus colegas eran amigables, incluso cuando eran desafiantes. Empecé a sospechar que ser abiertos, curiosos y concretos sobre el sexo se relacionaba con una disposición amigable y un estilo interpersonal brillante —aunque el sexo sea, en general, un tema que la mayoría de nosotros considera vergonzoso y privado, como del ámbito de esas criaturas recientemente descubiertas que habitan las partes más profundas del océano, perfectamente adaptadas e inherentemente apropiadas a la oscuridad de su ambiente—. El bar del hotel estaba muy concurrido a las cinco de la tarde, pues los expertos se habían congregado ahí para relajarse; el tipo de detalle que revela mucho al observador.

Había tenido suficiente suerte como para agendar una entrevista con la doctora Meredith Chivers, quien me propuso que nos reuniéramos una de esas noches. Más temprano, unos cien o más asistentes y yo la habíamos visto tomar el control del estrado con una seguridad en sí misma digna de una estrella de rock, con su chamarra y sus pantalones de mezclilla negros, para conversar sobre su obra más reciente. Chivers habló rápidamente sobre temas que resultaban familiares a la mayoría de sus escuchas, incluyendo el concepto de "deseo responsivo" de Rosemary Basson.[9] Este "estilo de deseo" es más común entre las mujeres que entre los hombres, según un nutrido número de investigadores y terapistas sexuales, y describe una tendencia a sentirse sexualmente excitado después de la estimulación erótica, en lugar de experimentar esa excitación antes de la estimulación (éste es llamado "deseo espontáneo", basado en la experiencia de que el deseo sexual es un apetito como el hambre, que simplemente llega). Me encontré a mí misma a la deriva luchando para seguir el hilo de lo que se decía, pero, por fortuna, ya sabía algo sobre la obra de Chivers. Había leído que, como fundadora, directora e investigadora principal del Laboratorio de Sexualidad y Género de la Queen's University, Chivers hacía que los participantes en su estudio se sentaran en lo que parecía un sofá de la marca La-Z-Boy a ver pornografía. Pero antes los conectaba a una máquina llamada pletismógrafo. Este diminuto instrumento se inserta en la vagina de una mujer, o se sujeta al pene de un hombre, permitiendo que Chivers y sus estudiantes midan el flujo sanguíneo, precisamente cuánto de él llena las paredes vaginales o el pene del participante o cuánto inunda el clítoris. Esto ayuda a Chivers y a su equipo a entender mejor qué desencadena, o no, una respuesta física en los sujetos de su estudio.

Chivers muestra a los participantes fotografías o películas explícitas —de mujeres con hombres que tienen relaciones sexuales, de mujeres con mujeres que tiene relaciones sexuales y de hombres con hombres que tienen relaciones sexuales—. Entonces las cosas se ponen interesantes. Las mujeres que se describen a sí mismas como heterosexuales tienen respuestas físicas a casi todo lo que ven: un hombre teniendo relaciones sexuales con otro hombre, una mujer practicando sexo oral a otra mujer, un hombre y una mujer haciéndolo. Son aventureras, al menos en sus mentes, no son melindrosas y son omnívoras sin discriminación. Lo toman con un entusiasmo que trasciende las categorías; les gusta lo que ven a despecho de lo que se supone que son. Algo que los medios de comunicación han reportado alrededor del mundo es que las mujeres responden físicamente cuando Chivers les muestra imágenes de bonobos —familiares cercanos de los chimpancés— temiendo relaciones sexuales. Los hombres que se describen a sí mismos como heterosexuales, por otra parte, tienen deseos que son más predecibles: reaccionan a imágenes de hombres con mujeres y de mujeres con mujeres que tienen relaciones sexuales. Ver a dos hombres puede llegar a hacer fluir su sangre, pero tienen las reacciones más fuertes frente películas e imágenes que empatan con los intereses y la atracción sexual que reportan. Los bonobos, de hecho, los dejan flácidos. A diferencia de los de las mujeres, los deseos de los hombres son lo que se podría esperar con base en su identificación; esto es, sus patrones de excitación son más dependientes de su categoría.

¿Qué quiere decir esto? Que al parecer a nuestra libido le importa un comino qué digamos sobre nosotras mismas. Quizás somos anarquistas sexuales, según la formulación de Daniel Bergner, autor de ¿Qué quieren las mujeres?,[10] que pasó tiempo observando a Chivers mientras trabajaba y cuyas afirmaciones sobre los inesperados apetitos de las mujeres sugieren fundamentalmente que podríamos ser descritas, con justicia, como el "grupo más grande de desviadas sexuales" del mundo.

En torno de la mesa, mientras bebíamos, Chivers explicó su obra reciente, que sugiere que los deseos femeninos no sólo escapan a las categorías establecidas, sino que también son más intensos de lo que nos habían dicho. En un estudio de 2014, contó Chivers mientras le daba un trago a su Negroni, hizo que sus participantes vieran películas sensuales y que reportaran sus reacciones y su deseo de tener relaciones sexuales con una pareja y masturbase.[11] Notablemente, los hombres y las mujeres reportaron esencialmente grados idénticos de deseo. "Hay una idea muy consistente sobre una diferencia de género en cuanto al deseo sexual… Es como una vaca sagrada [de la investigación sexual]".[12] Hizo una pausa y después continuó, con un tono mesurado, describiendo cómo sus descubrimientos habían causado controversia en su campo y en el congreso. "Es frustrante oír que se repita, una y otra vez, que los hombres tienen [libidos] más intensas que las de las mujeres, como si eso fuera simplemente un hecho. Creo que hemos estado midiendo el deseo de manera incorrecta". Señaló que había algunas otras investigaciones con hallazgos preliminares como los suyos y dijo que ella supone que habría más si los investigadores midieran el deseo provocado o responsivo además del deseo espontáneo.

Chivers tiene un porte sereno, elegante, casi patricio que, al mismo tiempo, la hace una dinamitera ideal e improbable. Como Kaupp, parecía filosofar acerca de cambiar el orden de las cosas en las investigaciones sobre el sexo, en las que todavía prevalece la noción, de la misma manera en que ocurre casi en cada rincón de nuestra sociedad, de que los hombres quieren más sexo que las mujeres y que la testosterona y los andrógenos son las principales causas del deseo sexual. "Que a la gente le guste la comodidad de ciertas presuntas verdades no quiere decir que sean verdaderas", sentenció.[13]

Para ella, la ciencia es la clave. Un tercer experimento en el laboratorio de Chivers puso sobre la mesa otra sorpresa: que las mujeres heterosexuales no se excitaban tanto con la idea de sostener relaciones sexuales con un amigo hombre como lo hacían frente a la idea de practicar el sexo con un compañero de largo plazo o con alguien completamente desconocido. De hecho, explicaba conforme el bar se iba volviendo más ruidoso y la gente se amontonaba a nuestro alrededor, las participantes mujeres en el estudio se excitaban tanto con la idea de tener sexo con un extraño como los hombres heterosexuales. En cuanto a las fantasías con sus compañeros, las mujeres disfrutan la novedad, casi sin excepción, como los hombres. Por no mencionar esos deseos turbulentos que escapan a las categorías establecidas y que tendemos a consideras más "propios de un hombre".

Chivers contó que una de las experiencias más sobresalientes de su carrera ocurrió cuando, en un congreso en el que ella estaba conferenciando, una mujer se levantó para decirle: "Lo que adoro de su obra es que nos muestra que hay mucho más en el bufet de lo que habíamos imaginado". Las mujeres no necesariamente quieren aquello sobre lo cual tienen fantasías, ni quieren hacer lo que las excita, señala con énfasis. Pero está conforme si su trabajo le quita el estigma a la intensidad y a las variaciones de las fantasías sexuales femeninas y a la fuerza y a la intensidad de algunos deseos de las mujeres. Chivers espera que su obra "pueda dar autorización a las mujeres para disfrutar su patio de juegos interno" y ayudar a que otras mujeres se sientan validadas respecto de sus experiencias reales; por ejemplo, las de aquellas que han sostenido relaciones sexuales con otras mujeres y las han disfrutado pero que se identifican como heterosexuales.[14] "Ellas me preguntan: '¿Entonces estás diciendo que no soy rara o anormal?' Y mi respuesta es: 'No. Simplemente eres como cualquier otra mujer'", dijo Chivers y ríe a carcajadas.

En cuanto a las mujeres y la monogamia, y la monogamia en general, Chivers señala que esa no es su área de especialización. Pero cree que, de la misma manera en que la excentricidad sexual perdió sus estigmas en las últimas décadas —jalones de pelo, azotes, mordidas y esposas en las muñecas durante el acto sexual son ahora prácticamente hechos comunes, destaca—, la NMC también podría lograr aceptación. Lo anterior podría propiciar cambios sociales todavía más significativos en instituciones como el matrimonio y la pareja. "¿Por qué creemos que dos personas —en vez de la gente que es poli— deberían tener una especie de espacio reservado con todas las protecciones y los beneficios legales disponibles?[15] Creo que durante las siguientes dos décadas veremos a más personas promoviendo la ampliación de la definición de cómo debe verse un matrimonio legal", susurró. Ella entiende que existe mucha gente que se esfuerza por perdurar en una relación monógama y desea que esas personas también tengan el apoyo de un reconocimiento de tipo cultural, en el sentido de que permanecer sexualmente exclusivos a través del tiempo no es fácil ni necesariamente "natural". "La idea de que las personas puedan formar enlaces de pareja de largo plazo y mantenerse excitados sexualmente, el uno por el otro, desde el día uno hasta el día siete mil, no tiene sentido. No se ajusta a ningún modelo psicológico que tengamos acerca de cómo la gente se relaciona con lo habitual con el paso del tiempo." Hizo la observación mientras meneaba la cabeza. "Me atrevo a adivinar que quienes realmente viven, con celo, una relación monógama, constituyen una minoría." Ciertamente, hay cosas qué hacer al respecto: la pornografía, las fantasías y otras estrategias para "condimentar las cosas", murmuró. Pero desde su perspectiva, segura de lo que sabe que excita a las mujeres y lo intensamente que experimentamos el deseo, afirma que la exclusividad sexual "¡es un *trabajal*!" El simple reconocimiento de que las mujeres luchan con la monogamia tanto como lo hacen los hombres —algo implícito en sus años de investigación que prueba que las mujeres no son lo que pensábamos que eran y que en varias cuestiones no son tan diferentes de los hombres— es tan radical como lógico y sustentado en datos científicos.

NO ERES TÚ, SOY YO

Como Chivers, Marta Meana es una investigadora exigente y meticulosa cuyos descubrimientos, no obstante, dan la impresión de ser audaces y liberadores. Cuando me reuní con ella en Montreal, en la misma sala del hotel en que Chivers y yo habíamos platicado, la bajita, energética y formidable castaña se levantó más de una vez para "actuar" algunas de sus ideas. A diferencia de otros investigadores, ella tiene una maravillosa proclividad a las frases pegajosas y a los juegos divertidos cuando habla de su obra (incluso me dejó que tomara una *selfie* de nosotras juntas, como la fanática suya que soy). Pero Meana estudia un tema que no está lleno de satisfacciones y que toma muy en serio. En un estudio cualitativo de 19 mujeres, en matrimonios y en parejas de largo plazo, que ellas describen como satisfactorios, Meana pone énfasis en su bajo nivel de deseo.[16] Lo consideramos un problema típico de las mujeres, lo escuchamos interpretado de cierta manera una y otra vez, con una explicación que por lo general es del siguiente tenor: "¡Claro! ¿Qué esperabas? Los hombres tienen impulsos sexuales más intensos que las mujeres".

Meana no descarta esa posibilidad, pero piensa, con base en su investigación y en su experiencia clínica, que algo más puede estar interviniendo en los hechos. Ha descubierto que la institucionalización de los papeles y la familiaridad de un esposo o de un compañero de largo plazo —el hecho de estar en una relación, fundamentalmente— es desafiante, de manera particular, *para las mujeres*. "Tenemos información abundante que señala que las relaciones de largo plazo son implacables con el deseo sexual, en especial con el deseo sexual *femenino*", me dijo del otro lado de la pequeña mesa en torno a la cual nos sentamos mientras afuera, por un momento, se asomó el sol entre las nubes.[17] Me pidió que pensara cómo, cuando nos vestimos para salir de noche, las mujeres con frecuencia descartamos la opinión de nuestros compañeros de largo plazo. Y no sólo porque nuestros compañeros nos digan que el vestido, en realidad, nos hace ver gordas. "Ellos simplemente no tienen mucha credibilidad. Eres lo único que ellos tienen. ¡Ellos no te ven de la manera en que tú quieres ser vista! Pero ser admirada por alguien que conoces menos, o por un extraño, *eso* tiene consecuencias", sentenció y rió. Algo parecido ocurría con las mujeres con quienes trabajaba, con el sexo y con el deseo sexual, afirmó. Ser deseada por alguien cuyo deseo se da por hecho no proporciona el mismo estremecimiento que sentimos cuando somos objeto de la mirada lujuriosa de un extraño en la calle.

"Las relaciones de largo plazo son implacables con el deseo sexual, en especial con el deseo sexual femenino." Le daba vueltas a la oración en mi cabeza como a una canica ruidosa. No se trataba de un pensamiento cómodo. Después de todo, el trabajo de Meana contradecía prácticamente todo lo que yo había aprendido, desde la infancia, sobre las relaciones entre hombres y mujeres. Para empezar, que las mujeres necesitan la intimidad y la familiaridad para sentirse sensuales. Y, no obstante, intuitivamente el replanteamiento tenía sentido. Pensé en la mujer de poco más de 60 años de edad que, al saber sobre mi proyecto, me dijo con una franqueza que me desarmó: "Quiero tener relaciones sexuales toda la noche. ¡Sólo que no con mi marido!" Y las docenas de mujeres que me habían dado alguna versión sobre lo mismo durante los varios meses de mis conversaciones y mis entrevistas. La mujer que dijo: "Mi matrimonio es muy bueno. Pero pienso en otros hombres todo el tiempo". Y las mujeres comprometidas en relaciones de largo plazo que dijeron: "Quizá simplemente estoy aburrida del sexo", pero después, en el transcurso de la conversación, decían que, si no hubiera consecuencias, realmente les gustaría tener relaciones sexuales con X, con Y o con Z. El trabajo de Meana, y su revisión de la obra de otros, sugiere que estas mujeres podrían ser la norma, no la excepción. En el mismo sentido, un estudio de 2017, de más de 11 000 hombres y mujeres británicos, de 16 a 74 años de edad, halló que las mujeres que vivían con un compañero tenían el doble de posibilidades de perder el interés por el sexo que los hombres con los que cohabitaban.[18] Lo mismo era cierto de las mujeres cuya relación duraba más de un año. "Mudarte con tu novio puede matar su apetito sexual, encuentra un estudio", declaraba un encabezado de *Newsweek*.[19] Una interpretación de lo anterior es que las mujeres son, llanamente, el sexo menos sexual. Otra es que están sufriendo lo que aflige a las participantes en el estudio de Mena: un tipo de languidez sexual del cual podrían ser liberadas si las circunstancias fueran las correctas. Entonces, ya está bien del viejo rumor de que las mujeres tienen que sentirse cómodas y en la intimidad emocional de las relaciones de largo plazo para experimentar su sexualidad, mientras que los hombres no lo requerirían. Ya está bien de que una mujer necesariamente requiere familiaridad de un compañero en quien ella pueda contar para sentirse excitada. Según el cuidadoso análisis de Meana, para su cohorte de sujetos femeninos de estudio que quieren experimentar de nuevo deseo sexual, y de acuerdo con otras investigaciones en la materia, esa misma cercanía y esa familiaridad con frecuencia son el problema (Meana quería asegurarse de que yo entendiera que, hasta ese momento, ella sólo había trabajado con mujeres heterosexuales).

Meana no era la primera ni la única experta que me decía que si bien era factible que los hombres heterosexuales reportaran que estaban sexualmente satisfechos si obtenían relaciones sexuales de sus compañeras de largo plazo, las mujeres, en cambio, eran una historia distinta. "El matrimonio tiende a volver rutina lo que alguna vez fue transgresivo y sensual de formas que son particularmente influyentes en nosotras", explicó; "sobrefamiliarizamos" a nuestros esposos de una manera con la cual luchamos. En una charla que dio, Meana también mencionó que los "acercamientos burdos" (de un esposo o de un compañero que no se molestan en tratar de ser seductores) y el hecho de estar exhaustas del papel de madres y de "ser esposas" —estar a cargo de los deberes domésticos, de esto y de aquello de la vida en pareja— también tendía a echar por tierra el deseo femenino.

Cuando le pregunté si alguna de las participantes en su estudio le había hablado sobre buscar sexo fuera de su matrimonio, Meana negó con la cabeza y explicó que ellas querían tener excitación y satisfacción sexual con sus compañeros de vida. "Pero muchas mujeres que experimentan bajo deseo en sus relaciones de largo plazo saben que si llegaran a salirse de ellas, probablemente su deseo estaría de vuelta… *así*", dijo, chasqueando sus dedos.[20]

Recientemente, Meana ha estado inquiriendo sobre la "autoatención erótica femenina",[21] que suena como a masturbación, pero no lo es. Partiendo de la suposición de que las mujeres estaban llegando a la excitación a partir de su propia sensualidad, tanto o más que la de sus compañeros hombres, le preguntó a un grupo de hombres y mujeres: "¿Les gustaría acostarse con ustedes mismos?" "Claro que sí", dijeron sin titubear, de un modo que llevó a Meana a pensar que, de alguna manera, ya lo habían hecho. Los hombres, por otra parte, en su mayoría ni siquiera sabían a qué se refería. "Existe una forma en que saberse deseadas constituye la excitación sexual más importante para las mujeres", me dijo Meana; "lo cual sugiere que la sexualidad femenina tiene una especie de maravillosa autonomía que pasa inadvertida para la gente la mayor parte del tiempo". Dijo que había titulado "No eres tú, soy yo"[22] el artículo académico que ella y su estudiante de posgrado escribieron sobre el tema y nos reímos por el juego de palabras de la popular disculpa replanteada como una declaración, sin pedida de disculpas, sobre lo que las mujeres quieren y necesitan durante el sexo: verse a sí mismas como sensuales y deseadas. A Meana le gusta referirse a la cultura popular para apoyar sus argumentos y, en ese momento, mencionó la letra de una canción: "Me haces sentir como una mujer natural", y con pronunciación de Shania Twain: "¡Hombre! ¡Me siento como una mujer!" Y Katy Perry cantando: "Pon tus manos sobre mis pantalones ajustados". "¿Qué pasa en las letras de estas canciones? Eres mujer; entonces, por supuesto, te sientes mujer, ¿verdad?", Meana dijo pícaramente. "Pero lo que nos dicen es que, en estas canciones, las intérpretes están más enfocadas en *sí mismas. ¿Lo ves?"*

Para poner a prueba esta hipótesis de que las mujeres se encuentran *sensuales* a sí mismas les hizo otra pregunta hipotética a los participantes hombres y mujeres del estudio: imaginen que están teniendo relaciones sexuales frente a un enorme espejo. ¿Qué tanto tiempo pasan viendo el cuerpo de su pareja y cuánto tiempo pasan viendo el suyo propio? Resultó que las mujeres pasan viéndose a sí mismas mucho más de lo que lo hacen los hombres. En ciertos momentos ocurre casi como si él no estuviera ahí. "Eso no quiere decir que ella no se excite con su compañero. ¡Mis resultados son tan fácilmente malinterpretados!", se apresuró a subrayar.[23] Lo que ella quiere destacar es el elemento independiente de la sexualidad femenina, el hecho de que en sus estudios las mujeres "no están viendo siempre a los ojos de sus compañeros y experimentando la plena trascendencia personal; algunas veces sólo están realmente enfocadas en alguna parte sensual de su cuerpo". O en su propia sensualidad. "La excitación sexual de las mujeres puede depender más de sus relaciones eróticas consigo mismas, en un grado mayor de lo que sucede entre los hombres", resumió. Esto puede ser bueno o malo, dependiendo de cómo nos sintamos sobre nosotras mismas, dice Meana. Pero ahí está esa autonomía sexual y esa autoestima únicas, que exigen que lidiemos con ellas.

Ante la suposición de que las mujeres se erotizan a sí mismas porque han sido convertidas en objetos con frecuencia, enfáticamente Meana mueve la cabeza. "La ideología y el sexo son malos compañeros en la cama", exclama, ya completamente involucrada en el tema. Para ella, hay algo mucho más profundo en acción que la falsa conciencia. Y si fuera falsa conciencia, o narcisismo, bueno, entonces, ¿qué? "Realmente no me importa cómo lo llamemos. Pero en el momento en que tratas de poner la ideología en el sexo —ya sea ideología progresista o ideología conservadora—, ¡el sexo se rebela! El sexo es, por su propia naturaleza, transgresor." Meana no quiere que las mujeres sean juzgadas o presionadas hacia ninguna de las dos direcciones. Lo que le importa es su hallazgo: que, hasta cierto punto, para las mujeres heterosexuales, ellas son su propio objetivo erótico y que, en grado significativo, su excitación sexual emana de sus relaciones eróticas con *ellas mismas*. Aparte de su calidad alucinante, la obra de Meana tiene una multitud de aplicaciones prácticas. Entender lo que excita a las mujeres y ayudarlas a comprenderlo puede cambiar la marea de bajo deseo sexual femenino que afecta a muchos matrimonios, que son tan felices en otros sentidos. Estamos acostumbrados a que las mujeres sean las integrantes con bajo deseo sexual de los matrimonios heterosexuales y de las parejas de largo plazo, pero el trabajo de Meana propone *porqués* sorprendentes no tomados en cuenta antes. Durante su charla en el congreso de la AITS,[24] hizo notar que las mujeres de su estudio parecían tener muy poco sentido de su poder al abordar el asunto del bajo deseo sexual en sus relaciones. Para mí, aquello sonaba a que muchas mujeres se sentían sin esperanza, resignadas a no desear tener relaciones sexuales. Para contrarrestar esto, Meana animó a los terapeutas a ayudar a las mujeres no sólo a tener expectativas realistas sino a asumir un sentido de responsabilidad y de posesión de su propia excitación sexual. Al tomar notas, me imaginé un súbito repunte en la venta de grandes espejos y su instalación en las recámaras. Consideré que, si ese fuese el legado de Marta Meana, se trataría de uno muy bueno.

LA "SOLUCIÓN A LA INFIDELIDAD"

Como Chivers y Meana, Alicia Walker —una profesora de sociología de la Universidad de Missouri— realiza una investigación que nos obliga a repensar no sólo la sexualidad femenina sino también nuestras creencias más elementales y queridas sobre lo que las mujeres son y hacen, lo que quieren, cómo se comportan y el papel que tiene el contexto en todo ello.[25] En su amplia revisión de estudios sociológicos y psicológicos sobre la infidelidad femenina, y de su propio estudio de 46 mujeres que usaban la página Ashley Madison antes de su ruin *hackeo* y cierre en 2015 ("La vida es corta. Ten una aventura", proponía el lema de la empresa), Walker hace estallar varias de nuestras más enraizadas ideas sobre la infidelidad femenina: que las mujeres son infieles sólo cuando son infelices en sus matrimonios; que, a diferencia de los hombres, ellas buscan conexión emocional, y no sólo placer sexual, de sus aventuras, y que, como el personaje de Diane Lane en *Infiel*, quien literalmente cae, se raspa la rodilla y de ese modo atrae la atención del hombre con el que, después, tiene encuentro candente tras encuentro candente, las mujeres "sólo" se tropezarían con sus aventuras.[26] Para el segmento de población del estudio de Walker no se trata de haber bebido de más en una fiesta de oficina y después, de alguna manera, acostarse con un compañero de trabajo. "Estas mujeres no sólo estaban cayendo en la situación o buscando *compañía*", me dijo Walker llanamente cuando hablamos por teléfono, una mañana después de que había dejado a su hija en la escuela.[27]

Walker, que tiene pelo rubio, le gusta el lápiz labial rojo y habla con un leve acento sureño, está plenamente consciente de que sus hallazgos socavan ciertos estereotipos familiares. También es consciente de la profunda incomodidad que esto puede provocar. Más de una vez me dijo que esperaba que los lectores del libro que escribió, basado en su estudio sobre la infidelidad femenina, *La vida secreta de la esposa infiel*, no le dispararan al mensajero, al percatarse de que las mujeres que cometen infidelidad son muy diferentes a las de los clichés con los que nos reconfortamos sobre ellas. Pero la firma en sus mensajes de correo electrónico tiene una cita del sociólogo francés Pierre Bourdieu, que ella misma encarna: "Mi objetivo es contribuir a evitar que las personas sean capaces de expresar toda clase de tonterías sobre el mundo social".[28] Walker quería que yo supiera que las mujeres que entrevistó eran divertidas, inteligentes, perspicaces y, sobre todo, le daban la impresión de ser muy normales. Tenían trabajos sencillos y les gustaba ser madres, entablar conversaciones amigables con sus vecinos y, en algunos casos, ir a la iglesia.

Y también estaban decididas a tener aventuras.

"Las mujeres que estudié ingresaron a la página [de Ashley Madison]. Crearon un perfil. Entraban a ver si tenían mensajes. Revisaban a los candidatos. Y los veían en persona. Después los 'audicionaban'. Se trataba de un proceso muy *intencionado*", destacó Walker. Lo emprendieron, le dijeron, porque querían encontrar compañeros para tener relaciones sexuales. La mayoría de las participantes en su estudio, que iban de 24 a 65 años de edad, reportó que eran parte de matrimonios sin sexo, o sin orgasmos, y le dijeron a Walker que simplemente querían y necesitaban lo que no podían tener en casa. Pero quizás lo más sorprendente que la mayoría de las mujeres de la muestra de Walker reportaron fue que, aparte de eso, estaban felizmente casadas o emparejadas y que *esas aventuras eran, para ellas, una manera de mantener sus relaciones más importantes*. No estaban tras una estrategia de salida o tras un nuevo esposo. No buscaban compañía ni conexión emocional. Querían ofrecer solución a un dilema: se sentían incapaces o carecían de la decisión para terminar con sus matrimonios o sus relaciones sin sexo, o sexualmente insatisfactorias, pero, al mismo tiempo, deseaban tener buen sexo. Después de años de insatisfacción, o de privación sexual, y batallando para mantenerse monógamas, las mujeres, que se describieron a sí mismas, en otros sentidos, como muy comunes, decidieron hacer algo al respecto. Erica, de 46 años de edad, casada, dijo: "Un día simplemente estaba harta. De verdad me gustaría poder recordar exactamente qué me hizo buscar en línea a 'alguien', porque ese comportamiento no parecía ser de una persona como yo en absoluto".[29] Regina, de 38 años, también casada, añadió: "Hice mi mejor esfuerzo para sólo irla pasando. Me contuve tanto como pude. Y cuando me di por vencida, me pregunté por qué me había tardado tanto en hacerlo".[30] "La falta de sexo me enloqueció", le dijo simplemente Tiffany, de 47 años de edad, a Walker.[31] "Finalmente [después de varios años sin sexo] decidí que merecía satisfacer mis necesidades", sostuvo Georgie de 53 años.[32]

Y una vez que habían cruzado la línea, se concentraban; no eran sentimentales y eran muy astutas y discretas para encontrar compañeros para lo que Walker llama "relaciones simultáneas".[33] Avery, de 45 años de edad, explicaba lo que buscaba en un "compañero externo" y cómo examinaba a los candidatos: "Les preguntaba sobre el tamaño de su pene, acerca de su disponibilidad, sobre qué clase de vínculos buscaban y qué les gustaba hacer durante el sexo. Y eso era nada más en el primer mensaje".[34] Heather, de 43 años, comprometida en una relación, le dijo a Walker: "En un 'compañero externo' quiero, esto suena superficial, un pito grande, resistencia, conocimiento de la anatomía femenina y discreción".[35] Las mujeres también tenían "reglas de involucramiento" claras. Evitaban a los hombres que parecían tener necesidades emocionales o que parecían querer establecer relaciones más que encuentros. Tenían relaciones primarias complicadas y querían mantener sus aventuras sencillas y exclusivamente sexuales. "Lo quiero [el pene] pero no las complicaciones que conlleva", le explicó Trudy, de 33 años, a Walker.[36] "Me identifico fuertemente con una perspectiva del sexo despojada de sentimentalismos', dijo Priscilla, de 37 años.[37] Hallar a un hombre que tuviera claros esos límites constituía un propósito importante para estas mujeres. Heather señaló: "Trataba de encontrar hombres que no fueran dependientes y que sólo quisieran buen sexo".[38]

Si las cosas comenzaban a ponerse serias, o incluso si el sentimiento de regocijo de permanecer en una nueva relación de tipo sexual se desvanecía, las mujeres terminaban la aventura sin remordimiento aparente y buscaban *otro* "compañero externo". ¿Y si un hombre se describía engañosamente a sí mismo? Walker rió y dijo: "Uy, ¡ellas no se sentían compungidas cuando tenían que despacharlos si no eran lo que habían prometido!"[39] Habían elegido a un esposo, o a un compañero de vida, que no las satisfacía sexualmente, y no iban a cometer el mismo error en sus aventuras. ¿Por qué no simplemente terminaban sus matrimonios? La mayoría de las veces porque hacerlo no era nada sencillo. Las mujeres le confesaron a Walker que no querían divorciarse por diversas razones. Varias afirmaron que amaban a sus esposos y no querían lastimarlos. Salvo por la falta de sexo, o el sexo insatisfactorio, disfrutaban sus vidas en común. Otras sostuvieron que no querían causar inestabilidad en las vidas y las rutinas de sus hijos. Otras aseveraron que divorciarse era muy costoso y muy complicado.

Sus relaciones simultáneas eran pragmáticas y discretas; más bien, ingeniosas para permanecer, en la superficie, como buenas esposas y compañeras mientras obtenían el sexo que necesitaban, por no mencionar la alta dosis de novedad, de variedad y de excitación. Como explicó Darcy, de 48 años de edad, después de mucho tiempo de vivir privada de sexo: "Algo de la diversión… [consiste en] probar diferentes partes del menú que una normalmente no pediría".[40] Jordan, de 34 años, dijo: "Busco esa sensación de cuando uno conoce a alguien por primera vez… cuando tu estómago se mueve y cada vez que te tocan es como si te salieras de ti misma".[41] La mayoría de las mujeres expresaron sentirse culpables, me dijo Walker, pero ninguna estaba tan arrepentida como para dejar de tener esas aventuras. De hecho, varias descubrieron que les gustaba ese estímulo a su autoestima, ese empoderamiento y la satisfacción sexual que les proprocionaba una compañía exterior.[42] En muchos casos, sostenían relaciones sexuales con varios compañeros al mismo tiempo, para no estar sujetas a los caprichos o a la agenda de un solo "compañero exterior". Estas mujeres, como las damas de un *film noir*, eran calculadoras y poco sentimentales y abordaban la situación desde todos los ángulos. Walker describe las compañías externas de estas mujeres como "relaciones de utilidad sexual".[43] Su único objetivo era su propio placer. "Eso es muy diferente de todas las otras relaciones de su vida", observó Walker, y añadió: "La cantidad de poder y libertad que ejercen las mujeres sobre sus compañías externas es mucho mayor de la que las vemos aplicar en sus propios matrimonios".[44]

Walker afirma que, de manera muy inventiva, estas mujeres estaban creando un espacio en el que podían satisfacer sus necesidades evitando los estigmas, las inconveniencias, el esfuerzo financiero y el dolor emocional de un divorcio. Ella llama "solución a la infidelidad"[45] a la estrategia de estas mujeres, una manera de comerse el pastel y seguir teniéndolo, simultáneamente. Por supuesto, las mujeres de la muestra de Walker estaban asumiendo riesgos muy grandes. Si sus esposos se hubieran enterado de sus infidelidades los matrimonios que estaban tratando de preservar seguramente habrían llegado a su fin (como a las mujeres que usaban Ashley Madison no se les pedía que proporcionaran tanta información como a los hombres, no fueron afectadas por el *hackeo* de 2015). Ellas sabían que era muy probable que las pusieran en vergüenza y las rechazaran en sus comunidades si hubieran sido descubiertas. En la misma página con frecuencia eran objeto de la ira masculina y de sus venganzas, por dar fin a un vínculo, o incluso por no responder un mensaje después de recibir una invitación para establecer una relación sexual. "De cualquier manera, eres un cerdo a quien nadie se cogería", escribió un hombre a una mujer (que no había publicado su fotografía) cuando ella no respondió a su aproximación virtual.[46] Algunas veces los hombres también dejaban información en la sección de comentarios de los perfiles de las mujeres, sugiriendo falsamente que se habían acostado con ellas y calificando la experiencia de manera negativa, en represalia por no responderles. Avergonzar a las mujeres calificándolas como putas aparentemente es una práctica que existe incluso en los lugares donde los hombres y las mujeres se reúnen para ser infieles. Era común que hubiera ese tipo de consecuencias, simplemente por interactuar en la página y ejercer el derecho de no conectarse con los hombres que lo deseaban, le dijeron las mujeres a Walker.

Pero las participantes en el estudio querían sexo, de manera que estaban dispuestas a asumir todos esos riesgos. Habían hecho los cálculos y considerado sus opciones: ser infieles por buscar satisfacción sexual y aceptar el riesgo que eso conllevaba; no ser infieles y seguir viviendo sin sexo satisfactorio, o sin sexo en absoluto; ser abiertamente no monógamas y arriesgarse casi con certidumbre a algún estigma en sus comunidades y al rechazo de sus maridos, incluyendo, posiblemente, el divorcio; pedir el divorcio y, con ello, según palabras de una mujer, "desmantelar mi vida y romper el corazón de mi marido, además del mío".[47] El divorcio podía significar problemas de custodia, dificultades financieras y pérdida del apoyo social y familiar. Según Walker: "Estas mujeres no estaban dispuestas a jugar a los dados por segunda vez y arriesgarse a obtener un resultado menos bueno que el que tenían en ese momento".[48] Ellas buscaban, de manera eficiente, lo que querían y subvertían el guión tradicional acerca de que a las mujeres no les importa o no necesitan sexo, de la misma manera como lo hacen los hombres, y de que las mujeres que tienen aventuras se enamoran e inevitablemente "destruyen sus matrimonios" porque "las que tienen aventuras desean conexión emocional, no sexo". Como dice Walker: "Estas mujeres disfrutaban el tiempo que pasaban con sus 'compañeros externos', pero no se quedaron suspirando por ellos para que llegaran en un caballo blanco y se las llevaran lejos, hacia el atardecer". Los sujetos de estudio de Walker desafían casi todas las nociones que hemos recibido sobre la sexualidad, la fidelidad y la motivación femeninas.

Walker reconoce que su muestra era relativamente pequeña y que no pretendía ser representativa. El estudio, no obstante, coincidía con hallazgos de una investigación piloto que realizó en 2014. "No soy una lesbiana, sólo soy extraña" pretendía explicar las experiencias y las motivaciones de un grupo de 34 mujeres que se asumían monógamas y estaban casadas con hombres que utilizaban internet para buscar encuentros sexuales con otras mujeres.[49] Estos sujetos de estudio, femeninos, se identificaban como heterosexuales, pero anhelaban la variedad y la novedad de una compañera sexual del mismo sexo, nueva, y sólo por una vez. Y actuaban en consecuencia. No buscaban compañía, ni una relación, ni conexión emocional. No creían que fueran "realmente" gay o bisexuales. Más bien se describían a sí mismas como personas que tenían apremiantes urgencias, imposibles de clasificar. Eran "extrañas", según su propia manera de hablar, un término que subrayaba el grado de conciencia que tenían acerca del estigma que podían enfrentar si sus prácticas fueran conocidas. Y por eso se mantenían "encubiertas", como lo describió una participante en el estudio.

Los hallazgos de Walker también están apoyados por amplios datos provenientes de investigaciones sociológicas, de psicología social y sobre sexo. Numerosos estudios, por ejemplo, demuestran que tanto hombres como mujeres sostienen aventuras incluso cuando no hay una percepción clara de insatisfacción en su relación principal.[50] Otro sugiere que cuando se les garantiza una experiencia placentera, sin riesgos, las mujeres son tan propensas como los hombres a mantener relaciones sexuales casuales[51] y que eligen a sus potenciales parejas con base en el atractivo sexual, tan recurrentemente como lo hacen los hombres.[52] Estudios de 1997 y 2018 no hallaron diferencias en los porcentajes de no exclusividad en hombres y mujeres de menos de 40 años de edad.[53] Y aunque los primeros superan en número a las segundas en las páginas de internet de quienes buscan compañeros fuera de su relación de pareja, es más factible que las mujeres acudan al encuentro para tener relaciones sexuales. Los hombres arman sus perfiles; las mujeres llegan hasta las últimas consecuencias.[54] Los datos sugieren que las 80 mujeres que estudió Walker, cuyo comportamiento es posible que muchos consideren escandaloso, incluso reprobable, por no decir profundamente "no femenino", están lejos de ser excepcionales.

Los hallazgos de Chivers, Meana y Walker apuntan a posibilidades que son a un tiempo liberadoras e inquietantes. ¿Qué tal si son las mujeres, y no los hombres, quienes encuentran especialmente difícil la monogamia? ¿Qué tal si las mujeres son, comparativamente, el sexo decadente, que se asfixia en el seno de las relaciones de exclusividad sexual, mientras que los hombres, en suma, son más dóciles en ellas? Si la rutina del sexo, y la institucionalización de los roles en una pareja de largo plazo, nos ahogan de una forma en que no lo hacen a los hombres; si las mujeres también ansían variedad y novedad de experiencias y compañeros sexuales, quizá incluso más que los hombres; si la excitación sexual de las mujeres es autónoma y está desconectada de sus compañeros de modos esenciales, más que ser dependientes de mirar profundamente a los ojos a un alma gemela; si las mujeres que se describen a sí mismas como felizmente casadas están teniendo aventuras y no lo hacen por gratificación emocional sino sexual, entonces casi todo lo que se ha enseñado a las mujeres sobre sus seres sexuales es patentemente falso. Es como si Walker, Meana y Chivers fueran prestidigitadoras increíblemente hábiles que jalaran el mantel de la mesa por debajo de lugares perfectamente establecidos, mientras nosotros nos quedamos maravillados de que nuestras vidas, los cubiertos de plata y los platos, permanecen milagrosamente sin perturbación alguna.

Había oído que las mujeres, y no los hombres, eran quienes encabezaban el movimiento poliamoroso. Así lo afirma gente como Mark Kaupp y otros partidarios y expertos en poliamor, incluyendo a Mischa Lin, cofundador de Open Love NY; el experto en no monogamia consensual y psicólogo clínico David Ley, y practicantes del poliamor que conocí en mesas redondas y en actividades sociales organizadas para lo comunidad poliamorosa. Tienden a ser las mujeres, me dijeron de manera repetida, quienes dicen a sus compañeros que desean tener matrimonios y relaciones abiertas o una vida sexual y romántica que no esté atada a la pareja. En las relaciones son las mujeres, no los hombres, quienes son más radicales en esta reciente reorganización de nuestras intimidades.

Entonces empecé a creer que mujeres como aquellas con las que trabajó Meana podrían estar encabezando un movimiento social. Pero ese movimiento no tiene consignas, pues las mujeres lo dirigen desde el asiento trasero, con una voz silenciada de descontento, simplemente por no tener relaciones sexuales en sus relaciones de largo plazo. En síntresis, estas mujeres están en huelga. Ellas están diciendo: "No voy a hacer esto". No porque no les guste el sexo, ni porque no amen ni se preocupen por sus compañeros, sino porque el mismo viejo sexo, con la misma vieja persona, no está funcionando para ellas. Más que arrojarles Viagra femenino a estas mujeres, ¿qué tal si mejor les decimos la verdad? ¿Que es normal que las mujeres se aburran? ¿Que es normal desear tener relaciones sexuales de muy diferentes maneras y con muchos compañeros distintos? ¿Y que las mujeres también, y quizá particularmente, tienen mentes, corazones y cuerpos infieles?

En este caso, las mujeres que rechazan la monogamia no son patológicas e incomparables y diferentes de nosotras. Son, más bien, versiones de nuestros seres más profundos, ejemplos de autonomía, quizá incluso maestras con valiosas lecciones que impartir. ¿Qué tal si consideramos la idea de que la adúltera de Alicia Walker —así como las de los *film noir* y las de las novelas de los siglos XIX y XXI, las que viven como cazadoras y recolectoras en Botsuana y son pastoras nómadas en Namibia, las que están casadas con hombres y van a fiestas de sexo sólo para mujeres en Nueva York, Londres y Shanghái— quizá sea capaz de mostrarnos el camino? ¿El camino a parejas que ofrezcan más satisfacción y que aumenten nuestra autoestima e incluso nuestra felicidad? Por decir lo menos, esto iría en contra de todo lo que se nos ha enseñado y en contra de mucho de lo que sentimos. Pero yo he hecho el voto de considerar, al sentarme a platicar con dos mujeres que llamaré Sarah y Annika, que quizá no sean sólo vendedoras de relatos pedagógicos sobre la infidelidad y sus costos, sino sherpas de cierto tipo, guías con conocimiento íntimo de un terreno fascinante, arrebatador y potencialmente incierto, pero a fin de cuentas muy gratificante.

Sarah y Annika viven a pocos pueblos de distancia una de la otra, pero sus experiencias acerca de la infidelidad parecen separadas por continentes. Sin embargo, las dos muestran con intensidad en sus vidas los hallazgos de Chivers, Meana y, especialmente, Walker, enseñándonos la manera tan apremiante en que algunas mujeres desean sentir excitación sexual, los riesgos que están dispuestas a asumir para buscarla y el precio que pueden pagar, incluso en nuestra sociedad ostensiblemente ilustrada, cuando aprovechan la oportunidad. Principalmente, las historias de Sarah y Annika subrayan la interacción de la sexualidad femenina y su contexto —la cultura en que viven las mujeres, las compañías que tienen, las circunstancias materiales de sus vidas— y da pie a la pregunta: ¿qué tan libres somos, en realidad, si no somos autónomas sexualmente? ¿Qué tan real es nuestra autodeterminación si ejercerla lo impide el hecho de "pertenecer" a un hombre? ¿Y qué tan profundamente, y sin reflexión, seguimos aceptando como "naturales y correctas" ciertas ideologías que nos mantienen obedientes, en el mismo lugar (si bien quizá no siempre de buena gana)? Concretamente, que la feminidad tiene que ver con contención, con ser deseada más que con desear, con que las buenas madres y las mujeres son asexuales, con que quienes se salen de esos cánones son esencialmente no femeninas, mientras que los hombres, que son lo contrario, aumentan su masculinidad, incluso si los juzgamos negativamente. Annika y Sarah intentaron escapar de estas creencias.

CAPÍTULO TRES
¿Qué tan libres somos?

Sarah, una gerente de activos financieros, decidida, no dispuesta a los disparates, de poco más de 40 años de edad… es sorprendentemente vulnerable cuando uno ha traspasado su meticulosa fachada de habilidad extrema. Parecía anhelante cuando nos sentamos en un merendero cerca de su oficina.[1] Nos habíamos conocido varios meses antes, y cuando le conté sobre mi proyecto me dijo que le gustaría contarme su historia, explicándome que esperaba que hacerlo pudiera ayudarla a entender lo que pasó. Pero al final fue Sarah la que me ayudó a mí a entender muchas cosas. Su historia nos reta a repensar lo que significa ser mujer, tener autodeterminación y considerar el conjunto de factores que, en Estados Unidos, presentan a una mujer, más que con opciones reales, con toda una serie de falsas alternativas cuando se trata de negociar —con nosotras mismas y con el mundo— cómo seremos sexualmente.

Sarah había estado casada, durante casi una década, cuando conoció a Paul, una noche, en un restaurante a una gran distancia de la ciudad que ella llamaba su hogar. Los dos se hallaban en viajes de negocios. Sarah y Paul descubrieron que vivían a pocos kilómetros el uno del otro, que tenían hijos de más o menos la misma edad que habían ido a la misma escuela. Se dieron las buenas noches cuando el compañero de trabajo de Sarah llegó. Paul le envió un mensaje de correo electrónico al siguiente día. Al leerlo, Sarah sintió una emoción que no había experimentado en muchos años. El mensaje era intrascendente, pero, me dijo, "el hecho de que él, al ponerse en contacto, me dijera, fundamentalmente, que estaba interesado en mí… era excitante".

Sarah tiene tres hijos y describe su matrimonio como una relación infeliz. Sentía que su esposo "a veces era como otro hijo, más que una pareja", según su perspectiva. Su vida sexual era lánguida. Parecía, dijo Sarah, que "había caído en la rutina, pero bien…" Pronto, ella y Paul se enviaban mensajes varias veces por semana y después diariamente. Comenzaron a mandarse mensajes de texto a sus teléfonos. Las cosas se volvieron íntimas muy rápido: detalles sobre sus hijos, su trabajo, sus días y sus noches, dando paso, naturalmente, a confidencias. Él estaba en tratamiento por una depresión. Ella se sentía estancada en su carrera. Cada mensaje de correo electrónico y cada mensaje de texto a sus teléfonos los unía más. Se reunieron varias veces para comer. Sarah me explicó, mientras miraba fijamente la mesa de formica, por qué comer con él "parecía seguro y amistoso; no era inocente, pero podía decirme a mí misma que era algo abierto".

Sarah se infatuó por el encanto y la facilidad de entrar en confianza con Paul, así como por su interés en ella. Él era el primer hombre que había encontrado, en años, que realmente parecía sentir curiosidad por su persona, que le hacía preguntas sobre ella, sobre su vida, sobre sus ideas… Y que parecía fascinado por sus respuestas. "Al estar cerca de él me sentía como alguien a quien valía la pena conocer", lo describió ella. "Me sentía deseada y excitante. Mientras que con mi esposo… no había misterio o…" Buscó la palabra correcta y después dijo: "descubrimiento". Sarah quería ser descubierta. Quería ser nueva para alguien y estar con alguien nuevo. También quería saber todo sobre Paul. "Me enamoré de él intensamente", explicó de manera sencilla, removiendo las gotitas de condensación de su vaso.

Después de varios meses de verse, Paul y Sarah decidieron tomar cartas en el asunto de su mutua atracción. Se pusieron de acuerdo para encontrarse en un hotel una tarde. Sarah se arqueaba de energía erótica la semana previa a su cita, se sentía exuberante en su trabajo y en su casa pensaba sobre lo que ella y Paul podrían hacer. Pero también era un manojo de nervios y se sentía enormemente culpable. "Tenía una voz en mi cabeza que me decía: 'Esto está mal y lo sabes'". De cualquier manera, dijo Sarah, por razones que no podía expresar de manera precisa, sentía que merecía seguir adelante debido a la atracción que experimentaba por aquel hombre. Quizás sentía que había cuidado no sólo a sus hijos, sino también a su esposo durante muchos años. Quizás juzgaba que trabajaba mucho y pensaba que merecía algo de diversión. Quizás aquello era simplemente curiosidad y lujuria. Lo que sea que haya motivado a Sarah a atreverse, le permitió justificarse ante sí misma: "Probablemente fui la mejor esposa y la mejor madre, lo que sea que eso signifique, durante los días previos a mi encuentro con Paul". Hizo una pausa, pensó por un momento, y después explicó: "Me sentía feliz y deseable… Esa es la mejor manera como puedo describirlo". Y estar en las nubes al ser deseada por Paul la alivió parcialmente de la frustración de su matrimonio y de las angustias del día a día de ser madre.

Pero, me confesó Sarah, moviendo la cabeza, no se había atrevido a cruzar la línea en el momento en que los dos estuvieron solos. Sencillamente se sentía muy nerviosa y culpable. Cuando empezó a llorar, Paul le dijo que no se preocupara y pareció entender su ansiedad de sostener relaciones sexuales. Sin embargo, a final de cuentas, él se sintió herido y rechazado —conjeturó ella después de aquel suceso—, o quizá simplemente se molestó, porque después cortó cualquier contacto con Sarah.

Dos años después, ella todavía lo extrañaba en su buzón de correo electrónico y en su vida. Y todavía estaba tratando de entender por qué se sentía tan despojada si lo que había tenido con Paul había sido casi "sólo" una relación en línea. ¿Por qué, exactamente, se preguntaba, no había sido capaz de consumar su conexión íntima con él? "Creo que todavía tenía algo de esperanza sobre mi matrimonio", supuso mientras removía su café. Eso parecía comprensible y prudente. Pero Sarah lo tenía claro: se arrepentía de no haberse acostado con ese hombre casado, mientras ella estaba casada. Había sido buena y se sentía mal. Si hubiera tenido que hacerlo todo de nuevo, se habría atrevido a hacer lo que había pensado que estaba mal.

Sarah está lejos de ser la única mujer, con quien hablé durante el curso de la investigación para este libro, que ponderó esta contradicción aparentemente ineludible y fundamental: al hacer lo que se supone que es natural para una mujer —rechazar el sexo fuera de la monogamia o del matrimonio— se sentía profundamente arrepentida y experimentaba un gran resentimiento por lo que sentía como el gran sacrificio que había tenido que hacer. Nuestro guión social, profundamente enraizado, sobre la reticencia sexual femenina, conduce a que mujeres como Sarah no obtengan reconocimiento alguno por ejercer el autocontrol y la abnegación pues, después de todo, se supone que ellas ni siquiera lo desean, ya que el guión persiste justo al lado, y a pesar, de himnos asertivos[2] sobre la autonomía sexual femenina en CupcakKe, en artículos de *Cosmopolitan*[3] sobre cómo obtener lo que quieres en la cama y episodios de *Veep*[4] en los cuales la mujer presidente tiene relaciones sexuales cuando le da la gana, "como un hombre". Es como si no hubiera espacio en nuestra cultura para lo que Sarah necesita. Nos sentimos mucho más cómodos con la narrativa de la mujer que se arrepiente con cada molécula de su ser de haber tenido una aventura o cuya vida fue destruida, o casi destruida, por una —Emma Bovary, Anna Karenina, Patty Berglund—, de lo que nos sentimos con la narrativa de la mujer que se arrepiente de *no* haber tenido la aventura. O de la que tiene poco, o carece, de arrepentimiento. O de la que simplemente rechaza la monogamia *a priori*. O de la que tiene dificultades para mantener relaciones de largo plazo. Hace más de un siglo y un cuarto, la precoz creación de Ibsen, Nora Helmer, se alejó de su vida entera en nombre de la autonomía y el respeto por sí misma en *Casa de muñecas*, y la inescrutablemente compleja Hedda Gabler se suicidó, antes que ser expuesta a un escándalo que involucraba a un antiguo amante. Hace casi medio siglo, la píldora fue legalizada para las mujeres solteras, separando el sexo y la reproducción, así como el sexo y el matrimonio.[5] Poco tiempo después, Isadora Wing ansió y buscó la aventura sexual, pura y perfecta, en *Miedo a volar*.[6] Pero en la actualidad hay Sarahs que en todas partes exponen la base de mentiras en que sigue descansando mucho de lo que queremos: la idea de que las mujeres saludables no tienen deseos tan intensos como los de los hombres, que no anhelan más de lo que tienen, lo que implica que de alguna forma es menos probable (por no mencionar *fundamentalmente con menos derecho a*) que ellas actúen con base en ese anhelo, cuando se han comprometido con alguien.

Considera esa afirmación a partir, nada menos, que de ese árbitro de las ideas científicas comunes que es PsychologyToday.com, cuando uno de sus artículos proclama: "Es oficial: los hombres son más calientes que las mujeres".[7] El texto intenta demostrar que las mujeres "no son tan impulsadas por necesidades y ansias tan intensas como los hombres" porque supuestamente se masturban menos y tienen fantasías sexuales con menor frecuencia (algunos datos contradicen estas aseveraciones).[8]

El artículo, como muchos textos de su tipo, se refiere a un estudio realizado por la Universidad Estatal de Florida entre 1978 y 1982 que descubrió que era menos probable que las mujeres aceptaran tener relaciones sexuales a propuesta de hombres atractivos a quienes no conocían, que los hombres a quienes se lo proponían mujeres atractivas extrañas.[9] Pero como ya han señalado los críticos de esta investigación, es más probable que las mujeres sean asesinadas por desconocidos, con quienes tienen relaciones sexuales, que los hombres.[10] Si no son asesinadas, es más probable que queden embarazadas, que se contagien de una enfermedad venérea, que no tengan un orgasmo, que las insulten, que sus vecinos las miren con resquemor e incluso que sus amigos se enteren que han mantenido sexo casual.

El contexto es todo. Si a las mujeres se les dijera: "Imagina que este hombre te propone tener relaciones sexuales y que no hay posibilidad de que te asesine; tampoco es posible que sea un idiota, está garantizado que tendrá suficiente habilidad para provocarte un orgasmo, no vas a quedar embarazada ni adquirirás una infección o una enfermedad y tu mamá nunca lo sabrá, ni tampoco otra persona de tu escuela o de tu vecindario. Después, él no hará comentarios despectivos sobre tu cuerpo, ni divulgará chismes; te enviará mensajes de texto después, o no; querrá verte de nuevo, o no… dependiendo de lo que tú quieras que él haga". Y así por el estilo. Estas son el tipo de condiciones que tendríamos que crear para tener una idea precisa acerca de cómo es el deseo sexual de una mujer, en circunstancias que le permitan sentirse con el derecho a admitir que tiene un impulso sexual. Hasta que exista ese tipo de encuestas, debemos tomar en cuenta que lo más probable es que estemos midiendo sólo la disposición de los hombres a admitir que ellos son sexuales, comparado con la disposición de las mujeres a hacer lo mismo. ¿Adivina quién gana el concurso?

DIVORCIO Y DOBLE ESTÁNDAR

Algunos estudios sugieren que es más probable que los hombres se divorcien de sus esposas cuando descubren que ellas han sido infieles, a que lo hagan las esposas que descubren que ellos se han atrevido a serlo.[11] Otros expertos aseguran que la infidelidad femenina puede ser especialmente destructiva para un matrimonio o una pareja.[12] Estos hallazgos tienen sentido cuando los consideramos según el doble estándar de género que ha prevalecido en las cuestiones de las relaciones sexuales al margen de la pareja.

Junto con la vida, la libertad y la búsqueda de la felicidad, el doble estándar sexual es uno de los conceptos fundantes de nuestro país. En *Lo mejor de sus vidas*,[13] una historia de la colonia de Plymouth, Patricia Scott Deetz y James Deetz afirman que en ese lugar los peregrinos labraron su subsistencia y sus vidas piadosas por primera vez, y las sanciones contra el adulterio eran muy severas. En el primer código legal escrito, en 1636, anotan, el adulterio era un crimen capital, punible con la muerte (aunque nadie fue ejecutado por adulterio en Plymouth, pero la colonia de la Bahía de Massachusetts asumió una posición más dura y se ejecutó a tres personas por esa ofensa).[14] En 1658 se decretó que los adúlteros podían contar, al menos, con ser azotados y forzados a portar las letras mayúsculas *AD* cosidas a sus ropas.[15]

Los Deetz nos cuentan que cuando Mary Mendame de Duxbury, esposa de Robert Mendame, fue acusada de tener relaciones sexuales con el "indio" Tinsin, en 1639, fue azotada, forzada a usar una *AD* en su ropa y se le advirtió que si no cumplía con esta última disposición se le marcaría en la cara.[16] (Tinsin, como Mary, fue azotado, pero en el lugar en que se cometió el acto.) Si Mary hubiera sido Mark, qué diferentes habrían sido las cosas. Porque en las colonias de este periodo del siglo XVII un hombre, incluso si estaba casado, podía tener relaciones sexuales con mujeres solteras y ser acusado del crimen de fornicación, de consecuencias menores. Esto era punible ya fuera por azotes o por tres días de prisión y una multa de 10 libras.[17] Pero tener relaciones sexuales con una mujer casada era adulterio: "El adulterio era visto como el rompimiento del lazo matrimonial por el hecho de que la mujer estaba casada. El esposo no estaba limitado de la misma manera".[18] Tener relaciones sexuales con la esposa de otro hombre violaba no sólo las creencias morales sino también sus derechos de propiedad, explican los Deetz. (Si bien algunos historiadores sugieren que la creencia tenía su origen en la Europa medieval, como veremos, era mucho más vieja.)[19] Como propiedad, mujeres como Mary Mendame no sólo estaban al amparo de sus esposos sino de la comunidad. Sus ofensas eran contra sus maridos, contra Dios, contra la ley y contra el orden establecido. Y un hombre que ofendía con ese tipo de mujeres violaba más que su voto individual de ser bueno y atentaba contra su propia esposa, si la tenía: pisoteaba todas las posesiones de su vecino y degradaba el contrato social. Pero, independientemente de si estaba casado o no, de alguna manera era más libre para gratificarse. De muchas formas Mary no habría sufrido las consecuencias de sus actos si no hubiera habido un doble estándar.

Cerca de 200 años después, Richard von Krafft-Ebing se sintió impulsado a justificar el doble estándar sexual en su *Psychopathi Sexualis*, que se convertiría en un motivo de orgullo puritano. "La infidelidad de la esposa, comparada con la del esposo, es moralmente de mucho mayor peso y siempre debe ser enfrentada con castigos severos por la ley. La esposa infiel no sólo se deshonra a sí misma, sino también a su esposo y a su familia, por no hablar de la posible falta de certeza sobre la paternidad de sus hijos".[20] Esas simulaciones se volvieron parte de nuestra vida y aún vivimos a la sombra de la creencia de que una mujer que es infiel con un hombre es mucho más indigna y su acción es imperdonable.

Cacilda Jethá, psiquiatra y coautora, con Christopher Ryan, del libro, éxito de ventas que rompe las reglas, *En el principio era el sexo*, me contó una historia que ejemplifica la dificultad del doble estándar y su habilidad para florecer en diferentes ambientes.[21] Mientras cenábamos, durante una noche de otoño, Jethá —que tiene el porte de una bailarina y habla seis idiomas con lo que sólo puede ser descrito como animada elegancia— hizo un recuento sobre cómo, durante el inicio de su carrera, realizó un estudio sobre VIH, transmisión y prevención de infecciones sexuales en Marracuene, un distrito del sur de Mozambique. Su trabajo, financiado por la Organización Mundial de la Salud, en coordinación con el Ministerio de Salud del gobierno, incluía entrevistas tanto a hombres como a mujeres sobre sus prácticas sexuales, es decir, con frecuencia, sobre sus enredos fuera de la pareja. "Ya que estaban comprometidos —dijo Jethá— en la región era común que los hombres se fueran y trabajaran en las minas, para ganar dinero con el fin de sufragar sus bodas y su vida matrimonial. Durante ese largo periodo de ausencia, las mujeres que estaban comprometidas en matrimonio con frecuencia tenían aventuras. Era algo bien conocido. Y como era una creencia arraigada que las mujeres no debían tener relaciones sexuales durante dos años después de que nacía su bebé, en ese periodo era común que los hombres mantuvieran relaciones sexuales fuera del matrimonio." A pesar de la cultura relativamente abierta en torno de estas prácticas, Jethá señaló muy pronto una asimetría sobre la forma en que sus entrevistados hablaban acerca de sus infidelidades. "Los hombres eran mucho más audaces. ¡Mucho más!", aseveró Jethá, moviendo la cabeza. "Por su parte, las mujeres eran *muy* renuentes a hablar al respecto. Era necesario preguntarles de varias maneras distintas. Notoriamente dudaban más en responder. Incluso en un ambiente en el que la gente sabía lo que estaba pasando, ¡ellas no podían expresarlo libremente! No obstante, los hombres no dudaban en detallar sus experiencias extramarimoniales. Casi podría decir que estaban orgullosos de hacerlo."

A miles de kilómetros de distancia, varias mujeres con las que hablé en Estados Unidos me dijeron que era probable que la infidelidad "se les quedara pegada" de una manera distinta a como le ocurriría a un hombre, explicándomelo como si fuera la cuestión más obvia del mundo cuando les pedía que abundarán con más datos al respecto. Sí, muchas mujeres mueren a manos de maridos y amantes celosos. En algunos países esto todavía se excusa como "crimen pasional". Pero aquí, con frecuencia son los temores asociados a un asalto a la reputación, a ser descubiertas y al divorcio, lo que influye en las decisiones de las mujeres sobre la monogamia. Estos miedos también pesan en las determinaciones de sus parejas masculinas sobre la exclusividad sexual. Sin embargo, existe una importante diferencia que subyace en las decisiones que hombres y mujeres heterosexuales toman en cuanto a la infidelidad.

Incluso en las regiones del mundo donde existen prácticas del tipo "no punible", el divorcio puede constituir un trauma emocional y económico. Esto es particularmente cierto para las mujeres. A pesar del estereotipo ampliamente aceptado de la mujer interesada que deja sin un quinto a su marido, con el fin de un matrimonio a las mujeres tiende a irles notoriamente peor en el aspecto financiero que a los hombres. En un estudio de 2008, el Instituto para la Investigación Social y Económica descubrió que 27% de las mujeres caía en la condición de pobreza después de un divorcio, el triple de lo que le ocurría a los hombres.[22] Mucho de lo anterior tiene que ver con que las mujeres hayan dejado, o con que nunca hayan tenido, su trabajo por criar a sus hijos. Pero incluso aquellas que trabajaron antes, durante o después de sus experiencias matrimoniales sufren, en promedio, 20% de reducción de sus ingresos económicos cuando sus matrimonios llegan a su fin[23] (la proporción de pobreza de las mujeres que se separan constituye un asombroso 27%, tres veces más la proporción que existe entre los hombres separados).[24] Y las consecuencias de esta caída son de larga y profunda duración: en todos los ámbitos, los ingresos de las mujeres después del divorcio suelen no volver a alcanzar los niveles de antes de la separación.[25] Un reporte australiano descubrió que las mujeres divorciadas tenían activos valuados en 90% menos que los de sus pares casados.[26] Ellas no son tontas: valoran estas cifras, estas estadísticas y estas realidades encarnadas en las experiencias de sus hermanas, sus amigas, sus compañeras de trabajo y toman nota: divorciarse sale muy caro. Estas preocupaciones pueden reforzar lo que se ve más como una monogamia obligatoria que como una decisión de ser sexualmente exclusivos.

Para Sarah, el divorcio significaría muchos sacrificios… desde sufrir para pagar la hipoteca y mantener la casa, hasta renunciar a ciertos lujos como el campamento de verano de sus hijos. Estas consideraciones, pequeñas y grandes, así como la idea sobre sus propios deseos, incluyendo los sexuales, significaban que ella, y en especial sus hijos, podrían tener menos comodidades materiales, lo cual la detenía para iniciar un divorcio, o para tener una aventura y arriesgarse a ser descubierta, lo que sabía con certeza que obligaría a su esposo a separarse de ella. A pesar de que lo había pensado por mucho tiempo, "parecía egoísta y, en ese momento, casi masoquista" iniciar los trámites de divorcio por sí misma, resumía Sarah.[27]

En otras palabras, ella no estaba siendo pudorosa cuando decidió no acostarse con Paul. Descubrió lo que los antropólogos llaman "restricción",[28] esa realidad que determina nuestras opciones y nuestros controles. En general, la restricción incluye factores como la depredación, la enfermedad o la relativa dificultad de procurarse calorías. Por supuesto, Sarah no tenía que preocuparse por ser devorada por un jaguar, y además las vacunas la mantenían, a ella y a sus hijos, a salvo de los agentes patógenos. Y en el Occidente industrializado no tenía que cazar ni recolectar lo que consumía, sino que podía comprar su comida en la tienda de abarrotes. En la jerga antropológica, Sarah, como la mayoría de quienes vivimos en Estados Unidos, se halla en un estado de liberación ecológica. No obstante, enfrentaba una gran restricción, tanto interna como externa, en lo que se refería a su autonomía sexual.

El miedo a "echar a perder todo" con su esposo sólo era una de las circunstancias que tomaba en consideración al pensar en Paul. Además, creía que para ella sería particularmente humillante si su comunidad —los padres de los niños de la escuela de sus hijos, por ejemplo— se enterara de que había tenido una aventura. "La madre escarlata", bromeó mientras comía un pan tostado. Sarah no era mojigata, pues se había acostado con varios hombres antes de casarse y no juzgaba a una amiga que había tenido un encuentro con un compañero de trabajo cuando su esposo se hallaba fuera de la ciudad. Pero, como varias mujeres con las que hablé, Sarah también estaba segura —y no se equivocaba— de que no sólo sus pares, sino también su familia y los jueces de la corte de divorcios, no eran inmunes a prejuicios contra las madres y las esposas infieles y que una audiencia de custodia no la habría favorecido si hubiera sido acusada de infidelidad; a pesar de que se suponía que en su estado la ley de divorcio "no punible" la protegería de ese prejuicio.

Además, Sarah tenía el típico servicio de seguridad social de mala calidad de muchas mujeres en Estados Unidos. Sus padres vivían al otro lado del país. No podía contar con ellos si su esposo, por decir algo, la echaba como el cónyuge de Sarah Jessica Parker intenta hacer en uno de los primeros episodios de la serie de televisión *Divorce* (Sarah tiene muchos amigos, pero vivir con ellos con sus hijos simplemente era imposible en una sociedad en que las familias nucleares y la privacidad son muy valoradas).[29]

Esas eran las razones, me explicó Sarah, de que hubiera "querido" permanecer en su deprimente matrimonio y de que no hubiera sido capaz de mantener relaciones sexuales con Paul en el cuarto de un hotel, aquel día. Aunque haya sido de manera inconsciente, había hecho una especie de cálculo mental sobre los aspectos positivos y negativos de aquella circunstancia —que los antropólogos llaman "concesiones de historia de vida"— y decidió que no lo haría. La carga del "qué tal si…" estaba por todas partes. ¿Qué tal si se entera mi esposo? ¿Qué tal si se entera la esposa de Paul? ¿Qué tal si me enamoro de él y eso complica mi vida?

Después de su divorcio, Sarah consideró la posibilidad de ponerse en contacto de nuevo con Paul. Lo que estaba dispuesta a negociar cambió y le permitió otra forma de equilibrar su búsqueda de satisfacción y los riesgos que eso implicaba. Todavía quería tener relaciones sexuales con Paul. Pero él no había respondido a sus mensajes de correo electrónico desde aquel desastroso viernes en el hotel. Y, me dijo, le preocupaba parecer "desesperada" si lo buscaba. Perseguirlo no era un estilo "femenino", dijo con ironía. El cálculo que ahora hacía era: "¿Qué tal si me rechaza? ¿Qué tal si cree que soy una puta? ¿Qué tal si soy una puta?" Aunque vivimos en un estado de liberación ecológica, generar un estado de liberación ideológica —liberarse de la censura y del juicio sobre uno mismo— es más complicado, especialmente para las mujeres que viven en una sociedad repleta de dobles estándares sobre la sexualidad femenina y masculina y plena de desinformación sobre los corazones y las libidos de las mujeres.

Al final, Sarah interpretó su deseo de estar con Paul como un signo de que su matrimonio ya no tenía remedio. El divorcio duró más de un año y medio. Fue tan angustiante y agotador —emocional y financieramente— como había temido. Ahora, en retrospectiva, esta competente mujer se sentaba bajo luces fluorescentes en una vieja cabina, desgarrándose, lamentando no su divorcio sino su conducta previa, su "bondad", la forma en que se había permitido a sí misma entregarse no sólo a sus miedos legítimos sino a un código en el que ella no tuvo ningún papel sobre lo que podía hacer en relación con su propio cuerpo. Sarah ha salido con varios hombres desde que se divorció. Tuvo una excelente química sexual y emocional con dos de ellos, pero no ha vuelto a experimentar el tipo de conexión que sintió con Paul, esa sensación de descubrir a alguien tan profundamente fascinado por ella, ese despertar de la larga y adormecida convicción de que era deseable y capaz, ella misma, de desear, de manera profunda y emocionante, sin importar los peligros. Quizás Paul era tan importante para Sarah precisamente porque él había sido quien la hizo reavivar ese sentido de sí misma. Como ha explicado Marta Meana: "Un desconocido que puede desear a cualquiera que quiera, y te desea a ti, eso significa algo".[30] O quizás el Paul real era algo especial y poco común. Sarah nunca lo sabría. La restricción había sido, punto por punto, tan efectiva como una correa o un cinturón de castidad.

Mientras tomábamos el desayuno, me resultó fácil empatizar con Sarah, la no adúltera que deseaba haber sido adúltera. Ella quería volver a establecer contacto con el hombre con quien se había acercado tanto hasta casi tener una aventura y ser parte de la infidelidad de él. Y ahí estaba yo, deseando, ¡por los mil demonios!, que lo hiciera.

CÓMO ÉRAMOS

Si hubiera pertenecido a otra generación, Sarah quizá se habría conducido de una manera distinta. En su libro *Lust in Translation*,[31] Pamela Druckerman cuenta las historias de un grupo de mujeres que vivían en hermosos suburbios, como Sarah, sólo que del otro lado del puente George Washington, en Manhattan, en las áreas más lujosas de Long Island y Westchester, al principio de la década de 1960. Cuando Druckerman logró encontrarlas, se habían mudado a casas de la tercera edad en Florida. Pero esta especial camarilla de mujeres, y muchas de sus pares en todo el país, tenían vidas sexuales que podrían haber sido escritas por Cheever. Las historias ejemplifican, entre otras cosas, que, en lo que concierne a la infidelidad femenina, no nos hemos vuelto más tolerantes con el tiempo.

Loretta, tres veces casada, de 68 años de edad en el momento de la entrevista, y Barbara, nueve años mayor, compartieron recuerdos sobre sí mismas, sobre sus amigos y sobre los códigos sexuales que las rigieron.

"Yvonne tuvo una aventura…"[32]

"Linda… yo tenía una aventura tras otra."

"Alice de alguna manera estaba felizmente casada, de alguna manera no. Hubo una fiesta sorpresa de cumpleaños y esa tarde tuvo relaciones sexuales con alguien en un cuarto de hotel."

"Creo que la mayoría de la gente sabía que la esposa de Les había tenido una aventura durante muchos años."

"Era Peyton Place", resumió Barb.

"Todos aprendíamos de las estrellas de cine —explicó Loretta—. Una se encontraba con su enamorado en Nueva York para tomar una copa, o algo por el estilo. Era… Sinatra y cosas como ésas. Las canciones tenían palabras seductoras y una cerrabas los ojos…" Canciones que ofrecieron el telón de fondo y quizás también describieron sus anhelos y su cultura sexual. Tenían grandes esperanzas y creyeron, tanto como lo hizo el país, que lo mejor estaba por venir. Eran bellas, como la muchacha de Ipanema, adornadas en Pucci y Lilly Pulitzer, junto a la piscina y en el club. Bebieron y bailaron en fiestas y se pararon cerca de los hombres en quienes estaban interesadas, cuando sus esposos se encontraban en otra habitación. Querían que las llevaran a la luna y sentir el viento del verano todo el año. Pero mientras estas canciones tenían como temas sus esperanzas y sus deseos, "Extraños en la noche" fue la que verdaderamente se salió de control. Estas jóvenes mujeres casadas, como se apresuraron a contar a Druckerman décadas después, sedujeron y fueron seducidas por los exitosos maridos de sus conocidas y de sus amigas. Hombres con quienes sus esposos trabajaban, jugaban golf y socializaban. No eran desconocidos para ellas: sus aventuras estaban profundamente incrustadas en, y delineadas por, su entorno social, y no por la negación de ese ambiente.

La historia de Elaine contada por Druckerman es típica de las aventuras de la época y de su ambiente.[33] Casada, a sus 25 años conoció a un hombre por el que de inmediato se sintió atraída, Irwin, en una fiesta en la casa de su tío. Poco tiempo después tuvieron relaciones sexuales en el coche de él ("¡Se la chupé en el auto! Me dije a mí misma: si lo voy a hacer, ¡lo voy a hacer todo!"). Irwin le dijo a Elaine que nunca dejaría a su esposa, pero Elaine tenía sus propios objetivos y después de uno o más encuentros con él implementó un esquema: "Me volví más amigable con su esposa, para que los cuatro estuviéramos juntos con más frecuencia... Había ocasiones en que Irwin y yo íbamos a Nueva York y dormíamos juntos en un hotel, por lo cual los dos llegaríamos tarde a casa. Los cuatro [su esposa y mi esposo] teníamos una cita esa noche y [mi] esposo y [su] esposa jamás se dieron cuenta de lo que ocurría entre nosotros". Elaine iba de compras con la esposa de Irwin a quien veía en la noche y le decía: "Uf, ¡lo que compró tu esposa!"

Elaine no era una excepción, aunque con los ojos y los oídos que nos proporcionan este medio siglo de distancia su estrategia nos parezca impenitente, calculadora y, quizá, mal intencionada. Había oportunidades de sobra para abandonar sus planes y pensar dos veces sobre la conveniencia de los encuentros que planeaban, como lo hizo Sarah. En lugar de eso, procedieron cínicamente y le contaron todo a sus amigas e incluso presentaron a sus galanes casados a sus madres. Tampoco estaban avergonzadas por lo que hicieron cuando fueron jóvenes (o, en el caso de Sarah, arrepentidas y avergonzadas por lo que no habían hecho). Por el contrario, quizá porque habían ejercido esa facultad y asumido tantos riesgos, consideraban esas aventuras como el mejor y el más excitante tiempo de sus vidas. "En ese momento no sentíamos culpa. Todo el mundo sabía lo que ocurría. Era emocionante. ¡Estremecedor!", le dijeron a Druckerman.[34] Nancy describió lo que pasó cuando fue a la ciudad a conocer a su amante, un desarrollador de bienes raíces, casado. "Estoy hablando de ir un día a Nueva York a encontrarme con él y tener detectives que me seguían… ¡y me perseguían!"[35]

Cuando las cosas se complicaron, estas mujeres se separaron de sus esposos. Sus galanes les pusieron, a ellas y a sus hijos, departamentos… hasta que sus respectivos divorcios cristalizaron. Hubo consecuencias, sin duda, pero hoy pueden parecernos menores. Cuando Elaine le contó a sus padres que iba a dejar a su esposo por Irwin, por ejemplo, su madre se sintió decepcionada, pero su padre le pasaba dinero para contrarrestar su problema. Una de sus amigas le ayudó a mudarse, con los niños, de la casa que compartía con quien pronto sería su ex marido —entonces a las mujeres se les concedía la custodia de sus hijos de manera incontrovertible—, y ella e Irwin se casaron. De hecho, todas las mujeres del grupo de los suburbios del noreste de Florida se unieron en matrimonio con los hombres con quienes sostuvieron sus aventuras. Unas cuantas volvieron a tener otras aventuras y otros esposos. Los antropólogos caracterizarían el estilo particular del grupo de Florida, de mantener este tipo de aventuras, como "puenteo". Entre las mujeres que se involucran en relaciones extramatrimoniales alrededor del mundo, algunas lo hacen como una forma de probar a su pareja potencial mientras todavía obtienen los beneficios —sobre todo materiales, pero también de compañía y sociedad en la crianza de los hijos, además de un mejor estatus social— de estar comprometidas en pareja. Las aventuras constituyen una salida potencial de un matrimonio vía otro matrimonio. Brooke Scelza, quien estudia la infidelidad femenina en Namibia, pero cuyas observaciones de este caso tienen aplicaciones más amplias, escribió, en una reseña sobre mujeres y aventuras alrededor del mundo: "Tener una aventura puede permitir a una mujer lograr acceso reproductivo a un hombre que ella escoja… o valorar la calidad de un esposo potencial mientras persiste la seguridad de la inversión de su esposo actual".[36] Esta descripción no es precisamente romántica, pero subraya que incluso cuando se trata de la mayor aventura sexual de una vida, que termina en matrimonio y a la que podemos atribuir gran pasión y excitación, la despiadada lógica de las concesiones de historia de vida se asoma por debajo de la superficie. Elaine, Nancy y compañía encontraron sus almas gemelas por *diseño*. El "puenteo", o estrategia de "cambio de pareja", pueden utilizarlo las mujeres cuando las condiciones son correctas: cuando tienen apoyo familiar, o de sus pares, para aligerar el retroceso.[37] Piensa en el papá de Elaine dándole dinero o en su amiga ayudándole a mudarse. O cuando la ideología del lugar y la división del trabajo dictan que las mujeres dependientes deben pasar con rapidez de un hombre a otro o, en la apta formulación de Druckerman, de la protección de sus padres a la protección de una serie de esposos y amantes.[38] O cuando una figura de poder lo está haciendo —en ese tiempo el presidente John F. Kennedy—, entonces todo el mundo también lo hace. De hecho, una de las entrevistadas aseguró que cuando fue a visitar a su rabino para confesarle su sentimiento de culpa por destruir tantas vidas al divorciarse de su esposo e irse con otro hombre, aquél le dijo que ella estaba destruyendo vidas al permanecer en una unión infeliz. El rabino era divorciado. Ella no sólo se sintió aliviada, sino también envalentonada con su consejo, al descubrir que las aventuras —tanto de hombres como de mujeres— eran, más o menos, un hecho de la vida.

La duplicidad y los secretos estuvieron a la orden del día en las historias de estas mujeres y de sus experiencias amorosas. Elaine, Nancy, Loretta y otras prácticamente no fueron patologizadas, en comparación con nuestra idea colectiva de estas cosas en la actualidad, cuando existen tomos enteros dedicados a las devastadoras decepciones, pequeñas y grandes, que apuntalan la infidelidad. Obras contemporáneas del estilo de *¿Cómo puedo perdonarte?*[39] lo dicen todo. De hecho, las personas entrevistadas por Druckerman tenían tan escaso sentido de la vergüenza por lo que habían hecho, en general, y por sus mentiras, en particular, que, de hecho, le suplicaron que usara sus nombres verdaderos en su libro, invirtiendo cuidadosamente la lógica de los no monógamos consensuales que piden la apertura, la transparencia y la honestidad en lo que tiene que ver con diversiones extramatrimoniales (Druckerman no lo hizo). Por otra parte, los hijos adultos de los primeros matrimonios de Elaine, Nancy y Loretta están horrorizados por el pasado de sus madres. Las mujeres se quejaron de que, en algunos casos, sus vástagos ni siquiera querían hablar con ellas. La brecha generacional —sobre cómo deben comportarse las madres y sobre la aceptación de las aventuras— es, en este caso, un golfo en el que no se puede construir un puente.

Elaine, Nancy y Barb, y Loretta y sus amigas Yvonne, Linda y Alice, vivieron una cultura sexual diferente a la que le tocó vivir a Sarah. Ellas también dieron el "sí" cuando eran jóvenes y relativamente inexpertas, pero después procedieron a tener experiencias sexuales impetuosas. Hoy hemos revertido las cosas: tenemos experiencias sexuales y *después* "sentamos cabeza". Y hoy esas mujeres no pueden creer lo increíblemente mojigatas que son las personas jóvenes acerca de cómo eran las cosas en el pasado. Podrían tener palabras para Sarah —"Vive un poco", "¡Pero si todo el mundo es infiel!"—, pero sólo saben hablarse la una a la otra. Y a una periodista que se les acerca con curiosidad y sin juzgarlas.

ECOSISTEMAS

Annika es, en cada poro de su piel, una moderna habitante de Manhattan. Pero tiene más en común con las damas de Druckerman en las casas de la tercera edad, y el carácter distintivo de la época de *Mad Men*, que con su contemporánea Sarah. Aparentemente, Annika experimentó pocas de las restricciones que Sarah afrontó durante *su* década de matrimonio. Annika tuvo numerosas aventuras y la mujer que me puso en contacto con ella se sorprendía de que no parecía sentir culpa por ello. ¿Por qué debía ser así? Yo tenía curiosidad sobre qué exactamente separa a las mujeres que no buscan sexo y romance fuera de una relación de pareja, de las mujeres que sí lo hacen. En el caso de las damas mayores, pero no dóciles de Florida, se trataba de un lugar específico y de una época en particular: Sinatra, Kennedy y los mujeriegos, y aprovechar el carácter distintivo de estos últimos en su beneficio, si una joven mujer aspiraba a algo más. ¿Las mujeres que realmente cruzan la línea y se inscriben en la no monogamia se están arriesgando a ser incomprendidas, censuradas, condenadas al ostracismo, algunas veces incluso asesinadas por sus esposos o por sus novios, esencialmente diferentes de quienes no lo hacen? Y si es así, ¿de qué manera? ¿La diferencia está en el lugar y en la forma como fueron criadas? ¿En sus circunstancias económicas? ¿En sus temperamentos? ¿Cómo logran escapar de los grilletes de la autocensura?

Después de todo, la autocensura no es poca cosa. En *Lust in Translation*, Druckerman escribe sobre una mujer estadounidense —muy perturbada por una atracción mutua que tuvo con su doctor, pero sobre la que no actuaron— que llega al punto de que siente que ya no sabe quién es.[40] Otra mujer, que está comprometida en matrimonio, publica en línea que se siente al borde del suicidio por haber besado en un bar a un hombre que no es su prometido.[41] Una vez. Todos tenemos amigos que dicen que ellos sencillamente jamás podrían tener una aventura, punto. Y amigos que aseguran que se sienten tentados pero que nunca se atreverían a hacerlo. ¿Qué separa a estas mujeres, las Sarahs que anhelan una aventura sexual y autonomía pero que dudan en jalar el gatillo, de las Annikas que no pestañean siquiera al hacerlo? Las mujeres de Florida —que se casaron a una edad temprana y después buscaron aventuras sexuales con hombres distintos a sus esposos— desafían nuestra suposición de que, en relación con las mujeres y sus aventuras, nos hemos vuelto más abiertos y más tolerantes, a tal grado que creemos que el progreso sexual es una flecha que se dispara hacia el frente, sin restricciones, en un espacio vacío. Estas mujeres también ofrecen un irresistible modelo de derechos sexuales femeninos. Ellas querían sexo y lo buscaron, sin importar su estatus civil ni sus votos de fidelidad. Dependiendo de tu punto de vista, podrías afirmar que desde entonces hemos tenido contratiempos. La historia de Annika vuelve visible la forma en que varias circunstancias de la vida de las mujeres, que parecen no tener relación con su sexualidad, en realidad pueden determinar las decisiones más íntimas que toman; circunstancias como sus opciones en el cuidado infantil, y su participación en la fuerza de trabajo y en las redes familiares y de pares.

Unas semanas después de mi charla con Sarah me encontré sentada en la alegre y acogedora cocina de Annika, "rompiendo el hielo" mientras hablábamos de nuestros hijos y de nuestro trabajo. Ella era cálida, abierta e interesante, de pelo rubio, con un corte a la moda y un sentido del humor contagioso. Era escandinava y siendo adolescente se mudó con su familia a un rico suburbio de Chicago. La transición fue áspera. "Estaba acostumbrada a un alto nivel de independencia y de madurez. En mi país de origen, mis amigos y yo podíamos salir de la escuela a la hora del almuerzo y comer afuera, e incluso tomar una cerveza —dijo—. Pero en Estados Unidos tenía que llevar una nota de mi madre si llegaba tarde a la escuela, porque nos habíamos quedado atoradas en el tráfico. ¡Me infantilizaban y eso me producía una gran confusión!"[42]

Los estándares sexuales eran desconcertantes. "En mi país, la educación sexual consistía prácticamente en una demostración", dijo y rió. Se proporcionaba mucha información, con gran detalle, desde la adolescencia. Lo que Annika no aprendió en la escuela lo oyó de su madre, quien le hablaba con claridad sobre sexo. "Recuerdo que una vez me dijo: 'Cuando los mayores que tienen hijos se van a un hotel sin ellos, lo hacen para dar rienda suelta…' Me hizo saber que el sexo era algo divertido." De hecho, el sexo estaba "en el aire" adonde quiera que Annika miraba mientras crecía. "De donde soy, la gente ve los senos de las mujeres en los comerciales y en los anuncios espectaculares. No existe la misma sensación de vergüenza que hay aquí. De donde soy, la prostitución es legal, ¡por el amor de Dios! Ése era mi punto de partida."

Pero en el suburbio de Chicago al que arribó por el trabajo de su padre, los cuerpos y el sexo eran animales diferentes. "En la escuela de aquí, la materia de educación sexual se llamaba 'salud' y básicamente el profesor sólo explicaba cómo el esperma fertilizaba al óvulo y después te aconsejaba que no tuvieras relaciones sexuales."

Annika colocó galletas sobre la mesa y puso a calentar una tetera mientras hablábamos. Cuando le pedí que pronunciara algunos adjetivos para describir su vida sexual, ella silbó y dijo: "¡Colorida!"

Aunque al principio batalló, por ser la nueva, para acoplarse, de cualquier manera logró hacer algunos amigos en la preparatoria. También encontró un novio con quien comenzó a tener relaciones sexuales hacia el final de su último año de escuela, a pesar de que se sentía confundida por la manera en que sus pares estadounidenses trataban el asunto. "En mi país, los muchachos de mi edad deciden si tienen relaciones sexuales o no. Algunas veces incluso ellas se quedan a dormir en casa de sus novios. Nuestros padres permitían que las cosas pasaran de ese modo. Pero aquí era algo muy disfrazado. Muchos lo hacían, pero, en particular las muchachas, no hablaban sobre el particular. Había un ambiente de muchos chismes y rumores escalofriantes sobre dos muchachas de la escuela que habían abortado. Bueno, ¿pues qué esperaban? ¡Nadie hablaba sobre anticonceptivos! La gente iba a las fiestas, se emborrachaba y tenía relaciones sexuales ahí mismo. Fue un gran cambio que tuve que comprender poco a poco."

Se mudó a California para estudiar la universidad y conoció a Dan, quien la consideraba exótica y divertida. Dan era un chico alto y atlético pero muy tímido. "De inmediato me encantó su cuerpo", recordó Annika. Y como había terminado la licenciatura, tenía un trabajo en la ciudad. Ella, por su parte, apenas comenzaba la odisea universitaria. Por eso al principio rechazó a Dan cuando la invitó a salir. Pero él persistió y ella descubrió que su madurez y su habilidad eran tan irresistibles y atractivas como su cuerpo. "Era un hombre de verdad, con un trabajo y una vida distinta a la de aquellos muchachos de las fraternidades universitarias que se emborrachaban todo el tiempo." Comenzaron a salir hacia el final de su primer año de licenciatura. Desde el principio, Annika sintió que estaban menos que idealmente alineados, sexualmente hablando. "Sentía como que yo daba el primer paso casi siempre, y eso me hacía cobrar conciencia de mí misma." No habló más sobre el tema, aunque era obvio que progresivamente demolía su autoestima: "Me la pasaba preguntándome si había algo malo en mí". Ella disfrutó su tiempo juntos, yendo a las montañas, al cocinar en su casa y al hablar. Pronto las cosas se volvieron serias y exclusivas. "Aunque no fue algo de lo que habláramos; simplemente lo sentimos, porque así se hacían las cosas", dijo Annika, mirando por la ventana, absorta en sus pensamientos.

Durante el verano, Dan trabajaba mientras Annika viajaba y, ocasionalmente, se acostaba con otros hombres a los que conocía. De nuevo, ella y Dan jamás hablaron de eso. "Entonces yo tenía una idea muy especial de la independencia." Y ella no estaba segura de lo que hacía Dan cuando no estaba con él. "Pero imagino que él también veía a otras personas." O quizás no, ya que él no parecía tener un fuerte impulso sexual, un hecho que

Annika seguía relegando en su mente. "¿Qué clase de mujer se preocupaba por algo como eso?", se preguntaba. De cualquier manera, varias de sus amigas de la universidad tenían acuerdos tácitos similares con sus novios… Del tipo: "No preguntes, no digas, no hables". Por lo tanto, Annika no se sentía extraña a pesar de que hubiera querido que Dan la deseara más; pero sí experimentaba angustia ante la eventualidad de ser descubierta y tener que guardar secretos. Alquilaron un departamento en la ciudad cuando ella terminó la licenciatura y entonces Dan comenzó a presionarla para casarse.

"Quizás por mi origen escandinavo yo no tenía prisa para casarme", me dijo Annika mientras servía un par de tazas más de té. "Mis padres tienen amigos comprometidos en relaciones muy largas, con hijos, y no están casados."

El sexo —específicamente el hecho de que Dan lo deseara menos que Annika— también era un problema. "Me hacía sentir… rechazada e indeseable. Él decía que era porque tenía bajos niveles de testosterona o porque estaba cansado. Por algún tiempo, sólo tenía relaciones sexuales ocasionalmente con hombres que conocía en el trabajo o en alguna fiesta. Honestamente, no me habría acostado con otros hombres si mi vida sexual con Dan hubiera sido satisfactoria. Yo sentía que merecía tener una vida sexual plena." Pero la "no monogamia encubierta" era emocionalmente costosa. Hubo algunas ocasiones en que estuvo a punto de ser descubierta: una vez, un hombre que había llevado a su casa dejó su chamarra y Dan, desconfiado, le preguntó de quién era. Su corazón casi se le salía del pecho. Annika inventó una excusa —era de un amigo— e hizo una nota mental: los riesgos de ser infiel simplemente no valían la pena.

Sin embargo, para ella era muy excitante acostarse con otros hombres, cuyo deseo era una especie de bálsamo a la indiferencia sexual de Dan. Como los entrevistados de Alicia Walker, Annika utilizó el sexo encubierto como una estrategia para permanecer en una relación sin sexo.

Dan le propuso matrimonio nuevamente. Ella pensó que eso podía componer las cosas. "Pensé: 'Él es estadounidense. Y el matrimonio significa mucho para él. Quizás si nos casamos mejoren las cosas para nosotros'". Aceptó y, efectivamente, por un tiempo las cosas mejoraron.

Pero después de un ardiente periodo inicial de luna de miel, Dan no estaba más interesado en el sexo de lo que lo había estado antes del matrimonio. Y Annika volvió a acostarse con otros hombres. Esto la hacía sentir punzadas de culpa, sin duda, pero también era emocionante y la hacía sentirse deseada y viva.

"Recuerdo la sensación —en ese momento hizo una mueca de espanto y emitió un ligero jadeo— que me provocaba el timbre del teléfono al saber que quien llamaba era el hombre con el que me acostaba y tenía que simular que era alguien más, porque en ese momento Dan estaba parado justo a mi lado. Era agotadora la cantidad de ataques al corazón y la angustia… Es muy complicado sostener una relación con tantas mentiras. Algunas veces pensaba: "Bueno, voy a terminar con esto. Es muy complicado y muy peligroso". Los escalofríos provocados por la eventualidad de ser descubierta eran piedras de toque de las narrativas con argumentos de infidelidad: de *Ojos bien cerrados* a un género de YouTube, "Infieles con las manos en la masa", a la novela de Carmen Rita Wong, *Never Too Late*, y su historia de Magda, una poderosa lesbiana latina, casada, cuya vida feliz fue puesta de cabeza por el encuentro de una noche que sostuvo con una mujer despechada y vengativa.[43]

Como muchas mujeres en la ficción y en la vida real, Annika obtenía mucho de sus aventuras como para detenerse, incluyendo la variedad y la novedad de las experiencias sexuales que ansiaba. "No importa lo mucho que te esfuerces, incluso cuando tu matrimonio es bueno —y el mío no lo era; al menos no en el aspecto sexual—, aun así se extraña ese estado en el que te sientes extremadamente excitada, un estado tan intenso que no puedes comer ni dormir, porque estás experimentando un placer agudo, emocional y sexualmente, con una persona completamente nueva. Eso es lo que yo seguía persiguiendo y a lo que no podía renunciar."

Como Sarah y las damas de Florida de Druckerman, Annika estaba viviendo lo que Marta Meana llama "autoenfoque erótico".[44] Cuando otros la veían sensual y atractiva, ella también se veía a sí misma de ese modo. Desear ser deseada y marchitarse cuando no era deseada por un hombre obligó a Annika, y podría obligarnos a todos, a tomar caminos que quizá no querríamos admitir que deseamos recorrer, pero que no podemos negar que anhelamos hacerlo.

Annika tenía una idea intuitiva respecto de estas verdades sobre sí misma y creía que la hacían "diferente" de otras mujeres. "Algo debe estar mal en mí", pensaba, porque deseaba sexo no sólo con su esposo sino con otros hombres. Pero a ella le ayudaba su crianza escandinava... y una o dos amigas con quienes compartía el gusto por el sexo extramatrimonial. Como me dijo Annika, subrayándolo como algo negativo y como un fracaso, de la misma forma en que lo hacía la mayoría de las mujeres con las que hablé: "Yo conocía a otras mujeres que no podían conservarse monógamas y eso me ayudaba a sentirme menos anormal". Ella y Dan tenían relaciones sexuales de manera intermitente, sin usar anticonceptivos —siempre usaba condones con sus parejas sexuales fuera del matrimonio, me aseguró— y después de varios años de casada se embarazó. Entonces tenía un grupo de amigas —de la preparatoria, de la universidad—, algunas de las cuales también estaban embarazadas. Sentía náuseas las 24 horas del día y se animaba con el tiempo que pasaba con sus compañeras. Cuando nació su hija, la lactancia le resultó muy incómoda. Annika estuva angustiada y no podía dormir. Renunció a su trabajo, porque no le ofrecía incapacidad por maternidad. El dinero no les alcanzaba para una nana y Annika no quería dejar a su pequeña recién nacida en una guardería de tiempo completo. Constituía un gran esfuerzo vivir en la ciudad con un solo salario. Dan comenzó a viajar más con motivo de su trabajo, con el objetivo de incrementar su salario, obtener bonos y luchar por un ascenso.

"Cuando se iba, corría con el bebé en el cabestrillo para visitar a alguna amiga en algún café cercano. De otra manera, me sentía muy sola", dijo Annika, tristísima al recordar ese periodo.

"Y cuando mis padres —que habían vuelto a Escandinavia— vinieron a visitarnos, no podían creer las condiciones en las que vivíamos", me dijo, mientras se levantaba súbitamente de su asiento para ir a la cocina por más galletas. "En mi país existen muy buenos recursos para financiar el cuidado infantil y toda clase de apoyos para las mujeres que han tenido un bebé. Aquí no hay nada de eso."

Menos de un año después del nacimiento de su hija, "cuando apenas le estaba agarrando el modo y desempeñando un poquito mejor mis deberes de madre", Annika volvió a embarazarse.

Muchas cosas fueron más fáciles entonces: el embarazo, el alumbramiento, el cambio de pañales y amamantar al nuevo bebé. Pero Annika estaba más exhausta que nunca. Algunas veces sus amigas la encontraban sentada en el suelo de la sala con sus pequeños, llorando de frustración y por falta de sueño. Sopesó la posibilidad de regresar a trabajar, pero el cuidado de los niños sería aún más caro y su ingreso difícilmente podría solventar el salario de una nana o una cuidadora. Revisó opciones de cuidado diurno al alcance de sus posibilidades económicas, pero no la convenció la baja proporción de cuidadores en relación con el número de bebés. No era algo con lo que se sintiera bien, y le quedaba la opción de permanecer ella misma en casa a cuidar a sus pequeños. Atrapada en esa circunstancia, tenía días buenos y días malos. "Y mi impulso sexual simplemente se puso a hibernar", señaló. Con un ejemplo perfectamente ilustrativo de cómo las mujeres son instigadas y restringidas por sus circunstancias, la Annika segura de sí misma y asertiva permaneció maniatada hasta casi ser irreconocible porque en su país de adopción no había apoyo para las familias con niños pequeños, en particular para las nuevas madres, y debido a los patrones de residencia patrilocales que tenían a los padres, y a otros parientes, que ayudaban en esa tarea. Las amigas de Annika desempeñaron un papel esencial para llenar los huecos; sin embargo, ellas tenían sus propias angustias y sus retos. La mayoría estaban tan aisladas y eran financieramente dependientes de sus esposos, como Annika.

Cuando los niños tenían dos años, Dan fue ascendido en su trabajo y debía viajar más que nunca. También ganaba más. Y aunque técnicamente podía costear su estancia en la ciudad, propuso mudarse a un suburbio cercano con magníficas escuelas públicas. Annika estaba escéptica, por su desagradable experiencia adolescente en aquellos distritos. Pero Dan la convenció de que su vida sería más fácil con más espacio en su vivienda y con un patio amplio. Podrían manejar a la biblioteca, al museo y a los restaurantes de la ciudad cercana. Se mudaron, a pesar de la reticencia de Annika de dejar la urbe, donde había bullicio en las calles que la mantenían a flote, incluso durante los días más sombríos, además de que ahí contaba con el apoyo de sus amigas. En su nueva casa pasó la mayor parte del tiempo aislada, sola con los niños. La mayor parte del tiempo Dan no estaba con ella.

"Durante mucho tiempo sólo tuvimos un coche; entonces, yo no podía salir de la casa. Después, cuando nos hicimos de un segundo auto, siempre me sentía tan cansada y con la idea de amarrar a los niños..." Sus amigas de

QUÉ TAN LIBRES SOMOS?

la ciudad la visitaban durante el verano; departían alrededor de la alberca con sus hijos y Annika aprovechaba estas oportunidades para ponerse al día, y sentirse conectada y menos sola, aunque ya no tenía la confianza de hablar con ellas acerca de sus problemas, pues podía "arruinar la diversión".

"Las casas estaban muy separadas unas de otras, por lo cual los vecinos no tenían mucha relación. Entonces, durante varios años, viví en la cochera, elaborando manualidades con mis hijos". Hizo una pausa y resumió: "Me estaba volviendo loca".

Mientras tanto, su vida sexual con Dan cesó por completo. Él le dijo que los viajes lo dejaban exhausto. "Una vez, a principio de abril, le dije que quería tener relaciones sexuales, pues era mi cumpleaños y además ¡no habíamos tenido sexo desde la Navidad!" Ella no se quería divorciar, me confesó, fundamentalmente porque Dan le gustaba y no quería que sus hijos crecieran con padres separados. Y, como Sarah, le preocupaba ser el salero en la mesa de las cenas, la "divorciada" que todos señalan a la hora de recoger a los hijos de la escuela. "Sabía que simplemente iba a descender en estatus. Eres la 'mamá divorciada'. Y la gente incluso cree que estás loca. Sencillamente, en Estados Unidos existe hostilidad y desconfianza hacia las mujeres divorciadas", dijo y suspiró. "Bienes dañados."

Cuando el más pequeño de sus hijos entró al kínder, la vida de Annika estaba de cabeza. Dan confesó que tenía una novia hacía mucho tiempo. Convenció a su esposa de mudarse a los suburbios para pasar más tiempo con ella. La mayor parte del que había estado viajando "por cuestiones de trabajo" en realidad lo había pasado con su nueva compañera.

Traté de no demostrar consternación ante ese inesperado giro de la historia de Annika.

"Supongo que habrá quien diga que fue mi karma, o que debía pagar lo que hice durante todos esos años", declaró con solemnidad. "Pero durante todo el tiempo que vivimos en los suburbios yo no estaba viendo a nadie. Me sentía sola, criando a mis hijos mientras mi esposo 'viajaba'", concluyó con un respiro.

"No tenía un trabajo; sólo estuve en casa todo el tiempo con mis hijos, sin familia y sin amigos, sin influencia ni independencia." Annika me pidió que era importante que dejara muy claro que todas sus aventuras tuvieron lugar antes de que nacieran sus hijos. Después, ella tuvo menos tiempo y menos interés en el sexo y se sintió más comprometida a procurar que su matrimonio funcionara, me confesó.

Al oír a Sarah y a Annika pensaba en fragmentos del libro de Daniel Bergner, *¿Qué quieren las mujeres?*[45] El autor había pasado algún tiempo con el endocrinólogo y psicólogo Kim Wallen, en el Centro Nacional Yerkes de Investigación sobre Primates de la Universidad de Emory, observando macacos Rhesus. Históricamente las hembras de esta especie con frecuencia habían sido puestas en las jaulas junto a los machos, que iniciaban cualquier actividad sexual sin mayor ceremonia que montarlas, lo cual ellas parecían soportar con indiferencia. Esto no sólo enriqueció la bibliografía sobre los macacos, sino que sirvió como prueba de que la sexualidad femenina es esencialmente pasiva y "menor" que la sexualidad masculina. ¿No era así? Wallen no lo creía. Se preguntaba: "¿Qué tal si los animales pasaran más tiempo fuera de sus jaulas? ¿Cambiaría eso la coreografía del sexo de los macacos Rhesus y, con ello, algunas de nuestras convicciones sobre la sexualidad femenina?" Lo que ocurrió en esas condiciones fue una impresionante exhibición de sexualidad femenina macaca sin restricciones. En encierros más grandes, las hembras no sólo toleraban el sexo, sino que lo iniciaban. Asertiva e insistentemente. Ellas seguían a los machos con afán acosador y golpeaban el suelo en una especie de código Morse que significaba: "¡Atiéndeme sexualmente, ya!" Estas hembras también se aburrieron y languidecieron después de muchos años de mantener relaciones sexuales con todos los machos disponibles. Wallen se preguntaba: ¿Qué tal sí metemos nuevos machos a las jaulas? Así lo hizo, y con nuevos individuos de la especie, las hembras se volvieron locas por el sexo. Afuera de la jaula eran absolutamente diferentes a cómo eran adentro.

También pensé en el trabajo que realizó el antropólogo Beverly Strassmann en Mali, donde las mujeres, por tradición, eran forzadas a aislarse cuando menstruaban.[46] De esa manera, Strassmann determinó que los hombres pueden contar los días de los periodos de sus esposas para deducir la fecha aproximada de su ovulación y saber si están siendo fieles. Es una forma efectiva de restricción, pues el índice de paternidad extramatrimonial en esta región es uno de los más bajos del mundo.

Las circunstancias sexuales, económicas y ambientales de la vida de las mujeres no podrían estar más relacionadas o ser más interdependientes.

En el caso de Annika, la casa suburbana no fue muy diferente de la jaula de los macacos, ni de la choza menstrual de Mali —un contenedor que distorsionó y dio nueva forma a la sexualidad—, pues fue una forma como su esposo se aseguró de que él podía hacer de las suyas al tiempo que la tenía bajo observación y la mantenía aislada de otros hombres. El dilema de Sarah, de actuar a partir de sus deseos sexuales o de sus impulsos románticos, sus sentimientos de arrepentimiento, resentimiento y tristeza por no haber hecho lo que ella quería hacer, su falta de autonomía sexual y su conflictiva lealtad con un fuerte código de comportamiento, que se aplica de manera inequitativa a hombres y mujeres, a pesar de su feminismo y su logro, constituye otra versión de la restricción.

Las experiencias de estas dos mujeres forman parte de un formidable cambio cultural general, una gran traición al orden establecido, si se quiere, donde la independencia y la autodeterminación —económica, personal, sexual— femeninas se transformaron en subordinación, búsqueda de permisos y dependencia. Un creciente número de antropólogos asegura que la despiadada e improbable agente de esta transformación no fueron hombres o mujeres individuales. No fue la política ni los políticos. No fue el surgimiento del Estado nación y ni siquiera la aparición de la religión organizada.

Fue la agricultura.

Si no hubiera sido por las granjas y la agricultura, Annika, Sarah, tú y yo podríamos estar viviendo vidas muy diferentes.

CAPÍTULO CUATRO

Arados, propiedad, decoro

Gran parte de la vida sexual de una mujer en los Estados Unidos de hoy y gran parte de lo que le pasa y es factible, y no está disponible para las Annikas y las Sarahs, está ligado a un insólito momento del pasado. Como mariposas prensadas con alfileres, insectos capturados y preservados en ámbar, nuestra libido y nuestro superego, nuestra idea de la libertad y de la propiedad, la pulsación expansiva de nuestro deseo y la disminución de nuestra autocensura, son los artefactos de la actualidad que derivan de un despliegue de hechos que ocurrieron hace mucho tiempo, cuando las muy móviles mujeres que buscaban alimentos eran "fijadas con alfileres" como si lo fueran al papel de la historia, literalmente inmovilizadas en una forma diferente de ser, de pensar y de vivir… y de tener relaciones sexuales.

El trascendental cambio en la fortuna de las mujeres se puso en movimiento hace aproximadamente 10000 o 12000 años en el Valle del Jordán, en la Media Luna Fértil, en lo que hoy es Oriente Medio.[1] Ahí estaba en curso una transformación de la actividad humana. Los cazadores recolectores empezaron a domesticar plantas, dependiendo cada vez más de la comida que cultivaban que de la comida que buscaban para su subsistencia. Esta transición culminó en lo que consideramos la gran línea divisoria de la historia de la humanidad: el surgimiento de la agricultura. La narrativa cuenta que conforme los seres humanos comenzaron a enfocarse más en los cultivos y se preocuparon menos en cazar y recolectar, nos asentamos (literalmente), maduramos (figuradamente) y creamos las circunstancias que nos conducirían al "progreso". Con los cultivos, nos enseñan, ya no hubo más incertidumbre acerca de si habría suficiente alimento para llevarse a la boca. Y con más comida, para más gente, y más predictibilidad de recursos, el tamaño de la población creció. Además —¡bendición de bendiciones!—, con el desarrollo de los cultivos advino el lujo sin precedentes de los intermitentes excedentes de alimentos. Comenzamos a guardar lo que podíamos —granos— a largo plazo, sin importarnos las sequías, las inundaciones y otros trastornos que antes habían provocado una catastrófica escasez de alimentos. Con esta constante provisión de comida de reserva, los niveles de población podían permanecer consistentemente altos durante muchos años. Y, entonces, no sólo nos multiplicamos, como dice la historia, sino que también nos "civilizamos". Ya no necesitábamos andar a lo largo y a lo ancho del mundo persiguiendo nuestro sustento. Construimos poblados permanentes, establecimos comunidades más grandes y densas que nunca antes para estar cerca de los cultivos y de quienes los cosecharon, al tiempo que volvíamos más complejos nuestros esfuerzos más allá de "meramente" buscar comida para sobrevivir.

Conforme las sociedades aprendieron a producir, almacenar y distribuir la comida, desarrollaron las características de las civilizaciones modernas: ciudades densamente pobladas, gobiernos centralizados, religiones organizadas, propiedad privada, ocupaciones especializadas, obras públicas, impuestos, tecnología y ciencia.[2] Las personas vivieron como cazadores recolectores durante decenas de miles de años antes de que empezaran a cultivar plantas y domesticar animales. Cuando pasó esto, no obstante, la transición a la civilización moderna fue rápida y fundamental.

Almacenar la comida para evitar el hambre fue, sin lugar a dudas, uno de los mayores beneficios de la agricultura. Esto, de hecho, propició algunas mejoras significativas en el estilo de vida: los restos óseos de los primeros agricultores muestran que tenían menos osteoartritis que los cazadores y los recolectores, lo cual sugiere un uso menos repetitivo de las articulaciones y de esfuerzos extremos en general.[3] Y no hay duda de que la agricultura reforzó a la población humana.

Sin embargo, nuestra creencia de que la agricultura fue el eje de nuestro "progreso" es difícil de justificar, dados los hallazgos relativamente recientes de historiadores, arqueólogos y antropólogos. Las evidencias arqueológicas y los restos humanos sugieren que el cambio de la búsqueda de comida a la implementación de la agricultura no fue, en absoluto, una vía recta de mejora de nuestros antecesores en cuanto a estilo de vida y salud.[4] De hecho, el popular antropólogo y escritor Jared Diamond, sin querer escandalizar, ha llamado a la transición a la agricultura "una catástrofe de la que nunca nos hemos recuperado" y "el peor error en la historia de la raza humana".[5] Nuestra nueva dieta —rica en carbohidratos, deficiente en hierro— provocó un crecimiento y un desarrollo reducidos. No ayudó que la merma y el agotamiento de la tierra, eventualmente, conllevara cultivos con bajos nutrientes. Mientras tanto, los agricultores competían por los recursos, incluyendo el agua y la tierra arable. Esa competencia, y el almacenaje de la comida, dieron pie al concepto de propiedad, lo que a su vez nos condujo al conflicto sobre quién la controlaba. Vivir cerca de otros seres humanos, de animales de granja, y exponernos a residuos humanos y de animales por parte de nuestros ancestros del Holoceno, nos hizo vulnerables a nuevas enfermedades —tuberculosis, sífilis e infecciones inespecíficas de los huesos, por citar sólo algunas— y contaminó los recursos acuíferos. La alta dependencia de una dieta de granos cambió la morfología facial; quijadas más pequeñas significaron maloclusiones de dientes e infecciones que representaron serias amenazas para la salud.

Así pues, la revolución agrícola, o neolítica, no representa el progreso inevitable e inexorable sino una exhaustiva reorganización de las relaciones económicas y sociales siguiendo líneas jerárquicas y estratificadas, para bien y para mal; sobre todo para mal. En especial para las mujeres.[6] Dicho de manera sencilla, el cambio, que consistió en desarrollar cultivos de manera intensiva para subsistir, y después para obtener ganancias, transformó *todo* entre los sexos: que una mujer es propiedad de un hombre, que el lugar de la mujer es su casa y, especialmente, que la mujer es monógama "por naturaleza", son tres creencias que fueron semillas plantadas durante nuestras más tempranas cosechas. Todavía más extraño: las decisiones más personales de una mujer fueron transformadas en una cuestión de interés público, y su autonomía sexual, sujeta a la legislación y el control social, debido a la domesticación del buey y el caballo.

"QUE ESTÉS ENVUELTA EN SEXO PARA MÍ"

La agricultura volvió a las mujeres más sedentarias y fáciles de controlar que la hembra que buscaba comida, que se trasladaba, que realizaba recorridos extensos, quien era probable que pasara varios días a la semana lejos de su esposo o su pareja.[7] Un cambio más sutil, pero de no menores consecuencias para la autonomía femenina, consistió en que, al permanecer menos activa en la granja, incrementó sus depósitos de grasa y aumentó su fertilidad, lo que, a su vez, disminuyó los intervalos entre las veces que daba a luz.[8] Esto significó tener más hijos, más rápido, y más dependencia respecto de los hombres para subsistir por sí misma y por los cada vez más numerosos vástagos dependientes.

Esencialmente, los patrones de residencia y las estructuras sociales también se transformaron durante la transición a la agricultura. Existe un creciente consenso entre los antropólogos en el sentido de que evolucionamos no como parejas monógamas sino como criadores cooperativos.[9] Con base en esta manera de vivir, grupos indistintos de hombres y mujeres criaban a los niños de manera colectiva y, muy probablemente, también se apareaban con múltiples parejas. Esa organización tenía múltiples beneficios. Los apareamientos múltiples establecían y reforzaban continuamente los lazos sociales, por lo cual había bajos niveles de conflicto. La mayor cooperación significaba que era más probable que todos se cuidaran unos a otros, y a sus hijos, mejorando, por la tanto, la aptitud reproductiva de cada individuo (las posibilidades de que su descendencia, a su vez, pudiera producir descendencia).[10] Hay suficientes evidencias que apoyan esta teoría entre los cazadores recolectores y los buscadores de comida de nuestros días, muchos de los cuales crían a sus hijos de manera cooperativa y cuyos patrones de apareamiento son menos estrictamente monógamos que los nuestros; así como documentos históricos sobre pueblos aborígenes de todas partes, desde América del Norte hasta el Pacífico Sur. Pero lo anterior contradice nuestra preciada idea, nacida en la década de los años cincuenta del siglo pasado, de que el hombre prehistórico cazaba, proveía carne a su compañera, quien lo esperaba en la cueva con su bebé, al que ambos criaban bajo lo que los antropólogos llaman un "lazo de pareja monógama y biparental".[11] No obstante, ahora hay consenso en el sentido de que una estrategia social muy diferente, con grupos de hembras que cooperaban entre sí y de machos y hembras que hacían lo propio, fue favorecida por la selección natural y caracterizó la historia de la vida temprana del *Homo sapiens*.[12] De hecho, la crianza cooperativa quizás pueda explicar, al menos en parte, por qué esta especie floreció mientras que los homínidos tempranos desaparecieron. ¿Qué mejor manera de sobrevivir y prosperar que cuidarse unos a otros? Como dijo la profesora de antropología Katherine C. MackKinnon, de la Universidad de Saint Louis: "Había depredadores y nosotros no teníamos garras ni dientes largos y filosos. Pero nos teníamos los unos a los otros. La cooperación social, incluyendo la crianza cooperativa, fue una estrategia social y de reproducción que funcionó muy bien".[13]

Las evidencias también sugieren que nuestros ancestros homínidos tempranos —como muchos cazadores recolectores contemporáneos que nos ofrecen evidencias acerca de cómo vivíamos en el Pleistoceno— con frecuencia vivían en comunidades matriarcales, lo cual significa que cada hembra permanecía con su parentela de por vida.[14] Por lo tanto, parientes muy cercanos, y otros que hacían las funciones de padres, o ayudantes, que habían conocido a la hembra desde su nacimiento, estaban listos para velar por sus intereses, lo cual incluía proveerle sustento y cuidarla, a ella y a su descendencia. En esas condiciones, las hembras contribuían de manera activa a la subsistencia, tenían un fuerte apoyo social y actuaban relativamente sin restricciones, dadas las exigencias de la crianza de los pequeños. Otras sostuvieron, aprovisionaron e incluso cuidaron a sus hijos. La autonomía femenina se daba por hecho.

Esas prácticas de vida continuaron entre los pueblos indígenas en varios contextos alrededor del mundo, proporcionando a las mujeres una cierta autonomía social y sexual que desconcertó y escandalizó a los colonizadores europeos que se tropezaron con ellos. El capitán Samuel Wallis, quien viajó a Tahití en 1767, estaba emocionado por las bellas mujeres y todavía más impactado porque "su virtud no era a prueba de clavos".[15] Fascinadas por los objetos de hierro que los europeos llevaban consigo, y acostumbradas a forjar lazos sociales por medio del sexo, las mujeres tahitianas se daban gusto con los marineros de manera tan frecuente que pronto toda la tripulación de Wallis dormía en la cubierta del barco durante la noche: habían intercambiado los clavos de los que colgaban sus hamacas por favores sexuales. Dos años después, James Cook se escandalizó por la visión de los tahitianos que tenían relaciones sexuales a plena luz del día, sin ningún sentido del decoro y sin preocuparse por la privacidad.[16] Aparentemente, las mujeres tahitianas mayores le gritaron instrucciones, con buen humor y picardía, a una joven mujer que estaba teniendo relaciones sexuales con un joven a plena vista de la tripulación de Cook y un grupo de tahitianos. Cook se dio cuenta, muy consternado, de que ella difícilmente necesitaba el consejo de las señoras. Lo que resulta claro es que, en contraste con las expectativas de Cook, en Tahití el sexo tenía implicaciones especiales para el grupo y en ese sentido era "asunto" de todos verlo y comentarlo. Casi un siglo y medio antes, en 1623, un fraile recoleto (su orden posteriormente fue conocida como franciscana), el hermano Gabriel Sagard, pasó algún tiempo entre los hurones (también conocidos como *wyandot*), hablantes de iroqués que vivían al lado del Lago Hurón en clanes matrilineales y matrilocales.[17] Los hurones dependían del cultivo del maíz, de la caza, de la pesca y de la recolección para su subsistencia. Las mujeres atendían los cultivos y estaban a cargo de las viviendas, donde varios grupos de familias convivían juntos, enlazados por la línea femenina. En cierto momento, Sagard fue testigo de una ceremonia tradicional de curación hurona que se basaba en la más potente medicina de su cultura: el sexo. Escribió:

> También hay asambleas de todas las jóvenes del pueblo, alrededor de una mujer enferma, a pedido suyo, según… [una visión] o un sueño que quizás ella ha tenido o por orden del Oki [chamán], por su salud y su recuperación. Cuando las jóvenes están reunidas, entonces a todas se les pregunta, una tras la otra, con quién de los jóvenes del pueblo les gustaría acostarse la siguiente noche. Cada una nombra a alguno y ellos son inmediatamente notificados por los maestros de ceremonia y todos van, en la noche, a acostarse con aquellas que los han escogido, en presencia de la mujer enferma, de un extremo de la casa al otro, y pasan ahí, por lo tanto, toda la noche, mientras que los dos jefes en los dos lados de la casa cantan y hacen sonar sus caparazones de tortuga de la noche hasta la mañana siguiente, cuando concluye la ceremonia.[18]

"Acostarse" aquí es un eufemismo. La ceremonia se llama *endakwandet*, que se traduce como "estar envuelta en sexo para mí". Los elementos curativos de la ceremonia provienen del deseo femenino, que, en esta cosmología, no debían ser controlados, pues su expresión, literalmente, salvaba vidas. De hecho, las prácticas sexuales huronas eran fundamentalmente conducidas por las mujeres, quienes, para nosotros, tenían un notable y visible grado de autodeterminación sexual:

> Los hurones consideraban las relaciones sexuales premaritales como perfectamente normales y se involucraban en ellas pronto, después de la pubertad... Las muchachas eran tan activas como los hombres al iniciar estas enlaces [*sic*]... Los muchachos tenían que respetar el derecho de la muchacha a decidir a cuál de sus amantes prefería en cada ocasión. Algunas veces, un hombre y una mujer sostenían relaciones sexuales de largo plazo, pero informales. No les importaba que cualquiera de los dos tuviera relaciones sexuales con otros amigos.[19]

Los matrimonios de prueba constituían otro aspecto de la vida indígena en el continente americano, antes de la llegada de los europeos (también son típicos de muchas sociedades actuales de cazadores recolectores). Una joven era libre de probar a un marido potencial durante varias noches —un joven hurón "se le declaraba" regalándole una bata de castor o un collar de wampum— y entonces ella podía decidir si quería comprometerse o no. Fuera como fuera, ella se quedaba con las cosas. Esos intercambios, como el propio sexo, propiciaban cohesión social y nos dan una pista sobre una visión del mundo en que una mujer tenía el poder de escoger, cambiar de parecer y escoger de nuevo. Y otra vez. Los hombres estaban a su servicio para procurarle su placer. Los misioneros jesuitas escribieron con asombro, y a veces con horror, acerca del poder de las mujeres huronas y no podían llegar a comprender el hecho de que los padres hurones estuvieran particularmente felices por el nacimiento de una niña. Después, los misioneros buscaron suprimir las costumbres del sexo prematrimonial, los matrimonios de prueba y la *endakwandet*, pero no fue fácil. Como los hurones eran matrilineales y matrilocales, sus ideas igualitarias sobre las mujeres y el poder de la sexualidad femenina y su capacidad de elección estaban profundamente enraizadas. Sólo la Ley India de 1876, con su exhaustiva imposición de creencias y organización social europea, pudo extinguirlas, al cambiar los patrones subyacentes de residencia y herencia en los clanes.

Antes de ser colonizados, los hurones y los tahitianos no eran nobles salvajes, ni su estilo de vida era una especie de Edén ejemplar. En un ambiente que favorecía la caza y la recolección, en un contexto en que las mujeres eran primordialmente productoras, la crianza cooperativa en realidad era eficaz, y ser generosos —con la comida, con la disponibilidad para criar a los niños y con la sexualidad— favorecía los mejores intereses individuales. El desinterés, en cierto sentido, era egoísta, porque cubría la distancia necesaria para asegurar la cohesión del grupo, la seguridad y un grado de salvaguardia, ayuda social y apoyo a los niños, un conjunto de apoyos en el que las madres de nuestros días sólo pueden soñar, aisladas como están en casas suburbanas o en pequeños departamentos, con sus niños aburridos. Y un estilo de vida que los antropólogos nos dicen que se caracterizaba por su igualitarismo radical y por su "intensidad social deliberada", lo cual significaba que si los hombres intentaban ser violentos, coercitivos o, incluso, poco razonables con las mujeres, habría otras personas ahí que eventualmente intervendrían. Asimismo, una mujer en una extensa red de parientes siempre podía "votar con sus pies", para usar la frase de la antropóloga Sarah Hrdy, y simplemente abandonar a la pareja a la que ya no quería.[20]

En contraste, en sociedades con menor intensidad agraria que la de los hurones y sus predecesores aborígenes, era probable que una mujer dejara el sistema de apoyo familiar para vivir con un hombre con el que no tenía relación —su esposo— y *su* parentela. Y disfrutar una relativa privacidad con él y su red de parientes. Hoy, cerca de 70% de las sociedades agrícolas y postagrícolas son patrilocales.[21] Bajo la mirada vigilante de estos extraños, lejos de la protección de sus padres, sus hermanos, sus tías y sus tíos, la sexualidad femenina sufrió un cambio, pues en sus nuevas circunstancias las mujeres recibieron un claro mensaje: "Más vale que se comporten". Con la noción de propiedad ya asentada, y en concierto con estos otros cambios, sólo hizo falta un pequeño salto lógico para llegar a la creencia de que las mujeres eran propiedad de los hombres y de que tener relaciones sexuales con una mujer casada, o que una mujer casada tuviera relaciones sexuales fuera del matrimonio, se considerara un acto "ofensivo" en contra de su esposo. Aisladas de sus familias de origen, y de personas que se comprometiesen como sus protectoras, con tasas de fertilidad más altas y más niños dependientes que en los casos de los ancestros no agrícolas, las mujeres tenían todas las razones para adaptarse a estas creencias y ceder a reglas implícitas y explícitas sobre su carácter de propiedad de los hombres. Y en contextos en los que las parejas se distanciaban de grupos más grandes para vivir solas, se les retiraba otra capa de protección, lo cual volvía a las mujeres más dependientes que nunca, a merced de la buena voluntad de sus parejas hombres. Todavía peor: nadie que tuviera interés en ellas estaba presente para defenderlas. La privacidad cobijaba las acciones masculinas, liberando a los hombres de cualquier supervisión y desplazando la responsabilidad directa de ellos a una unidad social más grande.

En años recientes, pensadoras como Helen Fisher, Natalie Angier, Christopher Ryan y Cacilda Jethá han reiterado y expandido la idea de que la agricultura desempeñó un papel esencial al transformar la autonomía femenina en dependencia y que socavó la autodeterminación femenina por medio de cambios que indujeron nuevos patrones de residencia y de producción. Parte del legado agrícola es que, entre otras cosas, nos asignó "roles de género" de manera fundamental, exhaustiva y muy duradera. También estableció nuestra sexualidad: ya no somos hurones.

Pero echarle la culpa a la agricultura, como asignársela al Coco, podría pasar por alto una verdad más fina e incluso más reveladora sobre los cómos y los porqués de algo cercano a la monogamia obligatoria, tal como la experimentan mujeres como Sarah en Estados Unidos en la actualidad. La realidad más matizada es que bajo ciertas formas de agricultura a las mujeres les fue muy bien. De hecho, los expertos aseveran que donde había azadas y palos, así como agricultura por irrigación con estructuras sociales matrilineales y matrilocales establecidas, las mujeres eran productoras primarias importantes que contribuían de manera significativa a la subsistencia de sus familias. En 1928, en un ensayo llamado "La división del trabajo según el sexo en la cultura africana del azadón", el antropólogo Hermann Baumann observa: "Basta afirmar que una conexión entre la mujer y la agricultura de azadón, incluso más, entre el sistema social en que manda, la sociedad matriarcal, y el cultivo primitivo de la tierra, está reconocido universalmente como existente".[22]

Alrededor del mundo, en la agricultura de azadón las mujeres des-hierban, labran, orean la tierra, realizan todas las labores esenciales para asegurar un cultivo exitoso. Y como el azadón puede ser fácilmente reco-gido, las mujeres pueden seguir cuidando a sus hijos que andan fuera, al mismo tiempo, jugando. Trabajar a la par con los hombres y desarrollar labores esenciales de producción primaria proporcionaba a las mujeres influencia y voz propia en cuestiones personales, familiares, sociales y po-líticas. Mientras tanto, la agricultura de arrozal requería muchas manos, incluyendo las de mujeres y niños. Como en las economías de cultivo de azadón, lo que las mujeres hacían importaba y lo hacían al aire libre. Tanto en los campos de arrozal como en los de azadón, el trabajo femenino era fundamental para el bienestar del grupo entero y el estatus social de la mu-jer reflejaba su indispensable contribución. Sin ellas, nadie podía comer.

Los economistas y los sociólogos nos dicen que las prácticas agrícolas que prevalecían en un área determinada tenían larga data. En algunas par-tes del Sudeste Asiático, donde las mujeres desempeñaban un papel esen-cial en la economía agrícola, también mantenían las ventajas de la herencia matrilineal y de la residencia matrilocal, o de "filopatría femenina", otra manera de decir que se quedaban con sus familias de origen, en el lugar donde habían nacido.[23] También quería decir que, fundamentalmente, los hombres tenían que "hacer una audición" para poder casarse y después vivían rodeados de la parentela de su esposa. De ese modo se estableci-eron controles a los desequilibrios de poder, al dominio masculino y a la violencia en contra de las mujeres desde el nivel más básico de la sociedad. Rae Blumberg, catedrático de sociología en la Universidad de Virgina, ha escrito extensamente sobre diferentes tipos de agricultura y destinos femeninos.[24] Nos cuenta de lugares donde los ancestros femeninos de las mujeres trabajaban en los campos de arroz, incluyendo algunas regiones de Indonesia, Malasia, Myanmar, Camboya, Laos y Tailandia, donde ellas siguen teniendo un grado importante de poder y autodeterminación.

[En estos lugares] las mujeres son incluidas… en la fuerza laboral y contro-lan, al menos, algunos recursos económicos, como el ingreso, el crédito, la tierra y/u otras herencias. Las mujeres del Sudeste Asiático han sido, duran-te largo tiempo y por su propia cuenta, empresarias y comerciantes en los mercados. Lo anterior les dio poder económico sobre lo que habían recibido como herencia, generalmente por vía del sistema de parentela y de propiedad, que era favorable a su género.[25]

En contraste, donde había agricultura irrigada y filopatría masculina —es decir, donde los hombres se quedaban con sus familias de origen y las mujeres se iban a vivir con ellos— a las mujeres no les iba tan bien. Por ejemplo, en el este de Asia —incluyendo el norte de China, Japón, Corea del Sur y Taiwán— y en varias áreas de Paquistán, la India y Bangladés; en el sur de Asia, con sus sistemas de propiedad y de parentesco dominados por los hombres, las mujeres tendían a dedicarse al trabajo familiar sin remuneración económica. Y como los mercados locales de estos lugares eran dominados por los hombres, de la misma manera como lo era la herencia, era difícil para las mujeres ganar dinero comerciando por su cuenta.

No obstante, al parecer en ningún lugar fueron las condiciones más terribles para las mujeres como en las regiones donde prevaleció y prevalece la agricultura del *arado*. Donde fuera que el arado se usara para la agricultura intensiva, el destino de las mujeres tomó el camino del desempoderamiento e, incluso, de la abyección. Se volvieron singularmente dependientes, se socavó su autonomía de manera exhaustiva, fueron circunscritas y, en muchos casos, incluso sofocadas por una rudimentaria pieza de equipamiento, el arado, anfitrión que marcó el comienzo de múltiples cambios sociales.

DESTINOS LIGADOS: MUJERES Y BESTIAS DE CARGA

Los arados jalados por bueyes pueden haber sido usados desde el sexto milenio antes de Cristo por los mesopotámicos en la región de la Media Luna Fértil.[26] El uso de pequeños arados comenzó incluso unos dos mil años antes. Después, los egipcios, y tras ellos los romanos y los griegos, también domesticaron a algunas mulas para jalar arados más grandes y pesados.[27] A diferencia de los implementos a los que el economista danés Ester Boserup llama "agricultura migratoria" —palos y azadones—, el arado requiere una fuerza de agarre importante y suficiente fortaleza del cuerpo superior y general para empujar y jalar el arado o controlar al animal de tiro que lo está arrastrando.

El antropólogo Agustín Fuentes refiere que un estudio de 46 diferentes metaanálisis muestra que entre las diferencias de los sexos que tendemos a considerar como "esenciales" hay muy pocas que se presenten en diferentes culturas.[28] Los muchachos ¡Kung se enfocan en tareas en las que también lo hacen las muchachas ¡Kung. Las niñas en tres países de Oriente Medio —Jordania, Qatar y Emiratos Árabes Unidos— dejan atrás a los niños en matemáticas. Pero, alrededor del mundo, los hombres tienen más fuerza de agarre, velocidad y potencia para arrojar objetos que las mujeres. Por estas razones los hombres súbitamente tuvieron y siguen teniendo ventaja física en los contextos de la agricultura de arado. Además de requerir fuerza en la parte superior del cuerpo, las actividades con los arados, que también introdujeron la impredecibilidad y el peligro relativo de los grandes animales, eran incompatibles con el cuidado de los niños. Estos dos aspectos de la agricultura de arado propiciaron una nueva y rígida división del trabajo basada en el género: los hombres se dedicaron a la agricultura fuera de la casa, mientras que las mujeres se especializaron en la producción secundaria, incluido el cuidado de los hijos y la preparación de la comida, en el seno de la casa. Esta distinción —agricultura fuera de casa/producción primaria *versus* cuidado de los hijos y preparación de la comida/producción secundaria— a su vez dio pie a las creencias sobre el "papel natural de las mujeres", incluida la condición de que éstas debían estar "dentro de la casa" y de que las madres, "de manera exclusivamente natural", eran sujetos primarios cuyo trabajo era menos importante para la subsistencia que el ingreso que proporcionaba el hombre.[29]

En los nuevos contextos estratificados en que las mujeres ya no eran productoras primarias, sus fortunas literalmente se invirtieron. Entonces, en vez de pagar por la riqueza de la novia —una cantidad que se daba por el privilegio de casarse con la hija de alguien—, el hombre podía pedir dotes y los padres de la novia estaban obligados a pagar a aquél para que se llevara a su hija y hacerla su esposa. En algunas culturas tener niñas se volvió tan "costoso" que las familias empezaron a practicar infanticidio femenino. En otros lugares, los padres daban a sus hijas como concubinas o esposas secundarias, porque era lo mejor que podían esperar. En el contexto del uso del arado y la división del trabajo por géneros, que puso a las mujeres en posición desventajosa respecto de los hombres, surgió la preocupación por la virginidad. La antropóloga Sherry Ortner ha señalado que la castidad femenina tiene un valor monetario en algunas sociedades altamente estratificadas, en que la única estrategia para que una familia de bajo rango pueda ascender es el matrimonio de una hija con alguien de una familia de más alta posición económica.[30] Y, entonces, "la virginidad se vuelve un asunto de familia protegido violentamente por los hombres y mitopoéticamente por las mujeres", según Natalie Angier. Si las mujeres ya no eran productoras primarias, su valor secundario tenía que ser vigilado de manera rigurosa. Y lo era de formas a la vez creativas y exhaustivas por los hombres y, con suma frecuencia, por las propias mujeres.

Según Stephanie Coontz, la obra de jerarquización y estratificación genérica que propició el arado pronto fue alentada por la ornamentación femenina.[31] Primero en Oriente Medio y después alrededor del mundo en contextos de agricultura de arado, la joyería pesada y restrictiva, la ropa elaboradamente decorativa y las uñas largas, todo indicaba que las mujeres no trabajaban y, por extensión, que los esposos de este tipo de mujeres eran ricos y exitosos. Y, en consecuencia, que las mujeres no eran libres. En este sentido, la mujer como objeto decorativo, la ostensible "celebración" de esta nueva versión de la feminidad, funcionaba como un secuestro figurativo. En algunas regiones también había secuestro, de manera literal. La separación de los sexos, una práctica muy difundida en Oriente Medio hacia el año 2000 antes de Cristo, mantenía a las mujeres fuera del ojo público y permitía a los hombres de alto rango demostrar al mundo que eran tan ricos que sus esposas y sus hijas no sólo no tenían que trabajar sino que ni siquiera tenían que salir de su casa.[32] Esto, así como su ornamentación, constituía una demostración explícita del valor excedente y apuntaló la idea de que las mujeres eran una propiedad, más que personas o productoras: objetos costosos mantenidos por hombres ricos y poderosos. De manera conveniente, pues no era coincidencia, la contención y la separación de los hombres respecto de las mujeres —como en una *zenana*, o "alojamientos de mujeres", donde los hombres no podían entrar— también fue una manera de asegurar que las mujeres no se extraviaran sexualmente. Desde las leyes, las creencias morales y la literatura, todo proponía que los hombres tuvieran *cuidado* "para que las semillas de otros no fueran sembradas en tu tierra".[33]

Si eso pasaba, si las mujeres eran rebeldes, su progenie tendría consecuencias tan trascendentes como no las había tenido antes: los padres podrían legar su fortuna, su tierra y su poder a hijos que no fueran suyos. La monogamia femenina —coaccionada, impuesta, mitologizada, celebrada, institucionalizada, legislada— se convirtió en el fundamento sin el cual esta nueva versión de la sociedad, en la que los recursos pasaban de patriarca a patriarca, se derrumbaría.

Contar con que las mujeres fueran fieles se convirtió en la mayor apuesta de las apuestas que el hombre ha conocido jamás.

JEZABEL(S)

La historia de Jezabel muestra cómo las preocupaciones respecto de la progenitura, la ambición femenina y la autonomía sexual de las mujeres parecen haber sido trazadas en un mapa al lado de la tradición del pensamiento y de la religión occidental. Como sugiere Lesley Hazleton en su magistral biografía,[34] Jezabel constituye una trama de representaciones a través del tiempo, de ella como personaje histórico.[35] Los "editores" del Viejo Testamento revisitaron ese texto de manera repetida durante varios siglos y parte de lo que descubrieron fue una historia más grande sobre los destinos femeninos en la forma de la historia de una reina, la esposa de Acab, y mortal enemiga de Elías.

Princesa fenicia que adoraba a Baal, Jezabel es retratada en Reyes, del Antiguo Testamento, como una belleza astuta, maliciosa y hambrienta de poder. Su amor por la ornamentación —con frecuencia es representada viéndose tímidamente al espejo; una Kim Kardashian tomándose una *selfie*— era igualado sólo, dice la leyenda, por su ansiedad de tener influencia. Específicamente, quería convertir al pueblo de su esposo Acab —israelitas del norte, discípulos de Yahweh— a su propia religión. Presuntamente, Jezabel era implacable en la búsqueda de su objetivo, "destruyendo" tanto como podía la religión de Yahweh (el lenguaje, dice Hazleton, es vago, e incluso, en las versiones más inflexibles, Jezabel nunca es acusada de matar a los profetas ni a los fieles de Yahweh). Otro dato crítico de la versión de Reyes de Jezabel: cuando Nabot, dueño de un viñedo exquisitamente bello, rechaza vendérselo a Acab, poniendo al marido de Jezabel en un profundo temor, ella acusa falsamente al reacio viticultor de blasfemia, por despecho. Fue lapidado hasta la muerte. Habiéndose ganado tantos enemigos y la justa ira de Yahweh, cuando Acab muere y ella ya no tiene la protección de un hombre poderoso, los días de Jezabel estaban contados. Por un tiempo, Jezabel se aseguró de que su hijo mayor gobernara, pero fue empujado de un balcón por "accidente", lo que resultó muy conveniente para los enemigos de Jezabel, por decir lo menos. Rápidamente, ella puso en el poder a su hijo menor, quien también fue asesinado. Según la leyenda, durante el último día de su vida, a sabiendas de que estaba a punto de ser asesinada, Jezabel se aplicó maquillaje con cuidado, se puso una esmerada peluca y vistió sus más finas ropas, lo cual quizás fue un intento por dar énfasis a su carácter de reina y noble, pero que fue interpretado por la historia como una táctica para seducir a su asesino, Jehú.

Jehú fue entonces a Jezreel. Al saberlo, Jezabel se pintó sombras alrededor de los ojos y se adornó el cabello; luego se asomó a una ventana. Y cuando Jehú llegó a la entrada de la ciudad, ella le dijo:

—¿Cómo estás Zimri, asesino de tu señora?

Jehú miró hacia la ventana y dijo:

—¿Quién está de mi parte?

Dos o tres oficiales de palacio se asomaron a verlo y Jehú les ordenó:

—¡Échenla abajo!

Ellos la echaron abajo y parte de su sangre salpicó la pared y los caballos, los cuales pisotearon a Jezabel. Luego Jehú se fue a comer y a beber.

Más tarde, Jehú ordenó:

—Encárguense de esa maldita mujer, y entiérrenla, porque después de todo era hija de un rey.

Pero cuando fueron a enterrarla, sólo encontraron de ella el cráneo, los pies y las palmas de las manos. Entonces regresaron a comunicárselo a Jehú, y éste comentó:

—Ya el Señor había dicho por medio de su siervo Elías, el de Tisbe, que los perros se comerían el cuerpo de Jezabel en el campo de Jezreel, y que su cadáver quedaría esparcido, como estiércol, sobre el terreno del campo de Jezreel, hasta el punto de que nadie podría reconocer sus restos [*La Biblia: Dios habla hoy*, Corea, Sociedades Bíblicas Unidas].

Tal caída, tan espectacularmente humillante, completada con la afirmación de que "hasta el punto de que nadie podría reconocer sus restos", era necesaria en un texto del Viejo Testamento que se esforzaba por desarticular la legitimidad de las religiones y de la organización social precedentes. Un cierto exceso era indispensable para nulificar radicalmente la autoridad del orden del mundo previo, encarnado por una mujer con poder, que desde el asiento trasero intentaba conducir una organización patrilineal, pero que rendía culto al viejo sistema establecido.[36] Baal era el dios de la tierra y de la fertilidad, probablemente sustentado, al menos en parte, en ancestrales diosas de la fertilidad. Y en la Fenicia nativa de Jezabel, las mujeres de la realeza eran, por lo general, sumas sacerdotisas que desempeñaban papeles activos en el templo y en las relaciones de palacio.[37] Jezabel representaba no sólo las viejas formas, sino también una versión precedente del arado: la del más desarrollado poder femenino. También, según varias versiones, era cosmopolita, y una politeísta pragmática como muchos fenicios de su tiempo y de su clase social y creía que la tolerancia religiosa era importante y eficaz. Para los profetas más fundamentalistas de Yahweh, en contraste, sólo había un dios hombre. Él y sus prosélitos no tolerarían a nadie más. Como la historia fue escrita y reescrita durante la era del arado, hay constantes metáforas de adulterio y del deseo femenino fuera de control, para describir la rendición del culto a cualquiera que no sea el Dios único, quien fue representado como el esposo justo de una novia rebelde: Israel. Cuando ella es "infiel" con otros dioses se le denuncia por adulterio. En palabras de Jeremías, airado por la rendición del culto a un ídolo: "Mira las lomas calvas, fíjate bien: ¿dónde no te has dejado deshonrar? Sentada como árabe del desierto a la orilla del camino esperabas a tus amantes. Has manchado al país con tu prostitución y con tu maldad" (Jeremías 3:2) [*La Biblia: Dios habla hoy*]. Isaías, Oseas y Ezequiel aseguran que los israelitas se han convertido en la "semilla de una adúltera y una ramera".[38] Israel es comparada con un camello hembra que corre bajo el calor. Judea está "infatuada por despilfarradores con penes tan grandes como los de los burros, que eyaculan tan violentamente como sementales".³⁹ Yahweh es el esposo celoso de una mujer que habitualmente es infiel:

El Señor dice:

¡Acusen ustedes a su madre, acúsenla, porque ella ya no es mi esposa ni yo soy su marido! ¡Que deje de mostrarse como prostituta! ¡Que aparte de sus pechos a sus amantes! Si no lo hace, la dejaré desnuda por completo: la dejaré como el día en que nació, la convertiré en desierto, en pura tierra seca, y la haré morir de sed.

Voy a castigarla por el tiempo que pasó ofreciendo incienso a los ídolos, cuando se adornaba con anillos y collares para seguir a sus amantes olvidándose de mí. Yo, el Señor, lo afirmo.

Entonces me llamará "Marido mío", en vez de llamarme "Baal mío". Yo, el Señor, lo afirmo. Y quitaré de sus labios los nombres de los baales y jamás volverán a mencionarse [Oseas 2:2-3, 2:13, 2:16-17. *La Biblia: Dios habla hoy*].⁴⁰

"Di mi nombre", dice este Dios único a la mujer en su cama. ¿Y qué pasa si no lo hace? El precio de la infidelidad es la muerte. En palabras de Ezequiel: "Te dejaré en manos de ellos, para que destruyan tus lugares de prostitución y de culto a los ídolos. Te arrancarán tus vestidos y tus magníficos adornos y te dejarán completamente desnuda" (Ezequiel 16:39) [*La Biblia: Dios habla hoy*].

Nuestro uso contemporáneo del término *jezabel* para referirnos a "una mujer impúdica, desvergonzada y moralmente desenfrenada", demuestra no sólo nuestra deuda con la idea de que la monogamia constituye una alianza sagrada que florece en las tierras religiosas labradas por el arado, sino también muestra los destinos de las mujeres que trastornan el orden de las cosas —religiosas, dinásticas, políticas—, en contextos en que la agricultura estaba haciendo su trabajo terrenal y conceptual.⁴¹ Degradadas como Jezabel, las mujeres que no se comportan como es debido compartirán su legado: sus más grandiosos y ambiciosos actos serán asociados con, y reducidos a, impropios apetitos sexuales. Es revelador que el castigo a Jezabel por su afirmación de poder provocó no sólo su muerte sino también la deshonra de su reputación y, por lo tanto, de su autoridad: su nombre terminó siendo asociado con la prostitución (en que una mujer está a la venta) y con las falsas profecías (en que no se puede confiar en una mujer). Su historia dramatiza cómo, una vez que las ansias sobre la herencia y la paternidad se afianzaron en contextos centrados en el arado, las versiones autoritarias de los esposos posesivos fueron deificadas y las deidades comenzaron a tomar su poder conceptual de lo que los esposos sentían, obligados y envalentonados por un más o menos nuevo orden mundial por construirse. La autonomía femenina se asoció, todavía más, con el desorden cultural y resultó cada vez más arriesgada para sus practicantes individuales.

La historia de Jezabel y sus subsecuentes reescrituras sólo son un ejemplo de cómo el poder femenino era ligado, cada vez más, a la sexualidad y al engaño. Si las mujeres podían engañar a los hombres, éstos podían exponer sus infidelidades y su supuesta duplicidad esencial para que todo el mundo las viera, a veces literalmente. Esta prerrogativa fue cosechada por medio del trabajo con el arado. En la antigua Grecia, donde el cultivo más ampliamente cosechado era el trigo —el más favorable al arado de todos—, el adulterio era considerado un crimen serio, con repercusiones en la pareja, en la familia y en el Estado.[42] El hombre que cometía adulterio con una ciudadana casada podía ser asesinado de inmediato y en el lugar de los hechos, con probable indulto para su asesino, y la mujer, inmediata y automáticamente, quedaba divorciada. Coincidentemente, del año 470 a.C. en adelante, la pena por interferir en el transporte de granos también era penado con la muerte. Y así como el impedimento de la distribución de los granos podía provocar la hambruna, el adulterio de una mujer podía producir hijos ilegítimos. Esta era la reflexión que se hacía, por lo que sólo a los hijos legítimos se les permitía convertirse en ciudadanos atenienses. Entonces, tener relaciones sexuales era una ofensa con consecuencias sociales tanto para las ciudadanas casadas como para los hombres que no fueran sus maridos. Lo anterior significaba que las transgresiones tenían que ser "aireadas" en público, expiadas por los adúlteros frente a todo el mundo, como una cuestión de preocupación para todos y como legítimo espacio de intervención. Según Aristóteles, las adúlteras en el Peloponeso eran obligadas a pararse vistiendo una túnica transparente, sin cinturón, en el centro de la ciudad, durante 11 días.[43] Esta era una afirmación explícita de que lo que estas mujeres habían tratado de reclamar como propio —sus cuerpos desnudos y su sexualidad— literalmente pertenecía a todos los que las veían. En otras áreas, las adúlteras eran paseadas sobre un burro con sus amantes, en un despliegue público humillante que dejaba en claro que en cuanto tenía que ver con las mujeres casadas y el sexo no había zona de privacidad, ni actos de autodeterminación que no estuvieran enlazados con un mundo más amplio y con su poder de determinar el destino de ellas. Así como ella sembraba, así cosecharía.

Estos destinos eran menos terroríficos que los de la adúltera, vengativa y ambiciosamente no simpática Clitemnestra, según cuenta Esquilo en *La Orestíada*, la tragedia con moraleja del año 458 a.C.[44] Clitemnestra se unió a alguien más durante la larga ausencia de su esposo Agamenón que había ido a la Guerra de Troya, volviéndola el polo opuesto de la esposa fiel, monógama y buena de Odiseo, Penélope. Clitemnestra estaba airada porque Agamenón había sacrificado a su hija Ifigenia a los dioses, en su buque de guerra, como una ofrenda para tener vientos favorables. Durante su larga ausencia, sugiere el texto, ella se consuela con su poder de gobernar Argos y con el sexo con su "esposo" ilegítimo, Egisto. De nuevo, no era Penélope, quien sí mantenía a raya a sus ardientes pretendientes, al tejer y al destejer en su telar durante años. Al regreso de Agamenón con su amante Casandra, quien se agazapaba y se ocultaba afuera, sabiendo lo que estaba por venir, Clitemnestra le dio la bienvenida a su esposo, le preparó la bañera y procedió a darle un hachazo, hasta matarlo. Pero más que ser protegida por la antiquísima regla de la justicia cíclica representada por las Furias, quienes se pusieron del lado de Clitemnestra porque estaba vengando la muerte de su hija, aquélla fue asesinada por su propio hijo, Orestes, a instancias de Apolo, quien después justificó exitosamente su posición en contra de las Furias, absolviendo a su cliente del crimen que había cometido en la corte ateniense. No podía haber mejor representación literal del nuevo orden del mundo que no toleraba que las mujeres tomaran las cosas en sus manos, fueran sexuales o legales. El poder femenino y los privilegios femeninos, como los que Clitemnestra representaba, fueron suprimidos de diversas maneras, incluyendo en textos como *La Orestíada*, que floreció en la tierra cultural labrada por el uso del arado, enriqueciéndola a cambio. En este emergente y masculino nuevo orden de las cosas, la muerte de una muchacha a manos de su padre no sólo no era un crimen sino que constituía un *derecho*.

Entre los antiguos romanos, famosos por sus excesos sexuales, era más probable considerar el adulterio como una cuestión privada que debía ser resuelta en casa, más que en las cortes.[45] Era una ofensa personal más que criminal. Durante el reino de Augusto, sin embargo, se implementaron nuevos códigos morales, incluyendo uno que permitía a los paterfamilias llevar a su muerte a ambas partes adúlteras. No es una coincidencia que durante este periodo Virgilio compusiera sus *Geórgicas*, un himno de alegría a la agricultura y a la vida en el campo, y que se lo recitara a Augusto alrededor del año 30 a.C.[46] Tampoco carece de significado que el estilo de vida romano fuera, con frecuencia, simbolizado por una hogaza de pan —el trigo era un cultivo que dependía del arado y un alimento básico del hogar—. Con este telón de fondo y con la consolidación del poder de Augusto, cuando hizo pasar a Roma de una república a un Imperio, con él a la cabeza, hizo que su propia hija Julia —vivaz, ingeniosa y, más tarde, abuela de Calígula—, fuera exiliada a la remota isla de Ventotene por sus muchas aventuras, que tuvieron lugar, abiertamente, cuando todavía estaba casada con Tiberio.[47] Cuando se le preguntó por qué todos sus hijos se parecían a su padre, ella bromeó diciendo que sólo le daba paso a nuevos pasajeros cuando el barco ya tenía carga, es decir, cuando ella sabía que ya estaba embarazada de su marido.[48] Aunque era noble, en la reorganización de Roma bajo su padre, su propia libido se convirtió en un espacio de control social y sus mentiras y su autonomía previas fueron su condena. Augusto llamó a su inteligente hija, amada por los romanos por su generosidad, "una enfermedad de mi carne".[49] Después, cuando Tiberio sucedió al padre de Julia como emperador, él le retuvo su pensión y ella murió de desnutrición a los 53 de edad en el 14 a.C., el mismo año que murió Augusto, casi como si su destino —como el de Ifigenia— no pudiese desligarse del de su padre. En un contexto en que la autonomía sexual femenina estaba asociada a la ausencia de la ley y al caos potencial, ni siquiera pertenecer a la realeza podía proteger a una mujer de las consecuencias del poder alienante de los hombres hacia sus acciones independientes; en este caso, sus infidelidades. Podemos suponer que el exilio de Julia constituyó una poderosa lección para otras mujeres. En palabras de Natalie Angier: no te comportes de manera que pongas en riesgo "la investidura y la tolerancia de los hombres y su gran coalición masculina".[50]

HIJAS DE AGRICULTORES

¿Qué tiene que ver lo anterior con las mujeres de hoy? Todo. En un análisis singularmente exhaustivo publicado en 2013, un grupo de economistas de Harvard y de la UCLA establecieron que el arado ha tenido un impacto tan grande en nuestras creencias sobre los hombres y las mujeres, así como sobre la autodeterminación femenina, como lo hizo con la tierra que labró de manera tan eficiente.[51] Donde hay o ha habido agricultura de arado, las consecuencias son profundas y de amplio alcance: estas sociedades tienen, notoriamente, niveles más bajos de participación femenina en la política y en la fuerza laboral; además, se hallan en posiciones altas en cuanto a adoptar actitudes marcadamente parciales por razones de género. Quizás, de manera todavía más interesante, los investigadores encontraron que incluso generaciones después, a miles de kilómetros de distancia, en ambientes absolutamente cambiados, y a pesar de la religión, del ingreso y de la intervención del progreso —avances médicos, desarrollo económico, cambio tecnológico y estructura de producción de una economía—, seguimos cosechando las actitudes sembradas históricamente por usar el arado.

Los autores del estudio compilaron información del *Atlas etnográfico*, una base de datos de todo el mundo que contiene información de 1 256 grupos étnicos; de los *Indicadores de desarrollo mundial* (2012), y de las *Encuestas de empresas* (2005-2011), del Banco Mundial, para hallar información sobre la participación femenina en la fuerza laboral y en emprendedurismo femenino, así como de la *Base de datos de indicadores y estadísticas sobre mujeres* (2000) de las Naciones Unidas, para obtener datos sobre la proporción de mujeres en posiciones claves en gobiernos nacionales. También recurrieron a la Encuesta Mundial de Valores, una compilación de encuestas nacionales sobre actitudes, creencias y preferencias, incluyendo creencias sobre el papel de la mujer, con base en dos afirmaciones: "Cuando hay escasez de empleo, los hombres deben tener más derecho a un trabajo que una mujer" y "En general, los hombres son mejores líderes políticos que las mujeres".

En regiones en las que hay o había arados y dependencia de cultivos que requerían el arado —incluyendo cebada, trigo, tef y centeno—, quienes respondieron a la encuesta estaban de acuerdo, de manera abrumadora, con las afirmaciones en el sentido de que los hombres merecían más los puestos de empleo y que tenían más cualidades para ser líderes políticos. Y que estuvieran de acuerdo importaba. Había menos empresarias mujeres, menos mujeres en la política y menos mujeres con trabajos formales. De manera notable, sin embargo, esto ocurría sólo en las regiones en que el arado estaba en uso o donde había sido usado recientemente. O en lugares en los que simplemente había sido empelado alguna vez. Al estudiar las respuestas de los hijos de los inmigrantes alrededor del mundo, los investigadores fueron capaces de documentar la notoria persistencia de estas creencias y estas visiones parciales, así como su "difusión". Incluso tener un *patrimonio* relacionado con la agricultura tradicional de arado sirvió para predecir una marcada parcialidad en las actitudes que se basan en el género y en la tenencia de menos mujeres trabajando fuera de casa. Cuando la herencia es tanto del lado materno como del lado paterno, el impacto todavía es mayor. Si los ancestros del esposo de una mujer fueron parte de una cultura del arado, eso también tiene un impacto negativo en la participación de ella en la política y en la fuerza de trabajo.

Pero ¿cómo es posible que el arado todavía tenga influencia en ciudades tan modernas como Nueva York, Pekín, Tokio y Londres, donde los mercados de agricultores son lo más cercano que tenemos a nuestras (recientes) raíces de agricultura intensiva? Los autores del estudio señalan que las normas persisten después de que la economía se desarrolla, alejándose de la agricultura del arado, en parte por estos prejuicios — "El lugar de la mujer está en su casa"—, que son reforzadas no sólo por los individuos que las aprenden de sus padres y de sus abuelos sino también por ciertas políticas, leyes e instituciones de la sociedad. Los autores también indican que los países en que las personas creen que el lugar de la mujer es la cocina, tienden a contar con legislaciones y prácticas que defienden derechos de propiedad inequitativos, derechos al voto asimétricos y escasas políticas de permiso parental, incluso cuando las actitudes sobre la igualdad comienzan a mejorar. En ese "retraso" las mujeres siguen viviendo sus vidas como ciudadanas de segunda clase a pesar de ideologías superficiales de paridad e igualdad de oportunidades. Estas sociedades también pueden crear estructuras industriales que reflejan estas creencias, especializándose en la producción de capital o en industrias de fuerza intensiva que apuntalan ideas sobre desigualdad de género y refuerzan la creencia de que las mujeres están fundamentalmente ligadas a la esfera doméstica ("¡Las mujeres no pueden cargar cajas pesadas u operar maquinaria como los hombres!"). Finalmente, las creencias de la cultura del arado sobre el papel y el "lugar natural" de las mujeres son particularmente "persistentes", concluyen los autores del estudio. Continúan porque es más rápido y fácil actuar a partir de ellas que evaluar cada situación y decidir con base, por ejemplo, en la personalidad individual, el mérito o las calificaciones. Es mucho más eficiente simplemente decidir a partir de creencias existentes y aceptadas: "Las mujeres no son tan buenas como X".

El estudio fue controlado por docenas de otros factores determinantes potenciales: ¿qué tal si culturas que ya eran sexistas escogieron el arado?, ¿tiene la religión un efecto tan grande como el arado?, entre varias más. Pero un minucioso análisis de regresión los llevó a descartar estos otros factores potenciales y concluir que, en realidad, fue el arado el que afectó a las mujeres al *crear* las condiciones de la opresión femenina. Más pruebas: los investigadores encontraron que en cualquier lugar del mundo en que había ambientes más propicios para cultivos que no requerían el arado, como el maíz y el sorgo, la plantación de árboles y raíces, hoy tienen más igualdad en sus actitudes y en sus roles de género, así como una mayor participación femenina tanto en lo social como en la fuerza de trabajo.

¿Qué tan libres e ilustrados somos? No mucho. Podría no sorprendernos saber que, durante la Primera Guerra Mundial, los gobiernos británico y estadounidense tuvieron una segunda guerra en sus manos, en el frente doméstico, cuando crearon el Ejército Femenino de la Tierra, en un intento por remplazar a los agricultores hombres que se habían enlistado para combatir en el extranjero al lado de mujeres. Había denuncias airadas en columnas de opinión y entre agricultores, economistas y ciudadanos de a pie.[52] A pesar de la urgente necesidad de trabajadores agrícolas para los cultivos que requerían atención con objeto de alimentar a las naciones, y de que había miles de mujeres listas y capaces de hacer el trabajo, el escándalo se acentuó y fue difícil afrontarlo. Parecía que, dado el patrimonio de la agricultura del arado, muchos preferirían que la comida se echara a perder, arriesgándose a la inanición, a que las mujeres cruzaran la frontera que separaba la casa del campo. Una campaña de educación pública (léase propaganda) fue rápidamente puesta en práctica, a partir de la principal objeción de los agricultores que rechazaban a las entusiasmadas trabajadoras: usaban pantalones. Miles de folletos y carteles de los gobiernos estadounidense y británico fueron producidos y mostraban a mujeres en *faldas* y en *vestidos* arando los campos, con mensajes como el siguiente: "Dios acelera el arado y la mujer lo conduce" y "Apoya a la muchacha que él tuvo que dejar", con la fantasmal silueta de un soldado detrás de la mujer parada en el campo (ella tenía pantalones, pero quizá, como una concesión al enojo masculino, blandía un azadón "femenino", en vez de "manejar masculinamente" un arado). Después de las guerras mundiales floreció un género de chistes sobre las "hijas de los agricultores"; como personajes de repertorio, éstas eran tontas y sensuales. Pero eran menos tontas de lo que se veían cuando tenía que ver con sexo; de hecho, con frecuencia eran "promiscuas", pues complacían a agentes de ventas viajeros y a otros que visitaban la granja. La frase clave, conceptual, de los chistes sobre la hija del agricultor, como categoría, es siempre que, cuando se trata de trabajo agrícola, el lugar de la mujer está en su espalda. Y que las mujeres sólo sirven para la reproducción y para la recreación, pero no para la producción. También son sexualmente audaces y no discriminadoras y, por tanto, necesitan precisamente el tipo de control que la agricultura permite a los hombres ejercer sobre las mujeres. Quítenlas de nuestra vista, sugieren los chistes, y confundirán la paternidad más rápido de lo que uno puede decir "Daisy Dukes" o "Elly May Clampett". Jerarquías de género y risas paranoicas cortesía del arado.

Podríamos lanzar trompetillas a las generaciones anteriores por su profundo e irracional compromiso con la lógica cultural del arado y suponer que estamos más allá de esas subjetividades y esos chistes, pero incluso hoy esa lógica sigue teniendo un impacto en el día a día de nuestras vidas, de formas notorias. Estados Unidos, aunque esté un poco por encima del promedio, está rezagado en lo que concierne a equidad de género. Por ejemplo, tan recientemente como el año 2000, estuvo clasificado en el lugar 47 de 181 países para los cuales hay información disponible sobre la participación de las mujeres en la fuerza laboral.[53] En el mismo año, las mujeres tenían un impactantemente bajo 13% de las posiciones políticas, clasificado en un deslucido lugar número 50 de 156 países para los que hay datos. Los autores del estudio de Harvard y la UCLA hicieron notar que estas estadísticas "resultan todavía menos igualitarias cuando tomamos en cuenta el alto ingreso per cápita de las naciones occidentales".[54] *Plus ça change:* la Organización Internacional del Trabajo señala que hacia 2017 la clasificación de las mujeres de Estados Unidos se derrumbó a la posición 76 de 180 países.[55] Y en cuanto a participación política, logró la poco vistosa fortuna de ser el número 100 de 193 (aunque hubo un número récord de mujeres que se registraron para buscar ser electas en las elecciones intermedias de 2018).[56] En otro estudio, esta vez compilado por Save the Children para conmemorar el Día Internacional de las Niñas en 2016, Estados Unidos, la economía más grande del mundo,[57] clasificó por debajo de Kazajistán y de Argelia en cuanto a equidad de género, debido a la baja representación de las mujeres en los puestos políticos, entre otros factores (éstos incluían altos rangos de embarazo adolescente y una tasa elevada de muertes de madres: 14 de cada 100 000 en Estados Unidos en 2015; las mujeres negras tienen tres o cuatro más probabilidades de morir por causas relacionadas con el embarazo que las mujeres blancas).[58]

Tal terreno rinde cultivos que son repeticiones misteriosas y familiares. Calumnias, ataques verbales marcadamente vitriólicos y amenazas físicas en contra de Hillary Clinton —todos escuchando los espectacularmente coreografiados regaños y castigos públicos a Jezabel—, le dieron la vuelta a la corriente contra la mujer que buscaba alcanzar el definitivo anillo dorado. Ella y todas nosotras aprendimos una lección sobre ser blanco de la ira de la gran coalición masculina, incluyendo que ese privilegio masculino con frecuencia es impuesto sin piedad por otras mujeres, en contextos en que la mejor estrategia es alinearse con aquéllos, que por tanto tiempo han salido victoriosos: 52 o 53% de las votantes femeninas blancas lo vieron de esa manera en 2016.[59]

En cuanto a la liberación sexual *per se,* en lo que tiene que ver con las relaciones sexuales en sí, las mujeres siguen, en cierto sentido, en gran desventaja, a pesar del progreso de la segunda ola del feminismo y de las incursiones culturales hechas por himnos inspiradores de íconos como Beyoncé y Janelle Monáe, de artículos de educación sexual en TeenVogue. com de Gigi Engle que pone información importante a disposición de las mujeres al tiempo que hace retorcerse a la derecha, de la actual ola de mujeres involucradas en la tecnología sexual encabezadas por amazonas como Bryony Cole, y de la moda, si bien subversiva, del interés en el poliamor entre los *millenials* que se rehúsan a ser parte de las convenciones binarias y de roles de género. Como lo anotan sucintamente los autores del estudio sobre el arado de Harvard y de la UCLA: "Parte de la importancia del arado proviene de su impacto en las creencias internas y en los valores".[60] Vivimos el inmisericorde legado del arado todos los días, una herencia que, para muchos de nosotros, ha llegado a parecer lógica o natural. No lo es. El arado no sólo es culpable, o merecedor de agradecimiento, de nuestro ciclo menstrual mensual, pues en nuestra evolución prehistórica, según la antropóloga Beverly Strassmann, nuestros niveles de grasa eran más bajos por el constante esfuerzo hecho en la recolección y por lo tanto nuestro ciclo era más bien trimestral.[61] Y, además, nuestra noción de que "pertenecemos" a un hombre a la vez, si somos mujeres heterosexuales, o a una persona a la vez, si no lo somos, es algo que también podemos achacarle al arado. Asimismo lo son realidades cotidianas, como ser educadas para sentarnos con las piernas cruzadas: lo que está entre ellas no nos pertenece, así como tampoco los espacios exteriores son nuestro legado, y no tenemos derecho a tomarlos y ni siquiera a habitarlos.

Lo que parece decoro, desde otro punto de vista, es una forma culturalmente específica de censura social, una lección implacable y falsamente impartida de "etiqueta". "Algunas muchachas se sientan de esta manera", me dijeron unas muchachas cuando yo era una adolescente, colocando sus dedos índice y medio estrechamente juntos. "Y otras muchachas se sientan así", en ese momento cruzaron sus dedos. "Pero las muchachas que se sientan así", separaron sus dedos índice y medio ampliamente, "reciben esto", dijeron levantando en el aire su dedo medio, obscenamente, "así". En ese momento chasquearon los dedos. Al hacerlo hablaban el idioma del arado. También lo hacen los muchachos que abren sus piernas agresivamente en el metro o en los camiones. Esto puede sentirse como un asalto a nuestro espacio personal y a nuestro derecho de estar en ese lugar.

Si dejamos de recordar que el legado del arado es que nosotras debemos quedarnos bajo techo, o empequeñecernos cuando estamos afuera, siempre están las estrategias de contención del acoso en la calle o en el centro de trabajo, el froteurismo en el metro y en los camiones… Y el asalto sexual. En 2012, la Organización Mundial de la Salud reportó que entre los principales factores de riesgo para que una mujer experimente violencia sexual, ya fuera por parte de un compañero íntimo o de un desconocido, se encontraban vivir en una sociedad con actitudes de inequidad de género o de pureza sexual, tener o que se sospechara que se tenían varios compañeros, y el predominio de ideologías de derechos sexuales masculinos, es decir, creencias acerca de que los hombres son, naturalmente y por derecho, más sexuales que las mujeres, que tienen más derecho a andar afuera y que las mujeres se deben quedar en casa.[62] Si no lo hacen, ellas, por derecho, pueden ser metidas en cintura. Creencias del arado.

Cuando era una niña pequeña en Grand Rapids, Michigan, jugábamos un juego en nuestros patios o en el patio de la escuela y cantábamos una canción que se llamaba "El granjero en el claro". Nos parábamos, tomándonos de las manos, en torno de un niño. "El granjero en el claro, el granjero en el claro, ay-ay, uy-uy, el granjero en el claro", le cantábamos. Después, al cantar: "El granjero toma una esposa, el granjero toma una esposa", el niño, que había sido transformado en el granjero en el claro, escogía a una niña para que se parara en medio del círculo con él. Así quedaba transformada en su esposa. Después cantábamos: "La esposa tiene un niño, la esposa tiene un niño" y alguien más de nosotros era escogido. El niño tomaba una nodriza. La nodriza tomaba una vaca. La vaca tomaba un perro. El perro tomaba un gato. El gato tomaba una rata. Y así seguían las cosas. Pronto, varios niños estaban de pie en el círculo empequeñecido. El grupo de adentro podía parecer un colectivo, pero era claro que el granjero, su esposa y su hijo eran el centro conceptual. Nosotros mismos, los jugadores, habíamos sido reorganizados siguiendo los puntos de la canción, que tenía que ver con la granja y con la agricultura. Al jugar este juego, ensayábamos y repetíamos la reorganización social de nuestros ancestros y el nacimiento de la peculiar y nueva forma familiar en que vivíamos: en pareja, con padres presumiblemente monógamos y sus hijos viviendo juntos. Cada vez que recitábamos, y poníamos en acto las palabras, estábamos reforzando su naturalidad, su justicia y su normatividad para nosotros. Literalmente, era un juego de niños y era también educativo. Que cada uno de nosotros anhelara ser escogido, que quisiéramos estar parados en la calidez del centro del círculo era una medida del poder del arado. Los niños querían ser el granjero. Las niñas deseaban ser la esposa del granjero; el niño, la mascota. Incluso la alimaña, porque todos éramos, en cierto sentido profundo, hijas del granjero.

VAGINAS:
TODO LO VIEJO ES OTRA VEZ NUEVO

La gente madura también practica rituales que revelan las verdades de la cultura en la que vivimos. En numerosos nichos metropolitanos privilegiados, incluyendo el lado este de Manhattan, donde vivía, llevaba a mis hijos a la escuela. Yo estudié ritos de feminidad y maternidad durante varios años y descubrí que hay una fijación creciente en la virginidad reequipada, un accesorio definitivo en una cultura que, al mismo tiempo, convierte a la mujer en objeto y romantiza a las madres. Negocios que se autodescriben como "medi spas" han comenzado a ofrecer un servicio a los habitantes de la zona más rica de la ciudad de Nueva York y su conjunto de migrantes veraniegos: los Hamptons. Estos spas ofrecen lo que promete ser un procedimiento "rápido y fácil" para "rejuvenecer" la vagina de una mujer. Los doctores usan láseres con nombres como FemiLift, MonaLisa Touch, IntimaLase y, mi favorito, ThermiVa (¿por qué no llamarlo simplemente ThermiVag?), presuntamente para "mejorar el relajamiento" de la vagina pues muchas mujeres están preocupadas porque después de tener hijos "están muy abiertas 'ahí abajo'", según las palabras de un supuesto rejuvenecedor vaginal médico.[63] Este procedimiento es distinto de la labioplastia, que promete —en la era de los depilados brasileños para usar bikini, en que todo está ahí para que cualquier amante lo vea— partes exteriores "más bonitas". Tampoco es una de las cirugías que atienden condiciones médicas como el prolapso o la incontinencia. No, el "rejuvenecimiento" se trata de lograr una "sensación mejorada" y de estar "más apretada", con frecuencia después de que una mujer ha tenido varios hijos. Podríamos preguntarnos: ¿de verdad? Y, sensación mejorada, ¿para quién? En 2017, el Congreso Estadounidense de Obstetras y Ginecólogos (CEOG) reafirmó su visión pesimista de esos procedimientos, a los que describió como "no recomendados médicamente".[64] Más todavía, advierten que "la seguridad y la efectividad de estos procedimientos no ha sido documentada". También hacen un llamado a los doctores para que informen a las mujeres que solicitan esos procedimientos sobre "potenciales complicaciones, incluyendo infecciones, alteraciones, dispareunia, adhesiones y cicatrización". Dispareunia significa "coito doloroso". Es extraordinario pensar que éste es un riesgo que, en ciertas condiciones, las mujeres no sólo están dispuestas sino impacientes de tomar, para generar lo que ellas esperan, sin garantía, sea una cópula sexual más placentera, no para ellas mismas sino para sus hombres. En 2017, en un simposio del CEOG, la médica Cheryl Iglesia dijo que no había suficiente "evaluación formal sobre la eficacia ni sobre la seguridad" de estos procedimientos y de estas cirugías de mejoramiento vaginal.[65]

Los antropólogos podrían maravillarse al descubrir que en una esquina del peculiar ambiente económico y social de Occidente, posterior al arado, las mujeres que ya no son vírgenes se sienten obligadas a recrear esa condición. Se supone que usarán algo para recrear el milagro de la inmaculada concepción, para ser multíparas, o mujeres que han tenido más de un hijo, con los cuerpos y la elasticidad vaginal de nulíparas, es decir, mujeres que nunca han dado a luz. No es que quieran remplazar o fortalecer sus hímenes (como algunas mujeres en Oriente Medio se sienten presionadas a hacer antes de su noche de bodas), sino "rejuvenecer" su propio valor erosionado en un ambiente en que las mujeres pueden ser condicionalmente respetadas por otras cosas —belleza, maternidad, inteligencia—, pero, al final, presuntamente son objetos para el mayor placer masculino. El doctor Dennis Gross, un dermatólogo cosmético del lado este de Manhattan, me dijo que está recibiendo más preguntas sobre el rejuvenecimiento vaginal.[66] "Las pacientes me piden recomendaciones, así como mi opinión sobre la efectividad de esos procedimientos", dice Gross, quien aplica láser y bótox a algunos de los residentes más ricos y poderosos de Manhattan y tiene una popular línea para el cuidado de la piel, pero en el fondo es un estudiante del cáncer de piel muy dedicado y riguroso con la investigación. Todo este asunto dudoso, que es potencialmente un *gran* negocio, impresiona porque es más moda que ciencia. "Como científico y especialista en láser, yo dudo mucho de la validez de las afirmaciones de que los láseres puedan apretar permanentemente la vagina y la labia… O restaurar la lubricación", me dijo. Eso es lo que les dice a sus pacientes. Algunos no le harán caso y lo practicarán de cualquier modo: cirujanos y ginecólogos siguen llevando a cabo esos procedimientos, diciendo que las pacientes *insisten* en realizárselos. Pero podríamos preguntar: "¿Qué esperan estos doctores?" Después de todo, lo que estas mujeres desean está en línea con la cultura que da prioridad al placer sexual masculino y al privilegio sexual masculino. ¿Las lealtades de estos doctores realmente están con sus pacientes?

¿Y qué tal si los doctores veneraran el placer y la autonomía sexual femenina tan fuertemente como los hurones y los consideraran como algo tan importante, tan preciado y vital para la salud, e incluso tan poderosamente curativo para el conjunto de la comunidad, que su primera reacción instintiva fuera decirle a una paciente femenina que en lo que concierne a su ser no hay riesgo que valga la pena correr?

¿Y qué circunstancias sociales podrían llevarnos de la sala de auscultación de una clínica de rejuvenecimiento vaginal —con sus poco inspiradores materiales de lectura y sus paredes de colores aburridos— a un lugar en que el placer sexual femenino tuviera más importancia y en que los hombres estuviesen tan ansiosos de proporcionárselo a las mujeres que obedientemente fueran a talleres y devoraran artículos de revistas, mostraran sus genitales a los doctores para la realización de procedimientos para los que hay datos escasos de respaldo sobre su seguridad y su eficacia, todo con tal de darnos placer? En este universo paralelo, las mujeres están al mando del mundo, tienen todo el dinero y dan a luz a los niños que propagan la especie. Y el arado jamás ha sido visto.

Nuestras vaginas no son nuestras. Y nuestro lenguaje tiene mucho del patrimonio agrícola y está inextricablemente entrelazado a nuestras personalidades sexuales, como para sugerir que no hay escape posible. Una mujer que tiene relaciones sexuales con un hombre está "siendo arada" por él. Y una que quiere estar a cargo de su propio destino sexual, que se rehúsa a someterse a la ley del arado —que esté en su casa, que sea monógama, que sea dependiente—, ¿es una puta (o una azada)?

Estamos corroídos por la tendencia de nuestra cultura a universalizar y a naturalizar las divisiones de género del arado. Y por la afirmación de que los hombres, en todos lados, simple y lógicamente desean y siempre han deseado a las mujeres, muchas de las cuales son, a la vez, serviles, núbiles, fértiles y acompañantes de buen corazón. Y por el aserto de que las mujeres, en todos lados, lógicamente desean a hombres que son poderosos y tienen recursos, y que más que nada desean a uno de ellos, un macho alfa, para sí mismas. "Los hombres quieren belleza, las mujeres quieren dinero: lo que queremos del sexo opuesto", dice un encabezado típico de estas historias, que resume un estudio de 27600 estadounidenses heterosexuales.[67] Publicado en la revista académica arbitrada *Personality and Individual Differences*, este muy convencional artículo "noticioso" cita a un psicólogo evolutivo, quien asevera que cuando se trata de las elecciones de apareamiento, los hombres:

maximizan su contribución genética para futuras generaciones al formar parejas con mujeres que poseen señales de juventud y fertilidad y que han evolucionado para encontrar tales señales de atractivo e importancia, mientras que las mujeres pueden hacer esto al formar parejas con hombres con recursos para maximizar la supervivencia y las perspectivas de apareamiento de sus hijos.

El experto en cuestión afirma que los resultados del estudio sobre preferencias de apareamiento según el género resultan "no sorprendentes" y son "demostradas por numerosos otros estudios".

De hecho, no hay nada universal o atemporal, natural o científico sobre estas proyecciones retroactivas de los enigmas de nuestros días. Lo que estos estudios omiten es el factor más importante de todos: el contexto. La socióloga Rae Blumberg ha señalado que sólo en este único tipo de sociedad agrícola, y por menos de 3% de la historia del *Homo sapiens*, las mujeres han sido transformadas de competentes productoras primarias autosuficientes, que toman sus propias decisiones relativamente autónomas, a productoras secundarias y costosas consumidoras que, en algunas circunstancias, son fundamentalmente dependientes de los hombres.[68] Las chimpancés y los bonobos hembras, nuestros parientes más cercanos, nunca dejan de buscar alimentos para ellas y para su descendencia. Las cazadoras recolectoras con frecuencia siguen recolectando durante su embarazo, y algunas incluso amamantan y recolectan, simultáneamente. Las mujeres bambuti del bosque de Ituri y las mujeres aka de la República Centroafricana son hábiles cazadoras con redes, que trabajan solas y al lado de sus maridos para llevar provisiones a sus familias.[69] Todas estas prácticas proporcionan importantes claves acerca de nuestra prehistoria evolutiva: la dependencia es nueva. Las hembras humanas del Antropoceno —incluso y, quizás especialmente, aquellas que viven en el Occidente industrializado posterior al arado—, su bienestar y, en algunos casos, su vida misma, son particularmente contingentes del apoyo de los machos.

¿Podría haber un cambio real cuando las circunstancias propias del arado sean revertidas exhaustivamente? Conforme las mujeres sigan haciendo contribuciones clave para la subsistencia, como lo han estado haciendo desde la década de 1970, conforme completamos la transición de la agricultura, la industria y los centros de trabajo que valoran la fuerza física a los centros de trabajo que dan prioridad al pensamiento, la colaboración y la innovación; conforme vayamos de la fábrica y la granja a contextos como los del desarrollo de aplicaciones y centros de trabajo remoto, así como con horarios de trabajo flexibles —en resumen, cuando las circunstancias ambientales sean correctas para que las mujeres florezcan como lo han hecho los hombres, cuando las ventajas de la parte superior del cuerpo y la fuerza de agarre y todas las instituciones que reforzaron esa ventaja comiencen a desvanecerse—, entonces el futuro comenzará a verse mucho como el del pasado distante: el pasado anterior al arado. Y veremos los contornos de un mundo —como Oz en el horizonte lejano— en que los intentos de controlar los movimientos, los cuerpos y los apetitos de las mujeres parecen, al mismo tiempo, audaces, equivocados y fútilmente risibles.

CAPÍTULO CINCO

Ser himba

En tierras ancestrales, en el extremo norte de la región del río Kunene de Namibia —un país delimitado al norte por Angola, al este por Botsuana, al sur por Sudáfrica y a lo largo de su frontera occidental por el desierto del Namib y el océano Atlántico—, viven los himbas.[1] Son las últimas personas seminómadas de la región, pastores que cultivan calabaza, mijo y maíz, pero también dependen de la leche y la carne de cabras, ovejas y ganado que crían. Los himbas viven en conjuntos de alrededor de dos docenas de personas, en chozas de barro y estiércol de vaca, en torno de las cuales construyen cercas de madera de mopane para contener a su ganado. Pero se mudan a menudo, poniéndose en marcha cuando las condiciones de pastoreo decaen. Sólo queda un estimado de 30 000 a 50 000 himbas en el norte de Namibia y a través de la frontera en Angola; tras sobrevivir al casi exterminio de los colonizadores alemanes a principios del siglo XX, a los años intermitentes de sequía devastadora y a la sangrienta revolución namibiana de la década de 1980.[2]

Relativamente aislados, en un entorno remoto y en su mayoría desértico, donde finalmente se asentaron después de tantos disturbios, protegidos por el gobierno de Namibia y apegados con orgullo a sus tradiciones ancestrales, los himbas han logrado preservar muchas de sus antiguas prácticas culturales; incluso, al adaptarse al cambio, pues han permitido ser fotografiados (a veces a cambio de dinero), viajando para hacer compras en supermercados y enviando a sus hijos a las escuelas. Cada mañana, las mujeres himbas se cubren la piel, su cabello largo y trenzado con *otjize*, una mezcla de intenso color rojo anaranjado hecha de hierbas aromáticas, nata y ocre —un mineral que se encuentra en estado natural en el suelo de la región—, que tiene propiedades antimicrobianas útiles en un clima árido donde bañarse rara vez es posible… Y los himbas creen que los embellece.[3] Aparte de esta capa de *otjize*, las mujeres dejan sus senos expuestos. Usan tela o cuero vacuno alrededor de sus cinturas, se ponen tocados del mismo material que varían de acuerdo con su edad y su estatus social y cargan a sus bebés en la espalda con soportes hechos de madera y piel de animal. Las mujeres himbas usan pesados brazaletes decorativos de cobre, hierro, hueso, y a veces PVC o alambre de púas apilados alrededor de sus muñecas. También llevan brazaletes similares que van desde sus tobillos hasta la parte baja de sus espinillas, que además sirven para protegerlos de mordeduras de serpientes.[4]

Por lo general, las mujeres himbas pasan sus días ordeñando, cuidando sus cabras y su ganado, haciendo labores de jardinería, recolectando agua y leña, cocinando, y reparando y construyendo las estructuras alrededor del campamento. Casi siempre están en estrecho contacto con sus bebés, los niños pequeños que han sido destetados, los niños más grandes que en cierto grado dependen unos de otros y juegan en grupo, y los niños mayores que atienden y enseñan informalmente a los más pequeños.[5] El ganado es, en muchos aspectos, el centro de la vida himba. En los 23 complejos de himbas que la antropóloga de la UCLA, Brooke Scelza, estudió en el área de la cuenca de Omuhonga, a unas cien millas de la ciudad principal de Opuwo, las mujeres suelen permanecer en el campamento principal, mientras que los hombres realizan excursiones a corrales ganaderos lejanos, donde pueden quedarse semanas e incluso meses.[6]

La separación física de largo plazo de los cónyuges es normal en la vida himba. También lo es la infidelidad, que Scelza, al igual que muchos antropólogos e investigadores del sexo, prefiere llamar "vínculos fuera de la pareja", "apareamiento múltiple" o "sexualidad fuera de la pareja". No es extraño que un hombre himba casado lleve a una de sus varias esposas a los puestos de ganado o que tenga una novia allí (los hombres solteros también pasan tiempo en los puestos de ganadería). Y muchas de las esposas himbas que se quedan en el campamento principal tienen amantes mientras sus esposos están lejos. Esto no debería ser una sorpresa puesto que la infidelidad es un universal cultural. La antropóloga Helen Fisher, quien comenzó a estudiarla en la década 1980, dijo al *New York Times,* en 1998: "No existe una cultura en la que se desconozca el adulterio; no hay ningún dispositivo o código cultural que extinga las aventuras amorosas".[7]

Si bien no son inusuales al ser infieles, los himbas son notables por su relativa franqueza sobre sus vínculos fuera de la pareja. Los casados comentan entre sí sus "amoríos" más libremente que nosotras y también hablan sobre ellos con antropólogos como Scelza, probablemente porque hay pocas razones para no hacerlo: los himbas son una de las raras culturas donde no existe el tabú contra el adulterio, que nosotros tenemos y esperaríamos que fuera "universal". Los cónyuges esperan un grado de consideración mutua, por supuesto,[8] y existe un código que rige cómo deben comportarse los amantes: "No me gusta cuando su novio está aquí en la mañana, cuando vuelvo de viaje" es, en esencia, lo que un hombre himba le dijo a Scelza.[9] Como Scelza me explicó: "Hay un marco, y tiene que haber respeto".[10] Pero los amoríos son un secreto a voces, o, quizás, más precisamente, un no secreto. Más extraordinario aún, a diferencia de muchas sociedades donde sólo se tolera la infidelidad masculina, las *mujeres* también son relativamente abiertas acerca de tener amoríos. Entre los himbas, la infidelidad femenina es generalizada, abiertamente reconocida, y en muchos sentidos, una ventaja para las que la practican. De hecho, Scelza descubrió que a través de una aceptación descarada del "adulterio" femenino —una práctica que los estadounidenses estamos tan acostumbrados a pensar como inherentemente riesgosa e incluso peligrosa para las mujeres, o como signo de que algo está innegablemente "mal"—, las mujeres himbas en realidad mejoran su suerte en la vida de formas que son científicamente verificables y estadísticamente significativas.[11] Su mundo parece ser otro lugar, un universo donde quienes son infieles, especialmente las *madres*, salen ganando.

Un hombre himba con mucho ganado puede tener varias esposas, y a menudo las tiene. Los hombres jóvenes generalmente se casan por primera vez a los 19 o 20 años de edad. Pero ellos no siempre eligen a sus novias. Las uniones arregladas son comunes: las jóvenes pueden "ser casadas" para fortalecer una alianza estratégica entre familias, pagar un favor o servir los intereses de la madre y el padre de una niña. (Estos matrimonios no se consuman hasta que una niña es mayor, y puede crecer y divorciarse de su primer marido si llega el caso, me explicó Scelza.) Un hombre puede tener varias esposas de manera simultánea, pero una niña o una mujer tiene un solo esposo a la vez. De este modo, la poliginia parece asimétricamente desventajosa para niñas y mujeres, limitando en apariencia sus opciones de una manera que no lo hace para los hombres.

Pero resulta que las cosas son más complicadas de lo que parecen. Brooke Scelza descubrió que en cierto modo, como ocurría con las entrevistadas de Alicia Walker, las mujeres y las niñas himbas tienen una estrategia de "solución alternativa". La doctora Scelza, una mujer menudita, castaña, madre de dos niños pequeños en el momento en que la entrevisté, tiene ojos profundos, verdeazulados y observadores, y una actitud tranquila y reflexiva. Comenzó su carrera estudiando salud materna e infantil en Australia y llegó por primera vez a la Namibia himba en 2009, en busca de una población con fertilidad natural —es decir, sin control de la natalidad—.[12] En principio, se propuso analizar cómo las madres himbas y sus hijas adolescentes interactúan cuando las niñas entran en sus años reproductivos. Fiel a su formación en biología evolutiva, Scelza ha descrito los matrimonios arreglados entre los himbas como "una forma de conflicto entre progenitores y progenie, en que las hijas a menudo pierden".[13] Los enlaces por amor, por otro lado, "reflejan las elecciones propias de la joven, ya sea que sus preferencias coincidan o reemplacen a las de sus padres". Durante el almuerzo en la bulliciosa cafetería de la facultad de la UCLA, donde ella había aceptado reunirse conmigo, Scelza se animó al explicar que la raíz de su trabajo es una exploración acerca de cómo estos diferentes tipos de enlaces entre los himbas —aquellos acordados por sus padres con ciertos objetivos *versus* aquellos decididos por los mismos amantes— afectan la historia de vida de cada mujer, y a sus hijos. Pero también está interesada en este tema en un sentido más amplio. Scelza quiere saber si importa que las mujeres elijan o hagan realidad las elecciones de otros. Y cuando se ven obligadas a hacer algo que no quieren hacer, forzadas a entrar en una situación que soslaya sus opciones, ¿cuáles son sus opciones entonces? Para ponerlo en el lenguaje de la antropología, ¿qué contraestrategias están disponibles para las jóvenes himbas que enfrentan restricciones? Finalmente, Scelza no sólo quiere saber cómo las mujeres himbas sacan provecho de una situación que no crearon, sino también lo que sus prácticas puedan revelar sobre el pasado, el presente y el futuro de nuestra evolución colectiva, así como el papel que el ambiente y la ecología desempeñan en las elecciones sexuales y reproductivas de las mujeres.

Para entender a los himbas, lo que significa su manera de ser infiel y sus importantes implicaciones para el resto de nosotros, tenemos que tomar una larga y algo complicada desviación por el camino de un enigma científico llamado "elección femenina". Es un camino lleno de suposiciones, objetivos, prejuicios, moscas de fruta, langures o colobinos machos asesinos, bebés con más de un padre… y esperanza.

SELECCIÓN SEXUAL, HEMBRAS REMILGOSAS Y ELECCIÓN FEMENINA

La noción de la "elección femenina" cobra mucha importancia en el trabajo de Brooke Scelza, alineándola con otros científicos —muchos de ellos mujeres— que durante las últimas décadas han desafiado las creencias fundamentales de su campo sobre las estrategias reproductivas femeninas y masculinas, así como su énfasis en las supuestas diferencias universales del sexo. La "elección femenina" en cuestiones de sexo y reproducción ha sido, hasta hace relativamente poco, abrumadoramente presentada como un asunto pasivo. Esta caracterización comenzó con *El origen del hombre y la selección en relación al sexo* (1871), libro en el que Charles Darwin esbozó su gran, importante y original teoría de la selección sexual, un tipo de selección natural que surge cuando los individuos de un sexo prefieren ciertas características en el sexo opuesto. Él creía que las hembras de la mayoría de las especies, incluyendo a los humanos, esencialmente "hacían audiciones" a los machos, pasivamente (en términos relativos a la competencia masculina), rechazando a algunos en busca del que tuviera los cuernos más grandes, o las características más simétricas, o el estatus más alto, supuestamente porque ofrecía lo mejor: esperma de calidad, recursos, protección. Darwin introdujo esta idea de selección "por audición", que más tarde fue denominada "elección intersexual".[14] Creía que los machos, por otra parte, luchaban entre sí para hacerse notar, para mostrar sus mejores cualidades, y para "ganar", ya fuera al ser elegido o excluyendo a sus rivales masculinos, de modo que una hembra no tendría más remedio que aparearse con ellos. Hay que pensar en dos borregos cimarrones que hacen chocar violentamente sus cabezas, el sorprendente ruido del impacto produciendo eco a través de las montañas. Después hay que imaginar un pavorreal mostrando de manera extravagante su hermosa cola de plumas iridiscentes. Darwin también notó el fenómeno de esfuerzo, lucha y exhibición masculina: todo este esplendor de provocaciones que hoy es llamado "competencia intrasexual".[15] Es decir, competir con tu *propio* sexo porque quieres vencer a tu rival, ya sea físicamente o haciendo que el sexo *opuesto* te note y te elija por sobre el otro.

Ya que los machos estaban actuando, exponiéndose y siendo elegidos, se pensó que eran *ellos* en quienes se aplicaba la selección sexual, y sus atributos genéticos se heredaban, o no, impulsados por la elección femenina (comparativamente) pasiva. Hubo sólo un paso de esta visión de que los machos "activos" peleaban, competían o se mostraban de una forma asertiva hacia las hembras "pasivas", a la idea de que las hembras no sólo eran exigentes, sino también naturalmente *tímidas*, recatadas y reticentes en su estrategia de apareamiento, comparada con la de los machos: "La mujer... salvo raras excepciones... está menos dispuesta que el hombre..."[16] En general necesita ser cortejada; es tímida, y a menudo se le puede ver empeñándose por largo rato en escapar del hombre... El hombre es más valiente, combativo y energético... La mujer parece ser diferente en disposición mental, principalmente en su mayor ternura y en su menor egoísmo".

Como observó la primatóloga Sarah Hrdy: "Para Darwin, ser elusivas era parte fundamental de la identidad sexual femenina, como lo era el fervor para sus perseguidores masculinos".[17] Y esta distinción entre hombre y mujer, ardiente y elusiva, activo y pasiva, tímida y ansiosa, egoísta y tierna, ponía mucho en juego. De hecho, Darwin y sus contemporáneos sugirieron que toda la civilización dependía de ese balance. El ginecólogo inglés William Acton, autor del ambicioso e influyente libro *Las funciones y los trastornos de los órganos reproductores en la infancia, la juventud, la edad adulta y la edad avanzada* (1857), pudo haber influido en el pensamiento de Darwin, y fue otra voz que contribuyó al discurso de la cultura sobre la "inherente" restricción sexual femenina e incluso a su aversión al sexo.[18] El respetable líder intelectual de su tiempo (quien también creía que la masturbación agotaba la energía vital y contribuía a la enfermedad) declaró que las mujeres con impulsos sexuales eran una anomalía:

> La mayoría de las mujeres (dichosamente para ellas) no están preocupadas por los sentimientos sexuales de ningún tipo. Lo que para los hombres es habitual, para las mujeres es excepcional... Hay muchas mujeres que jamás sienten ninguna excitación sexual. Otras, inmediatamente después de cada periodo menstrual, llegan a ser, hasta cierto punto, capaces de experimentarla, pero esta capacidad es a menudo temporal, y cesará por completo hasta el próximo periodo. Las mejores madres, esposas y amas de casa saben poco o nada de satisfacciones sexuales. El amor hacia el hogar, los hijos y las tareas domésticas son las únicas pasiones que sienten.[19]

En la caracterización de Acton, las mujeres son, a la vez, seres castos, elogiados, a los que se les atribuyen sentimientos y sexualidad extraordinaria; criaturas impulsadas por la biología (sus periodos menstruales). Pero en ningún caso ejercen su poder en cuestiones de su sexualidad, la cual, después de todo, no "tienen": su "pasión" ha sido redirigida al "amor" de la esfera doméstica. De muchas formas, la visión de Darwin acerca de la selección sexual, y la visión de Acton sobre la sexualidad femenina, llegaron a sus últimas consecuencias con la visión apocalíptica que ofreció Krafft-Ebing en 1886 sobre lo que sucedería si deshiciéramos tal orden de cosas: "Si una mujer está desarrollada mentalmente de una manera normal y tiene buena educación, su deseo sexual es pequeño. Si esto no fuera así, el mundo entero se convertiría en un burdel y el matrimonio y la familia serían imposibles".[20]

La pasividad femenina y su asexualidad es la homeostasis que mantiene al mundo en equilibrio.

CONTRADICCIONES Y CONTRAESTRATEGIAS

Pero, ¿las mujeres de esa época eran tan pasivas sexualmente como Acton, Krafft-Ebing y Darwin sugirieron que "naturalmente" debían ser? La sexualidad femenina sigue un guión predefinido tanto biológica como socialmente; ocurre en la confluencia del clítoris y la cultura. Ciertamente, estos hombres que ofrecían explicaciones desde su propia perspectiva pudieron influir con sus pronunciamientos en el comportamiento sexual de las mujeres mediante la ingeniería de las expectativas sociales. Y sabemos que, en todo el mundo y en las diferentes especies, la libido femenina se transforma dependiendo de la figura y el tamaño de quien la contiene. Puede ser tan obvio y tan descarado como la hinchazón durante el celo de una hembra *Papio cynocephalus*, o tan silencioso como el interior de una cabaña menstrual en Malí. Puede ser diligentemente exclusivo, o, con naturalidad, poliándrico. Entre no pocas especies de animales, las hembras parecen ser monógamas —pero no lo son—. Les llamamos "socialmente monógamas", pero las pruebas de ADN muestran que pueden estar muy lejos de esto, genéticamente hablando.[21] Algunas primates no humanas hembras son tan asertivas sexualmente que persiguen y abofetean a los machos para hacer que copulen (véase el capítulo seis), mientras que los patos criollos hembras pueden ser forzados a copular contra su voluntad por machos con penes largos y en forma de sacacorchos (no se preocupen, con base en una contraestrategia de protección, las hembras evolucionaron vaginas tan complejas como un pasaje secreto, con giros de horquilla y callejones sin salida, de manera que sea más difícil completar el trabajo para el esperma de los machos que no eligieron).[22] Las hembras, como los machos, son estrategas sexuales flexibles, e incluso en situaciones inclementes muchas siguen siendo sexuales. Lillie Langtry, la amante casada de Eduardo VII, desplegaba ilustremente su sexualidad con gran ventaja en el momento del pronunciamiento de Acton y Krafft-Ebing.[23] Mujeres de la época menos afortunadas pueden haberse sentido victimizadas por sus deseos sexuales.

Se puede tomar en cuenta a la mujer de Boston, de clase media, de 24 años de edad, que amenazó con desestabilizar la creencia en la inherente pasividad sexual femenina y todo el orden social por hablar, incluso en privado con su médico, sobre querer y necesitar sexo.[24] En 1856, una paciente lamentablemente honesta, a quien el ginecólogo doctor Horatio R. Storer llamó "Señora B", le contó sus sueños vívidos sobre relaciones sexuales con hombres distintos a su marido. Estas visiones adúlteras la atormentaban mientras dormía. E incluso en su vida cotidiana, confesó, hablar con un hombre podía causarle abrumadores sentimientos, fantasías y deseos sexuales por él. La "Señora B" además le confió al médico que, aunque ella había permanecido fiel a su marido, temía no poder contener la tentación por siempre. Ella atribuyó sus problemas a no tener hijos, y también a los problemas de su marido para mantener una erección, y, por lo tanto, su incapacidad para tener relaciones sexuales con ella a diario, como había sido su hábito hasta hacía poco. En su libro *Ninfomanía*, Carol Groneman señala que dada la creencia prevaleciente de que las mujeres son asexuales, la "Señora B" debió haber estado *extremadamente* preocupada sobre sus pensamientos adúlteros, y lo que hoy llamamos su libido, como para suprimir su miedo a enfrentar reprobación y atreverse a discutirlo.[25] Después de un examen físico, el doctor Storer informó que "su clítoris era de tamaño normal, su vagina ligeramente sobrecalentada y su útero algo agrandado". También informó que la "Señora B" se quejaba de que siempre sentía picazón en el clítoris. Cuando Storer lo tocó, escribió, ella soltó un alarido de excitación. El estremecido doctor le dijo que, si no recibía tratamiento de inmediato, probablemente debía ser enviada a un manicomio. Su receta: que se abstuviera de tener relaciones sexuales con su esposo, quien se mudó temporalmente de su casa, y que su hermana se mudara con ella para supervisar su tratamiento. A la "Señora B" se le prohibió comer carne y beber brandy y se le ordenó evitar cualquier estimulante que pudiera "excitar su deseo animal".

Se le ordenó a la paciente que reemplazara su colchón de plumas y almohadas por unos hechos de pelo para limitar la cualidad sensual de su sueño.[26] Para enfriar sus pasiones, debía tomar un baño de esponja fría por la mañana y uno por la noche, realizarse un enema frío una vez al día, limpiar su vagina con una solución de bórax... y dejar de trabajar en la novela que estaba escribiendo.

El ejercicio de sus facultades de actuar libremente fue el problema. Una mujer casada que necesita o desea un orgasmo de un amante, o incluso de su propio marido, era patológica. Así, simplemente hablar de ello traería un vasto conjunto de disputas sádicas disfrazadas de curas: todo, desde tormentos químicos en la propia vagina, hasta la anulación de la ambición artística.

Tales reacciones histéricas a la expresión del deseo sexual femenino funcionaron para contener y restringir a la "Señora B" y a otras mujeres también. El paradigma de que las mujeres no tienen relaciones sexuales y son las decorosas protectoras del hogar prevaleció durante décadas, incluso ante la intervención de generaciones de abolicionistas, sufragistas y cruzadas, desde Ida Wells hasta Margaret Sanger, quienes criticaron el paradigma con su activismo mordaz. Y mientras que las *flappers* —originalmente un término inglés despectivo para prostituta— hicieron progresos reales al asumir escandalosamente las diferentes libertades que las sufragistas y otros intentaron crear mediante el cabildeo, la legislación y la protesta política, con el inicio de la Gran Depresión, en 1929, los historiadores de la época nos cuentan que estas jóvenes y disruptivas pioneras fueron apaleadas de vuelta a las buenas costumbres. De hecho, incluso trabajar fuera del hogar causó recelo durante la década siguiente y las mujeres que lo intentaron podían ser sometidas a la censura pública, por "quitarle empleos a los hombres".[27] Volviéndolo aún más difícil para las mujeres de color, entre 1932 y 1933, el 68% de los empleos publicados por la Oficina de Empleo de Filadelfia estipuló que los puestos de trabajo eran "sólo para blancos", con lo cual duplicaron la discriminación.[28]

Podría decirse que las mujeres no tuvieron la oportunidad de desafiar los rígidos roles de género que las colocaron en la esfera doméstica y a los hombres en el mundo de la acción y el poder, reafirmando una visión global de la pasividad femenina coherente con la de Darwin, Acton y Krafft-Ebing, hasta que los hombres se fueron a Europa y al sur del Pacífico para la Segunda Guerra Mundial, a principios de la década de 1940. Entonces, con vacantes en la fuerza laboral industrial, las mujeres estadounidenses tomaron empleos en fábricas y astilleros; otras dirigían oficinas y sus hogares. Era un mundo sin hombres, de creciente aptitud y confianza femenina, incluso en arenas tradicionalmente masculinas, como la manufactura pesada. Las mujeres usaban pantalones de mezclilla y fabricaban bombas, con Rosie, la remachadora, exhortándolas todo el tiempo: "¡Podemos hacerlo!" La potestad femenina, la aptitud y la autonomía no eran solamente toleradas, sino que fueron alentadas, alimentadas y públicamente exaltadas como patrióticas. Entre 1940 y 1944, la participación femenina en la fuerza laboral creció casi 50%.[29] Y con la mayoría de los hombres fuera del país, las mujeres no sólo estaban trabajando en fábricas, sino ascendiendo en sus trabajos de oficina y generalmente a cargo de las cosas. Historiadores, críticos culturales que estudian el género, e investigadores del sexo, han observado que el "lesbianismo situacional" es común en contextos donde hay una escasez de hombres —desde Arabia Saudita, a las escuelas sólo para niñas, a las cárceles de mujeres, hasta el tiempo de guerra—.[30] Y con el control social relajado y los hombres fuera de cuadro, las lesbianas tuvieron libertades inusuales, señala la historiadora Jessica Toops,[31] mientras que las mujeres declaradas heterosexuales eran más propensas y capaces de buscar relaciones románticas y sexuales con otras mujeres, actuando según lo que la investigadora del sexo Lisa Diamond llama "fluidez sexual femenina".[32]

Pero esas libertades estaban supeditas y, relativamente, fueron de corta duración. La noción de que las mujeres naturalmente eran, y debían ser, sexualmente reacias, domésticas, heterosexuales, entre muchas otras cosas, recibió otro disparo en el brazo en 1948. Ese año, el botánico y genetista inglés Angus Bateman, que anteriormente se había centrado en las propiedades genéticas de la cebada y el centeno, y en la polinización cruzada en cultivos de semillas, publicó un documento en el *Journal of Heredity* sobre la *drosophila melanogaster*, o moscas de la fruta, y sus estrategias de apareamiento.[33] Lo que presuntamente hicieron estas moscas, y lo que todo esto supuestamente probó, tendría inmensas implicaciones para las hembras humanas.

LA LEY Y EL ORDEN, CIENTÍFICAMENTE HABLANDO

Bateman recopiló y observó grupos con el mismo número de machos y hembras de *drosophila melanogaster* contenidas en botellas. Se aparearon libremente. Más tarde, Bateman clasificó la descendencia por genotipo.[34]

Había realizado este experimento porque estaba dispuesto a enfatizar que, aunque Darwin tenía una teoría de la selección sexual basada en la observación, no tenía *pruebas*. Rápidamente, hizo dos afirmaciones basadas en los resultados de su propio estudio. En primer lugar, afirmó que el éxito reproductivo de los machos fue más "variable" que el éxito reproductivo de las hembras. Es decir, casi 96% de las hembras se reprodujo, mientras que sólo 79% de los machos lo logró.[35] Bateman también observó que "la fertilidad masculina aumentó de manera lineal en función del número de copulaciones logradas, mientras que la fertilidad de las hembras mostró poco aumento en función de la cantidad de copulaciones después de la primera".[36] Es decir, los machos se beneficiaron de copular una y otra vez, según Bateman; para las hembras, significó poca diferencia.

¿Por qué debería darse el caso de que los machos se beneficiaran del apareamiento múltiple, mientras que las hembras no? ¿Por qué lo que era bueno para la gallina *no* era bueno para el gallo? Bateman y aquellos que más tarde adoptaron sus hallazgos creyeron que el éxito reproductivo de una mujer estaba limitado por la biología —la cantidad de óvulos que podía producir—, mientras que para el macho "la fertilidad rara vez está limitada por la producción de esperma, sino más bien por el número de inseminaciones o el número de hembras disponibles para él". Al igual que Darwin, Bateman estaba seguro de que, en cuanto se refería al costo de producir gametos, la selección sexual actuaba más directamente en los hombres que en las mujeres, debido a las diferencias entre los sexos. Los óvulos representaban trabajo intensivo; eran tesoros relativamente preciosos. El esperma, por el contrario, era presuntamente mucho más barato. ¡Había tantos de ellos! Esta indiscutible diferencia biológica no sólo condujo, sino que determinó, tanto el comportamiento sexual como el *social:* "Casi siempre hay una combinación de un indiscriminado deseo en los machos y una discriminatoria actitud pasiva en las hembras. Incluso en una especie monógama derivada (por ejemplo, el hombre) se podría esperar que esta diferencia sexual persista como regla".[37]

El artículo de Bateman y sus afirmaciones cayeron en un momento —1948— en que las tropas habían regresado a casa y se estaban ajustando a un mundo social que se había reordenado radicalmente. ¿Cómo podrían los hombres ser reintegrados a un universo del que no sólo se habían ausentado por un tiempo, sino en el que también se habían vuelto irrelevantes?

Para empezar, los hombres necesitaban recuperar sus trabajos en la manufactura y en la industria. Y, por lo tanto, las mujeres tendrían que renunciar a ellos. La sociedad se movilizó para lograr que las mujeres hicieran precisamente eso, por medio de avergonzarlas y de culparlas, y mediante un programa de propaganda sobre la importancia social de las esposas y las madres hogareñas. Como han señalado los historiadores, el auge de la vida en los suburbios de la década de 1950 en Estados Unidos, con su muy querida creencia de que el lugar de una mujer estaba en el hogar, y que ser mujer era estar satisfecha por la vocación de cuidar incansablemente a los hijos, el hogar y la pareja, fue ciertamente apoyado e incitado por la Ley de Reincorporación de Soldados, programas de televisión como *Leave It to Beaver* y *The Adventures of Ozzie y Harriet*, e incluso por la moda (la espléndida Nueva Apariencia, acinturada y con tacones de Christian Dior, dejó agresivamente claro que ya no era elegante vestirse para una fábrica). Un anuncio del servicio público del gobierno de la época mostraba a una trabajadora de fábrica ante la corte, implorando al juez por una sentencia leve para su hijo acusado de vandalismo. "El mensaje a las mujeres era claro", escribe la historiadora Melissa E. Murray. "No había necesidad de [permanecer] en la fuerza laboral. En vez de eso, se necesitaba a las mujeres de vuelta en el hogar, en su papel tradicional como madres, responsables de la crianza cuidadosa de ciudadanos productivos".[38]

Las buenas madres no trabajaban. Iban a la corte a rescatar a sus hijos. Cocinaban y limpiaban. Su trabajo era el hogar. Las conclusiones de Bateman fueron parte del engatusamiento para que las mujeres salieran de la fuerza laboral de una manera ciertamente indirecta, pero apenas sutil. Tales percepciones sobre la *drosophila melanogaster* ayudaron a reafirmar la tortuosa información sobre roles de género al dar credibilidad científica a la idea de que las mujeres son, por naturaleza, responsables del nido, sexualmente exclusivas y que encuentran satisfacción no en el mundo de la acción y la competencia, y ganando dinero, sino en el apareamiento heterosexual monógamo y en una inversión intensiva en sus hijos.

MUERTE A ROSIE, LA REMACHADORA

El documento de Bateman no sólo fue eficaz a corto plazo, sino también útil en el esfuerzo social general de guiar a las mujeres de las fábricas a la cocina y restablecer la jerarquía entre hombres y mujeres que habían estado molestos por quién hacía qué en la reorganización que había causado la guerra. A lo largo de las siguientes décadas se convirtió en una especie de texto primigenio, evidencia indiscutible de que la selección sexual actúa de maneras distintas en los hombres y en las mujeres, y que sólo los hombres —reafirmados como "combativos, valientes y asertivos", tal como Darwin los describió— se benefician del apareamiento múltiple. "Competencia intrasexual en la *drosophila*" ha sido citada directamente más de 3 000 veces desde su publicación, según Google Académico;[39] el historiador Donald Dewsbury hace notar que "se convirtió en un estándar en los libros de texto" y en clases en los campos de estudio de la biología, la genética y la antropología.[40] Igualmente importante, los hallazgos de Bateman se han asumido universalmente pertinentes y se han generalizado a hembras de otras especies, incluyendo, como Bateman sugirió, a los humanos. En la década de 1970, el apuesto y controversial sociobiólogo de Harvard, Robert Trivers, popularizó a Bateman de nuevo, llevando sus puntos de vista a una audiencia aún más amplia.[41] Trivers refinó el punto de Bateman al sugerir que una mujer invierte más en su descendencia, tanto antes como después del nacimiento, debido a que la fertilización y la gestación —a menudo de sólo un descendiente a la vez— ocurren en su cuerpo. Y porque si ella es un mamífero, lacta. Como consecuencia, argumentó en su teoría de la inversión parental, su máximo rendimiento reproductivo es limitado en comparación con el de un hombre.[42] Los hombres, por otro lado, podrían reproducirse de forma ilimitada, si fueran lo suficientemente canallas. Lo que, al parecer, era para su mayor beneficio.

En esta visión del "orden natural de las cosas", la fecundidad mensual de una mujer, la gestación energéticamente costosa y arriesgada, y su estrategia consecuente de inversión íntegra en sus hijos, la puso fundamentalmente en desacuerdo con los hombres. Ella quería *calidad, no cantidad* —un buen tipo con grandes genes, y uno o dos hijos que cuidar a la vez, con ahínco—.[43] Pero los hombres, esos sinvergüenzas y rufianes XY sin compromiso, con sus cargas de espermatozoides rápidos y baratos, naturalmente querrían esparcirlos, engendrando tantas crías con tantas hembras como fuera posible. Ellos querían *cantidad, no calidad* en el juego del apareamiento y la paternidad. El resultado final, una vez más, fue que el comportamiento social monógamo y todas las cualidades que se presume que van con él —el recato, la selectividad, la reticencia y la retracción— eran esencialmente comportamientos femeninos. Los hombres, según esta línea de pensamiento, eran naturalmente "deseosos".

La primatóloga Sarah Hrdy señala que lo que se ha llamado "paradigma de Bateman" —las nociones vinculadas de que los machos tienen una mayor variación de éxito reproductivo que las hembras, es decir que los machos ganan con los apareamientos múltiples y las hembras no; los machos son generalmente ardientes y las mujeres retraídas, y la suposición implícita de que las mujeres son más lógica y naturalmente monógamas que los hombres— ha influido generaciones enteras de pensadores.[44] Después de que Trivers hizo su glosa de Bateman, todos lo perpetuaron, desde psicólogos evolutivos hasta biólogos y periodistas de *GQ* y *Maxim*, quienes produjeron artículo oportuno tras artículo oportuno reafirmando que "los hombres se pierden mientras las mujeres se quedan por los genes".

Si las conclusiones de Bateman sobre los papeles sexuales y la selección sexual, y su adopción por la ciencia y la cultura popular, se leen como una narrativa de justificación sospechosamente melancólica y retroactiva en la que los hombres son los que hacen, compiten, ganan, pierden, luchan, desean esparcir su semilla y después huyen, mientras que las mujeres son pasivas, tímidas, selectivas y les echan a perder el día tratando de hacer que sean fieles, al mismo tiempo que esperan jamás pagar por sus propias bebidas, es porque así son las cosas. A medida que los verdaderos progresos en igualdad pusieron a las mujeres a cargo de su reproducción, de sus ganancias y de sus destinos en general, en las últimas décadas del siglo XX, las ideas de Bateman se han reactivado periódicamente, como un virus por la ansiedad sobre los cambios sociales. Dondequiera y siempre que las mujeres fueran independientes y con poca necesidad de ser protegidas y mantenidas, la idea de que deberían elegir pasivamente al hombre más poderoso para salvaguardarlas y proveerlas, y todo lo que implicaba sobre la feminidad contra la masculinidad, sería promulgado agresivamente por una serie de científicos, escritores y políticos que sirven a sus propios intereses. Una versión simplificada y esencialista de la sociobiología aceleró su motor y obtuvo una notable tracción a lo largo de la década de 1970 (una portada de 1977 de la revista *Time* mostró a un hombre y a una mujer colgando de cuerdas de marioneta, con los brazos entrelazados, con el encabezado: "Por qué haces lo que haces: sociobiología")[45] en parte porque, como había sido el caso del documento de la *drosophila* después de la Segunda Guerra Mundial, se trató de una respuesta a una revolución social y sexual en el hogar, incluyendo el desmantelamiento del rígido guión de género y el reajuste de los roles de género tradicionales. Treinta años después, mientras las mujeres en Estados Unidos seguían avanzando en el ámbito laboral, cerrando la brecha salarial y luchando por "tenerlo todo", la noción de Bateman acerca de las diferencias en la estrategia sexual, universales, atemporales y basadas en la biología, se expresaron en unas memorias que tuvieron gran éxito:

En tiempos primitivos, las mujeres se aferraban a los hombres más fuertes para protegerse. No perdían su tiempo con un don nadie de bajo estatus que no tenía los medios para albergar, proteger y alimentarlas a ellas y a sus hijos. Los hombres de alto estatus mostraban su poder a través de actitudes que buscaban impresionar. No tenían miedo de pensar por sí mismos y tomar sus propias decisiones. No les importaba lo que pensaran otras personas de la tribu. Ese tipo de actitud estaba y sigue estando asociada con el tipo de hombres que las mujeres encuentran atractivos. Puede ser que no sea políticamente correcto decirlo, pero a quién le importa. Es sentido común, es verdad y siempre lo será.[46]

La antropóloga Holly Dunsworth ha escrito sobre todas las formas en que Trump no entiende la evolución, desde su error de comprensión acerca de que fue la competencia en vez de la cooperación lo que nos ayudó a prosperar, hasta su fantasía de que las hembras humanas están interesadas "naturalmente" en hombres poderosos.[47] Esta versión altamente selectiva del papel de la selección sexual en la evolución tiene una función en los Estados Unidos de Trump y la versión de masculinidad que sugiere —musculosa, audaz y dominante—, y se puede decir que ayudó a Trump a ganar la elección. No estuvo mal que su oponente fuera una mujer "antinaturalmente" ambiciosa, que no conocía su lugar (o su esencia, al parecer), y a quien Trump sugirió que podría "meter en la cárcel". ("¡Meterla en la cárcel es lo correcto!", dijo entusiasmado mientras simpatizantes en Pensilvania coreaban la frase.)[48] Tal como la paciente del doctor Storer, la "Señora B", en 1856, las mujeres que se salieron de los límites del Edén trumpiano eran una amenaza que debía ser contenida y luego aniquilada, de ese Edén donde las hembras pasivas buscan la protección y el esperma de los machos activos y asertivos. En lugar de recomendar un lavado vaginal con bórax, el hombre que ahora es nuestro presidente usó, y continúa usando, tácticas verbales coercitivas, incluyendo, de manera ilustre —en una frase que reafirmaba que las diferencias esenciales eran destino esencial, al tiempo que aludía a la preocupación de William Acton sobre la menstruación—, la descripción de una mujer que se pasó de la raya como alguien que tiene "sangre saliéndole por todas partes".[49]

Pero en cuanto a la ciencia hecha por Bateman —popular, popularizada, politizada y, algunas veces, populista— no sólo fue parcial por, e influyente en, su momento cultural. A lo largo de los años subsecuentes, varios científicos, muchos de ellos mujeres, comenzaron a sugerir que también era altamente cuestionable en vista de cómo se comportan en realidad las hembras de muchas especies, incluidas las primates hembras no humanas y las mujeres. Las suposiciones basadas en los hallazgos de Bateman ("Los hombres tienen coches deportivos para obtener muchas mujeres", "Las mujeres naturalmente quieren quedarse en casa con los niños y un hombre, así es como era en tiempos de los hombres de las cavernas", "Todas las mujeres necesitan y quieren un hombre alfa", "Los hombres naturalmente quieren sexo más que las mujeres", y así sucesivamente) comenzaron a hundirse... cual si fueran casas erigidas, de forma arrogante y caótica, sobre arenas movedizas.

MACHOS QUE LIDIAN CON LA MUERTE
Y HEMBRAS QUE JUEGAN CON ELLOS

La primatóloga Sarah Blaffer Hrdy fue una de las primeras científicas en desafiar las conclusiones de Bateman, aunque me dijo que no tenía la menor idea de que su trabajo la conduciría a ello en ese entonces. "Sólo quería estudiar a los langures", me dijo, riendo, mientras nos sentábamos en la sala de estar de su casa, al norte de California, y le pregunté acerca de que era el David del Goliat de la fe de su campo de estudio: la noción aceptada de selección sexual, elección femenina y hembras "tímidas y selectivas" en contraste con los machos "ardientes".[50] La aventura de Hrdy, como la de muchas primates femeninas, comenzó con el sexo. Por trabajo de su tesis doctoral, mientras era una estudiante de posgrado en Harvard, Hrdy viajó al monte Abu en Rayastán, India, para observar a los langures de Jánuman (*semnopithecus entellus*).[51] Observó que las hembras a veces dejaban a su grupo para copular con machos externos, buscándolos para tener relaciones sexuales, a pesar de que hubiera algún macho conocido en residencia. ¿Por qué hacían eso? ¿Y *cómo* podía ser si, como afirmó Bateman y todos sabían, "no se suponía que existieran las hembras sexualmente osadas"?, en palabras de Hrdy.[52] Ella se había inspirado, hallándolo incluso irresistible, al viajar al monte Abu, en lo que se convertiría en una clase de licenciatura que cambió su vida, pues se trataba de un curso impartido por el antropólogo Irven DeVore, de Harvard. Él mencionó que, en una especie de mono de la que ella jamás había escuchado antes, los langures de Jánuman, los machos a veces atacaban y mataban a los infantes. En ese momento se pensaba que este extraño comportamiento masculino se debía a la sobrepoblación. En Abu, Hrdy fue testigo, en efecto, de machos que atacaban a los bebés, pero se dio cuenta de que los ataques casi siempre provenían de machos que recientemente habían ingresado al grupo.[53] Estos machos invasores actuaban cual tiburones, acechando durante días a una hembra con su cría. Cuando se presentaba una oportunidad, el macho intentaba arrebatar al infante de los brazos su madre y hundir sus caninos, como dagas, en su cráneo o en otra parte del cuerpo. Aunque las hembras a veces se defendían, incluso formando coaliciones con otras para cuidarse de los atacantes, usualmente los machos ganaban. Desconcertantemente para nosotros, los humanos, y tal vez especialmente para nosotras las madres humanas, las madres de los infantes muertos se apareaban con los asesinos de sus crías. Los machos residentes, por otra parte, eran extraordinariamente tolerantes con los bebés y nunca los atacaban, lo que sugiere que, por sí misma, la densidad de la población *no* era el problema. ¿Qué estaba sucediendo?

Para Hrdy, una idea pronto comenzó a tomar forma. Un macho infanticida "eliminaba la descendencia de la última elección que había tomado una hembra", provocando así que la madre (que ya no estaba amamantando) reanudara su ciclo y ovulara antes de lo que lo habría hecho si su cría hubiera sobrevivido, "distorsionando sus opciones" significativamente.[54] Para no ser superada por hembras rivales, ella necesitaba aparearse con el macho disponible en el momento, macho que presuntamente mantendría a raya a otro potencial invasor infanticida, incluso si ese macho había sido el asesino de su bebé. "Todo esto tenía sentido a la luz de las ideas de Darwin sobre la selección sexual, es decir, los machos compitiendo con otros para aparearse, con el resultado de que el perdedor no obtenía la muerte, sino poca o nula descendencia", como me dijo Hrdy a través de un correo electrónico donde recapitulaba su trabajo de campo en Abu. Pero ¿qué pasaba con las hembras? ¿Qué *las* motivaba? ¿De qué manera podría ser su comportamiento una adaptación? Si un macho ya había matado a su cría y ella había empezado su ciclo de nuevo, y particularmente si el asesino la estaba cuidando celosamente de otros machos, era muy conveniente para la hembra aparearse con él. Pero ella no pararía ahí. Una vez que se dio cuenta de que los machos sólo atacaban a las crías de las hembras con quienes nunca se habían apareado, crías que no habían engendrado, Hrdy postuló la hipótesis de que las hembras podrían estar tratando de manipular la información disponible sobre la paternidad de los machos, al aparearse preventivamente con invasores potenciales. Contradiciendo el conocimiento prevaleciente de que las primates hembras sólo se aparean a medio ciclo, cuando están en celo, Hrdy también se dio cuenta de que estas hembras buscarían copular en otros momentos distintos al celo, incluso estando embarazadas. Ella se preguntó si tal situación, dependiente del comportamiento durante el celo, podría ser una estrategia femenina preventiva para contrarrestar la coerción infanticida del macho. ¿Acaso copular con múltiples machos podría permitirle a la hembra "jugar" con la certeza de la paternidad y sembrar una semilla de confusión, por así decirlo? Después de todo, al aparearse con muchos, una langur creaba la posibilidad de que estos machos letales, potenciales asesinos de sus crías, fueran quienes plantaron la semilla. Y esto, pensó Hrdy, haría menos probable que un macho matara al infante, pues podría ser su hijo. La única manera de engañar a los machos era la poliandria, incluso a veces en secuencia rápida con numerosas parejas. Esto no sólo no era "antinatural", sino que era benéfico, afirmó Hrdy, sugiriendo que las langures se aparean con varias parejas como una forma de defensa.

Más tarde, Hrdy planteó la hipótesis de que tal comportamiento de apareamiento, que ella describió como "asiduamente maternal" —conducta que posiblemente mantendría vivo a su bebé—, y que ahora es reportado de manera amplia en muchas especies de primates, podría, en otras circunstancias, aumentar las probabilidades de que los machos, incluso más de un "posible padre", protegieran, cuidaran e incluso aprovisionaran a su cría.[55] Después de todo, dadas las circunstancias ecológicas y sociales adecuadas, el apareamiento con múltiples machos puede ser, en efecto, muy beneficioso para las hembras.

Con sus ideas lógicas, razonadas y fundadas en ciencia sólida, Hrdy propició conflictos con su propuesta de que el infanticidio podría ser una estrategia reproductiva de adaptación para los machos y, aún más inusitado, que también podría ser una forma de adaptación para las hembras participar en múltiples apareamientos para que la paternidad no fuera clara. "Esos monos están trastornados", recuerda que dijo con desdén un prominente antropólogo físico sobre su trabajo y su libro de 1977 sobre el tema, *Los langures de Abu*.[56] Era más fácil para ese antropólogo, y para la antropología en general, patologizar a todo un grupo de colobinos y descartar los muchos meses de meticuloso trabajo de campo de Hrdy, que reconocer que los machos pueden operar de manera egoísta, en lugar de hacerlo por el "bien de la especie". De manera aún más sorprendente, las ideas de Hrdy desafiaron el paradigma de Darwin y Bateman, que fue fundamental para el pensamiento no sólo de los científicos sino también de los estadounidenses, quienes estaban profundamente anclados en la antigua creencia de que las hembras, sexualmente pasivas y "tímidas", una vez apareadas con el "mejor" macho disponible no tendrían ningún incentivo para desviarse de ello.

En su libro de 1981, *La mujer que nunca evolucionó*,[57] Hrdy apuntó aún más directamente hacia la hipótesis de la hembra pasiva, tímida y monógama, sugiriendo que los datos, provenientes de la observación, demostraban que sencillamente no era el caso de muchos primates, incluyendo a los humanos, y que la noción de Darwin de que las hembras retraídas, desinteresadas y deseosas de exclusividad manejaban la selección sexual al buscar al "mejor" macho, estaba basada más bien en ilusiones y convenciones sociales que en una verdadera conducta de los primates. Por otra parte, planteó el caso de que las primates hembras, en particular las madres, no eran exclusivamente tiernas, monógamas y pasivas. Las hembras también eran sexualmente asertivas, egoístas, astutas y, en algunas circunstancias, ni siquiera necesariamente cariñosas.

En su libro posterior, *Madre Naturaleza*, mostraría que entre los primates había madres que necesitan mucha ayuda de los demás para criar a sus infantes (como es el caso de los humanos); la misma madre que colmaba de atención a su cría en circunstancias ecológicas favorables, al no tener suficiente apoyo social, se negaría a cuidarla; incluso la abandonaría al nacer. Más que ser antinatural, dicha madre balanceaba su propio bienestar con el de su actual hijo y también contra los hijos potenciales que podría tener en el futuro. Una madre así podría ser devota y cariñosa, o indiferente. Podría amamantar con diligencia, incluso mucho después de que sus congéneres lo dejaran de hacer, o dejaría a su cría colgar de su vientre incansablemente, aferrándose a su pelaje, en lugar de moverse ella sola sin la carga extra. Y después, esa misma madre indulgente y quisquillosa podría bajar a su cría, haciéndola a un lado, de manera momentánea o más permanente. Como ocurre con las conductas de apareamiento de las hembras, las conductas maternales eran mucho más variables, flexibles y estratégicas de lo que se asumía previamente.

La afirmación de Hrdy, de que las primates hembras eran sexualmente estratégicas y actuaban con autonomía, la expusieron a la crítica. Un colega que escribió en el *Quarterly Review of Biology* equiparó con la "parapsicología" su hipótesis de que las primates hembras se beneficiaban al aparearse con múltiples machos. Otros volvieron más personal el asunto, acusándola de proyectarse. "Entonces, Sarah, dicho de otra forma, estás diciendo que estás *caliente*, ¿cierto?", preguntó un colega. (Hrdy llamó a éste "uno de los momentos más injuriosos de mi vida".)[58] Pero su trabajo también abrió las puertas a más investigación que desafiara el *statu quo*.

Pronto se observó, y se aceptó eventualmente, que los machos de cualquier especie mamífera cometían infanticidio para forzar a las hembras a entrar en celo, y que las hembras no se reproducían de manera pasiva, sino estratégicamente, con regularidad, y con frecuencia con múltiples machos. De las macacas en cautiverio que ansiaban variedad sexual,[59] tanto que se volvían apáticas y se deprimían si los cuidadores no rotaban nuevos machos cada tres años, a las gibones hembras aparentemente "monógamas" que copulaban con otros machos cuando sus parejas no estaban a la vista,[60] a las chimpancés hembras que arriesgaban sus vidas intentando unirse a nuevos grupos para copular con nuevos machos[61] —había buenas razones, argumentaban primatólogas, incluyendo a Meredith Small, Alison Jolly, Barbara Smuts y Jeanne Altmann, para volver a examinar con ojo crítico las supuestas diferencia sexuales "universales" en la estrategia sexual y reproductiva basada en el principio de Bateman—.[62] Las hembras tenían mucho más poder del que se había supuesto previamente. Ante una variedad de circunstancias, las hembras *sí* practicaban el apareamiento múltiple y *sí* se beneficiaban de ello.

¿Cómo, para ser exactos? Las hembras "promiscuas" no sólo podrían disminuir el riesgo de infanticidio. También podrían incrementar las probabilidades de concebir al elevar sus posibilidades de obtener esperma de alta calidad.[63] Podían protegerse de la infertilidad de los machos. El apareamiento múltiple permitía a las hembras mejorar sus probabilidades de heterocigosidad —una buena combinación entre su óvulo y el esperma que lo fertilizara, resultando en un bebé más sano—. Pero aún había más. Resultó que debido al apareamiento múltiple había beneficios para las hembras *no ligados a la procreación*. Al copular con una serie de machos cuando ella no estaba en celo o era fértil —básicamente al tener relaciones sexuales recreacionales— una primate hembra podía agotar el esperma disponible para las hembras rivales.[64] Podía reclutar machos a su grupo social para tener más cuidadores, protectores y proveedores potenciales. Podía intercambiar sexo por recursos o "amistad". Claro que las langures hembras de Hrdy no tenían una meta consciente. No practicaban el apareamiento múltiple porque pensaran: "Mmmmm, mejor creo confusión sobre el tema de la paternidad y junto a varios 'papás' para que protejan a mi bebé", en lugar de atacarlo. Ni otras primates hembras pensaban: "Caray, cómo me gustaría incrementar mis probabilidades de heterocigosidad" o "Quiero unos buenos genes" o —en especies en que el apoyo de los machos es esencial— tener varios machos para cuidar de y proveer a sus hijos, pensando: "Necesito juntar a varios proveedores". Las hembras solicitaban machos porque estaban condicionadas a apareamientos adicionales que podían hacerlas sentir bien. Y se sentían bien por la forma en que estaban hechos los antiguos primates hembras. Este era el "legado" que los primates humanos habían heredado de sus antiguos ancestros que vivieron en condiciones muy diferentes a las de las mujeres actuales.

Sí, la ciencia, la medicina y el arte nos han representado con frecuencia a lo largo de los últimos siglos como el sexo pasivo y comparativamente desinteresado. Pero la biología sugiere un trasfondo en extremo distinto, un cuento de placeres pasionales y voluptuosos, y a veces el enorme riesgo que se toma para lograr la satisfacción sexual. Nuestros cuerpos están diseñados para el pecado: son hedonistas incluso cuando nosotras no lo seamos.

QUEREMOS LO QUE LE PASA A ELLA: ORGASMO Y CLÍTORIS

Las mujeres, junto con las chimpancés hembras, los bonobos y muchas otras especies de primates no humanos, evolucionaron un clítoris frontal, abundantemente inervado. Aunque antes se pensaba que sólo era un botón, ahora se sabe que es una superautopista para alcanzar ciertas sensaciones y que incluye cuerpos pareados que miden de tres a cuatro pulgadas.[65] El clítoris humano, como sugiere la antigua palabra griega que lo nombra, es verdaderamente "la llave" cuando se trata de entender los fundamentos anatómicos y biológicos de la sexualidad femenina. Es grande, del mismo tamaño que un pene, pero en el interior. Aun así, sólo la parte del clítoris que podemos ver, el glande —hay que pensar en él como la punta de un *iceberg*, o, quizás mejor, el cráter de un volcán latente—, tiene más de 8 000 terminaciones nerviosas,[66] lo que quiere decir que posee 14 veces más densidad de células nerviosas receptoras que la parte más sensible del pene del hombre, también llamado glande.[67] Eso hace al clítoris épicamente más sensible y excitable que la punta del pene.

Haciendo a un lado la terminología como "glande", los hombres —cuyo paquete se desarrolla a partir del mismo tejido embrionario que el de la mujer— son muy diferentes en un aspecto. Sus penes son funcionales, para orinar y para eyacular, y realizan múltiples tareas para la biología, la sensación y la reproducción. A su vez, el pequeño botón que nos ocupa, el clítoris que pensamos conocer, sólo es el boleto de entrada a la montaña rusa y únicamente sirve para hacernos sentir bien. Todo lo que se conoce ahora como "aparato eréctil femenino" (AEF) o "clítoris interno", serpentea casi hasta el ano por ambos lados; se extiende a lo largo de los labios, que se hinchan con el placer, e incluye nuestra esponja uretral (antes llamado punto G) y también algo llamado esponja perineal.[68]

Y las mujeres, al contrario de los hombres, pueden tener orgasmo tras orgasmo. "Las mujeres no necesitan un periodo refractario como los hombres, así que podemos estar excitadas durante más tiempo y tener orgasmos subsecuentes con poco esfuerzo", asegura Rachel Carlton Abrams, médica y coautora de *La mujer multiorgásmica*.[69] La sabiduría popular cuenta que los hombres eyaculan y se acabó.

Pero el orgasmo femenino —en camas, regaderas, asientos traseros de coches, dormitorios de universidades, salas de congresos, matrimonios, aventuras y encuentros—, en condiciones de la vida real, es una perra voluble. Es notablemente evasivo. Y, como el clítoris en sí, que se retrae hasta que su capucha es estimulada, el orgasmo femenino puede ser elusivo. Sus recompensas requieren pericia y paciencia. Según lo que nos cuentan los estudios de la psiquiatra y terapeuta sexual de Manhattan, Elisabeth Gordon, médica, el tiempo promedio para que una mujer tenga un orgasmo en una relación sexual después del previo juego estimulante va de 10 a 20 minutos, mientras que para los hombres toma de dos a ocho minutos.[70] "La cruda y fría realidad sobre el tiempo para alcanzar un orgasmo es que hay un rango, y las mujeres tardan más en promedio, y que es más rápido por medio de la autoestimulación". Y no es inusual que las mujeres teman que se están tardando "mucho", señala Gordon. No hay duda de que ese último dato es, al menos en parte, un síntoma del fracaso de toda una cultura al no comunicar a las mujeres que las relaciones sexuales grandiosas son nuestro derecho, y que tenemos la potestad de "desahogarnos", como nos han enseñado que hacen los hombres. Entre los heterosexuales hay una significante "brecha del orgasmo" al igual que una brecha del derecho al sexo: un estudio descubrió que cuando se trata de relaciones sexuales con un compañero conocido, los hombres heterosexuales llegaron al orgasmo un considerable 22% más seguido que las mujeres.[71] (A las mujeres bisexuales no les va mejor que a las heterosexuales, mientras que las lesbianas salen ganando, pues experimentan orgasmos cerca de 75% de las veces durante las relaciones sexuales en pareja.) Otro estudio encontró que, en encuentros que ocurrían por primera vez, los hombres heterosexuales tienen más de tres orgasmos por cada orgasmo que tiene una mujer heterosexual.

La naturaleza *impredecible* del orgasmo —¿llegaremos o no?— puede llevarnos a la búsqueda constante de obtenerlo. Sabemos que cuando se trata de jugar en máquinas tragamonedas nos volvemos adictos no por siempre obtener lo que queremos, sino por la naturaleza casual de nuestra victoria. Pasa lo mismo al revisar nuestros iPhones. Si tuviéramos los correos y los mensajes que deseamos cada vez que los revisamos, pronto nos aburriríamos y devaluaríamos las mismas recompensas que buscamos. La satisfacción consistente no alimenta el deseo de la manera en que lo hace la esperanza y la anticipación de lo impredecible. Es el refuerzo intermitente, con el patrón no establecido del premio acumulado, nos cuentan los investigadores, lo que nos tiene buscando más una y otra vez.

Además, el hecho de que la estimulación que lleva al orgasmo sea *acumulativa* es algo que por mucho tiempo ha intrigado a los primatólogos, incluyendo a Hrdy.[72] Experimentamos un sentido de "acumulación" mientras nos acercamos al clímax, y toma tiempo, particularmente de coito. Más de lo que le toma al hombre.

Este cúmulo específico de características que definen al orgasmo femenino bien podrían haber ayudado a hacer de la mujer, en ciertas circunstancias, una aventurera incansable e implacable. Nuestros ancestros, como muchos primates no humanos actuales, incluyendo a sus parientes cercanos, los chimpancés y los bonobos, bien pudieron asociarse regularmente con varios machos en pronta sucesión, buscando, con cada compañero, la acumulación para la eventualidad de un orgasmo o un orgasmo múltiple.

La prueba está en los primates. Ahora está bien establecido que más que ser únicamente humanos, los orgasmos femeninos ocurren también en otros primates, en chimpancés y en varias especies de macacos.[73] Estudios de laboratorio, que usaron transmisores implantados, registraron respuestas fisiológicas a la estimulación genital, incluyendo contracciones espasmódicas de músculos uterinos y vaginales, cambios en ritmos cardiacos acompañados de vocalizaciones y expresiones faciales distintivas, como "caras de O", me contó Hrdy mientras se nublaba el cielo sobre mí y contemplábamos el pastel de pollo que había preparado para ese día. Me senté con ella durante varias horas. Me enseñó la cara de O, que es exactamente como suena, una expresión facial con la boca abierta en forma circular, como la que hacen las hembras de macacos, chimpancés, bonobos y humanos en el momento mágico. "Esto sugiere que el orgasmo femenino es un legado que precede a los homínidos, es decir que no sólo es antiguo sino que es algo que hemos retenido de lo que posiblemente también fue una adaptación esencial de nuestros ancestros prehumanos", explicó. (En este punto el esposo de Hrdy, Dan, entró al cuarto para ver cuándo comeríamos. "¡Estamos hablando sobre la evolución de los orgasmos femeninos!", dijo Hrdy entusiasmada. Dan se dio la vuelta y se fue hacia otro lado, despidiéndose con su mano y diciéndole, en broma, como últimas palabras: "Ya escuché *mucho* sobre eso".)

En un ensayo anterior de su carrera, Hrdy señaló: "Con base en observaciones clínicas y en entrevistas con mujeres, hay un desequilibrio desconcertante entre una hembra capaz de orgasmos múltiples en secuencia y un compañero macho típicamente capaz de episodios copulatorios únicos".[74] Y, sugirió, además, que, puesto que un porcentaje relativamente bajo de mujeres experimentan el orgasmo sólo mediante el coito, es difícil justificar que el orgasmo femenino evolucionó específicamente en los humanos como una adaptación para fomentar las uniones monógamas entre parejas heterosexuales.[75] Al contrario. Dadas todas las ventajas del apareamiento múltiple, tiene sentido que pueda existir este "sistema de recompensas variable" en respuesta a la estimulación constante, incluso acumulativa, impredecible y placentera, que ha mantenido durante millones de años a las primates hembras solicitando copulaciones sucesivas. No puede ser coincidencia, observó Hrdy, que hasta el momento el orgasmo femenino entre los primates no humanos se ha documentado mejor en especies no monógamas. Como me escribió, "olvídate de tratar de explicar la evolución de los orgasmos femeninos, o los desajustes contemporáneos, al estudiar a las mujeres en las condiciones actuales. En vez de eso, necesitamos preguntarnos cómo este antiguo legado, heredado de nuestros ancestros prehumanos, ha cambiado la evolución y la historia humana.

Los autores de *En el principio era el sexo*, Christopher Ryan y Cacilda Jethá, sugieren que la historia de la cérvix de una mujer hace aún más probable la versión de Hrdy de que las hembras, por razones profundas, están condicionadas a buscar orgasmos con múltiples compañeros en rápida sucesión.[76] Pero la cérvix de una mujer, como la de una macaca pro- miscua que puede aparearse con 10 machos o más en rápida sucesión, en realidad funciona no tanto para bloquear el esperma, como se creía antes, sino para filtrar y evaluarlo a detalle; idealmente varios tipos diferentes de él, de distintos machos, al mismo tiempo. Evolucionó no como una simple barrera, sino para separar al esperma débil, malo e incompatible, del bueno, sugiriendo por su sola presencia que había necesidad de hacer tal cosa —es decir, las hembras se apareaban con múltiples parejas—. Esa maravillosa herramienta también regula parcialmente a la hembra que lo posee contra una mala elección de pareja al calor del momento —nuestra cérvix está ahí para ayudarnos a juzgar quién es buen candidato cuando nuestros ojos nos fallan—.

El equipamiento de los machos cuenta una historia similar sobre la probabilidad de una larga historia en que las hembras se aparean con múl- tiples individuos. Hay que considerar el tamaño de los testículos huma- nos.[77] Son más grandes que los de los gorilas, cuyas minúsculas bolas, en relación con el tamaño de su cuerpo, sugieren que sólo una pequeña canti- dad de esperma era necesaria para inseminar exitosamente a una hembra, que es improbable que tuviera otros compañeros potenciales (los gorilas viven en formaciones sociales que algunos primatólogos todavía llaman "harenes": un macho y múltiples hembras). Los testículos de un hombre, en contraste, son proporcionalmente más grandes, de manera presumible como aquellos de los chimpancés y los bonobos, cuyas hembras son no- tablemente promiscuas. Por lógica, al tratar con una hembra que se asocia con múltiples machos, necesitas mucho esperma para competir con el otro esperma dentro de su canal vaginal. Mientras más puedas exprimir, mejor. En lo que respecta al esperma en sí, el líquido también cuenta una historia. Los tapones de esperma —son justo como suena: una mezcla de eyacula- ción, mucosa y proteína coagulante que sella la vagina de una hembra en un intento por mantener adentro el esperma propio y bloquear de llegar allá arriba al del rival— existen entre los chimpancés y los bonobos, con quienes compartimos aproximadamente 98.7% de nuestro material gené- tico, y entre muchas otras especies de primates.[78] Al lidiar con el esperma rival no sólo se busca que los tuyos entren. Si fuiste el primero en llegar a la fiesta, quieres sacar a los del otro tipo. Y la cresta coronal, la cosa en la punta que hace ver al pene como una pala, es un removedor efectivo de eyaculación. En un experimento, los científicos descubrieron que un consolador con una cresta coronal removió de una vagina falsa tres veces más de una sustancia similar a la eyaculación (hecha de una mezcla de fécula de maíz y agua) que los consoladores sin cresta.[79] Y los últimos chorros de eyaculación masculina humana contienen un ingrediente similar a un espermicida. "¡Toma!", le dirá a cualquier rival que venga en las horas (o minutos) subsecuentes.[80]

Otros investigadores incluso ven nuestros gritos de placer como prueba de que, cuando se trata de ser infieles, las hembras siempre lo fueron.[81] La primatóloga Zanna Clay estudia propiamente las vocalizaciones de los chimpancés durante las relaciones sexuales y ha aprendido que es una manera en que las hembras dan señales efectivas a los machos, "¡Aquí estoy, y estoy interesada en ustedes, otros machos!", incluso durante el mismo acto de copulación. Gemir y gruñir puede ser un antiguo tipo de código mediante el cual nos comunicamos con otros machos dentro del rango auditivo: "¡Receptiva y lista tan pronto se acabe esto!"

No somos chimpancés ni langures, por supuesto. Pero Hrdy y los numerosos científicos y pensadores en los que ha influido, preguntan: ¿por qué las hembras humanas estarían diseñadas como lo están (y por qué los machos tienen el pene con esa forma, eyaculan espermicida y tienen testículos de ese tamaño) si las mujeres no hubieran sido capaces de buscar las recompensas que prometen nuestros cuerpos, presuntamente en serie y sin mucha inquietud ni miedo injustificado de serias represalias o consecuencias? Y si la búsqueda de las relaciones sexuales con múltiples parejas siempre había estado restringida, y en ocasiones incluso había sido tan letal como lo es hoy, ¿cómo podríamos estar aquí, diseñados como lo estamos en la actualidad? Considerar al clítoris, a la naturaleza del orgasmo femenino y a la cérvix, así como al equipamiento masculino y a la manera en que tenemos relaciones sexuales, es confrontar no sólo la vaga posibilidad sino la gran probabilidad de que las mujeres están hechas para la gratificación sexual, para perseguirla y para el apareamiento múltiple, mientras que los hombres —quienes eyaculan y se acabó— no lo están. La biología femenina sugiere que las mujeres están construidas para la experimentación sexual, para días osados y noches despreocupadas, lo que nos pone en conflicto con nuestro actual contenedor cultural, por decirlo con suavidad.

No hay una sola manera de sostener relaciones sexuales para la que "evolucionamos": somos estrategas flexibles en lo sexual y en lo social. Pero nuestra esencia, si podemos decir que tenemos una, es probablemente menos de matrona y más de macacos. La infidelidad femenina es una conducta con un pie en el presente y otro en nuestro pasado antiguo, y está ligada a la anatomía, a la fisiología y a la búsqueda de recompensas. Y la mejor madre es aquella que, cuando las circunstancias son correctas, hace lo necesario para juntar aliados que estén predispuestos hacia sus crías. Puede hacerlo sobre su espalda o con su trasero en el aire.

En el campo de la primatología, desde la innovadora hipótesis de Hrdy sobre el apareamiento múltiple, el infanticidio y las revelaciones sobre la naturaleza del orgasmo femenino, hasta las inesperadas observaciones de Barbara Smut sobre las babuinas de Anubis, que eligen a sus parejas entre un gran número de "amigos" machos,[82] pasando por la afirmación de Meredith Small de que la única característica más detectable entre las primates hembras no humanas es una preferencia por la novedad sexual, las suposiciones de que le monogamia femenina es atemporal y esencial se han llevado una paliza.

PROMISCUIDAD, TU NOMBRE ES MUJER

> Ella se aferraba a él,
> como si su apetito creciera
> por aquello de que se alimentaba, y aun así, después de un mes…
> No quiero pensar en eso. ¡Debilidad, tu nombre es mujer!
> *Hamlet*, acto I, escena 2[83]

A través de las últimas décadas, mientras los primatólogos desafiaban la exactitud de la afirmación de que la monogamia es nuestro patrimonio, así como la suposición de que ese arreglo era manejado por las mujeres debido a su biología, sus percepciones han propiciado un cambio de perspectiva sobre cómo, dónde y cómo las hembras *humanas* practican el apareamiento múltiple. Por ejemplo, en la práctica mosuo del *sese* o "matrimonio ambulante", en el sudeste de China, donde las mujeres viven con sus parientes y las parejas sexuales se escabullen a sus cuartos por la noche.[84] Los hombres mosuo no apoyan a sus hijos financiera ni socialmente (es el hermano de una mujer quien funge como "padre", así que los tíos mosuo son "papás"). Y las mujeres tienen permitido mantener múltiples matrimonios. En lugar de enfocarse únicamente en cómo este acuerdo beneficia a los hombres, los antropólogos comenzaron a ver los beneficios que tienen las mujeres al criar a sus hijos en el contexto de una familia ampliada, sin influencia ni conflicto potencial de hombres no emparentados. En el Tíbet rural hay acuerdos poliándricos mediante los cuales una mujer puede estar casada con varios hombres que son hermanos, una estrategia que se piensa hace más eficiente la agricultura en el difícil terreno montañoso, para lograr proveer a los niños y a los adultos por igual, y para prevenir pleitos sobre la herencia de las tierras.[85] Pero también beneficia a las mujeres, en un clima pródigo, para tener varias "figuras paternales" relacionadas y preocupadas, por igual, en el bienestar de su hijo (y el de ella por extensión). Y hay muchas sociedades con "poliandria no clásica", en que las mujeres tienen múltiples parejas a la vez, o a lo largo del tiempo, con muy poca o nula censura social. La evidencia etnográfica de esa poliandria informal[86] ha sido reportada en un total de 53 sociedades (la primatóloga y antropóloga Meredith Small, en una encuesta de 133 sociedades, dijo que no había una sola sin infidelidad femenina). En el año 2000, Sarah Hrdy preguntó: "¿Por qué la poliandria es tan rara entre los humanos?", e inmediatamente modificó su pregunta al hacer otra: "¿O no lo es?"[88] Señaló que la poliandria informal —mujeres que tienen múltiples parejas al mismo tiempo o en sucesión— es una realidad, punto.

La idea de que había diferencias universales de estrategia sexual y reproductiva, basadas en el hecho esencial, inflexible y biológico de la producción de gametos, estaba siendo derrumbada con la documentación que Hrdy y otros antropólogos presentaban acerca de que la poligamia femenina o la "promiscuidad" constituía una conducta flexible, una adaptación a las circunstancias. Era más probable que las mujeres se asociaran con más de un hombre en ciertas condiciones:

- Cuando los hombres superan en número a las mujeres. Cuando las proporciones entre los sexos se distorsionan de modo que hay más hombres que mujeres en edad reproductiva, las mujeres y los hombres pueden estar igualmente motivados a que las mujeres practiquen la poligamia. En estas circunstancias, los hombres pueden determinar que media esposa es mejor que ninguna. Y que es mejor tirar los dados y dejar a la suerte tener un hijo con una mujer que comparte con otro hombre, que no tener ningún hijo.[89]

- Cuando es difícil para un hombre soltero proveer adecuadamente a su familia. Cuando los cambios históricos y económicos dificultan a los hombres, digamos, cazar, y las condiciones no son las adecuadas para la agricultura, las mujeres pueden necesitar más de un hombre para ayudarlas a mantener a sus hijos vivos y saludables. Y en vecindarios donde hay altos índices de encarcelamiento masculino, las mujeres, además de iniciar sus carreras reproductivas temprano como protección contra la incertidumbre, pueden tener hijos con más de un hombre, porque la monogamia no es opción. En todas estas instancias, los hombres pueden no estar presentes, y si lo están, es posible que no tengan más opción que ver hacia otra parte si también quieren hijos saludables que sobrevivan para reproducirse.[90]

- Cuando hay una costumbre de hombres que comparten a su esposa o a sus esposas con aliados potenciales. En estos casos, las mujeres, y no sólo los hombres, se benefician del apoyo potencial.[91]

- Cuando las mujeres dependen de sus familiares para ayudarlas con la crianza. En instancias donde una mujer tiene a su familia extensa disponible para ella, pueden ayudarla a crear puentes cuando no tiene pareja, eliminar la necesidad de que incluso tenga pareja, o ser intermediarios de ella y de su hijo contra posibles consecuencias cuando experimenta con diferentes parejas.[92]

- Cuando las mujeres tienen un alto nivel de autonomía. Si una mujer tiene sus propios recursos, por ejemplo, o contribuye significativamente con lo que provee a la supervivencia de la familia o del grupo, o si tiene autonomía financiera, una mujer es mucho más susceptible de tener autonomía sexual. Y los datos etnográficos globales muestran que ella bien puede usarla para tener parejas simultáneas o sucesivas, en lugar de sólo una.[93]

- Cuando hay pocos recursos acumulados o heredables, como entre los buscadores de comida y los horticultores. Sin riquezas y sin propiedad que transmitir, el problema del derecho a la herencia —es decir, la preocupación de qué hijo pertenece a qué hombre— puede hacer palidecer la importancia relativa de otras preocupaciones, como la cohesión del grupo. También significa que habrá menos percepción de alguna necesidad de controlar si una mujer es monógama o no.[94]

En su trabajo entre los pimbwe de Tanzania, donde el divorcio es cuestión de que un compañero se mude físicamente a otra casa, sin ningún procedimiento legal o formal adicional, la ecóloga de la conducta humana de la Universidad de California en Davis, Monique Borgerhoff Mulder, descubrió otra realidad que desafía el paradigma de Bateman.[95] Por medio de entrevistas y grabaciones de historias reproductivas documentó que, contradiciendo directamente las declaraciones a menudo citadas por Bateman, el apareamiento múltiple incrementaba el éxito de las mujeres pimbwe (lo que significa que aumentaba el número de niños que sobrevivían hasta la edad reproductiva), pero *no* el de los hombres pimbwe. Borgerhoff Mulder concluyó, además, que "la poliandria está en todas partes... pero la concebimos como poliginia".[96] Es decir, cuando vemos el mundo y la sexualidad femenina, las conductas sociales y la reproducción, a través de la lente del paradigma de Darwin y Bateman, no vemos los datos que desafían esta visión de hembras recatadas aceptando a machos sexualmente asertivos, que supuestamente se benefician del apareamiento múltiple, al contrario de las mujeres.

En efecto, en el extremo exterior del apareamiento múltiple que beneficia a las mujeres los antropólogos han descubierto y documentado que los muchos indígenas de la tierra baja del Amazonas —al menos 18 tribus, incluyendo a los canelas, los mehinakus y los yanomamis— se suscriben a la creencia de la llamada "paternidad compartida", que sostiene que un niño puede tener más de un padre.[97] Por ejemplo, cuando los interrogó el antropólogo Kim Hill, quien intentaba aprender sobre su parentesco,

321 achés —cazadores y horticultores que viven en el este de Paraguay—
afirmaron que tenían un total de 632 padres.[98] Le dijeron a Hill sus diferentes términos para sus diversos padres. *Miare* es "el padre que la metió",
mientras que *peroare* es "el hombre que lo mezcló".[99] *Momboare* significa
"los que hicieron que se derramara", mientras que *bykuare* significa "el padre
que aportó la esencia del hijo". Tan confusas como nos suenan estas des-
cripciones, señalan una creencia alucinante y transparente: las relaciones
sexuales con más de un hombre son la mejor manera de hacer un bebé, que
"acumula", como una bola de nieve, aplicaciones sucesivas de semen.[100] En
las culturas con paternidad compartida, como los aché y los bari, las mujeres tienen relaciones sexuales con varios hombres durante el curso de su
embarazo, y estos hombres, en turno, la apoyan a ella y a su bebé cuando
nace. El antropólogo Stephen Beckerman descubrió que entre los bari
—horticultores de la selva tropical del suroeste de la cuenca del Maracai-
bo, que se extiende a lo largo de la frontera entre Colombia y Venezuela—
los niños con más de un padre son más susceptibles a sobrevivir hasta la
adultez, gracias a una mejor nutrición y protección provistas por los papás
extra.[101] El 80% de los niños bari con padres secundarios llegaron a sus
cumpleaños número 15, mientras que sólo 64% de aquellos con un solo
padre lo lograron. En estos contextos, una mujer que es monógama bien
puede ser considerada mojigata, egoísta y merecedora de repudio. Pero
una mujer que junta *demasiados* padres se dará cuenta de que los padres in-
decisos están renuentes a ayudar. El número óptimo de padres bajo condiciones ambientales y ecológicas que imperan donde vive la gente que cree
en la paternidad compartida parece ser dos, afirma Hrdy.[102] Una notable
excepción: los canelas del centro de Brasil, donde una mujer puede sostener relaciones sexuales rituales con 20 o más hombres durante ceremonias
de la comunidad, dejándola con muchos "padres" de donde elegir y en los
cuales apoyarse.

En las sociedades de paternidad compartida, la crianza, como no
es de extrañar, a menudo se vuelve una labor colaborativa, con muchos
adultos procurando el bienestar de un niño. Los antropólogos llaman a
esta crianza colectiva del niño "crianza cooperativa". Y muchos creen que
es el "cómo" y el "porqué" no sólo del apareamiento múltiple femenino
sino también del éxito y la supervivencia del *Homo sapiens*, cuando otros

homínidos se fueron a pique. No fue la unión de parejas heterosexuales monógamas la que nos hizo quienes somos hoy en día. Argumentan que no fue la monogamia la que aseguró que pudiéramos perdurar, sino la crianza compartida de los hijos entre grupos de muchos miembros y las hembras que se apareaban de forma múltiple.

Con la sólida base de este grupo de datos, algunos científicos comenzaron a repensar la idea de que los hombres tenían el potencial de reproducirse sin límite.[103] Descubrieron —adivinen qué— que el esperma no es tan barato a final de cuentas. Puesto que se requieren millones de espermas para fertilizar a un solo óvulo, la comparación relevante no es entre el preciado óvulo y un esperma que es barato porque los machos producen montones de ellos. La medida pertinente es la diferencia entre el costo de los montones de esperma y el costo de un único óvulo. Medido de esta manera, el esperma es más caro de lo que pensábamos. Y resulta que el semen, en realidad, contiene compuestos bioactivos esenciales que son marcada y energéticamente costosos de producir para los machos. Además, los machos pueden, y ocurre, quedarse sin esperma —un fenómeno llamado conteo bajo de espermatozoides—. Entre el costo real y la escasez potencial del esperma, tiene sentido que los machos puedan ser, en ciertas circunstancias, selectivos y tímidos respecto de las hembras con las que tienen relaciones sexuales. (El estudio de la elección masculina cada vez es más popular en la biología hoy en día.)

Además del esperma costoso, del conteo bajo de espermatozoides y de la realidad de los machos remilgosos, los antropólogos y los zoólogos ahora cuestionan la idea de que los primates machos sean padres de docenas o de cientos de hijos sólo por ser sexualmente activos. Esta idea no se alinea con muchas realidades existentes. Por ejemplo, los harenes son raros en el mundo de los primates, donde la concepción también es estadísticamente rara y los índices de aborto son altos. ¿Qué tan probable es que un macho le atine al tiempo de la concepción en una sola copulación? ¿O en múltiples copulaciones con múltiples hembras? Muy poco. Y puesto que un número tan significativo de embarazos en muchas especies termina en aborto, muerte fetal y complicados partos en posición de nalgas, los cálculos se vuelven aún menos favorables para el macho que eyacula y desaparece.[104] Aparearse e irse significa crear la posibilidad de que la hembra se aparee con otro macho, y también, de que su esperma no logre hacer el trabajo, o de no estar ahí para volver a intentarlo si el embarazo no resulta en una cría sana. Muchos científicos han empezado a creer recientemente que, dados todos estos factores, *el índice entre el éxito de la vida reproductiva de machos y hembras tiende a ser igual en realidad*.[105] Esto es cierto para los humanos y también para una gran cantidad de primates no humanos. Finalmente, como muchos zoólogos, biólogos y antropólogos han sido capaces de demostrar, las crías de muchas especies tienen más probabilidades de sobrevivir si hay altos niveles no sólo de cuidado maternal sino paternal.

Por todas estas razones —el esperma costoso, el problema de tener y cuidar múltiples hembras, la dificultad de concebir, la alta probabilidad de que una gestación termine mal, el hecho de que las crías dependientes pueden lograrse mejor con cuidado paternal que sin él—, inseminar y escapar nunca fue tan buena estrategia. La idea de machos naturalmente polígamos y de hembras naturalmente monógamas (muchachos que prefieren el apareamiento múltiple sobre el cuidado, y muchachas que quieren a un muchacho "adecuado") ha sido cada vez más puesta en duda en las décadas después de las percepciones de Sarah Hrdy sobre las langures hembras estratégicamente promiscuas.

Pero quizás el golpe más importante a la creencia de que los machos se beneficiaban del apareamiento múltiple pero las hembras no, volviendo a los machos "lógicamente" más promiscuos que las hembras, viene del laboratorio de la bióloga evolutiva de la UCLA, Patricia Adair Gowaty. Después de años de trabajo en la selección sexual, y a la luz del creciente cuerpo de evidencia de que las hembras de muchas especies sí participaban y se beneficiaban de la poliandria o del apareamiento múltiple, Gowaty puso a Bateman a prueba en 2012, repitiendo su citado hasta el cansancio y ampliamente influyente experimento, sólo que modernizado con datos de ADN.[106] Gowaty halló que los descubrimientos de Bateman no podían ser replicados, incluso en la *drosophila* que él había estudiado. ¿Podría estar equivocada la ciencia de Bateman, ante la cual él y subsecuentes generaciones de pensadores habían hecho suposiciones sobre la naturaleza de las hembras *versus* la de los machos? Al principio, muchos expertos se sorprendieron. Y se sorprendieron de nuevo de que hasta Gowaty nadie jamás había pensado en replicar el trabajo fundacional de Bateman en más de seis décadas. Era un caso clásico de sesgo de confirmación. Los científicos y los científicos sociales habían buscado conductas que confirmaran los resultados de Bateman y simplemente no veían la evidencia —proporcionada por Hrdy, Small, Smuts, Jolly, Altmann y otros— que los contradecía más que como excepciones. El trabajo de laboratorio de Gowaty, combinado con la creciente bibliografía sobre poblaciones donde las primates hembras no humanas y las mujeres mantienen relaciones sexuales y se reproducen de maneras que contradicen el modelo de Bateman, ofrecían pruebas abrumadoras de que estaba mal continuar afirmando las diferencias universales en las estrategias y en las conductas sexuales de machos y hembras, basadas en la falsa dicotomía entre "óvulos caros" y "esperma barato", y entre hembras recatadas y monógamas, y machos naturalmente asertivos y polígamos. Los machos no tienen índices reproductivos significativamente más rápidos que los de las hembras. Estas ideas eran castillos en el aire.[107]

¿Y ahora qué?

OMOKA:
EL SIGNIFICADO DE UNA PALABRA HIMBA

Brooke Scelza fue influenciada por Gowaty y Hrdy; ambas la inspiraron con sus perspectivas sobre las hembras como todo menos pasivas en el proceso evolutivo y reproductivo. Y aunque ella había pretendido originalmente estudiar la relación entre las madres himbas y sus hijas adolescentes cuando las jóvenes mujeres se aproximaban a sus años reproductivos, terminó tropezando con una palabra que la llevó a un camino diferente, contribuyendo con ello aún más a poner por completo de cabeza las suposiciones sobre la elección femenina y las hembras tímidas, remilgosas y pasivas.

Cuando apenas había llegado a su campo de estudio himba en Namibia, en 2009, Scelza comenzó a levantar una encuesta entre las madres que pretendía entrevistar, uniendo sus historias maritales y reproductivas. "¿Quién es tu esposo? ¿Es tu primer esposo? ¿Cuántos hijos tienes?" —lo básico que cualquier antropólogo pregunta a sus sujetos en el sitio para obtener un retrato demográfico preciso de la población—. Pero Scelza se encontró rápidamente con una experiencia similar a la de Kim Hill con los aché, muchos de los cuales le dijeron a él, mientras trabajaba con diligencia en gráficas de parentesco, que tenían más de un padre. Pronto, en el proceso de entrevista y recolección de datos, una mujer le informó a Scelza: "Este niño es de mi esposo, y estos dos niños son *omoka*".[108]

Confundida, Scelza preguntó a su traductor himba qué significaba aquella palabra.

Significaba "ir al lugar lejano a recolectar agua", le explicó.

Al ver la confusión de la antropóloga, el traductor detalló que "ir al lugar lejano a recolectar agua" podría ser la manera de crear una tapadera, por así decirlo, al ir a una cita. *Omoka* significa niño "de un lugar lejano a donde vamos a recolectar agua" —un niño que una mujer casada concibe durante una aventura, o uno nacido fuera del matrimonio—. Las mujeres sabían si estaban teniendo niños *omoka* al hacer la cuenta regresiva del día de su último periodo menstrual y averiguando cuándo y con quién habían tenido relaciones sexuales.

Scelza había leído sobre la poliginia entre los himbas y que las mujeres tenían amantes al igual que los hombres. Pero este término era algo nuevo. Continuó presionando a su traductor, quien insistió que sí, el término era de uso común, puesto que, a final de cuentas, *muchas* mujeres casadas tenían hijos de otros hombres diferentes a sus esposos. Y, claro, le dijo, "ve y pregunta a los himbas lo que quieras sobre estos acuerdos y estas prácticas. Hombres y mujeres casados por igual te hablarán abiertamente sobre sus amantes y quién es el padre de qué niño", le aseguró.

Scelza me dijo que al principio sospechó que podría estar entendiendo mal el significado de la palabra *omoka* y todo lo que sugería. Pero al continuar preguntando a las mujeres sobre sus historias maritales y reproductivas, muchas repitieron el término *omoka*, confirmando que la práctica no era nada inusual. Una mujer himba casada que está embarazada, en otras palabras, es susceptible de estarlo de un hombre distinto a su marido. Y a nadie parece importarle.

Scelza sospechaba que el número de niños *omoka* que tenía una mujer himba podía desbloquear algunos secretos sobre la infidelidad femenina en general. Para empezar, al contrario de lo que ocurre en muchas poblaciones del Occidente industrializado, donde las mujeres pueden "ocultar" la infidelidad sexual al no tener hijos gracias al control de la natalidad, en una población con fertilidad natural, como la de los himbas, habrá mayor coincidencia entre los índices de infidelidad y los índices de paternidad fuera de la pareja —índices de niños nacidos de mujeres casadas con hombres que no son sus padres—. En Estados Unidos y en el Occidente industrializado, por ejemplo, los índices de paternidad fuera de la pareja rondan entre 1 y 10%.[109] Eso es muy bajo, puesto que se piensa que los índices de la infidelidad femenina van de 13 a 50% en nuestro mundo. De los himbas, en primer lugar, Scelza pudo obtener un índice puro de adulterio femenino para contribuir a la bibliografía mundial etnográfica sobre las mujeres y las relaciones sexuales fuera de la pareja. E, igual de importante, es posible que también sea capaz de obtener información sobre *por qué* las mujeres himbas son infieles.

Primero, sin embargo, Scelza tenía que entender qué tan promiscuas eran las mujeres himba. La respuesta fue: mucho. Incluyó a 110 mujeres en su análisis y registró 421 nacimientos.[110] Las mujeres que Scelza entrevistó atribuyeron cada uno de sus partos ya fuera a su marido o a una relación extramarital —un nacimiento *omoka*—. Después, Scelza clasificó cada matrimonio como arreglado o por amor. Sintió confianza en las declaraciones de paternidad de las mujeres cuando vio que los cálculos de éstas acerca de cuándo y de quién se habían embarazado estaban respaldados por registros hechos por antropólogos de que las parejas himbas casadas a menudo pasaban separadas "periodos significativos". Al final, Scelza determinó que cerca de 32% de las mujeres en su muestra tenían al menos un nacimiento *omoka* durante su vida. Del grupo de mujeres que tenían al menos un nacimiento fuera del matrimonio, 21 tuvieron uno, nueve tuvieron dos, y seis tuvieron tres o más niños *omoka* con sus amantes. Sólo 329 de 421 nacimientos fueron dentro del matrimonio. En resumidas cuentas, los himbas tenían el índice más alto reportado de paternidad fuera del matrimonio de cualquier sociedad a pequeña escala en el mundo: cerca de 18% de todos los nacimientos maritales eran *omoka*. Y sólo menos de una de tres mujeres himbas —cerca de un tercio— tenía bebés con sus amantes mientras estaban casadas.

Pero ¿por qué? ¿Cómo podían ser tan diferentes las creencias y las prácticas de los himbas de las nuestras y qué factor, precisamente, contribuía a su visión radicalmente tolerante no sólo de la "promiscuidad" femenina, sino de tener niños *omoka*?

Scelza supo, dentro de su análisis, que la biología, la ecología, el ambiente y la cultura tienen *todos* un papel en la conducta humana. La actitud comparativamente relajada de los himbas sobre las relaciones sexuales extramaritales obviamente era un factor que contribuía a su tolerancia de la infidelidad y de los nacimientos *omoka*. Las mujeres himbas preguntaron repetidas veces: "Brooke, ¿por qué duermes sola por las noches en tu tienda?" Cuando les respondió que era porque estaba casada, se rieron o se encogieron de hombros y la molestaron. "Eso no significa que no puedas tener un amante", insistieron. "¿No te sientes sola en tu tienda por tu cuenta, Brooke?"

Pero esta creencia de que una mujer "sola" puede y debe tener un amante, sin importar que esté casada, no salió de la nada. Ciertos factores ecológicos y ambientales crearon el contexto donde pudo plantarse la convicción de que es normal que una mujer casada sostenga relaciones sexuales con un hombre que no sea su esposo. "Los himbas tienen pocos recursos heredables", me dijo Scelza, "y los padres no invierten mucho en los niños".[III] Estas realidades significaban que los hombres tenían menos riesgo de desviar energía e inversión en niños que no eran suyos. Además, los niños himbas ayudaban alrededor del complejo, convirtiéndose en contribuyentes netos del grupo a una edad relativamente temprana, comparada con la de los niños de otros contextos, como el Occidente industrializado, donde los pequeños son costosos y onerosos para sus padres. Estas diferencias significan que los hombres himbas están motivados a tolerar la incertidumbre de la paternidad —básicamente porque sus costos son muy bajos, e incluso producen beneficios, de cierta manera—. Los niños realizan tareas domésticas, pastorean y, en general, con ello compensan el costo de su manutención, e incluso más. Y el amante de una esposa de un hombre himba a menudo lleva comida para el niño *omoka*, reduciendo todavía más el "costo" para el esposo.

Asimismo, los hombres himbas no pagan un alto precio por la novia al emparejarse con sus esposas, y sus vacas no son heredadas patrilinealmente, una práctica que crearía la posibilidad de que un padre pudiera legar sus vacas al hijo de otro hombre. Por todas estas razones, un hombre himba tiene muy poco que perder si su esposa tiene un amante o incluso un hijo con otro hombre. Además, si un hombre casado está en una estación ganadera lejana con su novia, los beneficios de cuidar a su esposa en la casa para prevenir que tenga un amante se vuelven prohibitivos. Es imposible estar en dos lugares a la vez y extremadamente difícil vigilar a una mujer autónoma a la distancia. También es muy desagradable obsesionarse al respecto. Es mejor y menos "caro" en todos los sentidos que un hombre desarrolle una actitud tolerante y que disfrute a una novia en una estancia ganadera o en un pueblo que pueda, después de todo, tener un hijo suyo. También puede serle útil tener a alguien más cuidando a su esposa en su ausencia.

En cuanto a las mujeres himbas, las circunstancias sociales específicas funcionan a su favor, tanto cuando se trata de aventuras como de niños *omoka*. A pesar de que la mujer himba se muda a la casa de su esposo al casarse, usualmente mantiene fuertes lazos con sus propios padres, con sus hermanos y con otros parientes, visitando su casa con frecuencia. Si tiene coesposas, como muchas mujeres himbas, debido o arreglos más o menos formales, pueden cuidar a sus hijos y mantener feliz a su esposo mientras ella visita a su familia durante varios días, o mientras da a luz y se recupera entre sus parientes. Las mujeres que tienen fuertes lazos y acceso a sus parientes en el matrimonio poseen mayor autonomía, incluyendo autonomía sexual. Entre los himbas, la realidad del niño *omoka* prueba que así es. Y, me dijo Scelza, hay muchos beneficios para una mujer himba con un amante. Si su esposo está lejos, hay una sequía y necesita comida adicional, o si requiere llevar ella misma al niño al médico, tiene un círculo más grande de ayudantes. "A diferencia de lo que ocurre en el lado este de Manhattan, donde ser infiel es una estrategia increíblemente riesgosa si estás casada con alguien de un alto estatus y grandes riquezas, para las mujeres himbas tiene pleno sentido y protege contra el riesgo", explicó Scelza, volviendo la importancia del contexto significativamente clara y personal para mí.

¿Entonces por qué no todas las mujeres himbas en edad reproductiva tienen un hijo *omoka*?

En su investigación, Scelza descubrió algo más. Revisando sus datos, se dio cuenta de que ningún niño *omoka* nació de mujeres de matrimonios por amor.[112] De las 79 que entrevistó, que habían elegido a sus propios esposos, ni una sola tenía un hijo *omoka*. Mientras tanto, había niños *omoka* en casi un cuarto de los matrimonios arreglados.[113]

Lejos de la hembra remilgosa y tímida que Darwin y Bateman imaginaron, o del espectro de la mujer más dedicada que pudiera querer naturalmente calidad sobre cantidad, algunas mujeres himbas ejercen su elección de forma activa y asertiva después de que sus opciones fueron circunscritas, concluyó Scelza, yendo tanto por cantidad como por calidad. Enfrentadas a la coerción —ser obligadas a casarse con un hombre que ellas no habrían elegido—, su contraestrategia es hacer lo que les pidieron, pero también lo que quieren. Tienen aventuras. Y después tienen bebés con sus amantes. Los niños *omoka* y el alto índice de paternidad fuera del matrimonio entre los himbas demuestra que las mujeres himbas son lo que Hrdy quiere que entendamos que son todas las primates hembras, incluyendo a las mujeres: no esencialmente retraídas y naturalmente monógamas por nuestra biología, sino criaturas que viven en la intersección de la biología, la cultura y la ecología, haciéndonos "individuos flexibles y oportunistas que controlan sus recurrentes dilemas e intercambios reproductivos dentro de un mundo de opciones cambiantes".[114]

Bien podríamos pensar que es recompensa suficiente si ejercer su decisión de tener una relación extramarital ayuda a las mujeres himbas en matrimonios arreglados a lograr la satisfacción emocional y sexual. Pero es mucho más que eso, descubrió Scelza. Las mujeres himbas que tienen matrimonios arreglados y después tienen un amante o amantes y procrean hijos de ellos, en realidad mejoran su éxito reproductivo. (Incluso cuando una mujer joven se divorcia de su primer esposo, explicó Scelza, él se mantiene responsable de cualquier hijo que ella tuvo durante su matrimonio con él, incluso si no es suyo. Esto hace de un matrimonio arreglado prematuro un mejor trato de lo que parece a primera vista.) Scelza documentó que las mujeres en matrimonios arreglados, y con amantes, tienen más niños que llegan a los cinco años de edad que las mujeres himbas que se casan con los hombres que eligen ellas mismas.[115] Claramente, el apareamiento múltiple es beneficioso para el éxito reproductivo de estas mujeres.

Scelza, al estudiar cuándo y por qué los himbas "van al lugar lejano a recolectar agua", nos ha presentado una población donde tener "aventuras" beneficia a las mujeres en términos del número de ayudantes y de la cantidad de hijos que tienen. Es una gloriosa refutación del paradigma de Darwin y Bateman y un golpe a la insistencia de que los hombres son, por naturaleza, de una forma u otra, social y sexualmente debido a quienes son biológicamente. Pero una de las cosas más importantes sobre el trabajo de Scelza con los himbas es que nos obliga a continuar pensando la elección femenina. Las mujeres himbas que ejercen la elección libre, casándose con los hombres que ellas mismas eligen, y luego escogiendo mantenerse fieles a ellos, tienen *menor* éxito reproductivo. Pueden hacer lo que quieran y quedarse con esa decisión independiente y personal —y, al hacerlo, pueden ponerse a sí mismas en desventaja de la manera más básica y fundamental, al tener menos hijos que sobrevivan hasta la adultez—. Scelza fue prudente sobre este detalle cuando le pregunté al respecto. Señaló que el menor éxito reproductivo y ser monógamo podría no ser una simple ecuación y podría haber una causalidad implicada en esta instancia "de la que no estamos seguros". Es posible, por ejemplo, que estas mujeres monógamas simplemente tengan menos fertilidad o que sus compañeros padezcan de ella. Pero la posibilidad de que la monogamia pueda ser directamente inconveniente en contextos particulares, incluyendo el de los himbas, es una idea distinta, atractiva e innovadora.

¿La monogamia es un privilegio o una prisión para las mujeres? ¿Es una elección o subvierte la posibilidad de elección? ¿Es un lujo o una carencia? La lección de los himbas o de los hijos *omoka* es: depende... del contexto. Los factores entrelazados, imposibles de desenmarañar de la biología, la cultura y las circunstancias ambientales, significan que las conductas sociales y sexuales serán maleables; la producción de gametos no puede explicar ni justificar mucho más allá de sí misma. Para los himbas, las mujeres infieles que han terminado en situaciones forzadas por las elecciones de otros salen ganando en el juego del éxito reproductivo, mientras que la monogamia desfavorece a las que tienen el privilegio suficiente de elegirla, junto a la elección de sus esposos. Esto podría explicar por qué Brooke Scelza asintió cuando le pregunté si hacer trabajo de campo entre los himbas y hablar con estas mujeres sobre relaciones sexuales había cambiado su visión personal sobre la monogamia. Bromeó sobre tener dos hijos menores de cuatro años, sobre su trabajo, sobre su matrimonio, y dijo que además de no querer lastimar a su esposo, quien, como

ella, vive en una cultura que cree en la monogamia, aunque sonríe sobre su improbabilidad, no podría imaginar agregar una aventura a todo lo anterior. Después se rió y me dijo que amaba mucho a su esposo y no estaba insinuando que, de no ser por estar ocupada con los niños y el trabajo, ella estaría teniendo relaciones fuera del matrimonio —no quiso decir eso para nada—. "Es más bien que en nuestra sociedad es difícil imaginar tener una amplitud de banda para eso." Luego agregó, con sumo cuidado: "Bueno, *lo era*. Solía pensar que era muy sencillo. Era difícil entender a las mujeres que tenían opiniones diferentes a la mía. Ahora veo que todo esto es muy complicado".

El notable logro de Scelza, entre otros, es que nos está ayudando a entender que "ir al lugar lejano a recolectar agua", o no ir ahí, incluso en un contexto en que comparativamente hay poca censura social o condena sobre qué eliges, es, sin embargo, una elección con profundas y sorprendentes consecuencias.

CAPÍTULO SEIS

Bonobos en el paraíso

Darwin, con todo y su influyente afirmación de que las hembras son renuentes y reservadas sexualmente hablando, nunca vio algunos de los comportamientos sexuales que algunas primatólogas han puesto en evidencia a lo largo de las últimas décadas. Estas científicas descubrieron que, en muchas especies de primates no humanos, la hembra inicia la cópula mucho más frecuentemente que el macho —a menudo presentando su trasero—. Pero eso sólo es el principio de su asertividad. Sentada junto al macho que ha elegido y tras hacerle una mueca que dice: "Que empiece la fiesta", si él no es lo suficientemente ardiente, lo que sigue es acicalarlo. Linda Wolfe y Meredith Small aseguran que una hembra macaca podría saltar encima del macho de su preferencia y restregar sus genitales en el torso de éste.[1] Darwin se hubiera ruborizado con las payasadas de la macaca cola de león, que molesta al macho una y otra vez si éste no responde, le jala el pelo, chilla y salta arriba y abajo enfrente de él.[2] Cuando esto no funciona, las hembras cola de león han sido observadas vocalizando y literalmente retorciéndose de frustración sexual e impaciencia, esperando a que él entienda la indicación y se ocupe de ellas.[3] Las lémures rufos o de collar[4] cachetean a los machos para obtener sus servicios sexuales, mientras que las hembras capuchinas[5] los persiguen emitiendo un silbido agudo, lloriqueando y besuqueándolos una vez que los alcanzan para montarlos y copular. Una hembra capuchina puede estar tan ocupada abordando a otros primates que no come durante los días que dura su apogeo sexual.[6]

Para las monas capuchinas el apareamiento reemplaza a la comida como necesidad prioritaria en su vida. Éste es el sexo "discreto" y "reticente".

En cuanto a libidos "débiles", hay que pensarlo dos veces. Para la mayoría de las primates una cópula con un macho sólo es el calentamiento. Cuando son sexualmente receptivas... y hasta cuando no lo son, buscan copular una y otra vez con numerosos primates, uno tras otro, y a menudo en rápida secuencia. Las chimpancés de un grupo determinado sumaron un promedio de 3.6 coitos mientras estuvieron en celo, y nunca con un solo macho.[7] Una hembra macaca Rhesus fue observada abordando a cuatro diferentes machos en menos de dos horas.[8] Una hembra papión chacma no estaría impresionada por el apetito de su prima Rhesus, pues se ha observado a las chacmas apareándose con tres compañeros en tres minutos.[9] Sin ningún empacho, las muriquís o monas araña lanudas[10] y las hembras macaco de Berbería[11] copulan con cada macho que se encuentran. Aunque este comportamiento pareciera no discriminar, no es así en absoluto: lo que anima a nuestras parientes primates es un tipo que no haya estado cerca por mucho tiempo o, mejor aún, un total desconocido. Las chimpancés dejan sus grupos de origen para tener relaciones sexuales con machos desconocidos y luego regresan a casa.[12] Las hembras de mono rojo[13] "deambulan por la sabana buscando primates que no sean el líder de su harén". Las hembras saimirí, o mono ardilla,[14] buscan acción fuera de su tropa todo el tiempo. Como lo mencioné antes, Kim Wallen y sus colegas en el Centro Nacional de Investigación de Primates de la Universidad de Emory saben que es importante introducir nuevos machos a su población de macacos;[15] de otra manera las hembras pierden el interés sexual por completo. Hasta las supuestamente "monógamas" hembras gibón[16] copulan con nuevos machos cuando sus compañeros no están a la vista. Small resume que la sed por la novedad es la única característica más observable y extendida entre todos los comportamientos, preferencias y motivadores sexuales de las hembras primates.[17] De hecho, las hembras primates no podrían estar más lejos de querer ser reproductoras o de buscar "intimidad" con el "mejor" compañero, ni tampoco se mueren por hacerlo con el "alfa". En realidad, Small sugiere que es difícil para nosotros los humanos hacernos a la idea de "lo poco importante que para las hembras primates no humanas es conocer al macho antes de copular con él".[18] Al contrario, nuestras hermanas primates son aventureras sexuales, pues las motiva la emoción de lo desconocido y poco familiar.

Y no son pocas a las que les gusta ocuparse con otras hembras. Wolfe descubrió que aproximadamente 75% de las hembras macacas pertenecientes a dos tropas que estudiaba montaron o fueron montadas por otras hembras.[19] Las hembras langures también tienen encuentros sexuales con otras langures: en 3 000 horas de observación de una tropa en India los científicos encontraron que no había ninguna hembra en el grupo que *no lo hiciera*.[20] ¿Podría esta tendencia hacia la variedad —tanto de actos homosexuales como heterosexuales— ser una extensión del deseo de novedad de las hembras primates? ¿Podría el sexo del propio compañero ser menos importante para las hembras primates que la excitación que les brinda lo nuevo e inesperado? ¿Y cuál es la relación entre lo social y lo sexual para las hembras primates humanas y no humanas?

Estas preguntas y la cuestión del placer nos aproximan a una de nuestras más cercanas parientes primates, la hembra bonoba, con quien compartimos cerca de 99% de nuestro ADN.[21] Los bonobos *(Pan paniscus),* antes conocidos como "chimpancés pigmeos", de hecho se ven como una versión más alta y delgada que sus otros parientes cercanos, los chimpancés *(Pan troglodytes).* Ellos viven en un solo lugar en el mundo: en la cuenca del Congo, en la República Democrática del Congo, antes Zaire. Los bonobos también viven al cuidado de los humanos en siete zoológicos de Estados Unidos y en varios países europeos.[22] Mis preguntas sobre la sexualidad, el placer, la sociabilidad y la "infidelidad" femeninas me trajeron a San Diego, durante varios días, para hablar con la doctora Amy Parish, una primatóloga que se entrenó tanto con Sarah Hrdy como con Frans de Waal.

Parish fue inspirada y guiada por la misma mujer que despertó mi interés en primatología en la Universidad de Michigan, Barbara Smuts. Y Parish causó una considerable conmoción en su campo de estudio, muy temprano en su carrera, al reportar lo que observó en su trabajo con bonobos. Desde entonces, periódicamente ha sacado a la luz información sobre su investigación en los zoológicos de San Diego, Stuttgart y Fráncfort, y ha socavado la visión predominante sobre el comportamiento social de los primates. Una visión que dicta que tanto humanos como chimpancés son inherentemente propensos, sobre todo los machos, al conflicto y a la violencia, al dominio, al fratricidio y a la coerción sexual de las hembras, y que esto está profundamente entretejido en nuestro legado evolutivo. A través del estudio cuidadoso, de muchas horas de observación y de recolección de datos, Parish ha presentado percepciones innovadoras acerca de los bonobos, ideas que revelan un aspecto importante, sorprendente y nunca contado sobre nuestra prehistoria homínida.

En el zoológico de San Diego, los bonobos están escondidos; son difíciles de encontrar, incluso en comparación con sus compañeros primates. Para llegar a los gorilas, por ejemplo, solamente hay que subir por el sendero Treetop, una de las rutas más transitadas del amado zoológico californiano, hasta topar con las señales que te guían a la jaula y donde por lo general hay cuatro o cinco filas de espectadores. Pero llegar a los bonobos requiere una caminata a través del Café Treerops en uno de los puntos más altos del zoológico, para luego serpentear hacia abajo por una larga y sinuosa escalera. Después de eso, una espera dirigirse al lugar correcto, ya que los señalamientos sobre bonobos son mínimos. Cuando finalmente llegué al recinto a las 9:30 a.m. para mi primer día de observación, ya el día estaba soleado y caluroso y podía escuchar un coro de chirridos y graznidos del aviario cercano. Estaba tan impresionada con las instalaciones para los bonobos como lo estaba con su remota localización. Hay varios conjuntos de enormes ventanales a través de los cuales se puede observar a los nueve bonobos dedicados a lo suyo en su encierro de más o menos una hectárea, con columpios de llantas, una cascada y un riachuelo, un complicado y extenso pasamanos hecho de cuerdas, mucha vegetación creciendo de la tierra y muchas piedras y parches de pasto donde pueden tomar el sol y socializar. Los bonobos son más delgados que los chimpancés, tienen cuellos más largos y cabezas más pequeñas y a menudo poseen el pelo largo con raya en medio, lo cual les da un extraño aspecto humano —más específicamente un aspecto que recuerda a Los Beatles en su etapa tardía—. En el lado opuesto de donde yo estaba parada observando, vi a un bonobo adulto que me recordó a Ringo y que me observaba tomándome la medida.

Los bonobos son más difíciles de encontrar en su hábitat natural, y aún es más difícil estudiarlos porque viven en un área que padece una larga historia de inestabilidad política y violencia; durante muchas décadas fue imposible para los primatólogos observarlos de manera constante.

Sólo en el último cuarto de siglo, más o menos, gracias a los científicos que hacen trabajo de campo en el Congo, y a otros, como Parish, que estudian a los que están bajo cuidado humano en los zoológicos, supimos qué y quiénes eran los bonobos. No existía una secuenciación genética de los bonobos hasta 2012, cuando supimos que están más íntimamente relacionados con los humanos que con los gorilas, y por lo menos tan relacionados con nosotros como los chimpancés.[23] Un estudio de 2017 que comparaba músculos humanos, de chimpancé y de bonobo, confirmó lo que un estudio molecular previo ya había sugerido: "Los músculos de los bonobos difieren menos de los de nuestro ancestro común",[24] lo cual quiere decir que los bonobos son lo más cercano a tener un "ancestro viviente", según la investigación del Centro de Estudios Avanzados en Paleobiología Humana de la Universidad George Washington. Algunos paleontólogos creen que los bonobos se parecen mucho a nuestro ancestro prehomínido, el *Australopithecus afarensis*. Las hembras bonobos poseen los senos más pronunciados que otras hembras primates, aunque un poco menos pronunciados que nosotras, y posturalmente los bonobos se parecen mucho a los humanos, especialmente en la tendencia a caminar de manera bípeda. Como nosotros, mantienen relaciones sexuales de manera ventral, es decir, cara a cara, algo muy raro en otros primates.[25] Y los bonobos son conocidos por consolar espontáneamente a las víctimas de abuso y por regodearse en ser consolados. Los investigadores aseguran que al hacerlo siguen la misma "gradiente empática" que los humanos, al ofrecer apoyo a familiares, amigos y conocidos.[26] Excepto por una diferencia en la frecuencia, los bebés humanos y los bebés bonobos tienen risas extraordinariamente similares cuando les hacen cosquillas.[27]

Pero, tal vez lo más sobresaliente acerca de los bonobos, y ciertamente lo más comentado, son sus prácticas sexuales. Fundamentalmente, parece que tienen relaciones sexuales, de manera constante durante el día, con casi cualquiera. Meredith Small cuenta haber estado en un cuarto con otros 300 primatólogos y periodistas para la proyección de unas secuencias muy tempranas sobre bonobos en 1991, cuando no se sabía casi nada de ellos.[28] Momentos después de que la película comenzara, el cuarto quedó en el más absoluto silencio mientras los congregados veían el espectáculo de estos primates teniendo relaciones sexuales más veces y en más posiciones y combinaciones que lo que la mayoría de los humanos de cualquier cultura pudiera imaginar. Su creatividad, su visible apetito y su falta de inhibición eran impactantes. Small describe que ver el sexo entre bonobos es "como ver a los humanos en su modo más extremo y perverso". La filmación era de Parish, quien tenía 25 años de edad ese día que lo compartió. Ella era diminuta y rubia. Cuando usó un proyector para mostrar un acercamiento a la hinchazón anogenital cubierta de eyaculación de diferentes machos de una hembra, un primatólogo en la audiencia le preguntó a su mentora, Frans de Waal, con lo que imagino como un indignado y ronco susurro: "¿Cómo puede una jovencita tan delicada hablar de esas cosas?"

Los bonobos tienen muchas relaciones sexuales; muchas, muchas. En un estudio, Parish y sus colegas documentaron que lo hacían 65 veces, tan frecuentemente como los monos capuchinos, quienes no se quedan atrás en esa materia.[29] Los bonobos también toman de manera indiscriminada a sus parejas sexuales. Los adultos machos copulan con muchas hembras al día, pero también son felices masajeando los penes de otros machos de su tropa o de otras tropas, o parándose, trasero con trasero, para frotar sus sacos escrotales. Los bonobos más jóvenes, machos y hembras, son aficionados al beso francés y a la felación.[30] A las hembras adultas, por su parte, les gusta ser montadas por los machos y no pocas veces los montan a su vez. Las hembras, igualmente, o con más entusiasmo, practican lo que los primatólogos han llamado, de manera poco inspirada: "contacto G a G" que es una manera más fácil de decir "contacto genito-genital".[31] Acostadas una encima de otra, o cara a cara recostadas de lado, presionan y machacan sus vulvas en la búsqueda del placer. Y lo encuentran. Los clítoris de las hembras bonobas —que son más grandes que los de las hembras humanas y más externos— se hinchan y a menudo las hacen chillar de placer mientras se tallan la una contra la otra. Se siente tan bien que lo hacen aproximadamente cada dos horas en promedio.[32] De hecho, los investigadores de campo han documentado muchas instancias en que las hembras han ignorado las propuestas de los machos para darse gusto con este tipo de acciones entre muchachas. En un estudio que se extendió durante varios meses, la primatóloga Zanna Clay y sus colegas notaron que "las hembras se involucraron significativamente más en interacciones sexuales con otras hembras que con machos".[33] ¿Y por qué no? Si como

Parish ha observado, el clítoris de las bonobas es grande, de manera que es fácilmente estimulado y hasta puede ser usado para la penetración. Esto quiere decir que una bonoba puede penetrar la vagina de otra hembra con su clítoris excitado, hinchado y para nada diminuto. Esto no ocurre frecuentemente, pero sí llega a presentarse.[34] Hay que dejarle a las bonobas eso de inventar un consolador que esté siempre ahí listo para una.

Al estar parada junto al ventanal del recinto en el zoológico, una bonoba caminó sobre sus nudillos hacia mí; claramente, sentía curiosidad. Yo supuse, a juzgar por las fotos del tablero que había estado estudiando, que su nombre era Lisa. Se sentó en la ventana y se me quedó viendo fijamente; yo hice lo mismo. Una familia con un niño pequeño y un bebé en una carriola se pararon junto a mí. Lisa se metió el dedo al ano y sacó un pegote amarillo verdoso de excremento, lo estudió y luego se lo metió a la boca y lo masticó con gusto. La mujer cerca de mí gritó: "¿Viste eso?" Y exclamaba una y otra vez: "¡Ese chango es asqueroso!" La pareja tomó a su hijo de la mano, hizo girar la carriola y se alejaron rápidamente. La mamá pregonaba repetidamente que no podía creer lo que había presenciado. Después de un tiempo la dejé de escuchar. Yo estaba sola, observando a Lisa, quien, a su vez, me observaba a mí y se hurgaba los dientes. Se me ocurrió que los bonobos estaban recluidos en un espacio tan apartado porque con todo el sexo, felaciones e ingesta de excremento, no son lo que llamaríamos "aptos para todo público". Nuestros muy cercanos parientes primates están lejos de ser aptos para la familia.

Los bonobos son altamente filiales y altruistas, adoran estar juntos y se sacrificarían por otros bonobos, asevera Amy Parish. Estábamos paradas junto al ventanal del encierro de los bonobos. Parish, que es de Saint Joseph, Michigan, ha adoptado la forma de ser del sur de California, adonde se mudó en 1990. Ese día usaba lentes oscuros en forma de corazón y hablaba con ese sonsonete de por allá. Me dijo quién era quién en la tropa. Cuando los bonobos la vieron, unos cuantos hicieron una fila hacia nosotros y luego alcanzaron el vidrio, como para tocar su mano a través de él. Parish hizo lo mismo. Me contó sobre algunos experimentos que había comenzado recientemente con bonobos en Stuttgart. Les ponía videos de ellos y humanos haciendo varias cosas para saber qué imágenes y qué actividades les gustaba ver. En una entrevista posterior, me contó que a los bonobos les habían gustado mucho los videos con humanos bailando danza moderna y odiaron los videos de leopardos, humanos bailando como víboras, y el video del veterinario del zoológico, que los llevó a patear y a golpear el monitor. Me sorprendió mucho que a los bonobos les guste ver videos de sí mismos. Riendo, Parish puso la cámara en la ventana y reprodujo un video que acababa de tomar de un joven bonobo que estaba particularmente interesado en nosotras. Inmediatamente quedó cautivado, con la cara pegada al vidrio, mirando fijamente su película. "Sí, eres *tú*", dijo Parish hablando directamente al bonobo, riendo otra vez. Parish desconcierta inicialmente al "platicar" con los simios, de manera que, aun conociendo su reputación, cuando por primera vez la vi hacerlo tuve un escalofrío de ansiedad, pensando que posiblemente había cruzado el país para estar con alguien ligeramente loca. Pero pronto me di cuenta de que su sentimiento de conexión con los bonobos viene de su ciencia, y viceversa. La empatía y, hasta cierto punto la identificación con estos primates, junto con un riguroso entrenamiento, pasión por la información y un extenso conocimiento, son lo que ha hecho posible que Parish haya generado esa singular comprensión sobre el comportamiento de los bonobos, y en el proceso, revolucionar la manera en que nos entendemos a nosotros mismos. En un momento, mientras los bonobos eran alimentados, una hembra de alto rango llamada Loretta vio a Parish y se puso visiblemente excitada. Se colocó justo en la orilla de un promontorio de rocas en el que estaba parada para estar más cerca de nosotros y repetidamente levantó la barba e inclinó la cabeza, como cuando un adolescente te dice: "¿Qué onda?" Parish hizo lo mismo, y ambas lo repitieron por lo menos un minuto. Luego Loretta aplaudió y se tocó la cabeza; Parish hizo lo mismo. Loretta repitió el gesto, pero esta vez se tocó la boca. Y lo mismo hizo Parish. Cuando pregunté lo que estaba haciendo, Parish explicó: "Básicamente está diciendo: '¿Qué onda?', y cuando yo le contesto lo hago como una manera de saludarla y reestablecer conexión". Loretta, que es una de sus bonobas favoritas, era claramente muy tierna con Parish también.

Aproximadamente un año después de que Parish empezara a estudiar a los bonobos, en 1990 —en ese entonces estaban en el Parque Zoológico Safari San Diego—, algo extraordinario pasó; algo que hizo que a la primatóloga le cuadraran las cosas. Había pasado días enteros observando y recolectando información sobre el comportamiento de los primates; a menudo llegaba muy temprano y luego almorzaba al mismo tiempo que los veía. No quería perderse nada. Un día, estaba tratando de tomar una buena fotografía de la hembra con más alto rango en la tropa. Los bonobos acababan de ser aprovisionados, y esta bonoba en particular, Louise, estaba sentada con un racimo de apio en sus manos como a ocho o nueve metros de distancia. Parish la llamó muchas veces, porque los bonobos responden a los nombres que les dan sus cuidadores, pero Louise no respondía. No iba a ayudar a Parish a tener un mejor ángulo para su foto. De hecho, Parish percibió que Louise estaba ignorándola intencionalmente. La llamó otra vez. En esta ocasión Louise volteó hacia su interlocutora humana y, mirándola directamente, y, según Parish, con cierta exasperación, se levantó y deliberadamente partió el apio en dos y le lanzó la mitad, que cayó a los pies de la científica. La gran simia se imaginó que la otra gran simia estaba tratando de robarle algo de comida y decidió compartirla. En esencia, estaba diciendo: "Sí, está bien, eres una de nosotras, una de las muchachas".

"Todos esos días de observación, todas esas horas que me senté ahí comiendo mi almuerzo enfrente de ella nunca compartí nada", me dijo Parish mientras estábamos paradas, rodeadas por los visitantes del zoológico asombrados ante los bonobos que veían a través del ventanal. "Y, sin embargo, ahí estaba ella, compartiendo su almuerzo conmigo." Este notable acto de sociabilización y altruismo fue el momento en que a Parish "le cayó el veinte". Desde sus primeros días trabajando con ellos, Parish había notado que los bonobos eran filiales entre hembras… y muy sexuales. El incidente del apio, un acto de vinculación generosa que cruzaba la línea de las especies, era aún más extraordinario y revelador debido a la estructura social de los bonobos. Ellos son una especie filopátrica masculina, esto es, los machos se quedan en sus grupos natales, dentro de una red de parentesco, mientras las hembras se dispersan cuando son sexualmente maduras para evitar la endogamia. Aunque es bueno para la especie y para los individuos pues garantiza no tener compañeros de apareamiento que estén relacionados genéticamente, este arreglo significa, por lo general, una vida miserable para las hembras, que son las intrusas o arribistas en sus entornos sociales en relación con los machos. Las implicaciones son difíciles de ignorar: entre otras especies de primates no humanas, la filopatría masculina y la dispersión de las hembras significa que estas últimas están hasta abajo del tótem en relación con los machos que se quedan en su lugar, y también en relación con las hembras que ya llevan un tiempo en esa tropa. También significa que los machos están al mando de maneras evidentes: comen primero, pueden cometer infanticidio y ejercer violencia física en contra de las hembras, sin mencionar que puede haber coerción sexual hacia las hembras sin ninguna consecuencia. Después de todo, ¿qué recursos tienen las hembras que no están afiliadas a la tropa?

Esta fórmula —que la filopatría masculina sea igual al dominio masculino— parece atravesar *todas* las especies de primates no humanos y era definitivamente operante entre los parientes más cercanos de los bonobos, los chimpancés.[35] Esos machos a menudo "patrullan" y se sabe que matan a otros chimpancés que deambulan solitarios.[36] Dentro de sus tropas, los chimpancés machos y hembras por igual matan infantes y son violentos con individuos de bajo rango.[37] Una hembra chimpancé, particularmente una de bajo rango, no puede darse el lujo de aceptar el altruismo que mostró Louise; no se puede dar el lujo de tomar ningún riesgo.

No sucede así con los bonobos. Las hembras bonobas dejan los grupos en los que nacen cuando alcanzan la madurez sexual, pero también comen antes que los machos. Parish lo notó desde el principio de su investigación. También, las hembras son acicaladas tan seguido que algunas están casi calvas. Los bonobos en cautiverio se comportan casi igual que los bonobos en libertad, afirman De Waal, Parish y otros, excepto que los que están bajo el cuidado humano tienen más tiempo y se acicalan los unos a los otros más seguido y más minuciosamente. Por el contrario, los machos esperan su turno para comer después de las hembras, tienen mucho pelo y rara vez son acicalados por las hembras, que ellos están dispuestos a acicalar. Estos dos factores —comer primero y ser acicaladas siempre más seguido— le han hecho pensar a Parish que las hembras también tienen dominio de otras maneras.

En el imaginario popular, los bonobos poseen una reputación un tanto *hippie*. Son retratados como los primates del "amor libre", pero también, supuestamente, como una versión más amigable y pacífica de sus angustiados e histéricos primos, los chimpancés. Algunos artículos se refieren a los bonobos como "intercambiadores de parejas" pacíficos, cuyo lema podría ser "Haz el amor, no la guerra".[38] Se cree desde hace tiempo que los bonobos mantienen relaciones sexuales para disipar la tensión: cuando se topan con un lote de comida, por ejemplo, o con una nueva tropa de bonobos, las relaciones sexuales son una manera de vincularse y reducir los niveles de angustia. Parish me señaló que esto estaba ocurriendo mientras los observábamos al comer. Cuando les lanzaron la comida, por lo menos un par de bonobos comenzaron a "asociarse" inmediatamente. Sólo después de eso se pusieron a comer.

Además de notar que las hembras se afilian entre sí, son gregarias y socialmente hábiles, y muy sexuales, Parish se dio cuenta, pronto, de un claro patrón de violencia de las hembras hacia los machos. Las hembras manotearon, persiguieron, abofetearon y mordieron a los machos que parecían tener muy claro que no las debían molestar. Parish vio a un macho en Fráncfort con sólo ocho dígitos intactos, y supo de otro al que casi le habían cercenado el pene (el veterinario pudo pegárselo, y el bonobo pudo tener erecciones y reproducirse, aunque habría que preguntarse cómo se sentía a propósito de las hembras). Parish le preguntó a su mentor, De Waal, acerca de eso. Él había trabajado con la población de San Diego en 1980, cuando eran más jóvenes, y de hecho llevaba un registro de lesiones, pero no se acordaba de que los machos se hubieran lesionado más seguido o más seriamente que las hembras. De cualquier manera, Parish pidió ver los registros, que tanto De Waal como los veterinarios del zoológico habían llevado de las lesiones de los bonobos a lo largo de los años. Y, en efecto, de un total de 25 heridas, 24 eran de los machos. Heridos *por* las hembras.

Eso hizo que las cosas cobraran sentido para Parish: se dio cuenta de que a pesar de la filopatría masculina, las bonobas se afilian entre sí, se vinculan, y, más extraordinario aún, son *dominantes*, de manera que comen primero, las acicalan más a menudo, y tienen la autoridad para atacar a los machos.[39] Todo esto a pesar de que los machos son más grandes físicamente, y todo esto enclavado en una red de parientes que son aliados automáticos. Hace aproximadamente 15 años, según las noticias, un cuidador de alto rango en el zoológico de San Diego, Mike Bates, experimentó la dominación y la violencia de una hembra bonoba de primera mano.[40] Mientras le ordenaba a una hembra —que estaba embarazada— que se aproximara para una revisión médica, ella alcanzó su manga a través de las barras del encierro, le jaló la mano y lo mordió. Le cercenó la punta del dedo índice para después escupirla. Otra hembra se aproximó y la agarró. Mientras Bates era llevado al hospital, sus colegas sobornaron a la hembra para recuperar el pedacito de dedo. El soborno consistió en cinco pasas. La punta del dedo regresó a la mano de Bates y hoy se ve muy normal, pero si te fijas más de cerca puedes ver la cicatriz que habla de la agresión femenina.

Parish me contó que había otro lado, aún más oscuro, de la dominación femenina entre los bonobos. Los machos bonobos a menudo son reacios ante el empeño femenino. Tan reacios, de hecho, que Parish dice sin reservas: "La situación del sexo entre machos y hembras a veces me parece coercitiva". Es decir, las hembras fuerzan a los machos a tener relaciones sexuales con ellas. Esto podría parecer imposible, pero los machos tienen erecciones ante la ansiedad, de manera que es fácil para las hembras, mecánicamente hablando, obligar a los machos a aparearse con ellas. Una bonoba tiende a ser la iniciadora del sexo: lo hace rodeando al macho con su brazo como diciendo: "¿Qué dices?" Los machos que parecen forzados tratan de sacudirse a la hembra repetidamente. Durante el sexo, es posible que emitan vocalizaciones de angustia y que traten de escapar. Como dijo Mike Bates: "Es evidente, tú lo puedes notar. Ellas escogen a un macho y se quedan con él. Una hembra estará encima de un macho de manera que él no pueda eludir sus peticiones. Ella lo rodeará con su brazo y caminará en derredor una y otra vez. Está bien documentado".

Las hembras bonobos logran dominar a los machos porque forman coaliciones de dos o más cuando perciben que un macho las está retando. No les toma mucho tiempo a los machos darse cuenta de que deben dejar de oponerse y percatarse de quién está al mando. ¿Pero cómo es que estas hembras, que no están relacionadas genéticamente, y que se dispersan lejos de sus familias, son capaces de formar coaliciones? "Es el sexo", me dijo Parish. "Ellas escogen lo que se siente bien, y lo que se siente especialmente bien son las relaciones sexuales con otras hembras, probablemente por la posición delantera y relativamente expuesta de su clítoris enervado." De hecho, Parish me dijo que cuando una bonoba es buscada simultáneamente por una hembra y por un macho, casi siempre escogerá a la hembra (otros primatólogos han hecho esta observación también).[41] En mi segundo día observando a los bonobos con Parish, Belle, que tenía tres años, se sentó directamente en frente de nosotros, recargada en el ventanal. Tenía un largo pedazo de pasto alrededor del torso, como un collar. Sus piernas estaban separadas y se hurgaba entre ellas con un dedo. Estaba jugando con su clítoris, que era del tamaño de una goma de borrar grande. Claramente, se la estaba pasando bien. Otro día, Parish y yo vimos a Belle montar a su hermana mayor, Maddie, que estaba recostada de espaldas; se complacieron con sexo genital al menearse para adelante y para atrás. Los bonobos no sólo reducen la tensión con sexo. Las hembras frotan sus genitales como una manera de establecer buena voluntad y conexión, o para reforzar la buena voluntad y la conexión ya existente; usan el sexo para establecer una especie de sororidad. Y la sororidad entre las bonobas es poderosa. "No vemos ni infanticidio ni hembras siendo sexualmente coaccionadas; tampoco vemos a los machos siendo agresivos con las hembras de ninguna manera", explica Parish. "Sin embargo, no podemos ignorar la violencia y la dominación que las hembras ejercen sobre los machos." Parish observa que durante largo tiempo hubo resistencia hacia sus descubrimientos. Nadie era tan optimista y tan abierto como su mentor, De Waal, quien rápidamente coincidió con Parish. Otros primatólogos insistían en que los bonobos no tenían una estructura de dominación jerárquica en lo absoluto; insistían en que los bonobos son "igualitarios" o, mi favorita, que los machos bonobos les "daban permiso" a las hembras de *pensar* que ellas eran dominantes. ¿Por qué se rehusaban a ver lo que Parish observó? Después de todo, otros investigadores han documentado a las hembras usando el contacto genital para la reconciliación, la regulación de la tensión y otras formas de vinculación.[42] "Que las hembras sean agresivas con los machos ha sido tratado como algo excepcional debido a la poderosa narrativa de lo que es natural", me dijo Parish, cuando le pregunté, una noche durante la cena en el centro de San Diego. Nunca pensó que sus hallazgos fueran controversiales, me dijo. Una científica cuidadosa y que se describe a sí misma como "feminista darwiniana", Parish es paciente de cara a la resistencia y se enfoca en los datos duros y en la visión general de que la primatología, como los primates, ha evolucionado con el tiempo.

"Hay un prejuicio implícito en contra del matriarcado. Mucha gente, incluidos los científicos, se resisten a la idea de que lo que hacen los bonobos —que las hembras sean sexualmente asertivas y estratégicas, que ellas construyan coaliciones entre sí a través del sexo, y que sean una especie en la cual el dominio lo ejerzan las hembras—, sea parte de nuestro linaje evolutivo. Los bonobos son parte del arco narrativo de nuestra humanidad". Parish dijo esto haciendo énfasis como si fuera precisamente lo que es: un hecho.

Quedé momentáneamente aturdida por la simplicidad y la profundidad de lo que Parish estaba aseverando. Nuestro más cercano pariente primate no es monógamo. Las hembras tienen unas hinchazones anogenitales bastante barrocas, para atraer el interés de una multiplicidad de machos, no sólo del "mejor" macho alfa. De hecho, no hay machos alfa, porque son una sociedad de muchachas alfa. Y esto se debe principalmente a que las muchachas prefieren el sexo entre ellas. Que, además, lo hacen por lo maravilloso que se siente restregar sus expuestos y ricamente inervados clítoris.

Toda esta información provoca una serie de preguntas acerca de nuestro mundo y del mundo de los bonobos, de quienes podemos alegar que son la cultura original de la conexión y el acople. Si las hembras humanas vivieran bajo estas condiciones —un mundo que fuera de vinculación y de afiliación femenina, un mundo de dominación femenina, donde las mujeres tuvieran la libertad de buscar el placer abiertamente—, entonces el sexo en los campus universitarios se vería muy diferente. Definitivamente no se trataría de mujeres atendiendo las necesidades de los hombres, a expensas de su propia realización, como Peggy Orenstein expone en su libro *Sobre las muchachas y el sexo*.[43] El consentimiento afirmativo, analizado tan concienzudamente por Vanessa Grigoriadis en *Líneas difusas*[44] y conocido por muchos millones de adolescentes en Estados Unidos, gracias a un video en que se compara con ofrecer té a alguien, no sería un problema. Los hombres ni siquiera soñarían con atacar a las mujeres en un mundo en el que el sexo ocurre públicamente, donde las mujeres están ahí para verlo todo y el "poder femenino" es el orden de las cosas, no un lema abstracto de cómo podrían ser. De manera más general, el trabajo de Parish es ricamente sugerente respecto de otras posibilidades: ¿y si la sexualidad humana es más como la sexualidad de los bonobos que como la de los chimpancés? Más específicamente, ¿y si la sexualidad *femenina* está tan influida por nuestras hermanas bonobas como lo está por las abyectas hembras chimpancés? Hembras que arriesgan ser violentadas cuando también buscan tener múltiples y secuenciales encuentros rápidos durante y fuera del celo. ¿Y si todos nuestros postulados sobre los machos alfa como aventureros dominantes en busca de la conquista sexual y las mujeres como recipientes pasivos en busca de la atención de un solo macho dominante provienen de la sombra de la tradición más que de la manera en que hemos evolucionado?[45] ¿Y si las mujeres están, de hecho, programadas para ser sexualmente dominantes y promiscuas, para las relaciones sexuales por placer y para construir vínculos sociales con otras mujeres —y es principalmente el entorno el que nos hace comportarnos de otra manera—? En pocas palabras, ¿y si nuestro "modo bonobo"[46] es uno de los anhelos más profundos de las mujeres: las poderosas, las polimorfas y las perversas fantasías que se despliegan en el laboratorio de Meredith Chiver?[47] ¿O el tedio sexual de las mujeres aparejadas desde hace años que participan en la investigación de Marta Meana? ¿O la inesperada autonomía de aquellas que le dijeron a Meana que claro que tendrían relaciones sexuales con ellas mismas? ¿O los desvíos del guión de la reticencia sexual y el anhelo de una pareja que brinda seguridad en las participantes de la investigación de Alicia Walker?[48]

He repasado en mi mente mis conversaciones y mis mensajes de correo electrónico con Parish durante muchas semanas. Sus ideas y su perspectiva parecían relevantes para cada una de las entrevistas que he realizado, cada pregunta que tuve acerca de mi propio matrimonio y mi libido, cada conversación que sostuve con mujeres que confiesan que han sido "infieles" o me dijeron que estaban sexualmente aburridas en sus matrimonios o con sus parejas, o que han salido a buscar, no compañía, sino sexo. De manera inesperada, el punto de vista de Parish también me dejó mejor preparada para un evento al que fui después de mi viaje a San Diego; me dio un lente particular a través del cual pude observar el comportamiento de un grupo de hembras *Homo sapiens* que usan el "sexo promiscuo" para construir vínculos entre sí. Lo hacen por placer y, aparentemente, sin ninguna culpa y sin arrepentimiento. No viven en Namibia o Botsuana, donde las mujeres hacen uso del sexo fuera de la pareja para su beneficio. Esta tribu se reúne en un lujoso ático en la moderna metrópolis de Manhattan y también en un estudio, igualmente costoso, en el centro de Los Ángeles.

La primera vez que escuché sobre el Club de la Falda fue en un artículo de Mackenzie Dawson para el *New York Post*, en 2016.[49] El título del artículo era "Este club de sexo les da a los hombres un terrible miedo de estar perdiéndose de algo". El texto presentaba la crónica de las aventuras de la fundadora de una "fiesta" errante y clandestina. Usa el seudónimo de Geneviève LeJeune y le dijo a Dawson que estaba casada. Ella fundó el Club de la Falda después de que la manosearon en una agresiva fiesta de sexo en Londres y eso la dejó pensando: "Yo podría hacer esto mejor. Podría ser más lujoso, y sólo para mujeres". LeJeune explicó que muy a menudo se encontró en contextos en que su atracción y su anhelo de aventura por otras mujeres se veía interferido por hombres que querían participar en la acción para su propia gratificación. ¿Cómo sería una reunión *sólo para mujeres* como LeJeune, mujeres que se identifican como "bisexuales pero que son parte de una relación heterosexual estable" o que simplemente "tienen curiosidad"?

Se dispuso a crearla. Hoy hay fiestas del Club de la Falda en Shanghái, Viena, Los Ángeles, San Francisco, Ibiza, Miami, Londres, Berlín, Sídney, Tokio y Washington, con temas como "Todas atadas" (con un tutorial de sometimiento), "Muchachas retro "(con un espectáculo de variedades con una muchacha tipo Dita Von Teese) y "Estricta" (una actividad cuyo tema es el BDSM). Se anuncian como espectáculos exclusivos, de alto nivel y sólo para mujeres, libres de los asquerosos colchones de plástico y de los hombres manoseadores que LeJeune quiso remplazar con exitosas mujeres bien vestidas en ropa interior muy elegante, tacones y casi nada más.

Pero lo que de verdad me fascinó fue la fotografía que acompañaba el artículo de Dawson. Dos mujeres con el pelo oscuro y revuelto que oscurecía sus caras, sentadas muy cerca, una besando el cuello de la otra y con la mano en el muslo del objeto de su deseo, sujetándolo de manera sugestiva. Ambas mujeres llevaban unos corpiños negros que dejaban ver sus piernas y sus brazos tonificados, con orejas de conejo en la cabeza, dándole a todo un toque de ironía. Pero el calor entre ellas se sentía real. Yo no podía dejar de verlas y me preguntaba cómo sería estar ahí con un grupo de mujeres así de atractivas y así de desinhibidas. Claro que la fotografía fue escenificada, pero me cautivó y aparentemente también a otros tantos hombres y mujeres que quedaron fascinados con el Club de la Falda. Una rápida búsqueda en internet me reveló que las fiestas son sólo para miembros y que hay que hacer una solicitud para ser aceptada. Esto fue después de que *hackearon* el sitio de citas "Ashley Madison". Y mientras yo soñaba con ir a una de esas fiestas como parte de la investigación para este libro, no me gustaba la posibilidad, aunque remota, de compartir información en línea que, algún día, de alguna manera, pudiera ser usada en mi contra. Además, el proceso para ser aceptada era intimidante. ¿Y si me rechazaban? Dejé ir la deliciosa e incitante idea de ir al Club de la Falda.

Bryony Cole, la alta y rubia anfitriona del podcast *El futuro del sexo*, que alcanza 1.80 m de estatura con tacones, tenía otra opinión. Cuando la entrevisté en un café, en el centro de Manhattan, para que me compartiera su perspectiva sobre el presente y el futuro de la sexualidad y la infidelidad femeninas, habló de sexo virtual. ¿Será infidelidad si la otra persona es un holograma? ¿Y qué pasa con el tipo de sexo en el que sólo compartes una pantalla con la otra persona? Ella se preguntaba si los robots sexuales, diseñados principalmente para hombres, podrían liberar a las mujeres que anhelan variedad y novedad, permitiéndoles mantenerse fieles en relaciones de largo plazo y en relaciones comprometidas, mientras experimentaban una versión de la emoción de estar con alguien más. Ella tiene grandes esperanzas en plataformas como *OMGYes*, un programa de educación sexual en línea para mujeres, con una pantalla interactiva que te lleva por una docena de técnicas para alcanzar el orgasmo. Y Dame, una línea de vibradores, consoladores y juguetes sexuales desarrollados por ingenieros del Instituto Tecnológico de Massachusetts, todos diseñados con una exhaustiva investigación sobre el placer femenino y teniendo a las usuarias siempre en mente. La tecnología representa algo tan promisorio para las mujeres que Cole declaró que hemos entrado a una nueva era que ella llama "vaginomics".[50] También dijo algo sobre un ecosistema en la vida real de mujeres donde puedan encontrar compañía y sentirse libres de la restricción. "¿Alguna vez has ido al Club de la Falda?", le dije, agregando que había estado leyendo bastante al respecto acerca del club y de LeJeune. Cole insistió en que fuera yo como su invitada a la siguiente fiesta. Ella era amiga de LeJeune, me explicó, y esto era algo que yo tenía que experimentar en carne propia.

Recibí la dirección y los detalles acerca de la fiesta el día anterior. Se verificaba en el centro de Manhattan, por supuesto. Yo no debía mencionar el Club de la Falda, sino decir simplemente que estaba invitada a la fiesta de C, en caso de que el portero o alguien más me lo preguntara. Aunque eso no sería un problema porque habría alguien del Club de la Falda para recibirme en el vestíbulo. El tema era "Todas amarradas" y a las 20:30 horas en punto iba a haber una función de shibari, el antiguo e intrincado arte de las ataduras japonesas. La fiesta terminaría a las 2:30 a.m. Por lo menos estaba segura de que eso quería decir: "Los carruajes llegan a las 2:30".

Mi esposo, quien estaba divertido y muy intrigado por mi invitación al Club de la Falda, me animó a ir, aunque yo apenas estaba saliendo de un resfriado y quería pasar el día y la noche en la cama. Pero esa noche, empujada por él, logré levantarme de la cama y me puse un vestido negro de piel, muy pegado, de manga larga y a la rodilla. Mi esposo comentó: "Te ves perfecta para un funeral, o para una fiesta de sexo con puras mujeres", y luego se rió como una hiena, que es una hembra dominante con un clítoris hipertrófico, le recordé rápidamente. Él me dijo que tenía permiso de hacer lo que yo quisiera, y yo le dije, malhumorada, que no necesitaba permiso. Él pareció desconcertado: "¿Ah sí?", bromeó, recuperándose. Mi investigación estaba afectándome y estuve muy nerviosa durante todo el camino a la fiesta.

En la puerta, dos esbeltas mujeres de pelo oscuro me recibieron; vestían kimono y tacones. Me encaminaron del vestíbulo a la puerta del departamento. Después me enteré de que ellas eran anfitrionas. A cambio de recibir a las invitadas y ayudar a todas a sentirse cómodas, podían ir a las fiestas gratis. Dentro del oscuro pasillo de entrada, una hermosa pelirroja llamada Bel tenía una lista y palomeó mi nombre. Ató un listón de seda con una diminuta llave antigua alrededor de mi muñeca. Éste, me dijo, era el brazalete para las primerizas. Otras dos anfitrionas, también en kimonos y entaconadas, me llevaron rápidamente al bar, donde una docena de mujeres estaban recibiendo sus cocteles. Noté a la dueña del departamento parada a la mitad del cuarto de techo alto y chimenea, porque, ¡cómo no habría de notarla! Alta, rubia, el pelo en una cola de caballo… y casi nada más. Su tanga dejaba ver unas mariposas tatuadas en el trasero y arriba un arnés que dejaba al descubierto sus pezones. Se veía tan cómoda que claramente inspiraba a las invitadas, que pronto se quitaron la parte de arriba de sus vestidos o se deshicieron de ellos por completo. *Peiné* el cuarto y vi una variedad de tipos de cuerpos y un grupo diverso de mujeres, de diferentes edades, desde sus primeros veinte hasta los cincuenta. Pero eso era Manhattan, después de todo, y la mayoría de los cuerpos estaban increíblemente tonificados.

Hice mi mejor esfuerzo para no comerme con los ojos a las mujeres semidesnudas a mi alrededor. Después me enteré de que había 50 invitadas esa noche. Una mujer se había desnudado hasta quedar en sostén negro y calzones y con muchas tiras de cuerda amarilla brillante alrededor de su cintura. La noche era joven pero ya se sentía la emoción en el ambiente. Podríamos haber estado en una comida o en un *baby shower* mientras tomábamos champaña y charlábamos, excepto por el hecho de que todo el mundo estaba en ropa interior, coqueteando. Una alta y bella mujer china, con un elegante corte degrafilado, se me acercó. Era una diseñadora de interiores, vestida a la moda con mallones de cuero negros y con un exquisito sostén rojo con efecto de realce. Cuando le dije que estaba escribiendo sobre la fiesta —prometía que lo haría sin mencionar nombres— exclamó: "Me gusta esta fiesta porque nadie tiene qué preguntarse qué va a pasar. ¡Todas estamos aquí por sexo!" Sentí mi garganta cerrarse mientras nos sentábamos en un sillón juntas, con nuestras rodillas tocándose.

LeJeune, quien es menudita y luce delicada, con piel pálida y cabello oscuro e hipnóticos ojos color miel, vino adonde estábamos sentadas platicando. Contestó con paciencia varias de mis preguntas sobre las asistentes, diciéndome que las de esa noche eran una mezcla de estudiantes, doctoras, abogadas, profesionales de la salud mental, productoras de podcasts, artistas, y más, todo mientras también le daba instrucciones a su asistente sobre cómo ajustar la iluminación. "La iluminación es la cosa más importante en una fiesta, ya sea una reunión para comer o una fiesta sexual, con excepción, quizás, del alcohol." Rió.

Una rubia que hacía hervir la sangre estaba de pie cerca nosotras. Me dijo que ella era de un pueblo elegante de Florida y que ésta no era su primera vez en la fiesta del Club de la Falda. Era su quinta vez y había encajado a la perfección con su agenda porque estaba en la ciudad por la temporada de premios. Era una mujer de sociedad con algo especial. Sus pechos hacían presión contra el pronunciado escote de su ajustado vestido de cuero sintético color piel. Me preguntó, a media voz, por qué todas las mujeres estaban usando medias y ligueros. ¿Era una cosa de Nueva York? Como ella, yo llevaba las piernas desnudas, y no tuve una respuesta.

Pronto, una invitada especial con el nombre de usuario en Instagram de "KissmedeadlyDoll" nos daba consejos de shibari —ataduras japonesas—, usando a una dispuesta y atractiva rubia con un vestido de terciopelo rojo como su "víctima". "Si vas a usar la cuerda en el cuello de alguien, asegúrate de hacerlo en la parte alta o en la baja. Nunca alrededor del área de la manzana de Adán", indicó la experta de cabello negro. Estiró la cuerda a través de la entrepierna de la rubia de veintitantos años. Después sujetó un vibrador a la cuerda en la parte alta de la espalda de su víctima y lo encendió, enviándola a un paroxismo de placer, pues la sensación vibraba hasta abajo. En este punto de su proceder, pensé en mí como parte de una fiesta de Tupperware ligeramente surreal. El hecho de que tantas mujeres atractivas estuvieran sentadas alrededor casi desnudas hizo poco por compensar la sensación de que había un grupo de mujeres participando en la tradición de ver con interés una demostración de accesorios para el hogar (si bien en este caso algo pervertidos) en la sala de alguien.

Así fue, hasta que llegó la hora de los tragos y los cuerpos. Las luces bajaron aún más y la música se volvió más fuerte. Una mujer tras otra se recostó sobre su espalda en un sofá blanco, soltando risitas mientras espolvoreaban sus piernas con sal. Pusieron un limón en su boca. Había caballitos de tequila cerca de su cara y comenzó el juego. Las "víctimas" eran lamidas, literalmente, de cabeza a pies (bueno, de pies a cabeza). Luego las asistentes desinhibidas se dirigieron al gran jacuzzi en la terraza, una sesión de besos improvisada en una guarida acogedora, y a las habitaciones. A las 23:00 horas un grupo de ocho mujeres desnudas estaba en una cama, arriba, teniendo relaciones sexuales en todas las posiciones imaginables. Se restregaban, daban y recibían sexo oral. Una mujer usaba un consolador con otra mujer, que se retorcía y gemía sobre su espalda a la mitad de la cama. Como las medias, las inhibiciones también salían sobrando. "He estado casada durante casi 20 años y acabo de tener relaciones sexuales con otra mujer casada. Esta fiesta me ayudó a encontrarme a mí misma", me dijo con entusiasmo una mujer notablemente en forma y completamente desnuda, mientras veíamos lo que sucedía desde lo que yo consideraba una distancia segura. Mientras se volvía a poner su tanga y sus botas de tacón de aguja y una mujer en la cama detrás de ella tenía un orgasmo ruidoso, le creí. Una mujer atractiva, en corpiño y tanga, que hacía mucho se había deshecho de sus tacones, se acercó y me preguntó si quería unirme a ella en la cama. Me negué y me fui al piso de abajo. Aunque encontré fascinante y apasionada mi primera fiesta del Club de la Falda, no pude cruzar la línea. En la puerta, la hermosa y joven rubia que había sido atada se me acercó. Dijo que lamentaba que me fuera y que esperaba que pronto nos pudiéramos ver de nuevo. Le di mi teléfono para que pudiera darme su información de contacto y salí. En el vestíbulo todavía podía escuchar las risas y la música electrizante. La bacanal de bonobos continuaría por horas.

Varias semanas después me encontré en otra fiesta del Club de la Falda, esta vez en Los Ángeles. El tema era "BDSM" y el lugar era un desván céntrico ambientado como un calabozo. Al caminar por el largo y oscuro pasillo cubierto de velas, rápidamente me di cuenta de que ya no estaba en Kansas o Manhattan. El cuarto principal estaba abarrotado de mujeres, muchas de ellas en sus veintes, varias de ellas ya desnudas. En medio del cuarto había una gran jaula. Una máquina de suspensión colgaba del techo. El bar estaba tan lleno que no pude acercarme. "Estas chicas de Los Ángeles toman mucho más y no pierden el tiempo para entrar en ambiente", me dijo LeJeune, con un guiño, cuando la encontré. Nadie parecía necesitar romper el hielo ni de pláticas para conocerse —ya estaban besándose y restregándose en los sofás—. Otras estaban bailando y manoseándose bajo un candelabro negro. Una mujer, que sólo usaba una tanga negra y cinta de aislar sobre sus pezones, estaba de pie en la jaula atrayéndome hacia ella. Para llegar a su lado tuve que caminar al lado de una rubia alta con cabello de Brigitte Bardot y una minifalda de cuero negra, que estaba entrelazada en un beso con una mujer de pelo castaño, igualmente escultural, en pantaletas y con un sostén de encaje negro. Pero también pasé al lado de mujeres que hablaban sobre trabajo, que intercambiaban tarjetas de presentación, que parecían estar interesadas en hacer contactos. Lo hacían blandiendo fustas, esposas y látigos de nueve colas. Me sentí aliviada cuando llegó la hora del espectáculo y pude sentarme al lado de una acogedora mujer transexual con pechos envidiables y dos mujeres que habían viajado a la fiesta desde Vancouver.

La intérprete sexual positiva era una dominatriz de cabello oscuro toda vestida de negro. Su sum (o sumisa) era como una muñeca de trapo rubia en manos de su ama, quien sujetó con habilidad las esposas de cuero, que llevaba en las muñecas, a la máquina de suspensión elevada. Luego la dom —pensé en ella como la mujer alfa— empezó a darle latigazos, al principio con suavidad, con un látigo de nueve colas. Gradualmente comenzó a azotar, más y más fuerte, los flequillos de cuero en el trasero de la mujer. A veces se detenía para caminar frente a ella y darle un largo y prolongado beso. El cuarto estaba repleto mientras 60 mujeres, muchas de ellas algo alcoholizadas, se esforzaban por ver, y escuchar, a pesar de la fuerte música. La dominatriz descolgó a su sum y vino al sillón a donde yo estaba sentada con la transexual y las canadienses, quienes parecieron evaporarse. La dom alfa se agachó y me preguntó algo que no entendí. "¿Puedes moverte un poco para que yo pueda darle unos azotes aquí?", repitió. Lo hice. Se sentó cerca de mí en el sillón. La sumisa se estiró sobre el regazo de su ama y puso su cabeza en el mío. La dom alzó su brazo y lo bajó con fuerza en el trasero de su sum. La mujer soltó un pequeño grito y sonrió; claramente lo estaba disfrutando. Después de unos pocos minutos de esto, la dominatriz preguntó si yo quería probar. Estaba siendo generosa y buscaba integrarme haciendo un poco de coaliciones, quizás, al ofrecer compartir a su pareja conmigo, y pensé por un largo rato qué tan parecida era a Louise arrojando la mitad de su tallo de apio a Parish. Pensé en que mi esposo me había dado permiso —aún me hacía ruido pensar en el término que él había usado—, animándome a participar en lugar de sólo observar. Me pregunté si la etiqueta requería que aceptara la oferta. Después le agradecí y le dije que no. La sum se retorció bajo la mano de su ama durante varios minutos más hasta que los azotes terminaron. La fiesta pareció calmarse y me pregunté si iba a terminar temprano. Después me di cuenta de que muchas mujeres, excitadas por el espectáculo y la velada, se habían ido a las habitaciones.

Cuando me levanté para explorar, me di cuenta de que había menos sexo de grupo que en Nueva York. En un cuarto lleno de almohadas, cinco parejas usaban vibradores, se hacían sexo oral y disfrutaban lo que ahora no puedo pensar más que como contacto genito-genital. En otro cuarto, tres mujeres se atendían la una a la otra con tan singular concentración, precisión y calma, que parecían estatuas. Me senté en un sofá con una hermosa morena que resultó ser la mamá de varios niños; a instancias de su esposo había viajado cientos de millas para asistir a la fiesta. Como yo, era escritora. Intercambiamos historias acerca de nuestro trabajo y salimos con una desarrolladora de bienes raíces a encontrarnos con nuestros respectivos Uber. Había sido una velada de placer y sororidad en todos sentidos. Me habría gustado que Parish lo hubiera presenciado conmigo.

La doctora Lisa Diamond es profesora de psicología y de estudios de género de la Universidad de Utah. Ella acuñó el término "fluidez sexual femenina" y dio una conferencia en un Centro de Estudios Psicoanalíticos y Psicoterapéuticos en Nueva York la misma semana en que fui a la fiesta del Club de la Falda. En una sala llena, Diamond, que tiene el pelo negro e hirsuto y usa lentes de armazón rojo vivo, discutió el término "homoposibilidad" y la idea subyacente de que mientras pudimos haber nacido homo o heterosexuales, nuestro entorno desempeña un papel en lo que hacemos y en lo que nos "convertimos", sexualmente hablando. Y que esto sugiere, a su vez, que nuestras sexualidades pueden cambiar. De hecho, a lo largo de un estudio longitudinal de dos décadas, que comenzó con casi 100 mujeres que se habían involucrado con otras mujeres, Diamond descubrió que el "sexo débil" también es cambiante o "fluido", con deseos que se supeditan a las circunstancias, a las oportunidades y al contexto, así como se supeditan a nuestra orientación sexual y al género de la otra persona.[51] Por ejemplo, una intensa amistad entre mujeres puede resultar en que una mujer considere estar con otra mujer. También permanecer en un ambiente donde estar con personas del mismo sexo no está estigmatizado, en una ciudad o en un grupo libre de homofobia, por ejemplo, en una escuela de puras niñas o en una comunidad de verano como los Hamptons, donde las mujeres se van a pasar toda la temporada mientras los esposos se quedan en la ciudad y se aparecen sólo los fines de semana. O una mujer puede encontrar que sus deseos cambian a lo largo de las diferentes etapas de su vida. Entrevisté a alguien que me habló sobre la hija de una amiga que llegó siendo heterosexual a la universidad, tuvo un novio durante su primer año de la carrera, una novia en el segundo y después dos novios más. Al final se casó con una mujer. El trabajo de Diamond sugiere que debemos repensar nuestras más profundas suposiciones acerca de si los deseos por el mismo sexo son algo fijo y también sobre si nuestras identidades son algo que necesariamente es para siempre.

Localicé a Diamond vía Skype para que me actualizara sobre su trabajo y para que me dijera qué pensaba sobre el Club de la Falda.[52] "Todas tenemos una orientación que es una cosa verdadera", me explicó, sentada en su oficina, rodeada de pilas de libros y artículos. "'Fluido' es un término al que llegué para describir algo que estaba observando en mi trabajo: variación. Tú tienes una orientación, pero esa orientación no es tan determinista como pensamos. Nuestra orientación es un hecho, pero no siempre dicta la última palabra sobre quién nos atrae." Diamond empezó su trabajo en una época en la que no había mucha investigación sobre sexualidad femenina, y mucho menos sobre lesbianas, bisexuales y mujeres "fluidas". El grupo inicial de mujeres que participaron en su estudio fluctuaban entre 16 y 23 años de edad y todas habían tenido o tenían una atracción por su mismo sexo. Diamond se había graduado de Cornell en ese tiempo y entrevistó a mujeres de todo el norte de "Nueva York, Siracusa, Rochester, Binghamton, Ithaca, Elmira, a donde fuera que mi Toyota Corolla me llevara". Fue un acto de valentía. Muchos de sus compañeros estaban estudiando fenómenos más convencionales como el aprendizaje en los niños. "Y ahí estaba yo estudiando a las lesbianas, y me preguntaba: '¿Alguna vez encontraré trabajo?' A veces sentía que éramos mi mentor y yo contra el mundo", recuerda. Pero Diamond estaba decidida a seguir. "Como feminista y lesbiana, yo estaba infeliz acerca de lo poco que se había escrito desde una perspectiva evolutiva acerca de la identidad sexual femenina", me dijo. Diamond se estaba arriesgando. Ella había revelado su identidad sexual mientras estudiaba en la Universidad de Chicago. Me dijo que, como estudiante, leía el periódico gay y luego salía de su departamento y lo tiraba a dos cuadras de distancia para que sus compañeras no "supieran". Al igual que Parish, Diamond es una científica de científicos, con una mente abierta y amor por los datos. Pero también aportaba algo único a su trabajo: un íntimo entendimiento de lo que estaba en juego al extraer las verdades sobre las preferencias y las prácticas sexuales femeninas. Y un compromiso con esa investigación que estaba impulsado por su experiencia personal.

Después de sus entrevistas iniciales, Diamond realizó seguimiento por teléfono cada dos años. Cuando hablé con ella, se encontraba a la mitad de sus entrevistas de seguimiento de 20 años con las mujeres. "Siguen diciendo: '¡Por Dios, somos tan viejas!'", me dijo Diamond, con una risa. En un inicio no estaba buscando la fluidez sexual en esos años, me dijo, "pero simplemente surgió" en las conversaciones con sus participantes. Aunque las mujeres que se identificaron como exclusivamente lesbianas se mantuvieron prácticamente así, hubo variación innegable sobre con quién se involucraban y hacia quiénes se sentían atraídas. Muy pocas eran "lesbianas Estrella de Oro" —mujeres que sólo se acuestan con otras mujeres—. Una mujer que, en efecto, sólo había estado con mujeres durante todo el periodo de 20 años, le dijo a Diamond, durante su entrevista más reciente, que ella y su esposa se habían separado. Esta mujer, recién soltera y devastada, se había involucrado con un hombre, como consecuencia de lo anterior. Le dijo a Diamond: "Creo que terminaré otra vez con una mujer, pero quizás sólo necesitaba un cambio".

La elección y el cambio no son la misma cosa, me explicó Diamond. "Estas mujeres me dicen: 'No esperaba sentirme atraída por un tipo, pero ¡sólo pasó!' No lo eligen. Es sorprendente para ellas." Por mucho tiempo, dice Diamond, lo que se llamaba "bisexualidad pasajera", o "maleabilidad" de la mujer —es heterosexual, es homosexual, ¡otra vez es heterosexual!—, era considerado un "asunto con los datos", un problema que obstaculizaba las respuestas. Diamond le ha dado la vuelta a esta noción. Esos descubrimientos sobre la cambiante y cambiada sexualidad femenina no nublan ni contaminan los datos, dice. *Son* los datos. Se trata de la fluidez.

En un principio, Diamond pensó que, en general, las mujeres eran más fluidas que los hombres. Pero un estudio reciente de 179 hombres en el área de Salt Lake City, que se identificaron como heterosexuales, bisexuales u homosexuales la hicieron cambiar de parecer.

Cuando les pregunté a los hombres heterosexuales si [se masturbaban] con imágenes [porno] y videos de otros hombres, dijeron que sí. Los hombres homosexuales me dijeron que, sí, a veces se masturbaban mientras pensaban en mujeres o viendo videos de mujeres. Yo no esperaba que eso pasara, pero cuando piensas cómo hacer las preguntas, obtienes las respuestas. Desafortunadamente no siempre se nos ocurre hacer las preguntas.

Diamond me dijo que la mayoría de estos hombres estaba en sus veintes y sus treintas. Ella cree que "esta nueva generación de hombres parece más abierta a relaciones que están fuera de su orientación" y que los hombres también tienen la capacidad de la fluidez sexual.

La sociedad ha tendido a ser más restrictiva con los hombres. Hay algo sobre las mujeres por lo que la gente puede decir: "Pues claro, son cariñosas y amigables, y entonces bla, bla, bla…" Pero a los hombres los censuran de inmediato. Es muy estigmatizante para ellos ser curiosos o experimentar. Así que es posible que el pensamiento inicial de las mujeres sea más fluido debido al control social de la heterosexualidad del hombre. Y que, según se relaje el control social entre ciertos grupos, continuaremos viendo más fluidez masculina.

La fluidez entre hombres y mujeres, por igual, es simplemente la capacidad de desarrollar atracciones no determinadas por tu orientación o por el género de la otra persona, atracciones que pueden no mantenerse, explicó Diamond. Y, como señala, es más probable que lo veamos en mujeres, debido, al menos en parte, a los límites. Cuando una amiga me dice que su madre viuda, casada con su padre durante 40 años, ahora está casada con una mujer; cuando Elizabeth Gilbert deja a su compañero de más de una década, del que se enamoró en *Come, reza, ama*, por su mejor amiga, que padecía una enfermedad terminal, la escritora Rayya Elias; cuando mujeres declaradamente heterosexuales tienen coqueteos con las entrenadoras a quienes llaman "encantadoras de coños";[53] cuando Piper, comprometida con un hombre, reenciende un amorío apasionado con una ex novia en la cárcel en *Orange is the New Black*, o cuando las mujeres están en su mayoría en relaciones con hombres, pero van a una fiesta sexual de puras mujeres, estamos viendo fluidez sexual femenina. De hecho, de estas mujeres que van al Club de la Falda la mayoría se identifica como un dos en la escala de Kinsey —principalmente heterosexuales pero más que incidentalmente homosexuales—. Que presuntas mujeres heterosexuales se involucren con otras mujeres es un tropo tan común en el imaginario cultural que hubo una parodia reciente sobre eso en *Saturday Night Live* que simulaba una comedia de los cincuenta. El título: "¡Uy! Me casé con una lesbiana".[54]

"Una de las cosas que me sorprende es que las mujeres identificadas como heterosexuales, que en algún punto han tenido relaciones sexuales con mujeres, a menudo cuentan que la experiencia las hizo sentirse con más derecho a comunicar lo que querían", observó Diamond después de que le conté sobre el Club de la Falda. "Dirán: 'Bombear mi vagina en realidad no me funciona. Hay otras cosas que puedo hacerle a mi cuerpo que me pueden hacer estremecer'. Este grupo de mujeres parecen estar menos dispuestas a tolerar el mal sexo." Diamond señaló que esperaba que las mujeres que iban al Club de la Falda pudieran comunicar a sus esposos y a sus novios lo que les gustaba de ir, y lo que habían aprendido sobre sus propios cuerpos, y lo que querían. "Lo que sabemos ahora —reflexionó Diamond— es que la fluidez es real. Y que nuestra idea de que son los hombres quienes necesariamente quieren variedad, y de que las mujeres forzosamente quieren estabilidad, no es consecuente con lo que sucede en realidad."

Quería obtener los pensamientos expertos e informados de Diamond sobre la monogamia mientras podía. Me dijo que estaba de acuerdo con Meana en que las relaciones de largo plazo podían ser especialmente duras para el deseo femenino. Mencionó que una atracción hacia lo novedoso es parte de nuestro legado y que con el tiempo nos habituamos al estímulo sexual. Es decir, mientras más lo tenemos con alguien, se vuelve menos emocionante. "Oh, eso otra vez. Tú otra vez." El error, me dijo Diamond, es pensar que la habituación y el aburrimiento significan que hay algo mal con uno o con nuestra pareja, o con la relación. O que no hay nada que hacer. Un fuerte indicador del deseo en relaciones de largo plazo, me dijo, es cuando las parejas hacen el esfuerzo de hacer algo nuevo juntas. "No sólo hablo del sexo. Podría ser aventarse en paracaídas", o tomar una clase de baile, o arrojarse de una tirolesa. "Cuando las parejas participan juntas en actividades nuevas y emocionantes con frecuencia reportan un resurgimiento de amor de adolescentes al ver a su pareja desde un nuevo ángulo. Y la realidad es que nuestras parejas no se mantienen igual a lo largo del tiempo", dice Diamond. Si queremos ser monógamos, podemos buscar y encontrar novedad con la misma persona. Admite que no es fácil: "¡No tendríamos todos estos libros de superación personal si sólo pudiéramos chasquear los dedos y hacerlo tan novedoso como solía ser!" Pero se puede lograr. Una manera, pensé, podría ser ir a una fiesta sexual de puras mujeres y después contarle al respecto a tu pareja. No estás "participando en una actividad emocionante y nueva juntos" cuando estás en la fiesta, obviamente, pero sin duda estar juntos después podría ser novedoso y estimulante.

En nuestra cultura los hombres heterosexuales tienen acceso relativamente fácil a masajes con final feliz, clubes de desnudistas, prostitutas y pornografía, sin tener que pasar mucha vergüenza si buscan los servicios de estas mujeres (porque, después de todo, "a los hombres les gusta ver" y "es lo que los hombres hacen"). El Club de la Falda es el excepcional escape de tensión para la "infidelidad" *femenina*, que quizás no lo sea, un nicho extraordinario donde las mujeres pueden ir, tener relaciones sexuales y después regresar a casa con naturalidad a sus matrimonios o a sus relaciones heterosexuales. Si bien es cierto que están teniendo relaciones sexuales con mujeres, es posible que los hombres lo encuentren menos amenazante, más excitante y "seguro", a que sus compañeras tengan relaciones sexuales con otros hombres. Pero todavía me parece significativo que LeJeune estuviera emparejando el marcador de este modo. Y que hubiera indignación sobre que se atreviera a hacerlo. Mientras que, por un lado, su proyecto estaba siendo aceptado por mujeres que querían un poco de acción —el Club de la Falda ahora tiene 7 000 miembros en todo el mundo, me dijo—, también ha sido ridiculizado desde diferentes flancos. El artículo que escribí sobre el Club de la Falda de Los Ángeles obtuvo docenas de comentarios, muchos de ellos de hombres aparentemente furiosos que degradaban y devaluaban las fiestas en términos que los revelaban: muchos escribieron que estaban seguros de que las fotografías estaban alteradas y que las mujeres no eran atractivas, por ejemplo. "No me pueden excluir porque de todas formas no querría ir", afirmaban. Y cualquier mujer que quisiera hacer algo así, debe, por lo tanto, ser indeseable. Mientras tanto, otros críticos, con mentalidad más progresiva, han llamado al Club de la Falda excluyente, fijado en las apariencias, caro, habitus de mujeres inexpertas. Frecuentemente lo descartan como un "lesbianismo de Victoria's Secret", suave e influido por la fantasía masculina, una creación de alguna forma sospechosa y comprometedora para las mujeres que sólo juegan con el sexo homosexual en lugar de comprometerse con él de verdad (un artículo de *Rolling Stone* la llamó "una fiesta sexual donde las mujeres heterosexuales son homosexuales por una noche", como si esa práctica fuera sospechosa y falsa).[55] Quizás hay mucho que criticar. Pero afirmar que de alguna forma es lesbianismo diluido y ligero o "falso" no encaja con, ni describe, la complejidad de lo que presencié —incluyendo a las mujeres que se asumen como heterosexuales que lo hacen (con otras mujeres) como nunca antes había visto dentro de un espacio diseñado para que lo practicaran con comodidad y privacidad del resto del mundo. Su placer y sus orgasmos parecían muy reales—.

Diamond y Parish han ayudado a articular un nuevo lenguaje para algo tan nuevo (si tomamos la larga perspectiva evolutiva al respecto), algo confuso para nuestras categorías establecidas y cómodas. El fenómeno de la fluidez sexual femenina y la construcción de coaliciones a través del sexo no está limitado a los bonobos, o a las mujeres en Los Ángeles y Manhattan. No sólo ocurre en ciudades glamorosas como Berlín y Viena, o en lugares "ilustrados" como San Francisco. En Lesoto, un pequeño país rodeado por Sudáfrica, no es inusual que las mujeres casadas con hijos tengan una *motsoalle* —básicamente una amiga especial y compañera sexual—.[56] A menudo estas *motsoalles* las tienen mujeres cuyos esposos están lejos durante varios días haciendo trabajo manual, pero no siempre. Entre los ¡Kung es común que las adolescentes experimenten sexualmente entre sí antes del matrimonio.[57] Y el *mati* es una institución extendida entre las mujeres "criollas" de clase trabajadora en la ciudad de Paramaribo, Surinam.[58] Las *mati* son mujeres que tienen relaciones sexuales con hombres y mujeres, ya sea al mismo tiempo o uno a la vez. Mientras que algunas *mati*, en especial las mujeres mayores que han tenido y criado a sus hijos, ya no tienen relaciones sexuales con hombres, las *mati* más jóvenes mantienen una variedad de arreglos con hombres, como el matrimonio, el concubinato o una relación de "visita". Las relaciones de mujeres con mujeres casi siempre tienen el modo de relaciones de visita, aunque algunas parejas de mujeres y sus hijos viven juntos en una misma casa.

En nuestros patios traseros y en la lejanía, la fluidez sexual femenina puede sugerir que las mujeres están especialmente diseñadas para la receptividad y para el placer sexual, permitiéndonos encontrarlo, incluso si sólo es en nuestras mentes, con una variedad infinita de parejas sexuales.[59] Aunque no tenemos cifras contundentes, es claro que hay un número de mujeres cuyas conductas sexuales pueden contradecir sus orientaciones sexuales declaradas. En cuanto a las fantasías sexuales de las mujeres, sus ensueños, sus preferencias pornográficas y sus imaginaciones, cuando consideramos toda esta categoría de no comportamientos, que sin embargo nos cuentan una historia sobre el deseo sexual femenino, los números de mujeres que piensan estar con otra mujer sin duda nos impactarían —a menos que seamos terapeutas de parejas o investigadores del sexo, que tienden a tomar con calma estas cosas, publican artículos académicos sobre ellas, y esperan a que el resto del mundo se ponga al tanto—. Un estudio de la Universidad Estatal de Boise de 333 mujeres que se identificaron como heterosexuales descubrió que 43% se había besado con otra mujer.[60] En una encuesta de *Glamour*, de más de 1 000 mujeres de 15 a 44 años de edad, 47% de quienes respondieron dijeron que se habían sentido atraídas por otra mujer, y 31% había tenido alguna experiencia sexual con otra mujer.[61] Y no se limita a las mujeres que sean "homosexuales hasta su graduación". Como comentó Lisa Diamond en el estudio: "Consideramos un signo de madurez determinar quién eres sexualmente... Tenemos esta idea de que la sexualidad se vuelve más clara y más definida conforme pasa el tiempo. He visto que en realidad es al revés".[62]

Pruebas de que la fluidez sexual femenina y la infidelidad están más extendidas de lo que podríamos imaginar, y que sucede en los lugares más inesperados y en todas las etapas de la vida, también se presentaron en una conversación con mi amiga y colega Deesha Philyaw, una escritora y activista. Me comentó sobre una colección de cuentos, en la que estaba trabajando, sobre el sexo y las mujeres de la Iglesia.

CAPÍTULO SIETE

Otredad significativa

"Eula", de Deesha Philyaw, es un cuento lleno de belleza, sorpresa, ternura y decepción.[1] Situado en las últimas horas de 1999 e inicios del 2000, pero remontándose en el tiempo en las vidas y las relaciones de sus dos personajes principales, Caroletta y Eula, nos adentra rápidamente, con su destreza, entre el minimalismo sugestivo al estilo Joan Didion y la mezcla íntima de recetas y sexo que te hacen amar *Heartburn: el difícil arte de amar,* de Nora Ephron. Pero sólo si esas artistas se refractaran a través de la sensibilidad de Zora Neale Hurston, una observadora participante de las culturas de la negritud, una contadora de historias involucrada en ellas. Desde las primeras oraciones se siente la inmediatez de estos personajes y su conexión:

> Eula reserva la *suite* en Clarksville, a dos pueblos de distancia. Yo llevo la comida. Este año, es sushi para mí y carnes frías y ensalada de papa para ella. Nada pesado. Lo suficiente para mantenernos. Y yo traigo la champaña. Este año, que como cualquier otro, podría ser nuestro último año. Traigo tres botellas de André Spumante... y lentes del año 2000 para ponernos. Las lentes son los dos ceros de en medio. Por lo que sabemos, el problema informático del año 2000 nos tendrá sentadas en la oscuridad un segundo después de que Dick Clark haga la cuenta regresiva en Times Square. Pero por mí está bien. Porque el trago de André sabe igual de bien en la oscuridad.
>
> Después de que nos instalamos, Eula devora la ensalada de papa... Es verdaderamente especial con lo que come. Sobre casi todo, la verdad. Así le

gustan las cosas… Pero no nota que compré la ensalada de papa de Publix, le agregué un poco de huevo hervido picado, mostaza, pepinillos curtidos y pimentón, y luego lo puse en mi tazón de Tupperware. Come una segunda vez, se da palmaditas en la panza, y me dice que me superé.

Eula y Caroletta son maestras de escuela y han sido "mejores amigas la mitad de nuestras vidas". Se conocieron en décimo grado, nos enteramos. Eran "las únicas niñas negras en la clase de inglés más avanzado". Ambas eran diligentes, pero también soñadoras, planeando su boda doble hawaiana en los márgenes de sus cuadernos de matemáticas, conectadas y cómplices. "Nuestros esposos serían ferrocarrileros como nuestros padres. Daríamos clases en la preparatoria, nos uniríamos a las damas auxiliares de la iglesia, y seríamos vecinas de al lado. Nuestros hijos jugarían juntos", explica la narradora sobre los planes que tenían cuando eran niñas.

Pero las cosas resultaron diferentes. Como Caroletta con su ensalada adulterada de la tienda, la vida te juega chueco, nos cuentan, de manera que en el cumpleaños número 30 de Eula ambas se encuentren solteras, dando clases en la misma preparatoria donde habían planeado un futuro tan diferente para ellas. Caroletta ha experimentado mucho en lo sexual, buscando "lo que tenían para ofrecer los chicos más rudos" cuando era más joven y "breves amoríos con hombres cuyos nombres no valía la pena recordar" al madurar. Eula, por otro lado, es casta, como la Ruth bíblica, "en espera de su Booz", una suplicante en el campo de cereal de un hombre poderoso que labraba con un arado, donde ella recoge migajas, hasta que Booz la nota y se casan.

Eula sólo parece ser como Ruth. Mientras las dos amigas celebraban su trigésimo cumpleaños con un exceso de bebidas alcohólicas azucaradas, nos cuenta Caroletta, Eula terminó sentada en el regazo de su amiga: "Su falda estaba fruncida alrededor de su cintura. Vi las pantaletas blancas de algodón entre sus gruesos muslos cafés. Olía a vainilla. '¿Alguna vez has sentido que podrías quebrarte?', me preguntó, su aliento frutal y cálido en mi rostro". Esa noche, cuenta la narradora, "ella deslizó mis dedos dentro de esas pantaletas blancas de algodón y se olvidó por completo de Booz. Estuvimos despiertas hasta estar resbalosas de sudor… Cerca de un mes después era víspera de Año Nuevo y Eula me llamó para decirme que había reservado una *suite*". Y así comenzó su tradición anual.

Así que, según las conocemos, al borde de un desastre potencial, el momento de transición no sólo de un año a otro, sino de un milenio al otro (sobre el cual, en retrospectiva, nuestras preocupaciones parecen muy pintorescas e injustificadas), Eula y Caroletta están acostumbradas a un encuentro sexual al año, arriesgado y ebrio, que después pretenden que nunca ocurrió. Dividirse a uno mismo en dos no es fácil… Y Eula batalla.

Cuando terminamos de comer y apuramos una botella de André, abro la regadera. Nos gusta el agua hirviendo. El calor me relaja, pero siento que hace otra cosa en Eula. Se queda adentro mucho tiempo después de que yo salgo. A través de la puerta vaporosa de la regadera veo su gorra de baño rosa. Su cabeza está agachada y me pregunto si le pide perdón a Dios por caer de su gracia mientras sigue esperando que la ayude.

Su aventura de una década tampoco ha sido simple para Caroletta. Una vez, revolviendo el roux en el gumbo que sabía que se le antojaba a Eula ("el gumbo de mi abuela Pauline, pero sin la okra"), soportó la extrema emoción de Eula por una cita próxima con un hombre que creía que podría proponerle matrimonio. La cita terminó siendo un desastre cuando la esposa del hombre, de quien estaba separado, irrumpió en la escena. Mientras tanto, Caroletta pasó la noche sentada en la cama comiendo gumbo, "el esposo de otra mujer roncando suavemente a mi lado". Se pregunta, de los hombres de Eula que nunca son exitosos, "si Eula encuentra fallas en todos estos hombres porque en secreto no quiere a ninguno de ellos y sólo hace lo que se espera de ella… Este es el tipo de cosas de las que Eula y yo no hablamos".

El resentimiento de Caroletta por su arreglo aún se cuece bajo la superficie, como los ingredientes del roux que recuerda haber preparado. Y cuando Eula recuerda su propósito de Año Nuevo, de que no estará "sola" —sin un hombre, quiere decir—, un Día de San Valentín más, casi hierve. Tienen una discusión sobre religión que también, de una manera indirecta, es una disputa sobre lo que hacen en el cuarto de hotel año tras año. A Eula le devasta saber que Caroletta no es "virgen", pues ha dormido con un sinnúmero de hombres en la década de sus intimidades intermitentes. A Caroletta le desconcierta y le hiere que Eula se considere *a sí misma* virgen. ¿No han estado teniendo relaciones sexuales entre ellas?

Cuando comienza la cuenta regresiva para el siguiente año, Eula reza.

IMÁGENES CONTROLADORAS

Defensora de los derechos de las mujeres y autora de *Deja caer la pelota*, Tiffany Dufu ha pasado su carrera haciendo avanzar a mujeres y a niñas. Como la directora de liderazgo de Levo que fue y ex presidenta del Proyecto Casa Blanca, ha sido mentora de cientos de mujeres jóvenes, alentándolas a llegar más lejos, tener sueños más grandes e incluso entrar a la contienda política. En su libro, Dufu recuerda un momento formativo: al ofrecerse como voluntaria para liderar la oración en su clase de la Escuela Dominical, su maestro le dijo: "Los niños son los líderes". Como la hija de un pastor y la consentida de su papá, Dufu quedó impactada y momentáneamente se avergonzó de sí misma. La lección se quedó con ella un largo tiempo. "La Iglesia negra es una institución que forma significativamente la experiencia afroestadounidense, estés o no en la Iglesia. Por mucho tiempo fue, y en algunas comunidades sigue siendo, el centro de la infraestructura social. Por lo que la identidad negra se vuelve sinónimo de, y es definida por, la Iglesia", observa.[2] Su lección en liderazgo como una pequeña niña fue reveladora y significativa no sólo a nivel personal, sino también social. "Como los hombres negros están en el púlpito y controlan la narrativa que pone por encima raza sobre género, esa es la prioridad: ser una mujer negra respetable es apoyar y proteger a los hombres negros", me dijo. Y ser vista fallar en ello, ya sea por tener deseo de liderar, por ser sexual, o por no ser heterosexual, con frecuencia es percibido como una amenaza a la masculinidad negra. Dufu, una de las personas más vivaces y energéticas que conozco, me contó sobre la fatiga de que se "espere que participes en una tradición de mujeres negras que se sacrifican a sí mismas para mantener la respetabilidad de los hombres negros", y sobre manejar las expectativas tanto de la cultura dominante como de la cultura negra de manera simultánea, de "actuar para ambas audiencias". El sexismo en la comunidad negra complica la identidad de las mujeres negras, como nos han enseñado pensadoras de Florynce *Flo* Kennedy, a Audre Lorde y a Dufu. En la Iglesia, Dufu aprendió sobre comunidad y liderazgo. Fue, en un sentido profundo, su hogar. Pero fue ahí también donde la educaron, donde aprendió que no es femenino e incluso resulta egoísta —una violación a un libreto de raza y género sobre lo que debía ser una "buena mujer negra"— tener demasiada ambición.

Como Dufu, Philyaw ha estado fascinada por mucho tiempo con la Iglesia negra. Todas sus contradicciones y sus reglas escritas y no escritas le han dado tierra fértil para sus cuentos, aunque yo no estaba enterada de esto durante los primeros años de nuestra relación. Pude conocerla al inicio por medio de nuestro trabajo mutuo apoyando y escribiendo sobre mujeres con hijastros, niños y adultos; durante muchos años ella fue la conductora, con su ex esposo, de un programa de radio en línea sobre la crianza tras el divorcio. Nos mantuvimos en contacto según cambió el enfoque de nuestro trabajo: el mío, a escribir sobre la maternidad y el sexo; el de Philyaw se concentró cada vez más en escribir ensayos y ficción, mucho de ello sobre relaciones, crianza, raza, feminismo, cultura pop y sexualidad femenina. Cuando escribí un artículo acerca de supuestas mujeres heterosexuales en el lado este de Manhattan que tenían aventuras, bajo el agua, con sus entrenadoras, durante los meses de verano en los Hamptons, Philyaw me buscó para contarme sobre su interés en la escritura en torno de las inesperadas vidas sexuales de mujeres de su mundo, sus contemporáneas, y de mujeres que recordaba de su niñez. Me envió algunos de sus escritos. Además de "Eula", devoré su ensayo en *Brevity* titulado "Leche de a gratis". En él, relata de forma emotiva e impresionista lo que aprendió sobre el sexo de niña: de las novelas de Jackie Collins que leyó en el piso de la sección de niños en la biblioteca pública local, de las vecinas mayores que la exhortaban a no dar su "leche de a gratis",[3] de su primer novio de verdad en el verano del sexto grado, del borracho del vecindario de quien ni su madre ni la policía pudieron protegerla, y del recuerdo, por mucho tiempo reprimido, de la vez, cuando ella tenía dos o tres años, en que una detective blanca fue a su casa porque habían violado a su madre.

Como Tamara Winfrey Harris, la crítica cultural y autora de *Las hermanas están bien*,[4] Philyaw ve, sin pestañear, las cargas y los peligros que enfrentan las mujeres negras al expresar e incluso experimentar su sexualidad —restricciones creadas por la historia, la economía y la ideología—. También, como Winfrey Harris, se niega a rendirse ante la idea de que ser una mujer afroestadounidense significa estar "quebrada" y trabaja asertivamente contra esa muy difundida representación. Philyaw escribe sobre mujeres con intensas libidos y grandes cerebros para quienes el sexo es complicado, dichoso, ilícito, rutinario, emocionante, o, a fin de cuentas, aburrido. Los dilemas de sus protagonistas, incluida ella misma en sus ensayos en primera persona, parecen no estar pulidos y ser reales, deliciosamente complejos.

"Crecí en un vecindario negro en su mayoría", me dijo Philyaw cuando hablamos por teléfono una tarde, y después cuando platicamos en persona en Nueva York. "Y ser parte de la Iglesia me formó al crecer, aunque mi mamá y mi abuela no iban. Decían: 'Cuando me organice iré a la iglesia'". Philyaw se rió cuando dije que jamás había escuchado acerca de esta creencia de que tenías que trabajar duro y mejorarte a ti mismo antes de aparecerte en la iglesia. ¿La Iglesia no era para todos? Philyaw me explicó pacientemente que la razón de que aquéllas no asistieran pudo haber sido porque no querían ser juzgadas por su conducta, incluyendo su sexualidad, lo que evitaba que algunas mujeres con quienes creció asistieran, y que de esta forma "la Iglesia era como un espejo".[5] Ella misma sólo iba con amigos del vecindario o con su media hermana cuando era niña, aunque "a veces iba y otras no, en mis años de preadolescencia. Caí en esa dicotomía de bueno/malo y luchaba con fuerza por ser buena. En definitiva, hubo una fuerte corriente de 'Mantén tus piernas cerradas'". El sexo, me dijo, "no era algo que sonara placentero. Los chicos y los hombres lo tomaban de ti; era el mensaje fundamental". Se desapareció de la iglesia cuando era preadolescente, pero durante su primer y último año de preparatoria asistió de nuevo.

Esta vez, con la sensibilidad de una mujer joven, Philyaw trató de que todo tuviera sentido. "De vez en cuando había una historia: el director del coro o el ministro juvenil, de una u otra iglesia, escapaba con la hija de alguien." Las contradicciones que veía, como la dicotomía del mensaje virgen/puta que escuchaba, eran "todas muy confusas y limitantes", me dijo, suspirando.

Pero también había cosas increíbles sobre la Iglesia; en particular, las mujeres que veía ahí, modelos de lo que llama "condición de mujer negra alcanzable". Algunas eran mujeres bien vestidas con sombreros apropiados. Estaban casadas y eran matronales. Luego se hallaban las mujeres no casadas de su Iglesia, cuidadosamente presentadas, devotas al mismo tiempo de forma auténtica y fingida. Philyaw las comparaba, con cariño, con "pavorreales que se acicalan y lucen, esperando a que el Señor les enviara a un hombre en un lugar donde las mujeres superaban a los hombres cuatro a uno". Estas mujeres, se dio cuenta, "querían ser hechas esposas y elegidas, validadas por la institución del matrimonio". Todas ellas —las pavorreales y las matronas, las mujeres de la Iglesia que eran severas, y las que movían sus caderas— prendieron fuego en la imaginación de Philyaw. Eran diferentes a las mujeres que conocía, que "bailaban, usaban pantalones ajustados, maldecían, jugaban cartas y dormían con hombres con quienes no estaban casadas". Pero, ¿qué tan diferentes eran a final de cuentas? ¿Y qué tan similares, al final? "Quería saber si las damas correctas de mi Iglesia —las pavorreales y las matronas— eran como el resto de nosotras. ¿Tenían necesidades? ¿Se masturbaban? ¿Se sentían solas? ¿Invitaban en secreto a hombres y a mujeres a sus camas?". Años después, cuando escuchó a través de un video sobre dos mujeres de otro pueblo —miembros respetables de una Iglesia que se citaban anualmente para tener relaciones sexuales en un hotel—, Philyaw quedó fascinada por la idea y así se plantaron las semillas de "Eula".

Mientras tanto, su novela *Buena niña anónima* se centra en Rebecca, una mujer sumamente inteligente en un matrimonio monógamo que, en palabras de Philyaw, "está viviendo aburrida". Con la prominencia de su esposo en la Iglesia, como una fuerza que al mismo tiempo la eleva y la mantiene abajo, Rebecca satisface todos sus deseos al escribir un blog secreto y sexualmente explícito. Un día la descubren. Sus más privadas fantasías sobre el trabajador de UPS quedan reveladas ante el mundo y hay una gran pelea con su honorable esposo. "La cuestión es: ¿ella se quedará en el matrimonio que no la llena, pero la hace respetable, o se irá? ¿Obedecerá, reparará y mantendrá el equilibrio con su esposo por siempre, o cambiará y se dará cuenta de que esto no es realmente lo que quiere y decidirá que puede irse?" Philyaw, quien ha estado cercana a varias mujeres que se involucraron con hombres casados, sabe cómo sacarle provecho. "A partir de los cinco años vi a las mujeres vivir dos vidas", explica riendo cuando le pregunto de dónde vienen los dilemas y los personajes finamente forjados.

Al escribir sobre Eulas, Carolettas y Rebeccas, Philyaw se arriesga a la censura y a la crítica del tipo que no todas las escritoras enfrentan. La "respetabilidad" proyecta una sombra sobre ella y sobre una larga lista de artistas negras mujeres —de Josephine Baker a Alice Walker, de Beyoncé a Kara Walker, a Issa Rae y más— que se esfuerzan por producir trabajos desafiantes y honestos sobre la sexualidad femenina como la viven realmente las mujeres afroestadounidenses. Algunas veces, cuando intentan hacerlo, estas creadoras son acusadas de denigrar a su raza al no retratar a las mujeres negras con una luz implacablemente positiva. O perciben, con base en la experiencia, que pueden ser acusadas de ello. Como explica Winfrey Harris, esta obligación de representarse a sí mismas, a sus personajes y a su arte siempre como íntegros y "respetables" proviene de un profundo pozo de falsa representación y racismo. En las eras del imperialismo y la esclavitud, señala,

> los estereotipos de mujeres negras como asexuales y serviles, enojadas y bestiales, o hipersexuadas y lascivas, eran clave para mantener la subordinación de éstas. También proveían un contrapeso a las identidades de las mujeres blancas acomodadas de clase media, que habían sido colocadas en un pedestal como ejemplos perfectos de feminidad, belleza, religiosidad, pureza, sumisión, domesticidad y con necesidad de protección.[6]

Los estereotipos que incluyen a la mami, a la zorra, y la mujer negra enojada/fuerte, arraigados en la historia de usar a las mujeres como esclavas domésticas, máquinas de cría, y esclavas de campo, respectivamente, siguen persiguiendo a "otras" mujeres afroamericanas hoy en día. Winfrey Harris señala que estas "imágenes controladoras", como las llama la crítica cultural Patricia Hill Collins, incluyendo la idea de que las mujeres negras son hipersexuales y peligrosamente carnales, están vivas.[7] Más cuando Don Imus llama a las mujeres negras que juegan basquetbol para Rutgers "zorras con cabezas de pañal"[8] y Bill O'Reilly va tras Beyoncé, quien ha estado casada con el mismo hombre durante más de una década y celebra el sexo con su esposo en varias canciones, por comportarse como un "matón", culpándola por lo que él fantasea que es una epidemia de embarazos adolescentes (que es de hecho una baja histórica).[9] Todas estas imágenes controladoras —putilla, fenómeno, matriarca, mami, perra, reina de la beneficencia— sirven para distorsionar la realidad social, "retratando injusticias contra la mujer negra como simples consecuencias del orden natural", en palabras del sociólogo del género y de la sexualidad Victor P. Corona.[10]

Y retratarlas como hipersexuales alimenta la idea profundamente arraigada y peligrosa de que necesitan menos y merecen menos protección de un ataque sexual. Según los expertos, incluyendo al investigador en conducta sexual de la UCLA, Gail Wyatt, y al abogado, politólogo y profesor de estudios de género de Rutgers, Nikol G. Alexander-Floyd, las mujeres afroestadounidenses son más vulnerables a este tipo de ataques y, sin embargo, son menos propensas a denunciar el ataque por muchas razones, muchas de las cuales ligadas a las experiencias históricas específicas de, y presiones hacia, las mujeres negras.[11] "Las hermanas no quieren denunciar a los hermanos porque sabemos lo que pasa en las instituciones penales", le dijo un consejero en una Conferencia Nacional de Prevención de Violencia Sexual al reportero de *Los Angeles Times*, Gayle Pollard-Terry. Pollard-Terry también señala que las mujeres negras pueden ser reacias a denunciar ataques sexuales porque son incapaces de confiar en la policía o encontrar "gente que se parezca a mí" entre los detectives y los consejeros de ataques sexuales; porque los ministros negros han dado su apoyo a hombres negros acusados de ataques sexuales; así como por un miedo, más general, a que no les crean. Estremecedoramente, un estudio descubrió que las universitarias blancas sienten menos intención de intervenir y menos responsabilidad personal de intervenir, e imputaban mayor placer de la víctima, cuando la agraviada hipotética del ataque sexual era una mujer negra.[12]

Modelar la "respetabilidad" es una respuesta a las peligrosamente deshumanizantes imágenes controladoras, caricaturas que justifican la opresión de las mujeres en Estados Unidos o que las retratan como "demasiado sexuales". En su artículo "Sin falta de respeto" de la revista *Bitch*, Winfrey Harris explora la historia de lo que llama la "política de la respetabilidad" en la comunidad negra.[13] Señala que esa política "sirve para contrarrestar la visión negativa de la negritud al adoptar de forma agresiva los modos y la moralidad que la cultura dominante considera "respetable".[14] Los manifestantes a favor de los derechos civiles de los negros usaron trajes y corbatas, abrigos y tacones, en las marchas, recurriendo a sus mejores ropas para proyectar un mensaje: "Sus estereotipos son falsos. Merecemos igualdad; nosotros, también, somos respetables". Pero un planteamiento tan poderoso no está libre de problemas, señala Winfrey Harris. Traza las formas en que la política de la respetabilidad como estrategia de liberación "tiene el potencial de dañar más que enaltecer"; por ejemplo, cuando se sujeta a las recién liberadas mujeres negras a los estándares de la condición de mujeres blancas, que posicionaba a las mujeres reales merecedoras de protección como inherentemente infantiles y sumisas. La política de la respetabilidad es la fuerza que puede sujetar a Beyoncé a un estándar de actuar como una niña buena o, de lo contrario, ser vista como una libertina fuera de control, mientras que una intérprete como Madonna no sólo fue libre de ser sexual de manera gráfica, sino vista como asumiendo el control de su imagen y su sexualidad mientras lo hacía. (Afortunadamente, Beyoncé levantó las manos con los dedos medios arriba ante todo ello.)

Philyaw conoce íntimamente este dilema de respetabilidad de doble estándar. "Tuve muchos miedos al principio", me dijo durante nuestra primera plática sobre su trabajo.[15] "Incluso cuando *pensaba* acerca de sentarme a escribir, sentía esta presión. Como si las historias tuvieran que terminar con que la gente se volviera mejor, fortaleciendo su fe, progresando en matrimonios sólidos. Lo que me enseñaron fue que todo tenía que glorificar a Dios. Y que todo lo que creas tiene que mostrar a las mujeres negras como *respetables*". Esta obligación puede permear cada aspecto de la experiencia vivida. Como una entrevistadora le dijo a Winfrey Harris: "Reconozco que como una mujer negra no tengo el lujo de poseer una amplia gama de emociones por miedo a que digan que estoy enojada. Tengo cuidado sobre cómo me presento a mí misma, especialmente con gente no negra. Siempre que conversas con alguien, sientes como si cargaras toda la condición de mujer negra sobre tus hombros".[16] Ese mandato profundamente experimentado, la presión de siempre enaltecer y presentarse a sí misma como perfecta y complaciente, no cuadraba exactamente con la misión de Philyaw de contar historias sobre personajes femeninos complicados, con sentimientos reales, con fallas, toda una gama emocional y autonomía. Y en "Eula", al presentarnos una versión de la fluidez sexual femenina y del lesbianismo en la zona cero de la respetabilidad, la Iglesia,

Philyaw tomó muchos más riesgos. Sin embargo, para ella, los personajes necesitaban ser ellos mismos de manera honesta y genuina. Escribir en sentido contrario a los vientos, en contra de la parcialidad y de la política de la respetabilidad, y resolver cómo contar las historias que quería contar como quería contarlas, fue un proceso gradual, dice. Ocurrió palabra por palabra, página por página, según se retaba a ella misma a crear los personajes que sentía y quería conocer: personajes como ella, que se atrevieron.

POLÍTICA DE LA ZORRA

¡George Clooney acaba de casarse…
Y nadie lo llama zorra a él![17]
ISSA RAE

Como Philyaw, Mireille Miller-Young se ha mantenido, durante gran parte de su carrera, con la frente en alto al navegar los prejuicios raciales y de género y la política de la respetabilidad. En primer lugar, la profesora de estudios feministas de la Universidad de California en Santa Barbara, que obtuvo su maestría y su doctorado en historia estadounidense y en historia de la diáspora africana, es una académica de la pornografía. Describe su libro *Una probada de azúcar morena* como un análisis de la representación y la labor de las mujeres afroestadounidenses en el medio pornográfico; es decir, busca comprender a las mujeres negras que actúan en producciones pornográficas como imágenes y creadoras de imágenes. A lo largo de este trabajo ha visto miles de fotografías y videos de actrices negras de entretenimiento para adultos y ha conocido y entrevistado a docenas de actrices y actores para descubrir sus diversos motivos, preocupaciones y estrategias. Miller-Young es una de las primeras académicas de los Estados Unidos en emprender tal estudio, y, al hacerlo, descubrió y documentó que los videos con actores negros tienen menores valores de producción que aquellos realizados con actores blancos, y que las mujeres negras que trabajan como actrices pornográficas ganan, en promedio, sólo la mitad o tres cuartas partes de lo que ganan las mujeres blancas.[18] Explora la lamentable realidad de que, en la pornografía, los hombres negros tienden a ser representados con deseos y apariencia de animales, y las mujeres negras, como "listas para todo". De hecho, las imágenes de mujeres negras, particularmente en la pornografía, escribe, "muestran que la excitación de la pornografía es inseparable de las historias raciales que cuenta".[19] Los personajes negros femeninos en las tramas pornográficas con frecuencia son representados como deseables e indeseables. Son vistos y mostrados como sexualmente potentes, exóticos y diferentes. Pero todas estas mismas cualidades, dice Miller-Young, amenazan ideas prevalecientes sobre la feminidad, la heterosexualidad y la jerarquía racial. Este jalón en dos direcciones distintas es evidente, señala, en las muchas tramas de videos pornográficas donde actrices negras suscitan ambivalencia en los actores blancos, que las desean y no las desean. Una trama recurrente es la del personaje masculino blanco que está "asustado" por la sexualidad asertiva de un personaje femenino negro. En una película de 1977, llamada *El mundo del sexo*, la actriz Desiree West interpreta a Jill, una huésped en un hotel de fantasías sexuales terapéuticas que es emparejada con un ostentoso y racista huésped masculino blanco llamado Roger.[20] Después de confundirla con una recamarera y afirmar que "no tiene prejuicios", sólo que no le gustan "ustedes", Jill se propone enderezar a este intolerante... con sexo. El rostro de él se transforma del disgusto a la curiosidad, y a la lujuria, cuando ella devela y narra las partes de su cuerpo una tras otra, cantando alabanzas y celebrando su poder sexual con descaro, con ritmo: "Entre mis *muslos* es donde *yace* mi ritmo".[21] El trabajo de Miller-Young nos ayuda a comprender la ambivalencia de Roger como alguien que refleja la ambivalencia de nuestra cultura. Y también nos guía para ver cómo "la animada y transgresora actuación de sus líneas —la manera en que Desiree West las infunde con un "alma hablada"— es una de las muchas formas como las mujeres encontraron y encuentran caminos para trabajar dentro de, y en contra de, papeles poderosos y limitantes en la industria pornográfica.[22]

Miller-Young está particularmente interesada en las actrices de entretenimiento para adultos que usan el sometimiento y los estereotipos raciales para comercializar sus cuerpos. De la educadora sexual/escritora/ artista de *performance* Mollena Lee Williams-Haas, que comienza su espectáculo en cadenas, se libera a sí misma, y luego elige regresar a sus ataduras, Miller-Young observa que el subtexto de la interpretación "sobre la esclavitud... de hecho es un legado continuo que da cuerpo a nuestras vidas. Da forma a nuestras oportunidades en una sociedad y al modo en el que somos tratadas y cómo nos vemos a nosotras mismas... Y por lo tanto usa esa representación para mostrar que ahora ella tiene el poder, pero que ese poder está ligado a esa historia".[23] Miller-Young está fascinada por la manera en que el porno "toma el reto de subvertir las normas, incluso cuando las cataliza y las perpetua".

Las mujeres negras que trabajan en la pornografía enfrentan muchos conceptos erróneos. Los malentendidos vienen de dos fuentes, explica Miller-Young: "Una es de la gente de color... que cree que te estás vendiendo... Que estás... vendiéndote a la explotación y al racismo y empeorando el racismo para todos los demás... al participar en lo que ellos consideran que son imágenes o entendimientos estereotípicos, porque, por mucho, la gente de color ha sido exotizada, hipersexualizada y vista como si tuviera una sexualidad desviada... El sentimiento de la gente de color en muchas comunidades es que estás... haciendo quedar mal a la comunidad... Eres una vergüenza, y estás... creando deshonra... una humillación realmente poderosa".[24]

Al mismo tiempo, hay percepciones erróneas "de la gente blanca que... predominantemente ha tenido este... conocimiento que le han pasado de que la gente de color es hipersexual. Y entonces pueden pensar que son de esa forma por naturaleza, en lugar de interpretar a un personaje... o actuar en una película que tiene un guión; que aquella gente de color que es trabajadora sexual en realidad sólo es una representación de cómo todos los hombres negros tienen penes grandes y... cómo las mujeres de color realmente son más pervertidas y quieren sexo más que todos los demás".

Como las mismas actrices en las películas, Miller-Young ha sido acusada de hacer quedar mal a la comunidad. O simplemente ha visto cuestionado el valor de su trabajo. Durante una entrevista con Miller-Young y el investigador de sexo, el doctor Herb Samuels, en NPR, el conductor Farai Chideya reconoció el dilema, diciendo: "Probablemente muchos de mis parientes están diciendo ahora: '¿Por qué Farai le está dando espacio a esto?'"[25] Críticos abiertamente hostiles han sugerido que Miller-Young se degrada a sí misma y a la gente de color con su trabajo; otros han dicho que, al mostrar estas imágenes de estrellas pornográficas, "yo estoy explotándolos de nuevo. Pero estoy fascinada con la 'zorra'", afirma Miller-Young, negándose a alejarse del poderoso tropo que causa incomodidad, vergüenza, emoción e ira.[26] "Ella es una figura contra la que toda mujer negra ha tenido que luchar, ya sean trabajadoras sexuales o profesoras." El problema real con la imagen de la zorra para las actrices del entretenimiento para adultos, entendió Miller-Young al hablar con ellas, es que devalúa su labor. Al utilizar a la zorra, al no dar a las actrices afroestadounidenses la oportunidad de interpretar otros papeles, la industria de la pornografía mantiene segregada, en un mercado de nicho, a la sexualidad negra, donde, además, se paga menos a los actores, y se les mantiene ahí.[27]

Este dilema tiene implicaciones más graves y no se limita a las actrices que estudia Miller-Young. En el nuevo, y no regulado, mundo de las citas en línea, más de una mujer afroestadounidense al final de sus veintes o a principios de sus treintas me dijo: "Desliza a la derecha en la aplicación indicando que te gusta un tipo blanco y seguramente vivirás el mismo problema de ser devaluada por el tropo de la zorra que tiene en mente y perpetúa mientras teclea en su teléfono o en su computadora". "No creerías las cosas que un tipo blanco puede suponer y que le dice a una mujer negra en una aplicación de citas", me dijo moviendo la cabeza una estudiante graduada de una escuela de la Ivy League. "Antes que nada, necesitamos datos sobre qué tan seguido, siquiera, un tipo blanco desliza a la derecha el perfil de una mujer negra. No tan seguido, en mi experiencia y en la de mis amigas. ¿Y cuando lo hace? Hay una alta probabilidad de que sea porque asume que ella es 'rara' o 'pervertida'. Que va a hacer cosas que una mujer blanca no haría."[28] Escondiéndose tras su anonimato en línea, estos hombres se envalentonan para abandonar cualquier asomo de respeto o de civilidad, dando rienda suelta a sus prejuicios. Esta mujer joven reportó que ella y sus compañeras han experimentado que no pocos hombres blancos en el mundo de las citas en línea asumen que les gusta el BDSM antes de preguntar ("No es que piense que el BDSM esté 'mal'; ¡no lo pienso!", me dijo. "Pero el hecho de que tantos hombres blancos asuman que a las mujeres negras necesariamente les gusta, dice algo") si les gusta el sexo anal en un primer intercambio de mensajes, y frecuentemente inquieren: "¿Es cierto que a ustedes les gusta [COMPLETE EL ESPACIO]?", asumiendo que ella es una especie de figurante de su raza, supuestamente salvaje en el ámbito sexual. En el mundo de las citas en línea, varias mujeres jóvenes negras me dijeron que los tipos blancos las tratan como si fueran hipersexuales, siempre listas para el sexo, insensibles y fundamentalmente subhumanas. Ésta es la pena especial a la que están sujetas estas mujeres por atreverse a querer sexo y conexión y por buscarlo como todos los demás.

Para Miller-Young, las imágenes controladoras de la condición de mujer negra son algo que las actrices negras del entretenimiento para adultos confrontan, están sujetas a ello y a su vez explotan. Nos desalienta ver a las mujeres negras en las industrias del sexo como víctimas y nada más. Son actrices sociales tanto como intérpretes, dice, trabajando dentro y en contra de los límites, ganándose la vida en una cultura y en un nicho que ha devaluado su sexualidad, y también dejando su huella. Y, de manera contradictoria, en ocasiones pueden tener un grado de autoridad que las mujeres afroestadounidenses no tienen en las aplicaciones de citas.

Miller-Young no está sola en su meditación sobre la zorra y su articulación de lo que llama la "teoría de la zorra". En su artículo de opinión viral del *New York Times*, "Cómo hacemos que las niñas negras crezcan demasiado rápido", la socióloga y escritora Tressie McMillan Cottom señala que cuando tenía 15 años aprendió una lección durante una cena familiar en casa de su tía.[29] Mike Tyson, el boxeador más famoso del mundo en esa época, recientemente había sido declarado culpable por violar a Desiree Washington de 18 años de edad en un cuarto de hotel. El primo de McMillan Cottom defendió a Tyson, diciendo de Washington: "Todos actúan como si fuera una mujer. Ella es —discúlpame, tiíta— una zorra". Cuando su primo preguntó: "¿Qué hacía ella en un cuarto de hotel?", McMillan Cottom arremetió e insistió en que "ella pudo haber tenido el trasero desnudo en ese cuarto y no debía importar". Pero la lección había sido dada: "Aprendí que las niñas negras como yo jamás deben ser víctimas reales de depredadores sexuales". Parte del legado de la hipersexualización de las mujeres negras, observa, es que "si una está lista para lo que un hombre quiere de ella entonces sólo por existir ella ha consentido que la traten así. La pubertad se convierte en permiso". Todas las mujeres y las niñas en nuestra cultura son vulnerables a este tipo de violación y de violencia, observa McMillan Cottom. "Pero para las mujeres y las niñas negras ese trato se refracta a través de la historia y en el contexto actual." De hecho, de acuerdo con la investigación del libro *Expulsión* de Monique W. Morris, gente de todas las razas y de todos géneros ven a las niñas negras más "adultas" que las niñas blancas de la misma edad.[30] Y, por lo tanto, los adultos de quienes dependen —maestros, directores, administradores— no les dan a estas pequeñas la atención y la protección que necesitan. "Libres para navegar la escuela por su cuenta porque están 'grandes', estas niñas son fácilmente manipuladas por los hombres."[31]

Se pueden ver historias de niñas sin apoyo revelarse una y otra vez, al tiempo que McMillan Cottom desnuda la desgastada y afectada infraestructura social que las expone de esa manera. Es improbable que el resultante "ciclo de negligencia y abuso" termine mientras sigamos viendo a las niñas negras como especialmente capaces y fuertes, inapropiadamente "crecidas" y desechables. McMillan Cottom afirma que ver a hombres que querían —su primo, hombres en una fiesta en una casa que querían ver un video de R. Kelly teniendo relaciones sexuales con una niña aparentemente menor de edad— "convertir a una niña en una mujer y a una mujer en una zorra", fueron imágenes que jamás la abandonaron.

Unos años antes, en el sitio del Colectivo Feminista Crunk, un animado debate sobre la SlutWalk, "Caminata de la Zorra", de Toronto, en 2011, contribuyó a sensibilizar sobre el asunto de la zorra y todos sus elementos raciales y de género subyacentes en el consciente colectivo. Un grupo casi exclusivamente de mujeres blancas de Toronto, que estaban indignadas por lo que un oficial de policía dijo: que si las mujeres jóvenes querían estar seguras no deberían vestirse como "zorras", se reunieron para marchar como forma de protesta, usando vestimentas de "zorras". Con rapidez, otras SlutWalks se organizaron alrededor del mundo para "reivindicar a la zorra". Llamando la respuesta "creativa, apropiada y poderosa", Crunktastic, cofundadora del Colectivo Feminista Crunk, escribió que ella también sintió cierta ambivalencia cuando leyó la declaración de objetivos de SlutWalk, con lo que describió como su justa indignación por ser llamada una zorra.[32] Justificado, sí, pero, ¿dónde —se preguntó Crunktastic— estaba la empatía y la defensa de las mujeres llamadas con regularidad "perras" y "zorras" en la calle y en el hip-hop dirigido a la mujeres negras? El aire de estar diciendo "cómo te atreves" del manifiesto de SlutWalk impactó a Crunktastic como la manifestación del privilegio de las chicas blancas que tienen una expectativa base de que el mundo les extenderá respeto y valorará su mérito, pero con poca conciencia y mucha insistencia de que las mujeres de color también lo merecen. Después de todo, ellas son más propensas a los tipos de acoso y trato degradante por el que protestaban las SlutWalkers. Si las mujeres blancas podían llegar a reconocer la SlutWalk como parte de la experiencia femenina blanca, ¿entonces no sería más fácil construir coaliciones y generar solidaridad con otros movimientos que eran más inclusivos con las mujeres de color? Entonces, escribió Crunktastic, hasta que hubiera una consideración de este tipo sobre qué *tipo* de condición de mujer se estaba defendiendo con la SlutWalk, se podría afirmar el valor de la protesta, pero no pensaba que fuera probable que hubiera muchas "Caminatas de la Zorra". La pieza incitó la discusión que orilló a las feministas, en todas partes, a mantener su movimiento relevante e interseccional. En *Una probada de azúcar morena*, Miller-Young regresa al artículo y al problema de diferentes versiones de proteger la condición de persona y la condición de mujer, sugiriendo que "quizás debamos alinearnos con la Caminata de las Zorras, eso es, si nosotras, las feministas, nos tomamos en serio las perspectivas y las lecciones que las trabajadoras sexuales nos han enseñado sobre derechos sexuales".[33]

INSEGURA

Issa Rae, creadora, coescritora y estrella de la exitosa serie de HBO, *Insecure*, celebra el hecho de que la protagonista Issa —cuyas vida y aventuras están basadas ligeramente en la suya— tenga lo que llama una "fase de zorra" y aprovecha la infidelidad femenina como una trama valiosa y como un irresistible recurso narrativo. Rae, quien previamente creó la exitosa serie por internet *Las desgracias de una torpe niña negra* y escribió la autobiografía y el éxito de ventas con el mismo nombre, ha mezclado su narración con irreverencia desde el principio.[34] Y, de la misma manera que Philyaw, obtuvo fuerza creativa muy temprano con la Iglesia negra. En una entrevista con Larry Wilmore, en su podcast *Black on the Air*, recuerda que la primera obra que escribió fue para la Iglesia, fijándose en el hecho de que la mayoría de la congregación era socialmente conservadora, compuesta por ancianos.[35] La puesta en escena, escrita por Rae y dirigida por su madre, se llamó "Los viejos y los oxidados". Era satírica, se burlaba de la política, de la dinámica de la Iglesia y de la gente mayor y tradicionalista, así como de las costumbres de la congregación. Se rieron y parecieron disfrutar que se burlaran de ellos. La respuesta la emocionó y ayudó a encaminarla. En la Universidad de Stanford creó un falso documental llamado *Diarios de los dormitorios* que conectó con la futura coprotagonista y coproductora de su programa por internet *Extraña muchacha negra*. En voz en *off* y en secuencias de sueños la protagonista del programa, J —interpretada por Rae—, narra las situaciones frecuentemente preocupantes en las que se encuentra con compañeros del trabajo, amigos y personas que le interesan románticamente. Rae ha dicho que creó el programa porque estaba cansada de los estereotipos hollywoodenses de las mujeres afroestadounidenses. "Siempre tuve un problema con la suposición de que no es fácil identificarse con la gente de color, especialmente con los negros. Yo sé que lo es." El programa, cuya primera temporada fundó en parte en Kickstarter.com, tiene más de 20 millones de vistas y cerca de 350 000 suscriptores en YouTube al momento de escribir este libro y ha ganando un Premio Shorty a la mejor serie web en 2012.

Como en *Extraña muchacha negra*, a *Insecure* la mueve la sensibilidad del personaje principal, Issa, quien, cuando la conocemos al principio de la primera temporada, se halla en una larga relación con su novio, Lawrence, con quien vive y quien ha estado por mucho tiempo desempleado, mientras ella trabaja en una organización sin fines de lucro para niños de pocos recursos llamada We Got Y'all, dirigida por una mujer cuya santurronería blanca es tan brillantemente asertiva como los caftanes étnicos que viste. Con frecuencia, Issa se deja llevar por ensoñaciones que contienen música de rap, que nos cuentan cómo se siente *en realidad* sobre sus compañeros, sobre su novio y sobre sus dilemas en la vida. Al principio de la temporada, conecta por Facebook con su antiguo y guapo flechazo, Daniel, su "hombre con el que, qué tal si…", con quien siempre quiso tener algo. Pronto comienza a preguntarse cómo sería tener relaciones sexuales con él. Y una vez que los dos empiezan a intercambiar mensajes, anhela saberlo. Mientras más se muestra indeciso Lawrence, más se aleja Issa, suspirando por sexo caliente y emocionante con Daniel.

"Quizás no estoy satisfecha. Quizás quiero una buena cogida. Boca abajo, culo arriba, rodeada...", se queja con Molly, su amiga soltera.[36]

"Lawrence no me ha cumplido en un largo rato", le dice Issa a Molly, una exitosa abogada, señalando su curiosidad acerca de cómo serían las relaciones sexuales con alguien nuevo, después de cinco años con el mismo hombre. Issa quiere emoción. Desea variedad y novedad. Quiere a Daniel, o a alguien que no sea Lawrence. "A lo mejor necesito bajar una de esas aplicaciones como tú... ¡Sólo quiero ver que hay allá afuera!" Rae no siente arrepentimiento por la curiosidad de su protagonista, por el interés que siente de estar y de hacerlo con alguien nuevo. Al principio, el programa pareciera usar un tropo desgastado: Lawrence está decaído, desmotivado y básicamente no es un buen novio. Se han alejado cada vez más. Pero luego ella y Lawrence reconectan emocionalmente. Él encuentra un trabajo temporal. Se vuelven a comprometer, sintiéndose felices y conectados. Lawrence e Issa parecen haber regresado al buen camino.

Pero de todas maneras Issa va al estudio de grabación de Daniel y tiene relaciones sexuales increíblemente apasionadas y divertidas con él. En su entrevista con Wilmore, Rae explicó su decisión de escribir de esta forma. En parte, sintió que era auténtico mostrar a una mujer que no sólo "cae" en la infidelidad y en las frivolidades. Como los sujetos de estudio de Alice Walker, con frecuencia las buscan porque las desean: "Ella ya había abierto esta puerta en el primer episodio, y una vez que una mujer decide: 'Estoy abriendo esta puerta', va a atravesarla", reflexionó Rae con Wilmore.[37] Esta decisión no tenía que ver con estar enojada con Lawrence o con estar desconectada de él. De hecho, para empezar, no se trataba en absoluto de Lawrence. Se trataba de Issa y de lo que ella quería, y de Issa actuando en consecuencia respecto de sus deseos. No se trataba de si su novio era mediocre, ni de cómo trataba de poner en orden su vida, le dijo Rae a Wilmore. "Era sobre *ella* y sobre cumplir su fantasía, y ser esa persona que se había propuesto ser, esa persona activa que toma diferentes decisiones." Rae habla sobre autonomía, algo con lo que Issa lucha y en lo que a veces falla. Pero Rae quiere que la tenga. Como 50% de las mujeres que admitieron ser infieles en una exhaustiva encuesta de 2011, de más de 100 000 adultos estadounidenses, Issa se salió del camino porque quiso, porque el sexo con otra persona era una idea emocionante y después una realidad enternecedora.[38]

Pero Issa se siente terriblemente culpable después de su lío con Daniel. Se arrepiente de lo que hizo y lo evita; luego le dice que fue cosa de una sola vez. Se vuelve a enfocar en Lawrence, sintiéndose a la vez renovada en su conexión con él y tremendamente arrepentida. No fue suficiente para los espectadores. La reacción fue sorprendente. Las redes sociales ardieron, con cientos de comentarios identificándose como #EquipoLawrence o #EquipoIssa. Muchos estaban furiosos con Issa.

Rae no se echó para atrás. Se dio cuenta de que los hombres eran una nueva audiencia y ellos (y algunas mujeres también, pero ni de cerca tantas) estaban enojados. Lawrence era su figurante. Pero Rae dice: "No se trataba de él. Se trataba de ella". Con esto hace eco al pensamiento de Esther Perel, la terapeuta y autora de *Inteligencia erótica* y de *El dilema de la pareja*, quien nos desafía a ir más allá de nuestro paradigma de la traición personal al pensar sobre la infidelidad.[39] Perel quiere que consideremos que las aventuras no constiuyen una acusación hacia la persona engañada. Ni es señal de que él o ella —la persona "traicionada"— haya fallado. O que la relación necesariamente tenga grandes problemas. Quizás sí, pero quizás no. Perel ha descubierto que, a menudo, la infidelidad no tiene nada que ver con él, con ella o con la relación en absoluto. Aunque sea difícil imaginar que algo que causa tanto dolor, algo que una pareja hace y que nos daña tanto, pueda ser un tema que no está relacionado con nosotros, a veces ese es el caso. Esta idea puede ser aterradora, porque muestra el poco control que tenemos sobre lo que hace un esposo o una pareja. Incluso si somos "perfectos", pueden hacer algo. La gente tiene aventuras o relaciones sexuales fuera de la pareja porque así lo quiere. No necesariamente porque no nos amen, o porque no nos deseen, o por falta de compromiso con nosotros, o porque tengan miedo de cuánto nos aman. No porque algo esté mal con la relación. Pueden hacerlo porque se sienten atraídos por alguien más y decidieron hacer algo al respecto. Rae dice que así fue para Issa. Lawrence no era tan buen novio. Luego sí lo fue. Eso no importaba.

Eventualmente, Lawrence descubre el secreto de Issa, su indiscreción de una vez —como suele ser el caso, su celular fue su principal delator—, y la deja. Pronto encuentra otra novia increíble, y luego otra, mientras Issa es completamente desdichada. Llora. Pierde la concentración en el trabajo y por poco la despiden. Fantasea con regresar con Lawrence. Sale en una serie de citas fallidas. En una de ellas cae en uno de sus ensueños con ritmo, denunciándose a sí misma, falsamente alegre y desesperada, llamándose a sí misma una mentirosa, un engaño, y aconsejando a su cita fortuita: "¡Escapa!"[40]

Cuando Issa finalmente comienza a recuperarse y reemerge en el mundo por un poco de diversión, el universo de Twitter tuvo mucho qué decir. Mucho de ello relacionado con el siguiente tópico: Issa no ha tenido suficiente castigo por salirse del camino. Por lo tanto, cualquiera "del lado de Issa" era, por representación, un blanco de ataque. Cualquiera en el #EquipoIssa era pura mierda; Issa era una persona tóxica. Había tuits sobre cómo cualquiera que fuera #EquipoIssa era una zorra. La guerra de género iba en aumento. Pero, ¿por qué?, se preguntaban algunos. Como escribió Damon Young en VerySmartBrothas.com: "Lawrence, esencialmente, representa a todos los hombres… que disfrutan ver a las mujeres llevarse su merecido de alguna forma. El #EquipoLawrence existe para humillar a Issa".[41]

La respuesta de Rae, como artista, fue dejarse arrastrar por la marea. En este periodo posterior a la separación decidió que su personaje principal pasaría por una "fase de zorra". Lo explicó de esta forma: "Una fase de zorra es… podría ser… un ritual de paso que atraviesan las mujeres, pero es fundamentalmente una liberación sexual que consiste en explorar tus opciones… 'Sólo quiero subir mi número. Y ver qué hay allá afuera.' Sólo se trata de placer al final del día. Placer y exploración".[42] Esto voltea de cabeza la mala fama de la zorra. Rae reivindica el término y lo replantea como nada más y nada menos que una aventura a la que las mujeres tienen derecho, si la quieren. Por supuesto, no significa que los dobles estándares se deshagan y que no existan los peligros. El internet se escandalizó de que Issa, el personaje, hubiera traicionado a un "buen hombre negro". Y cuando Wilmore observa que "la fase de zorra de un hombre es su vida", Rae coincide. "Siento que para los hombres no es una fase: sólo es zorra… sólo es zorra y ya. Y es aceptado. Incluso el lenguaje. Las mujeres deben tener una fase… No pueden ser unas zorras el resto de su vida. Y los hombres… eso se espera de ellos… ¡George Clooney acaba de casarse… Y nadie lo llama zorra a él!"

PIONERAS Y PROVOCADORAS

La sexóloga y educadora sexual Frenchie Davis, candidata a maestra en educación en sexualidad humana, vive para discutir y diseccionar precisamente este tipo de contradicciones. Ser una mujer negra que está abierta, profesional y personalmente interesada en el sexo, me dijo la primera vez que hablamos —primero por teléfono y después durante un almuerzo cuando vino a Nueva York desde Washington—, es un acto arriesgado.[43] Toda su vida, dice Davis, ha recibido mensajes —de su familia, de sus amigos y de su religión— sobre quién es y cómo debe ser una mujer negra. Eventualmente, se dio cuenta de que ella no iba a ser esa mujer. "No iba a ser una madre; quizás nunca sería una esposa. Y no seré una 'niña buena'." Davis, quien cursó sus estudios en la Universidad Howard y está trabajando para obtener su maestría en educación en la Universidad Widener, fundó Charlas de Libido, una compañía de actividades de educación sexual, para llevar su mensaje sexual positivo a través de internet, conferencias y charlas íntimas en hogares e, incluso, en bares. Conduce una actividad mensual llamada Tragos y Trazos, en Washington, donde hombres y mujeres se reúnen a tomar cocteles, a platicar y a dibujar a modelos al desnudo. "¿Por qué podemos simplemente apreciar el cuerpo de la modelo en este contexto —pide que se pregunten los hombres que asisten— cuando podríamos convertirla en un objeto al verla caminar en la calle usando pantalones cortos?" Éstas son sólo algunas de las "hipocresías del mundo", como las describió Davis cuando hablamos, que la conducen a involucrarse una y otra vez en su comunidad respecto de tema del sexo y, en particular, de la sexualidad femenina.

Uno de sus eventos más populares consiste en una noche de trivia sobre sexo (¿Cuál es el fetiche más común? ¡Una fijación con los zapatos y con los pies! ¿Qué presidente de Estados Unidos era supuestamente gay e iba a actividades con su pareja? ¡James Buchanan!). "No hay lugar al que no vaya: bibliotecas, cafés." Davis se rió cuando le pregunté sobre sus sedes. Pero quiere servir especialmente a las comunidades negras, y para ella con frecuencia eso significa esparcir el mensaje en espacios donde se reúnen: las iglesias. "Trato de trabajar con iglesias tanto como es posible, para ayudar a las personas a ver que sí *pueden* poner estos dos aspectos juntos en su vida", dice. "Y supuse: 'Demonios, juegan bingo en esos sótanos. ¡Podemos jugar bingo sexual!'"

Davis, una de las pocas sexólogas afroestadounidenses del país, es aficionada al humor. En su cuenta de Instagram usa una playera roja con las palabras OBSESIONADO POR EL SEXO y publica mensajes como: "¡No es sexo premarital si nunca te casas!" y "Deslicé gentilmente sus calzones hacia un lado… para que cupiera el resto de los calcetines en el cajón". Cree desconcertar respecto de expectativas y prejuicios sobre lo que significa ser negra, mujer y sexual. Pero los motivos de Davis son profundos y serios. Cuando era más joven y vivía en Detroit, me dijo, perdió a varias de sus amigas cercanas en un lapso de pocas semanas ante lo que describe como "violencia relacionada con lo sexual". A dos de estas amigas les dispararon y las asesinaron cuando sus relaciones de pareja salieron mal, una por un novio que no quiso que fuera a la universidad. "Yo tenía muchas preguntas sobre el amor negro. Y la falta de él. Y la relación entre el amor negro y la violencia. ¿Dónde se origina? ¿Cómo ocurrieron estas cosas? Debía haber razones. Estoy en búsqueda de ellas."

Escribir sobre la intersección de amor, sexo y raza fue parte de su investigación. En 2003 hizo su primera aparición importante en televisión, en la serie de HBO *Def Poetry Jam*, interpretando su erótica mediante la palabra hablada.[44] Desde entonces ha dado clases en más de 50 universidades de todo el país e, internacionalmente, compartiendo el escenario con frecuencia con personas como Mos Def, Sonia Sanchez y Jill Scott. Davis fue la primera afroestadounidense en escribir un libro de poesía vendido en el Museo del Sexo de Nueva York, *No de entre mis muslos*, que han comprado pastores de todo el país y que han usado para sostener discusiones positivas acerca del sexo en sus iglesias.[45] "Tengo que seguir cerrando la brecha", explica. "Juntar mi activismo, mi escritura y mi entrenamiento académico es la manera de hacerlo."

Frenchie Davis continúa de muchas maneras el trabajo de dos sensacionales investigadoras del sexo afroestadounidenses, June Dobbs Butts y Gail E. Wyatt. Esta última fue la primera mujer negra licenciada en psicología en California. Tras obtener su doctorado en la UCLA, publicó el primer estudio del país sobre sexualidad femenina afroestadounidense en 1988,[46] utilizando una entrevista estructurada con 478 elementos, desarrollada por ella, que llamó Cuestionario Wyatt de Historia Sexual. Ella quería dar seguimiento al famoso estudio Kinsey, *Comportamiento sexual en la mujer*, publicado en 1953. Observando que los entrevistadores de Kinsey en su mayoría eran hombres blancos que cuestionaban a las mujeres sobre prácticas y deseos sexuales tabúes, decidió que los entrevistadores de mujeres afroestadounidenses de su estudio serían "mujeres negras con entrenamiento clínico que compenetraran con los sujetos antes de la entrevista y monitorearan la reacción de sus sujetos frente a temas que pudieran tener repercusiones para ellas, para ajustar el ritmo de la entrevista".[47] En otras palabras, Wyatt estaba introduciendo una conciencia profundamente necesitada sobre las realidades de la raza, el género y las imágenes controladoras al proceso de la entrevista. Debido a esto, ella y sus entrevistadoras fueron capaces de recolectar historias sexuales íntegras, comenzando por la infancia, de 64 mujeres afroestadounidenses, en su muestra. El estudio arrojó nuevos descubrimientos: desde los estudios originales de Kinsey, "las mujeres negras han ampliado sus repertorios sexuales para incluir una gran variedad de conductas, además de las relaciones vía vaginal" (Wyatt creía que esto era probable en el contexto de relaciones primarias).[48] Ella y sus colegas concluyeron que "sólo 26% de las mujeres de Kinsey reportaron seis o más parejas comparadas con 60% de los nuevos sujetos".[49] Y Wyatt develó hechos interesantes sobre las mujeres negras y la infidelidad: "Entre las mujeres casadas hubo sólo una pequeña diferencia entre las muestras sobre la actividad sexual extramarital. La proporción de mujeres que se involucraron en sexo extramarital fue de 31% en la muestra de Kinsey, comparado con 40% de la nuestra".[50]

Wyatt, nieta de un ministro, que había estudiado el comportamiento, viajado a Europa y tenido todos los privilegios de una niña de clase media alta por crecer en el recientemente integrado Parque Leimert en Los Ángeles, podría haber parecido una candidata inusual para una carrera en la investigación sexual innovadora.[51] Y encontró muchos obstáculos por parte de la política de la respetabilidad una vez que decidió dedicar su carrera al estudio del sexo: todo, desde la transmisión del VIH, hasta el abuso y la coerción sexual de parejas íntimas, el legado de la esclavitud en los Estados Unidos y la violación, que analiza en su libro *Mujeres robadas*. "¿No podemos sólo decirle a la gente que eres maestra?", preguntó su madre en una ocasión. Hoy, Wyatt es, de hecho, profesora de psiquiatría y ciencias conductuales en la escuela de medicina de la UCLA. Pero no puede olvidar, le dijo varios años atrás a un reportero, la vez que se sentó en el vestíbulo de un hotel en Cleveland, usando un vestido verde esmeralda con un cuello estilo Peter Pan, con su anillo de casada en el dedo, en espera de su esposo para que pudieran irse a una boda. Dos hombres blancos salieron del bar del hotel, la vieron, y dijeron: "Debe costar al menos 100 dólares". Las imágenes controladoras de las que no pueden escapar las mujeres negras no detuvieron a Wyatt: encendieron su ambición y su trabajo, avivando una prolífica carrera de perspicacia, resistencia y logros. Pero podríamos preguntarnos cuánto más lograrían ella y otras mujeres si pudieran recuperar su tiempo y toda la energía que les tomó derribar los prejuicios.

June Dobbs Butts, otra investigadora afroestadounidense del sexo, tomó un camino diferente para cambiar la manera en que pensamos sobre las mujeres y el sexo.[52] Dobbs Butts era hija de uno de los más influyentes políticos negros de Atlanta y, eventualmente, la tía del primer alcalde negro de Atlanta. Su familia vivió en el mismo vecindario que Martin Luther King Jr., quien era amigo de Dobbs cuando iban en la preparatoria y en la universidad. Las seis hermanas de Dobbs fueron al Colegio Spelman —la mayoría estudiaron grados avanzados—. Pero con frecuencia su padre expresaba la decepción de no tener un hijo. Esto la marcó. En una entrevista recordó la manera en que, cuando nació su nieto, toda la familia hizo una travesía por orden de su padre como si fueran a visitar al Niño Dios. En contraste, el nacimiento de una niña era considerado cualquier cosa. Fue una lección sobre ser mujer que Dobbs Butts nunca olvidó.

Ella creció para entrenarse como terapeuta y consejera sexual, obteniendo eventualmente su licenciatura en educación familiar en Columbia. Después de trabajar en el Consejo de Paternidad Planeada, donde conoció a William Masters y a Virginia Johnson, Dobbs Butts se convirtió en la primera afroestadounidense en ser entrenada en el Instituto Masters y Johnson. Pero trajo su propio pensamiento al campo. Ella veía la sexualidad a través de la lente de todos los cambios que ocurrieron en la cultura estadounidense a finales de la década de 1960 y a principios de la de 1970 —el movimiento por lo derechos civiles, el ajuste de cuentas de los

Estados Unidos con su pasado racista, y el culto del país por el poder y el dominio— y se comprometió con el proyecto de cruzar investigación importante y relevante con la cultura popular. Específicamente, quería que los hombres y las mujeres negros, cuyas sexualidades habían estado inmersas en estereotipos y en falsas representaciones, tuvieran acceso a los datos. En 1977 escribió el primer reportaje especial sobre sexualidad para la revista *Ebony*, "Educación sexual: ¿quién la necesita?"[53] También escribió otros artículos extraordinariamente populares como "El sexo y la pareja negra moderna" para esa misma revista.[54] Después contribuyó con *Jet and Essence*, donde escribió su columna mensual más popular, "Salud Sexual", de 1980 a 1982. En repetidas ocasiones tomó la enorme y frecuentemente controversial tarea de confrontar las mismas hipocresías sexuales que Frenchie Davis denuncia hoy en día. Como observaba Dobbs Butts: "Los estadounidenses se ríen ante referencias sexuales en la alta sociedad, pero les avergüenza hablar sobre sus vidas sexuales, especialmente si experimentan deficiencias o incomodidad".[55] Su trabajo hizo mucho por desenredar la sexualidad negra de la mortal atadura de las imágenes controladoras, y en muchas maneras ella, como hizo Wyatt, preparó el camino para las más importantes y provocadoras cuentistas y creadoras de imágenes afroamericanas de hoy.

¿LISTAS?

La popularidad de los talleres de Davis, y tanto de *Extraña muchacha negra* como de *Insecure*, sólo son unos pocos ejemplos que sugieren que una gran parte de nosotras estamos listas para ser desafiadas, deleitadas y sorprendidas sobre el sexo, los dobles estándares, las relaciones de pareja y lo que significa para las mujeres afroamericanas estar a cargo de su libido. Incluso cuando eso significa dejar a su libido tomar el mando de ellas. ¿Será que nuestra cultura también está lista para que las mujeres escriban, produzcan y presenten a mujeres que no son estereotipos y que no están restringidas por los límites? Como Roxane Gay, cuya colección de cuentos *Mujeres difíciles*[56] presenta protagonistas femeninas sin arrepentimientos que son "infieles", sexuales y complicadas, que a menudo están enojadas porque fueron relegadas por ese hecho; como Shonda Rhimes, que tuvo la audacia y el genio narrativo de presentar personajes y tramas que no podríamos haber imaginado que fueran permitidos en la televisión hace apenas unas décadas. (Rae, Philyaw, Miller-Young y Davis siguen mostrando el camino hacia adelante.) Mientras tanto, la furia hacia Issa, el personaje, y la persistente sombra proyectada por las imágenes controladoras, sugieren que cuando se trata de quién puede representar el futuro del sexo y del género, de hombres y mujeres, y, aún más, quién puede hablar al respecto, quién puede escribir, dirigir y producir la historia de lo que quieren las mujeres negras, y cómo será, lo que está en juego es muy real y auténticamente importante.

CAPÍTULO OCHO

Amar a la mujer infiel

Deliberadamente escogí un restaurante sin chiste, un restaurante que nadie conocido frecuentara, para mi reunión con un hombre casado. Me había escrito: "Vamos a algún lugar privado".

No traía puesto mi anillo de casada —desde aquel día del taller sobre no monogamia consensual—. El hombre a quien veía era atractivo —de cabello negro y atlético— y muy atento. Era inteligente, guapo y me hacía reír; a veces me preguntaba cómo sería estar con alguien como él. O estar con él. Al cruzar la vista con ese hombre, al otro lado del cuarto, sonreí a sabiendas de que en unos segundos podría abrazarlo. Si esto suena como el preámbulo de una historia sobre una aventura, no lo es. Es mucho más lujuriosa e interesante que eso, porque este hombre tenía una historia que contar.

A Tim y a mí nos había presentado un amigo mutuo varios años atrás. Era algo así como un mentor, aunque a él no le guste esa etiqueta, y fue mi confidente en un momento difícil de mi vida. Mi esposo y yo habíamos contratado a Tim para ser algo así como un terapeuta mientras arreglábamos nuestra relación y nuestra familia, para que nuestra situación fuera más equitativa cuando decidí trabajar de tiempo completo después de haber tenido hijos. Era un proceso complicado, aun para mi tranquilo esposo, porque yo no estaba segura de lo que quería, y porque los cambios que intentábamos adoptar parecían inconvenientes en el mejor de los casos, y una espantosa alteración del orden establecido (aunque éste no era perfecto), en el peor de los casos.

Como suele suceder con las relaciones fundadas en momentos de desgracia, la mía con Tim la sentí cómoda rápidamente, casi íntima. Él es varios años mayor que yo, telegénico, tranquilo y positivo —antes había tenido un trabajo en medios de comunicación, acelerado y de mucha presión—. Para el día que nos vimos en el restaurante él sabía *mucho* sobre mí. Sabía cómo reaccionaba a la angustia, lo que me provocaba mal humor, cómo me preocupaba por mis hijos, y conocía también a qué le tenía miedo yo. Poco después de haber empezado a trabajar juntos, Tim se mudó. Eso me había provocado ansiedad, pero me aseguró que podríamos mantenernos en contacto electrónicamente. Para ese momento ya no estábamos trabajando juntos, pero lo consideraba un buen consejero y un excelente amigo, y solía escribirle para preguntar su opinión cuando empezaba a escribir un artículo o a confrontar un problema complicado en mi vida profesional y personal. Tim solía responder mis mensajes en menos de una hora, con un comedimiento y un buen humor que invariablemente me tranquilizaba al tiempo que me enseñaba a ser una mejor persona. "Ahora envíale un lindo mensaje de correo electrónico y sigue tu camino, por tu bien y por el bien de tu carrera. No hay por qué destruir la posibilidad de tener más éxito después", me recomendó una vez cuando le confesé que le había manifestado a un productor mi molestia por quitarme del segmento de un noticiario. Siempre pragmático y optimista, decía: "Es lo que pasa con los escritores", cuando me deprimía, y luego me recomendaba que, en cuanto me sintiera negativa, me dijera: "Bien. Mi cerebro está haciendo *eso* otra vez". Nos veíamos siempre que estaba en la ciudad, más o menos una vez cada tantos meses.

Tim era tan generoso y centrado que yo sentía curiosidad de cómo llegó a ser eso —aparentemente imperturbable, estable y feliz—. Empecé a preguntarle sobre su trabajo, sobre su vida y su infancia, presionándolo para que me diera detalles acerca de lo que hacía en su tiempo libre, sobre su matrimonio y sus hijos ya adultos. Cortés, contestaba mis preguntas, pero me hacía saber que se sentía más cómodo cuando se enfocaba en otras personas. "La gente nunca es aburrida", decía más de una vez, riéndose. Respetaba su claro sentido de lo que estaba haciendo y de lo que no quería compartir conmigo.

Pero en esta cita en particular resulta que Tim quería que yo supiera más sobre él.[1] Sentados uno frente al otro entre el bullicio y el ruido de la gente a nuestro alrededor, me preguntó algunos detalles adicionales sobre mi libro, el cual le había descrito brevemente hacía algunos meses. Me preguntó algunas cosas más sobre mi trabajo reciente. Luego fijó su mirada en mí, inclinándose para reducir el espacio entre nosotros, y dijo: "Tengo algo más o menos interesante. Mi esposa tiene dos maridos".

Tim vio por primera vez a Lily en el trabajo cuando tenía veintitantos años. Ambos trabajaban en las noticias y estaban en el proceso de ajustarse a la frenética y mortal dinámica de las publicaciones diarias y a la necesidad de entender, editar y comunicar una historia importante en minutos y bajo la presión de publicarla antes de que los otros noticieros lo hicieran. "De alguna manera Lily siempre sabía con qué empezar el segmento, sin importar qué tan confusa era la noticia. Era muy segura y muy independiente. Eso me parecía increíblemente atractivo", recordó Tim cuando le pregunté cómo inició su relación. "Debía conocerla más. Tardé semanas en hacerlo, pero finalmente me atreví a invitarla a salir."

Tenían lo que Tim describía como "una gran química": una cita llevó a la otra y a la siguiente. Las cosas pronto se volvieron serias, pero acordaron separar su relación de su vida laboral, temerosos sobre cómo reaccionarían sus compañeros y sus jefes. "Luego nos íbamos a mi casa y nos arrancábamos la ropa", recordaba al mismo tiempo que reía. Su conexión emocional era tan fuerte como la física. Lily era directa y honesta, más que cualquier mujer con la que hubiera estado, pero también podía dividir su vida muy bien, me decía él. Le gustaba enfrentar un problema directamente, resolverlo y seguir adelante.

Lily no le daba vueltas a las cosas, era realista. Era compasiva, bondadosa, amorosa y ávida respecto de su vida y también sobre su vida compartida, pero, además, era fuerte y se enfocaba en resolver cualquier asunto, desde el trabajo hasta organizar su tiempo juntos. Era divertida —a Lily le gustaba bailar, cocinar y pasar tiempo con sus amigos, y siempre solía empezar la fiesta—, pero también era racional y tranquila bajo presión. Tim estaba perdido por ella. Cuando anunciaron su noviazgo un año y medio después de estar juntos, el jefe de Tim dijo: "Era muy obvio que fueron hechos el uno para el otro y deben estar juntos", y le confesó que todos ya sabían lo que pasaba entre los dos y sólo estaban esperando que ellos lo anunciaran.

Unas cuantas semanas antes de su boda, Lily le dijo a Tim que cualesquiera que fueran sus sueños debía seguirlos y que tenía la libertad de hacer lo que deseara.

"Me dijo entonces lo que siempre me ha dicho: 'Lo que sea un sueño para ti, lo podrás seguir si te casas conmigo. Y si quieres andar en bicicleta por el país o necesitas tener una relación con alguien más, siempre y cuando no ponga en peligro nuestro matrimonio, siempre y cuando no distraiga, está bien'. El alcohol, las drogas, todas las cosas que hace la gente que termina destruyendo su relación. Creo que ella quería decir: 'Quiero que tengamos libertad, pero no el tipo de libertad que destruye un matrimonio'".

Una vez que Lily había iniciado esta conversación, a Tim nunca se le ocurrió ofrecer menos de lo que ella le había propuesto. Era un matrimonio entre iguales y, como lo explicaba, era de "consideración para lo que cada uno queríamos, sujeto al respeto mutuo de nuestros sentimientos. Lily siempre fue muy independiente y eso fue una *gran* parte de su atractivo". Decidieron casarse ante un juez y hablaron con él previamente para cambiar la parte de sus votos donde dice: "Renunciar a todos los demás".

Tim me explicó que su acuerdo era explícito y estaba basado en que su relación tenía prioridad. "Si me pedía que dejara de ver a alguien, lo haría al instante", me dijo Tim. Lily nunca se lo pidió. Tim nunca se lo pidió a ella. Su sistema funcionaba: ninguno de los dos sabía más de lo que él y ella querían que el otro supiera, o tenía menos de lo que deseaba el uno del otro, y de otros. Varios años después de casados, procrearon hijos y tenía sentido que Lily se quedara con ellos en casa durante un tiempo. "Amaba ser mamá, pero extrañaba tener una carrera y estar con sus colegas", así describió Tim ese periodo. Eventualmente, Lily se puso muy triste y clínicamente deprimida. La pareja dio un paso que les parecía lógico, dado el amor de Lily por su trabajo y el deseo de Tim de pasar más tiempo con sus hijos. Él se quedaría en casa.

Igual que su matrimonio abierto, su acuerdo profesional y doméstico funcionaba bien para ellos, incluso en una época en que eso era más raro que ahora, y al mismo tiempo, llamaba la atención. Le pregunté cómo era eso, es decir, cómo lidiaban con las críticas. "Nunca me importó lo que pensara la gente sobre nosotros como pareja, si estaban de acuerdo, si aprobaban o si rechazaban nuestras elecciones. Así que terminamos con un grupo de amigos que nos apoyaban tal como éramos", me explicó, encogiéndose de hombros. "Aquellos que no nos entendían terminaron por tomar distancia de nosotros."

Poco después de que los niños fueran a la escuela, Tim notó un cambio en su esposa. Se volvió distante y preocupada. A Tim le parecía que hablaban menos: Lily regresaba del trabajo, trabajaba un poco más, dormía a los pequeños y se iba a dormir exhausta. Con el tiempo, algunas de sus amigas buscaron a Tim, preocupadas. Se afligían mucho por él, por Lily y por su matrimonio, y se sentían turbadas, le explicaron, porque Lily estaba muy enamorada de un hombre al que veía. "¡Tienes que decirle que termine con él! ¡Debes correrla de la casa!", insistía una de ellas.

Otra amiga le dijo que era su culpa, por tenerle la rienda demasiado suelta. Me dijo: "Descubrí cómo hablaban de ello: era asombroso. Como si Lily fuera mi propiedad y yo tuviera que controlarla. ¡Como si fuera mi caballo!"

Aparentemente, Lily se había enamorado intensamente de alguien más. Y aunque Tim no tenía la intención de detenerla, sabía que debía hablar con ella. Así que una noche, después de dormir a los niños, le preguntó qué estaba pasando. Lily lo admitió: sí, estaba viendo a alguien más. Le dijo a Tim que la relación que sostenía extramatrimonialmente era seria e intensa y que aquel hombre la hacía feliz de modos que no había sentido antes. ¿Esto implicaba que algo estaba mal con ella y con su matrimonio? Ella creía que no. Lloró, se disculpó y dijo que amaba tanto a ese hombre como a Tim, pero de diferentes maneras, y que no sabía qué hacer. "¿Qué debo hacer ahora?", le preguntaba llorando, una y otra vez, a Tim.

Tim recordaba: "Ella estaba sufriendo. Fue honesta y franca conmigo, y me preguntaba: '¿Ahora qué?'" Tim tampoco sabía. Luchó contra sus celos y contra su pánico. Intentó ser razonable y considerado, algo que ambos se habían prometido tratar de ser siempre. "Pensé: 'Mi trabajo como tu esposo consiste en ser empático. Está bien, estás pasando por algo doloroso. Y es doloroso para los dos. ¿Qué sigue?'" "Entonces me di cuenta de que ésta sería probablemente una de las decisiones más importantes de mi vida. Pensé: 'Confío en ella, de verdad. Si intento detenerla, sólo querrá estar más con él'. Sabía que si le decía que terminara con él, todo acabaría entre nosotros y ella se sentiría más enamorada de él que nunca. Provocaría que lo anhelara con más intensidad si le prohibía que lo viera. Y, además, eso no era parte de nuestro vocabulario."

Para sorpresa de Lily, Tim le dijo que tenía que continuar la relación con aquel hombre. "Tienes que descubrirlo —le sugirió—. Y piensa lo que eso significa para nosotros." Ella sintió un gran alivio cuando Tim la serenó: "Estaré tranquilo. Todo va a estar bien. No diré: 'Ah, ¿sí?, ¡pues ahora mira lo que *yo* voy a hacer!' No, me sentí comprensivo hacia ella, hacia mí y hacia nuestro matrimonio."

Hasta ese momento habían estado juntos 10 años. Reflexionando al respecto, Tim comentó: "De todas formas, no teníamos relaciones sexuales muy frecuentes por atender a los niños. Y creo que le hablaba mucho sobre ellos porque yo los cuidaba más y esa era nuestra rutina. Además, su padre sufrió una lenta y dolorosa muerte que fue terrible para ella y para nuestra familia. Estaba sufriendo".

Después de acordar que enfrentarían el desafío de mantener la mente abierta, decidieron que estaría bien que Lily se quedara con su novio una o dos noches a la semana. Ella no quería que fuera más que eso. No platicó mucho al respecto con Tim y él no le preguntó más. Pero conforme pasó el tiempo, Tim se enteró de que el novio de Lily era todo lo que él no era: alto, robusto y trabajador, y además le gustaba cocinar. Eventualmente, después de transcurridos un par de meses, se conocieron. A Tim le alivió que no le cayera mal el nuevo novio. Me lo describió así: "No era el tipo de persona que buscaría, pero era una buena persona, muy decente". Eventualmente, el novio de Lily, a quien llamaré Rick, y que estaba en proceso de divorcio, comenzó a visitar la casa de Tim. Muchos años después, cuando éste regresó al trabajo y su carrera estaba en auge, Rick se mudó a la casa de Lily y Tim y se convirtió en su cuidador, en su chef y en una especie de tío para los gemelos.

Por su parte, Tim había sostenido relaciones con otras mujeres desde hacía mucho tiempo. Afirma que lo que ha mantenido las cosas en curso en su matrimonio es su convicción de que Lily y él son aliados. Y asegura que lo más importante es que durante su primera conversación, cuando las cosas se volvieron difíciles, "no fingí, no evadí y ni hubo machismo de mi parte; sencillamente, eso no cabía". Me dijo que su matrimonio tuvo una curva de aprendizaje: "Durante los primeros años empecé a experimentar. Comencé a tener relaciones, sólo breves relaciones, diría yo, con otras personas. Y diría que siempre, de alguna manera, con el conocimiento de Lily. Con su consentimiento, o con su desaprobación en ocasiones. Ella es mi amiga y mi protectora, tanto mía como de nuestro matrimonio. A veces decía: 'Eso será un problema. ¡No lo hagas!'"

Fascinada, le pregunté a Tim si entre él y Lily había reglas esenciales. Él rió.

"Las reglas han cambiado con el paso de los años. Cambias mucho cuando creces, y cuando creces con alguien, más. Lo que está bien, lo que es apropiado o no. Al principio acordamos no tener secretos y no quitarnos tiempo, energía ni dinero, ni pelear por nuestros hijos. Eso es lo básico y no ha cambiado. Las reglas en este punto son: nadie con hijos menores de cierta edad; nadie que nunca haya tenido un hijo, a menos que ya no pueda tenerlo. Eso sería sencillamente un desastre."

El novio de Lily no tiene hijos, y no quiere hijos. Entonces las reglas aplican principalmente para Tim.

Aunque Lily a veces se divierte con otros hombres —particularmente disfruta que la busquen hombres más jóvenes, según Tim—, ha permanecido comprometida con el matrimonio durante más de 25 años, y con Rick, casi durante una década y media. "No es que de repente no llegue a dormir a casa", explica. Mientras tanto, aunque Tim ha mantenido múltiples relaciones, nunca ha querido que una de sus parejas se vaya a vivir con él. Le pregunté cómo había cambiado su relación con el tiempo. Se detuvo a pensar por un momento.

"En retrospectiva fue muy inapropiado, porque fue como decir 'Esto es divertido', y vivir en un universo nuevo donde prácticamente puedes hacer lo que quieras dentro de esos parámetros acordados. Así se siente al inicio. Pero *no puedes* hacer lo que quieras, porque tienes que respetar a cada persona involucrada, incluyendo a tu esposa y a tus hijos, aun cuando ella haya provocado todo lo que está pasando. Y también está la persona con quien estás involucrado. Son muchas obligaciones."

Tim usa mucho la palabra *respeto* en nuestras conversaciones. Una vez que nos vimos, aseguraba que nunca había visto a Lily y a Rick hacer más que tomarse de la mano. De hecho, mientras él y Lily se van de vacaciones juntos un par de veces al año, o a un concierto, nunca ha visto que establezcan contacto físico. Explicaba: "Ella no es una persona afectuosa en público. Entonces es por eso; pero también es por respeto hacia mí y hacia nuestros hijos. Mis hijos no quieren sentir como que viven en una comuna. ¡Aunque de alguna manera así sea! Pero no se siente así. Para ninguno de nosotros. Él es un chef. Cocina, cuida la casa, lleva a los niños a donde quieran ir. Así que, para ellos, "Rick es como el amigo de la familia". Lo que suceda con Lily y Rick ocurre tras bambalinas.

"Esa es más una pregunta para Rick supongo", Tim medita cuando le pregunto cómo se siente al compartir a su esposa con otro hombre. "Rick tiene su cuarto; Lily duerme conmigo; así es como funciona. Tenemos una jerarquía. Nuestro matrimonio se encuentra arriba. Él parece estar de acuerdo." El arreglo doméstico parece sentarles bien, después de todo este tiempo. Tim lo describe como "acogedor".

Tim es consciente de que no toda la gente acepta cómo viven. Los vecinos chismosos tienen muchas opiniones y muchas preguntas. "Vienen conmigo y me dicen: "Esto no me concierne… pero, ¿cómo puedes vivir con otro hombre en tu casa? O sea, tú eres una buena persona. ¿Cómo aguantas esto?" Tim se encoge de hombros y les responde que Rick también es una buena persona. Los deja sacar sus propias conclusiones. Una vez escuchó que alguien describía su casa como una "extraña casa de orgías", lo cual me dio risa. "¡Nuestra vida es aburrida! Nos sentamos en la terraza e invitamos a nuestros amigos. ¡A veces jugamos juegos de mesa! Preparamos una gran cena. Bueno, Rick la prepara. Eso es lo fascinante y decadente de nuestra circunstancia."

Las conversaciones que verdaderamente les importan a Tim y a Lily son las que sostienen con sus hijos, quienes ahora son adultos jóvenes. En cuanto detectaron que estaban escuchando chismes sobre sus padres, Tim les dijo que podían preguntar lo que quisieran sobre la dinámica doméstica y acerca de su relación. Ellos dijeron que se sentían lo suficientemente normales y que entendían la situación lo suficientemente bien y no necesitaban saber más. "¿Crees que tus hijos quieran saber lo que pasa en tu cuarto con tu pareja? Claro que no", observaba Tim. "¿Qué te hace pensar que tus hijos quieren saber sobre tu relación con la persona que no es tu pareja?" Tim me dijo que creía que sus hijos pensaban: "Lo que sea que ustedes hagan ahí, es asunto suyo. No hagan que nos involucremos y todos estaremos bien".

Me dio la impresión de que Tim seguía amando a Lily como siempre lo había hecho, quizá porque le proporcionaba no sólo libertad sino el reto constante que los mantenía unidos. Él estaba de acuerdo y agregaba: "Lily es única. Ella me enseñó que el matrimonio no consiste en ser propiedad del otro. De ningún modo. Ella estableció esa la plataforma de nuestro futuro juntos cuando nos casamos".

Tim estaba convencido de que ser abiertos era lo correcto para él y para Lily. No tiene mucho que aconsejar a los demás. Y, a diferencia de mucha gente con matrimonios abiertos con la que he hablado, nunca habla sobre la monogamia como algo "imposible", "hipócrita" o incluso "difícil". Él está más allá de ese punto de su proceso y cuando se trata de su matrimonio parece tener muy poco que demostrar. Prefiere mantener su vida en privado hasta donde sea posible, pero de ninguna manera se avergüenza de ella y parece disfrutar al pensar qué significa lo que está viviendo y por qué funciona para él.

Durante una de nuestras conversaciones me comentó que él estaba superando una ruptura repentina y dolorosa con una mujer casada. Me sorprendí, pues nunca antes había escuchado sobre ella. Tim me explicó que mantenía esa aventura porque creía que el esposo de aquella mujer sabía lo que ocurría. Pero no era cierto. Y cuando se enteró, por medio de un mensaje de texto le exigió que terminara nuestra relación inmediatamente. Y lo hizo. "Yo platiqué con ella durante casi tres años", afirmó Tim sacudiendo la cabeza. Confesó que se sentía tremendamente culpable: "No puedo imaginar lo que estaba sucediendo entre ellos: la ira, el caos". Dijo que la ruptura lo había alterado mucho y juró que nunca más volvería a involucrarse con una mujer si no estaba seguro de que su marido estuviese al tanto de lo que ocurría. Me pregunté cómo lograría hacer eso. ¿Con un permiso, como en la escuela? ¿Con una conversación entre los dos hombres? Tim no estaba seguro. Esta ruptura era reciente, difícil, y lo que más lo molestaba, aseguraba, fue que provocó mucho dolor y que el esposo de su ex novia usaría ese hecho siempre contra ella. "Así es como controlará la relación", resumió, sacudiendo la cabeza nuevamente. "Y asumo parte de la responsabilidad. Me hace sentir mal." Asegura que prefiere ser abierto.

"A veces eso también ha sido difícil. Pero significa que algo como esto —la ruptura de una familia por una mentira o la disolución de un matrimonio con hijos porque alguien fue deshonesto— no sucederá."

Quizás lo que quienes se autodescriben como "comunidad poliamorosa" buscan alcanzar es un tipo de protección contra estos desastres. Quizá su manera de hacer las cosas les garantiza a los hijos los beneficios de una pareja estable, y en algunos casos a ellos, mientras se defienden de las absurdas expectativas de la monogamia y las dolorosas consecuencias de que este frágil concepto quede destruido. Cuando le platico a Tim sobre el poliamor, una práctica cultural emergente, relativamente nueva, y una identidad para la gente que se une a grupos de apoyo como Amor Abierto, Sociedad Poliamor y Amar Más, imagino que se identificaría con ellos. Sin embargo, se muestra incrédulo. "No me considero, a mí, ni a mi matrimonio, *poliamoroso*", asevera decididamente, pero con tacto. Es obvio que quiere que yo entienda lo que está explicando.

"El hecho de que Lily y yo hayamos decidido mantener un matrimonio abierto no constituye una identidad para mí. ¿Qué tendría en común con un montón de personas sólo porque no son monógamas?"

Lily no quiso hablar conmigo. Tim me explicó que era una persona muy reservada, que estuvo de acuerdo con que Tim hablara sobre ella para mis propósitos y que confiaba en su versión de los hechos. No quería ni tenía necesidad de contribuir. Existe un grado de confianza entre Tim y Lily que me pareció sincero. Si alguien hubiera descrito su situación antes de que yo empezara a escribir este libro —"Son abiertos. Fue idea de ella. Él también tiene novias"—, tal vez habría pensado que estaban mal, que temían a la intimidad, que tenían problemas de apego emocional o que había algo turbio en su relación. En pocas palabras, hubiera pensado que tenían "problemas" o "pasados problemáticos". Ahora los veo como creativos y comprometidos. Y ahora considero a Lily como profunda y completamente auténtica.

MUJER FILÓSOFA DEL POLIAMOR

Puede ser que Lily sea más o menos iconoclasta, pero definitivamente no está sola. La filósofa Carrie Jenkins se ha dedicado, con su gran inteligencia y su perspicacia, a analizar acuerdos como el de Lily. Jenkins es profesora de filosofía en la Universidad de Columbia Británica, en Vancouver, donde posee una codiciada cátedra de investigación, puesto que en el mundo académico es equivalente, en los bienes raíces, a tener una propiedad frente a la playa en Malibú o vivir en la parte elegante de cualquier lugar en Estados Unidos.[2] Sus especialidades son temas complejos: epistemología, metafísica y filosofía del lenguaje, matemáticas y amor romántico. Como estudiante de licenciatura y posgrado en Trinity College, en Cambridge, Jenkins se sumergió en la obra de Ludwig Wittgenstein, G. E. Moore y Bertrand Russell. Además de sus labores de docente e investigadora, ha sido editora de la prestigiosa revista de filosofía académica *Thought*. Su libro de 2008, *Grounding Concepts: An Empirical Basis for Arithmetical Knowledge*, fue bien recibido y bien reseñado por sus colegas, pero no fue de tanta relevancia como para tener fieles seguidores o apasionados detractores.[3]

Pero últimamente, con más frecuencia de la que ella pueda tener registro, Jenkins —quien usualmente lleva el cabello oscuro, no muy largo, bien arreglado, con una cola de caballo más bien sencilla, de aspecto deportivo, con lentes de búho y que además suele ser fotografiada con sacos conservadores— tiene muchas posibilidades de ser llamada puta, zorra, "una infección de transmisión sexual en dos patas", "todo lo que está mal con las mujeres", "pucha egoísta" y "basurero de semen", tanto como suele recibir el honorífico título de "profesora".

Estos apelativos le fueron endilgados por primera vez —en comentarios en internet, en mensajes de correos electrónico, en cartas anónimas enviadas a su departamento y en todos los equivalentes contemporáneos del degradante grafiti en las paredes de un baño de hombres que apesta a orina— después de que escribió un artículo en un blog de *Slate*, y todavía más después de haber publicado en 2017 su libro *Qué es el amor. Y lo que podría ser*, un tratado, dirigido al público general, sobre el amor que incluye la tesis de que éste suele ser no excluyente ni exclusivo.[4] Jenkins quiso escribir *Qué es el amor* porque desea que la filosofía sea algo presente y al servicio de las personas reales, aplicada a temas relevantes para la vida: ¿quién no está interesado en el amor? Cuando platicamos, me comentó que su inspiración es Sócrates ("¡Él caminaba por ahí intentando que la gente platicara con él sobre conceptos filosóficos!"), Simone de

Beauvoir ("Escribió *El segundo sexo* para todas las mujeres; *sabía* que era importante") y su amado Bertrand Russell ("Se atrevió a escribir no sólo filosofía analítica, sino también exploró sobre el sexo y el amor. Y pagó un precio muy alto por hacerlo").[5] Jenkins también escribió *Qué es el amor* por razones profundamente personales: ella misma sostiene una relación poliamorosa con dos hombres: su esposo, con quien había permanecido durante "aproximadamente nueve años", y su novio, a quien conoció en 2012. Quería experimentar con las implicaciones teóricas y reales de su propio acuerdo, que ella sabía que estaba ganando popularidad, y explorar y criticar nuestras poderosas expectativas culturales, usualmente tácitas y profundas, sobre la monogamia.

"Si la historia de la cultura popular de la segunda mitad del siglo XX es algo que hay que considerar, las preguntas sobre la naturaleza del amor romántico son muy importantes." Así resumió el porqué de su libro en la introducción, aludiendo a los escándalos sexuales (desde Clinton a Mitterrand), a las letras de canciones populares ("Quiero saber qué es el amor," "¿Qué es esto llamado amor?") y a programas televisivos como *La aventura*.

De su propia vida, escribe:

En las mañanas, cuando camino del departamento de mi novio a la casa que comparto con mi esposo, a veces me descubro reflexionando sobre la distancia entre mis propias experiencias con el amor romántico y la manera como el amor romántico usualmente es entendido en el momento y en el lugar donde vivo (Vancouver, Canadá, 2016). A veces viene a mi mente, como la repetición de una conversación incómoda, una de aquéllas en la que alguien me pregunta de manera perfectamente inocente: "Entonces, ¿cómo se conocieron?", e inconscientemente me obligan a elegir entre una respuesta engañosa y lo que considero *demasiada información*. Si digo la verdad —"Él es mi novio"— a personas que me conocen a mí y a mi marido, inevitablemente les causaré incomodidad —el tipo de incomodidad que se produce cuando de repente se reconoce la existencia de algo extraño, anormal, algo que hace que la gente sienta repulsión. Entonces las respuestas falsas —"Oh, solía trabajar en la oficina arriba de la mía"— son fáciles y cómodas.[6]

Jenkins me dijo que pasa una noche a la semana con su novio Ray y las otras seis noches con su esposo Jonathan.[7] Los tres son muy buenos con los calendarios compartidos de Google. Parte de ser un poliamoroso exitoso, asevera Jenkins, tiene que ver con ser organizado. Desde el inicio de su matrimonio, ella y su esposo decidieron ser no monógamos. Pero Jenkins, siendo rigurosa con la precisión, no estaba segura, al principio, de que quería usar el término "poliamor". Luego se enamoró de su novio y se convirtió a la etiqueta adecuada: *poli*, que significa muchos, y *amor*, es decir, amar a más de uno. Con su compromiso con la filosofía como parte del mundo real, y su pacto con la no monogamia, Jenkins había considerado desde hacía tiempo escribir sobre su vida personal de manera filosófica, pero sintió que debía esperar a obtener una plaza titular en la universidad, lo cual podría ayudarla a mitigar, hasta cierto punto, la posible atención negativa a su obra que aquello pudiera producir.

Jenkins es un pararrayos inusual. Se describe a sí misma como "adicta a ser aprobada" y "al estilo de Hermione Granger, siempre al margen de los conflictos".[8] Asegura que es "la peor rebelde del mundo; siempre quise sacar dieces". No sabía que estaba cruzando una línea peligrosa, hasta que empezó a percibir el odio hacia su persona. Su libro se publicó en 2017, "justo a tiempo para el Día de San Valentín", bromeaba cuando le pregunté. No fue un festival de amor. Los insultos, la humillación, las críticas y las amenazas se produjeron casi inmediatamente.

El simple hecho de hacer pública su vida fue amenazante para el orden de las cosas —monogamia para las mujeres, no tanto para los hombres— e incitó amenazas violentas, principalmente para controlarla, si ella no lo hacía por sí misma. Tras los ataques existe un enfermo complejo de posesión sobre las mujeres y una férrea convicción de que algo sagrado ha sido violentado o profanado y debe ser devuelto a su pureza original. "Contágiate de herpes y muérete, puta. La sharia es más y más atractiva cada día." Así lo expresaron algunos.[9] Su ira era la señal de que la "rebeldía" o el comportamiento "desobediente" de Jenkins constituía una afrenta no sólo para su esposo y para toda la civilización, sino también para las personas que le enviaban aquellos mensajes.

Jenkins habla con serenidad y con mucha apertura mientras charlamos por videoconferencia una tarde de verano. Demuestra una gran ecuanimidad cuando mi hijo de nueve años y su amigo entran ruidosamente a mi habitación, y de repente, frente a ella, tiran mi computadora y debo cambiar de cuarto y, de nuevo, cuando un camión, cerca del balcón de mi casa, se echa de reversa con su ensordecedor *bip, bip, bip* (que sería como las uñas arañando el pizarrón para esta temperamental neoyorkina). En efecto, Jenkins da la impresión de ser una persona que puede escuchar lo que sea, en cualquier tono o frecuencia, y luego hablar sobre el significado de ello con un tipo de inteligencia profunda, bien fundada, y con el tipo de auténtica curiosidad que hace que tu profesor favorito de la universidad destaque. Así se comporta con las amenazas públicas e histriónicas y con los insultos que ha recibido desde la publicación de *Qué es el amor*. "La idea de que las mujeres son naturalmente monógamas sólo empeora las cosas 'cuando somos infieles'", señala. "Palabras como 'zorra' y 'puta', en inglés, corresponden específicamente al género femenino." Y en el fondo de todo, dice, parafraseando a Bertrand Russell, "hay una visión histórica de las mujeres como una propiedad reproductora de los hombres".

Pero propiedad con voluntad y volición, aclara.

"¡Sí!", afirma, adentrándose de lleno en el tema. Porque es propiedad con voluntad, "debes controlarla, y si está *fuera* de control, si está *más allá* de tu control, es extremadamente peligrosa para ti y para la sociedad. Básicamente puede destruir el mundo". Pensé en las colonias de Plymouth y de la bahía de Massachusetts, y en la perseverancia del legado del arado, de las anchas y profundas hendiduras que produjo en la historia de la experiencia de vida de las mujeres. El insulto de que ella era "una infección de transmisión sexual" —que implica que mujeres como Jenkins, que cruzan la línea, están contaminadas al instante, lo mismo que su esencia, y son despreciables y contagiosas, como leprosas, pero leprosas que arrastran al mundo a la perdición—, expresa odio y ansiedad al mismo tiempo, mientras se protege perfectamente con la coraza de la ilusión de control.

Cuando le pregunté si el estigma contra el poliamor y contra las mujeres autónomas y asertivas como ella estaba disminuyendo, Jenkins, rápida y contundentemente, dijo: "No". Claro, existen programas sobre poliamor y hay muchos términos relacionados con la "no monogamia consensual" en el buscador de Google, lo cual podría indicar que hay cierta apertura sobre el tema. Pero Jenkins se muestra escéptica, pues ha sido hostigada especialmente por el evidente racismo de muchos de sus críticos, quienes tienen mucho que opinar sobre su relación con dos hombres de ascendencia asiática: "Puede haber una serie de televisión y conversaciones culturales sobre el tema, pero hay mucha gente para la que el poliamor no está bien, especialmente si se trata de una mujer que lo vive con dos hombres que no son blancos", apunta. Afirma que los comentarios que recibe —burlas como "amante oriental", "puta de asiáticos" y "cubeta de semen japonés"— los proyecta en grandes letras en una pantalla gigante cuando da clases. Invocando el trabajo de Bell Hooks, cuya literatura admira mucho, dice: "Los comentarios y las creencias antipoliamor, misóginos y racistas, están profundamente conectados entre sí y con otros prejuicios culturales".

En este contexto, otras tergiversaciones, aparentemente intencionales, sobre lo que escribe, sobre sus creencias y sobre cómo vive, parecen casi inofensivas, o, al menos, comparativamente inocuas. Pero no lo son. Un artículo sobre Jenkins y su libro, publicado por la revista *The Cut* de Nueva York, explica con mucho detalle la vida con su esposo y con su novio. El título del artículo es: "Quizá la monogamia no es la única manera de amar".[10] Lo ilustraba la fotografía típica de un trío: un hombre abrazando a una mujer mientras sostiene la mano de la otra. No se necesita un doctorado en estudios culturales para leer ese mensaje: "Aun cuando nuestra publicación trata sobre una mujer poliamorosa, reiteramos que tener múltiples parejas sexuales es esencialmente un privilegio masculino".

Estas estrategias de coerción —fotografías de archivo que socavan de manera sutil, epítetos explícitamente racistas, amenazas abiertas— funcionan a la perfección. Muchas mujeres me dicen que evitan usar etiquetas como #feminismo, en Twitter, durante las temporadas en que los agresores misóginos están en su apogeo; esto es, prácticamente siempre. Hasta *Mujer maravilla* y *Talentos ocultos*, los estudios cinematográficos tenían poco interés en hacer películas con protagonistas mujeres para el público femenino. Y se resistían todavía mucho más a producir películas con mujeres negras protagonistas. En efecto, un mensaje de correo electrónico *backeado* al presidente de Marvel, dirigido a un ejecutivo de Sony en 2014, argumentaba que invertir en el público femenino sería un error, lo cual consolidaba la impresión de que Hollywood prefería apostarle a un público adolescente y adulto masculino.[11] Hillary Clinton perdió la presidencia

de Estados Unidos por una ola de convicción de que se tenía que detener
"a esa perra y torcida" o el mundo entero se derrumbaría: las mujeres blancas votaron en su contra. Leslie Jones regresó a la comedia, pero no pudo
ser presentadora durante los Juegos Olímpicos después de haber sido
objeto de comentarios cruelmente racistas y misóginos, por haberse atrevido a defender el derecho de una mujer de tener un trabajo imaginario,
reservado para hombres —cazafantasmas—, pero se tomó un tiempo en
Twitter para abordar el efecto de las agresiones hacia su persona.[12]

Jenkins puede deconstruir y entender las palabras iracundas hacia ella
y hacia otras mujeres que cruzaron la delgada línea del territorio que supuestamente les corresponde, ya sea al rechazar la exclusividad sexual, al
defenderse de la coerción masculina o al postularse para la presidencia.
Pero las palabras duelen, siempre. "Tengo días salvajemente optimistas
y días terriblemente pesimistas y oscuros", resume cuando le pregunto
cómo está tomando la controversia en torno de su libro.[13] "Decir que las
mujeres somos personas, no propiedad de nadie, es profundamente amenazante, incluso para quienes aseguran que creen en la igualdad", observa,
y menciona la corriente de profunda misoginia no examinada que existe
en la actualidad no sólo entre simpatizantes de Trump, sino también entre
algunos seguidores de Bernie Sanders.

"Estoy en la posición de representar el poliamor no extravagante, en la
medida en que soy un ser humano muy aburrido", continúa. "Y amenazo
el estereotipo de la zorra porque escribo como filósofa, tengo credibilidad
y prestigio institucional, y, además, ¡mira cómo me visto para mis fotos:
fachosa!" Se detiene un momento y resume: "Toda esta combinación me
vuelve amenazante y difícil de descartar. Pero el *statu quo* tiene grandes al-
cances. Hay demasiadas cosas erigidas sobre él. Es su base". Durante uno
de sus mejores días, Jenkins asume las reacciones contra su estilo de vida,
contra su libro, contra las mujeres no monógamas que no se disculpan
por serlo, y contra las mujeres que defienden su derecho a la autodeterminación y a la autonomía sexual, como hechos repentinos en extinción.
"Tal vez estas reacciones agresivas sean manifestaciones espectaculares en
decadencia que tenemos que superar. Y, de hecho, son una señal de que los
prejuicios están teniendo una muerte muy trágica porque están profundamente enraizados", postula.

Últimamente piensa mucho en la bondad y en la polaridad entre bondad y crueldad. Desde un punto de vista filosófico, ser poliamoroso significa trabajar mucho para permitir a alguien ser algo que quizá sea doloroso para él: ver a otra persona. Del otro lado de la moneda, significa ser especialmente sensible respecto de su pareja, con quien es abierto, si es que tiene ese tipo de acuerdo. O ser sensible a las necesidades de todos indistintamente, si es parte de una "trieja". Sea el acuerdo que sea, se necesita consideración decidida y escrupulosa. "Puedes aprender sobre la comunicación. Puedes aprender sobre ti y sobre los demás. Puedes aprender sobre empatía también. Pero es posible que la consideración no se pueda aprender", reflexiona Jenkins. Asegura que ser poliamorosa y escribir sobre ello ha sido una experiencia de aprendizaje en muchos aspectos. "Tienes que trabajar para aprender a perdonar, tanto interpersonalmente como en un sentido más amplio", dice. "Una cosa que se ha vuelto muy clara es que el cambio social y la justicia social no sólo incumben a la política pública, sino también a la forma como respondemos y nos vigilamos entre nosotros".

¿Y cómo nos vigilamos a nosotros mismos? Además de todas las amenazas y los obstáculos que las mujeres como Jenkins enfrentan cuando deciden que la monogamia no es para ellas y eligen ser abiertas, o cuando deciden ser no monógamas de manera encubierta (pueden padecer una desdicha profunda en sus vidas familiares, divorciarse, ser molestadas —como Jenkins— por causar la ira de extraños, estar sujetas a violencia física, ser violadas o incluso asesinadas), reflejan e intensifican el desprecio de la sociedad hacia la mujer infiel, reprimiéndose a sí misma. Sujetas a humillaciones por ser zorras, muchas mujeres se unen a los insultos y los amplifican. Con la excepción de Annika, muchas personas a quienes entrevisté eran como Mara de 33 años.[14] Tenía un novio mayor que ella, un ex militar muy posesivo, quien no quería o no podía mantener relaciones sexuales con ella y se rehusaba a buscar tratamiento para su disfunción eréctil. Eventualmente, Mara tuvo una aventura. "Si supieras lo que significó para mí ser deseada", dijo, como leyendo un guión escrito por los colaboradores de un estudio de Marta Meana. Ser deseada fue como un tónico para Mara. Era una joven y hermosa mujer en sus veintes. Me pareció natural y saludable que quisiera y buscara satisfacción sexual y emocional, y que obtuviera la emocional a partir de la sexual.

Pero años después, felizmente casada, el hecho de que hubiera "engañado" a su novio de entonces —quien se enteró de su desliz porque revisó su correo electrónico— la hizo llorar. Su culpa se percibía en el comedor donde la entrevisté y deseé tener una varita mágica para liberarla de ella.

Como dice Alicia Walker: "Cuando se trata de autonomía sexual, las mujeres se enfrentan a restricciones externas e internas de maneras que simplemente los hombres no lo hacen".[15] En ocasiones, como con los participantes del estudio de Walker, el discurso social sobre el hecho de que a las mujeres que no les importa el sexo tanto como a los hombres, las llevó a creer que eran "raras" o simplemente "perturbadas", no sólo por desear tener sexo y buscarlo fuera del matrimonio sino, simplemente, por desearlo. Mientras tanto, el prejuicio en contra del sexo fuera de la pareja, y particularmente en contra de la infidelidad femenina, es tan omnipresente que una mujer que entrevisté, a quien llamaré Michelle, no podía perdonarse, no por ser infiel, sino por haber sido una mujer casada.

MICHELLE

Michelle es una persona segura de sí misma, independiente e inspiradora. Administra una organización sin fines de lucro y tiene un perfil prominente; con frecuencia contribuye con sus comentarios en programas de noticias nacionales y escribe publicaciones populares que logran un alto número de lectores. Es líder de opinión sobre temas serios; es bella e inteligente. Pero también es accesible, divertida, y su sentido del humor es vasto y perverso. No sabía que era gay hasta que me instigó a hablar sobre mi libro, durante la fiesta de una amiga mutua. Franca e irónica, Michelle dijo: "Sabes que soy lesbiana, ¿cierto? Bueno, de cualquier manera ya lo sabes y en algún momento te platicaré sobre una mujer con quien estaba involucrada. Todavía estoy intentando entender cómo pasó y por qué hice lo que hice".

Al poco tiempo, Michelle se iría de viaje para dictar una serie de conferencias, pero seguimos en contacto. Intercambiamos algunos mensajes de correo electrónico sobre su situación y sus pensamientos al respecto, pero mantuvo las cosas en un tono muy general. Eventualmente nos sentamos en un café cuando visitó la ciudad donde vivía. Michelle describió a la mujer con quien salía, desde hacía rato, Delia, como "muy casada, públicamente casada, por decirlo de algún modo", y "como una celebridad en la comunidad lesbiana de mi ciudad".[16] Se conocieron en una fiesta formal, "el tipo de fiesta que inicia de manera civilizada, pero se vuelve un caos", comenta Michelle. Delia había ido a esa la fiesta sin su esposa. Michelle consideró que era encantadoramente insegura. Cuando hablaron, descubrieron que tenían hijos de la misma edad y, después de un par de tragos, Delia le dijo a Michelle: "Mi esposa está de viaje y me da mucho gusto".

"La escuché", me dijo Michelle cuando estábamos sentadas en el café. "Digo, no me di cuenta de que estaba coqueteando conmigo y que le atraía, porque nunca me cruzó por la mente la idea de que me permitiría estar interesada en alguien casada." Le pregunté por qué, y sin más me respondió: "Porque quiero ser más que la aventura de alguien". Aun así, el hecho de que Delia hubiera sugerido que era infeliz en su matrimonio se fijó en la mente de Michelle y ahí se quedó.

Días después se encontraron en el parque, paseando con sus hijos. Terminaron yendo a comer a un restaurante familiar. Los niños se hicieron buenos amigos. Michelle y Delia también. Ésta no dejaba de platicarle a aquélla que su matrimonio era solitario y difícil. Le confesó que había intentado dejar a su esposa antes pero que no había podido ejecutar el plan. Evidentemente estaba sufriendo. Delia también era bella y atractiva, con un astuto sentido del humor, como el de Michelle, y con un firme cuerpo de corredora. Invitó a Michelle y a su hijo a su casa, a cenar, pues su esposa todavía estaba de viaje. "De verdad tenía ganas de estar con ella, pero también quería ser directa. Así que dije: 'No puedo hacerlo, es mala idea porque estás casada'". Delia asintió, dijo que entendía y que Michelle tenía razón.

Empezaron a enviarse mensajes de correo electrónico y de texto al día siguiente. Se escribían sobre qué estaban haciendo, cómo estaban los niños, y luego, después de esa primera semana, sobre su atracción mutua. "Sabía que estaba mal. Principalmente porque Delia era casada y porque a mí esto no me llevaría a nada. Pero la verdad es que estaba ansiosa por recibir su siguiente mensaje." Los mensajes de Delia eran divertidos y honestos. Y crudos. Sencillamente era infeliz por la relación que llevaba con su esposa. Confesó que no había comunicación con ella y que era adicta al trabajo. Poco después, los mensajes se volvieron íntimos. Volvieron a encontrarse en una reunión en la casa de una amiga mutua donde también estaba la esposa de Delia. "Era imposible lidiar con la tensión sexual. Era tan densa que podías verla", recuerda Michelle. "Y continúa así hasta la fecha. Todavía."

Una semana después de esa incómoda reunión, y de más mensajes de texto, una noche el timbre de Michelle sonó. Cuando abrió la puerta, Delia estaba frente a ella. Le dijo que su esposa no estaba y que tenía que verla. Michelle entró y Delia la empujó contra la pared, presionándola. Se besaron; fue un beso largo y apasionado. "Había una línea y la crucé", dice Michelle en retrospectiva. "Es algo muy, muy típico de mí." Le dijo a Delia que se fuera, y lo hizo, pero Michelle no dejaba de pensar en ella —en ese beso, en lo que sintió al tener a Delia contra su cuerpo— y pronto comenzaron a salir juntas. Lo hacían en secreto y era emocionante, pero Michelle no se sentía bien. "A veces Delia pasaba a mi casa cuando salía a correr. Una vez nos vimos en el parque. Otras veces la esperaba en el estacionamiento e íbamos a un hotel. Todo era encubierto; era terrible", recuerda Michelle sacudiendo la cabeza. "Desde el inicio le dije: 'Mira, no podemos seguir haciendo esto, a menos que dejes a tu esposa'. Fui muy clara al respecto. Dije: 'Al menos debes empezar a salir de esa relación'. Y ella respondió: 'En eso estoy'. Y de verdad lo intentó." Unos meses después de su primer encuentro, Delia se separó de su esposa y se mudó a una nueva casa. Michelle y ella pasaron varias semanas juntas, aunque nunca fuera de casa, "porque debían atender a sus hijos". Había semanas que Michelle describe como "increíblemente sensuales, pero también profundas. Teníamos una conexión muy real y existía una gran atracción entre nosotras".

Comenzaron a hablar acerca de cómo integrar sus vidas y qué decirles a los niños cuando todo el mundo se enterara de su relación. La esposa de Delia descubrió una carta de amor que Michelle le había escrito y no le fue muy difícil entender la situación. Descubrió que Delia la había engañado con Michelle y se sintió devastada y muy enojada. Fue a su oficina y le armó un escándalo. Aquello fue algo muy humillante para Delia. Sin embargo, poco tiempo después decidió regresar con su esposa. "Me dijo que se sentía culpable y que no merecía ser feliz cuando su pareja estaba tan mal. Era completamente dependiente de aquella mujer con quien era muy infeliz, pero estaba fuera de lugar que yo le hablara al respecto", cuenta Michelle.

Michelle tenía a su hijo y su trabajo para mantenerse ocupada durante el día, pero en cuanto recostaba su cabeza sobre la almohada la invadían los remordimientos.

"Al principio pensaba: 'Yo no estoy casada, el matrimonio de Dalia ya está deshecho y dice que dejará a su esposa. Entonces estamos en una situación válida'. Al inicio, cuando estaba cegada por el amor y la lujuria, no tenía la capacidad de pensar sobre la moralidad de mis elecciones. Ahora que estoy más despierta y las identifico, me siento mal por tener una aventura con una mujer casada y por causar dolor a su familia. Yo no era la principal causa de su desgracia, pero le tengo cariño a su niño y sé que sufrió."

Michelle sintió también otro tipo de culpa, quizá más abstracta. "Soy una mujer gay que quería igualdad de matrimonio porque respeto la institución. Como gay defiendo el derecho de estar casada, y luego, de manera descuidada, me entrometo en el matrimonio de otra pareja. Eso me avergüenza."

Sin embargo, esa historia de amor no había terminado. Después de varios meses de terapia con su esposa, Delia le dijo que quería salir con Michelle. Su esposa estuvo de acuerdo. Michelle tenía sus dudas, pero las tres se sentaron a la mesa y lo discutieron. "Fue un poco loco. Pero su esposa dijo que entendía que había mucho que Delia no estaba recibiendo del matrimonio, que quería que fuera feliz y que estaba de acuerdo con que saliera conmigo." Aun así, después de un periodo de euforia por estar con Delia de nuevo, Michelle empezó a sentirse cada vez más ansiosa. Unos meses después de iniciar su segundo intento con su matrimonio, la esposa de Delia "se sintió muy mal", según Michelle, y exigió que Delia dejara de verla. Ésta parecía paralizada y contrariada; no sabía qué hacer. Michelle, angustiada, decidió romper la relación. "No era bueno para nadie." Sacudió la cabeza. Había pasado más de un año desde que se separaron y no se sentía menos confundida y lastimada que entonces. Parte de su dolor, dijo, provenía de que su relación con Delia hubiera iniciado de manera ilícita.

Michelle comenzó a llorar mientras me explicaba: "Eres un secreto cuando amas a alguien que está casado. No importas, estás bajo un velo de misterio y de vergüenza. Tuvimos un amor magnífico y debimos ocultarlo, no obstante lo hermoso que fue". El hecho de que Delia hubiera tenido que ser sincera con su esposa acerca de su deseo de volver a ver Michelle no marcó ninguna diferencia. Michelle volvió a ser echada a un lado. Fue devastador, incluso si técnicamente fue ella quien decidió terminar la relación. Lo hizo para protegerse a sí misma y para sentir que hacía lo correcto, no porque hubiera querido hacerlo. De alguna manera, fue el peón en la relación de Delia con su esposa. Y eso le dolía horriblemente. Poco después de que nos sentáramos a platicar, Michelle me confesó que había recibido una carta de Delia.

"Quiero que sepas que, en caso de que muera, o en caso de que no encuentre un momento o una forma para decírtelo, pienso en ti todos los días de mi vida." Así empezaba la carta. Era una hermosa misiva sobre amor, sexo y unión. Pero después de leerla, después de llorar y de preguntarse si había hecho lo correcto, o si debió luchar más e intentar hacer permanente su relación con Delia, Michelle se descubrió pensando: "La vida es demasiado corta, ¿por qué insisto en sentirme así de mal?" Entonces terminó con Delia de una vez por todas.

Todavía la encuentra en algunos lugares y le hace notar que, al verla, camina en otra dirección. No es fácil. Está segura de que ella y Delia serían felices juntas. Pero siente que eso es imposible. Después de todo, Delia asegura que quiere terminar con ese matrimonio, pero no lo hace. Quiere libertad y quiere a Michelle, pero se siente tan culpable que es incapaz de exigir y tomar lo que desea. Michelle lloró un rato más antes de decírmelo. Le dije que lamentaba que conversar conmigo significara desempolvar esos recuerdos y que apreciaba que compartiera conmigo esta dolorosa historia. Ella asintió. Estaba ocupada. Tenía que dar una charla y debía irse. "Tengo que agradecerte —dijo—. Porque éstas son cosas de las que no se puede hablar con nadie. Mi conflicto por lo que viví con Delia se agravó porque no podía ser público, no podía ver la luz del día. Y ahora siento que es posible." Michelle concluyó asegurando que quería honrar la intensa conexión sexual, romántica y emocional que sintió con Delia. Yo me sentí honrada de poder escucharla.

HOMBRES QUE AMAN DEMASIADO
A MUJERES (CASADAS)

Resulta que algunas personas sencillamente aman a quien está con alguien más. Ese era el caso de Michelle. Se enamoró de Delia, quien ya estaba con alguien. Haberse enamorado de ella fue una insensatez que tuvo como consecuencia un corazón roto. Michelle no tenía un historial de salir con mujeres casadas, "sólo sucedió".

Pero a algunas personas les atraen las mujeres que ya tienen pareja, por varias razones: porque es conveniente, porque es un poco peligroso o porque sienten "algo" por las mujeres casadas. Hablé en persona y mediante mensajes de correo electrónico con varios hombres para quienes estos factores parecían estar en juego. Robert, de 60 años de edad, me platicó su historia acerca de que sostuvo una relación con una mujer casada cuando era más joven.[17] Era una historia sensual (esta anécdota proviene de un mensaje de correo electrónico y de una conversación telefónica), con un final infeliz. "Una mujer casada es responsable de uno de los peores sustos de mi vida. Se llamaba Sally. Yo tenía veintitantos años y nos veíamos en mi departamento una vez a la semana. Y eso era maravilloso… Me gustaba que se sintiera atraída por mí y que hiciera algo al respecto. Me gustaba su independencia en ese sentido. Quería hacerlo y lo hacía. Era un arreglo atractivo y no había compromisos de por medio. No tenía que invitarla a salir ni ella preguntarme si debía hacerlo. No era algo serio para mí: sólo nos divertíamos. Pero llegó un momento en que fuimos muy indiscretos. Yo era joven y tonto… Y ella era apenas unos años mayor que yo. Un día salimos a un bar y un amigo suyo nos vio… Un viernes por la noche recibí una llamada de un hombre, más o menos a las 19:00 horas, preguntándome si Sally estaba conmigo. Pensé que era un número equivocado. Una hora después, el teléfono sonó de nuevo. La misma voz de aquel hombre diciéndome que sabía dónde vivía yo y advirtiéndome que si volvía a tocar a Sally otra vez, él lo sabría y me mataría."

Temblando, Robert caminó al baño y vio su reflejo en el espejo. Toda la sangre se le había ido del rostro. Le habían recordado —con una amenaza de muerte— que vivía en un mundo en el que las mujeres son propiedad de los hombres y que la transgresión a ese estado de cosas podría ser letal. Funcionó. Se vio como hombre muerto. Como Walter Neff en *Pacto de sangre* sabía que una mujer infiel es tan peligrosa como atractiva. Pero, a diferencia de Neff, Robert escapó de la situación antes de que se volviera más complicada. Me dijo: "Me mantuve alejado, pero bien. Esperé unas semanas para hablar con Sally y explicarle lo que había pasado y para decirle que lo nuestro había terminado. Poco después, ella me habló para decirme que planeaba dejar a su esposo para estar conmigo mí. Le expliqué que eso sonaba encantador pero que no estaba dispuesto a que me dispararan por ello. Después de esa experiencia limité mis juegos y mi diversión a mujeres solteras".

Es difícil ignorar que una de las cosas que le gustaron a Robert de Sally fue lo que él llamó su "independencia". Ella estaba casada y eso no la detuvo para vivir una aventura con Robert. Era claro que el sexo era parte de su plan. Estos factores también llevaron a Walter Neff, con conocimiento de causa, a la órbita de Phyllis Dietrichson, y a su perdición, cuando ella mueve los hilos para orillarlo a matar a su adinerado esposo. "Es una hermosa ajorca en tu tobillo", le dice Walter a Phyllis durante su primer encuentro cargado de tensión sexual y doble sentido.[18] En ese entonces, las ajorcas en el tobillo significaban que una mujer era "fácil", pues se asociaban con prendas de cortesanas y prostitutas. Entonces nos enteramos quién tiene el poder y cómo terminará todo.

Mientras tanto, Robert necesitó el guión cultural que prescribe que las mujeres casadas son propiedad de sus maridos. El guión se mantuvo indemne cuando Sally le dijo a Robert que quería ser *su* esposa. Básicamente, quería cambiar de jugador. El miedo de Robert tuvo sentido para mí, y la ira del esposo de Sally es muy familiar, la incansable repetición de la misma canción. Pero me sorprendió saber, conforme lo entrevistaba y lo leía, que hay hombres muy diferentes al esposo de Sally, hombres que quieren ser Robert y el esposo de Sally al mismo tiempo. Estos hombres no sólo toleran que sus esposas crucen la línea o fingen demencia cuando sucede. Quieren y les piden que lo hagan. Estos hombres tienen un fetiche en particular: una profunda necesidad de ver que sus esposas les sean infieles. Son la antítesis de Pedro el Grande, quien decapitó al supuesto amante de su esposa y luego ordenó que su cabeza fuera conservada en un frasco de alcohol y expuesta en el cuarto de la esposa infiel, donde estaría forzada a contemplarlo todas las noches.[19] No, estos hombres no son posesivos y no son violentos cuando sus esposas andan por ahí. De hecho, nada los excita más que estar casados con una adúltera. Le dan la bienvenida, y celebran y maquinan la infidelidad de su mujer, para su propio deleite sexual. La primera vez que supe sobre estos casos fue por medio de las redes sociales y fue muy aleccionador.

CUCÚ PARA LOS CORNUDOS

"Te ves como la clásica esposa caliente", decía un mensaje que llegó a mi cuenta de Instagram. "Bueno, tal vez", pensé mientras lo borraba sin darle mucha relevancia. Después de todo, ¿quién no ha recibido mensajes directos no deseados, a veces con contenido e insinuaciones sexuales? "¿Eres una esposa caliente?", me preguntó otro mensaje directo, de otro extraño, durante esa misma semana. "Uf", pensé, y también lo eliminé. Y luego un tercer mensaje: "Hola, ¿te gusta el estilo de vida cornudo?" Éste me hizo pensar. ¿El estilo de vida cornudo? Accedí al perfil del tipo que me había enviado ese mensaje. Ex militar. Corte de cabello militar. Su página abordaba deportes casi de manera exclusiva. Se veía macho. Pero el término "estilo de vida de cornudo" evocó al Chaucer que leí cuando era estudiante: historias como "El cuento del molinero" y "El cuento del mercader", donde mujeres jóvenes sostenían relaciones sexuales en las narices del confiado e inútil marido. En ambos cuentos no castigan a la esposa, y el hazmerreír es el despistado marido, para quien tanto ella como el narrador y el lector sienten algo de desprecio.

Después de un rato de buscar en Google, regresé al mundo de Chaucer, excepto que en este caso los esposos no son inocentes. No están ciegos como el caballero, el esposo en la historia del mercader, o son desdichados como el carpintero, el esposo en la historia del molinero. Los hombres del estilo de vida "cornudo" o de la "esposa caliente" son completamente conscientes. De hecho, maquinan de manera activa para que les pongan los cuernos, porque les excita escuchar o ser testigos de la infidelidad de sus esposas. Rompen el guión de la posesión masculina. El hombre que practica esto acepta que está casado con una mujer infiel —su esposa caliente—, y la incita a "traicionarlo", una y otra vez, porque… le gusta. Y parece que no hay escasez de estos hombres —o de los hombres que fantasean con hacer lo que estos hombres hacen—. Este subconjunto fascinante de manías y perversiones es el segundo más común entre los usuarios heterosexuales de pornografía de habla inglesa. El investigador Justin Lehniller descubrió, en una encuesta, que de 4000 hombres, 58% habían tenido fantasías acerca de compartir a su pareja con otros hombres, o de que les hayan "puesto el cuerno".[20] A algunos les gusta estar presentes durante el acto o incluso participar en él, mientras otros sólo disfrutan al ayudar a maquinarlo y luego escuchar hablar sobre la experiencia.

En el artículo de Nerve.com titulado "Toma a mi esposa, por favor", Kai Ma proporciona una buena introducción y una visión general de lo que los practicantes llaman "corneo" y "esposas calientes".[21] Señala que un marido que quiere ver a su esposa teniendo relaciones sexuales con otro hombre, o la alienta a hacerlo, está en contra de la esencia de la institución del matrimonio, de la ideología de la masculinidad e, incluso, del patriarcado, de manera radical. Muchos de estos hombres, según Ma —quien entrevistó a varios de ellos y se sumergió en el mundo de la vida del cornudo por medio de sitios web como Chatzy.com y CuckoldPlace.com—, son lo que consideramos "alfas", en su día a día, hombres hipermasculinos que disfrutan jugar el papel del "beta" en su vida sexual con sus esposas. Una pareja con quien pasó algún tiempo, Kurt y Christina, le explicaba sus sesiones con un "toro" —el término para el otro hombre que tiene relaciones sexuales con la esposa caliente—, llamado Claudio, con quien "jugaban" regularmente. Kurt y Christina encontraron a Claudio en Craigslist. Habían especificado que el toro que necesitaban debía tener el pene más grande que el de Kurt. Éste, quien solía estar en el ejército, se excita mucho cuando Christina dice cosas como "Claudio toca puntos en mí que tú no". Aún más, le encanta ver a Christina durante las relaciones sexuales que sostiene con Claudio, o con cualquiera de los otros toros que han invitado a su cuarto y a su relación, cuyos penes son más grandes que el suyo. Kurt dice que disfruta que los toros sean más que él, tanto física como psicológicamente, pues hacen que se sienta menor en todos los sentidos. "Ésta es un área de la vida donde puedo elegir ser sumiso", le dijo a Ma. Existe una creencia profunda y permanente de que un hombre de verdad controla a su esposa. Kurt y sus compañeros de cuernos saborean ceder ese control. Muchos de ellos se excitan al no ser el hombre "más grande" en el cuarto.

Los hombres que se identifican como cornudos pueden esconderse para ver el acto u observarlo por medio de una cámara de video. Sin embargo, otros están lejos cuando ocurre el sexo entre su esposa y el toro, pero están presentes en los momentos previos. Disfrutan ayudar a sus mujeres a alistarse para sus citas: uno le rasura las piernas, le prepara la cena o hace la reservación en el hotel, compra su atuendo sensual, que vestirá en la cita, y alista los condones que llevará. Y otros hombres disfrutan que les platiquen después lo que sucedió con lujo de detalles. Y luego están los cornudos a los que les place el sexo oral con ellas después del hecho —esto se llama "limpieza"—. "Lo que lo hace erótico —como uno de ellos explica— es que mi mujer verdaderamente disfruta al toro. Luego regresa conmigo y me humilla diciendo: 'Ahora es tu turno de tomarme. Puedes probar lo que el otro dejó'." Para estos hombres, someterse a la infidelidad femenina es delicioso.

No todos los hombres casados con esposas calientes son cornudos. En su blog sobre este estilo de vida, Alexis McCall, una esposa caliente, que se describe a sí misma como guía del estilo de vida de las esposas calientes, aclara lo que cree que son algunos malentendidos, al describir su relación con su esposo, quien disfruta cuando ella tiene relaciones sexuales con otros, pero no es sumiso sexualmente hablando.[22] Le excita escuchar sobre el particular, pero no le gusta ver y no disfruta ser humillado como los hombres que entrevistó Ma. McCall define a una esposa caliente como una mujer casada cuyo matrimonio es abierto sólo para ella, así que puede ver y tener relaciones sexuales con otros hombres, con el permiso y la aprobación de su esposo, para satisfacer su fantasía de compartirla con otros hombres y para beneficio del matrimonio.[23] Si el matrimonio no es abierto y mantiene relaciones sexuales con otro hombre, dice McCall, ella es *infiel* (es extraordinario cuando otras mujeres, que son consideradas zorras por la opinión popular, avergüenzan a otras llamándoles zorras, como si consideraran que son peores que ellas, pero este es un tema para otra ocasión), y si el matrimonio es abierto de ambos lados, es una "intercambiadora de parejas". Repite: las esposas calientes son otra cosa. Muchas de ellas, como McCall, visten una ajorca en el tobillo, al estilo de Phyllis Dietrichson y de un mundo entero de mujeres atractivas y peligrosas. Los brazaletes son una manera de anunciar su disponibilidad a otros hombres dentro de ese estilo de vida. También ayudan a otras esposas calientes a conocerse. McCall asegura que puede ver a una mujer en el estacionamiento de una tienda de abarrotes y saber al instante que está dentro del estilo de vida. Lo sabe por su joyería, incluyendo la manera en que porta anillos en todos sus dedos, excepto en el anular, y por la manera en que nota la ajorca de Lexi.

McCall confiesa, en una de sus publicaciones, que fue miserable en su matrimonio anterior, en el que no había relaciones sexuales, y consideraba tener una aventura, antes de que su esposo le hablara sobre su interés de practicar este estilo de vida. Eso cambió las cosas. "Estaba comprometida, en mi mente, en cuanto me enteré que tendría una vida sexual fuera del matrimonio, lo cual había estado planeando de todos modos", explica. Suena como un desastre de entrada, pero no para McCall ni para su esposo. Contrariamente a lo que se pensaría, menciona que practicar lo de las esposas calientes proporcionó intimidad y una mejor comunicación en su matrimonio. Esencialmente, salir a tener relaciones sexuales con otros hombres, con el estímulo de su esposo, salvó su relación, y les ayudó a hablarse y a conectarse mucho más que antes. La infidelidad femenina, hecha fetiche y vuelta realidad, se volvió el pegamento que mantuvo unida a esta pareja, por la necesidad que tenían de hablar de manera honesta, y propició que se desearan mutuamente como nunca antes les había ocurrido.

En su increíblemente fácil de leer y completo *Esposas insaciables*,[24] el psicólogo clínico y terapeuta sexual David Ley descubrió algo similar: las parejas que están dentro del estilo de vida de los cornudos y de las esposas calientes varían en la forma como lo practican, pero lo que tienen en común los más exitosos son los impresionantes niveles de conexión e intimidad, una comunicación envidiable y altos niveles de deseo entre ellos, en comparación con las parejas monógamas. Cuando se encontró por primera vez con este estilo de vida, mientras leía respuestas a una encuesta por internet que había enviado, Ley (quien también escribió *Pornografía ética para pitos*, lo cual demuestra su talento para los títulos literarios) pensó que la gente lo estaba engañando. Prácticamente no existe bibliografía al respecto. Pero, explorando un poco más, estableció contacto con algunos practicantes de ese estilo y los entrevistó extensamente. Lo que descubrió

fue sorprendente para él. "Al inicio pensé: 'Esto no puede ser saludable'",
me dijo cuando lo entrevisté por Skype.[25] "Y luego tuve que detenerme.
¿Por qué daba por hecho que estas parejas, usualmente en matrimonios
que duraban décadas, no eran saludables sólo por tener comportamientos sexuales fuera de la norma? Estaba permitiendo que mis prejuicios
sociales sobre la monogamia, la promiscuidad y la sexualidad femenina se
introdujeran en mi juicio clínico." En lugar de eso, Ley decidió escuchar.
Entrevistó a otros participantes en el estudio y se sorprendió todavía más
cuando descubrió que, como Alexis McCall y su esposo, muchas parejas
tenían niveles extraordinarios de compromiso, mostraban un profundo
respeto entre sí y se comunicaban con suma habilidad. Varios también reportaron altos niveles de satisfacción marital y sexual después de décadas
de estar juntos, lo que no es usual.

Según Ley, existen variaciones dentro del estilo de vida. Por ejemplo,
una pareja, Bobby y Richard, ni siquiera discute sobre las actividades extramaritales del primero, las cuales conduce la segunda por su cuenta con
gente que conocen, por razones de seguridad. Pero Ley también entrevistó a parejas en las que el hombre participaba en las experiencias sexuales
de su esposa con otros hombres y me dijo que varios varones que practican este estilo de vida tienen tendencias homosexuales. "No se sentirían
cómodos de ir a un club homosexual, pero le harían sexo oral a un hombre
en el contexto del corneo, si las esposas les pidieran que lo hicieran como
parte del juego", explicaba Ley. Una de las personas que Ley entrevistó
—casado durante 20 años y profundamente enamorado de su esposa— se
identificaba como bisexual y decía que disfrutaba de sedosos segundos
con ella después de tener sexo con otro hombre, porque "su presencia se
mantenía en ella".[26] En casos como éste, los hombres en este estilo de vida
pueden explorar su fluidez sexual, aunque muchas veces no lo admiten.
En este aspecto, no son diferentes a Alfred Kinsey, el padre de la investigación sexual estadounidense y fundador del afamado Instituto Kinsey.
Según se dice, Kinsey disfrutaba compartir a su esposa Clara con otros
hombres, incluyendo a su aprendiz Clyde Martin, con quien puede o no
haber estado involucrado sexualmente.

Mientras tanto, en un estudio sobre hombres cornudos que hizo Ley
junto con Dan Savage y Justin Lehmiller, los investigadores descubrieron

que este estilo de vida también es popular entre hombres homosexuales en la era de la igualdad matrimonial.[27] Puede ser que, una vez que los hombres homosexuales se puedan casar, estén más y más interesados en ser cornudos o esposos calientes. "Parece que cuando tu relación está codificada y legalizada es más erótico ser cornudo porque se vuelve tabú", explicaba Ley.[28] Como lo describía una de las parejas heterosexuales: "Para que el pasto parezca mejor del otro lado de la cerca… tiene que existir una cerca… Si no hay cerca, todo es pasto".[29] El matrimonio crea una cerca o una línea que cruzar. Para algunos de nosotros, cruzar esa línea es un pecado; para otros, un fetiche, una transgresión con una inmensa carga erótica.

En muchas páginas de internet de cornudos, incluyendo MySlutWife. com y BlackedWives.com, es evidente que las razas juegan un inquietante papel en el estilo de vida del cornudo y de las esposas calientes. Existe una fijación abrumadora por los mandingos, es decir, hombres negros bien dotados. Uno podría decir que en estos escenarios todos sacan algo para sí mismos. Pero si el estilo es radical en la mediación que les otorga a las mujeres, quienes parecen tener total libertad sobre con quién tener relaciones sexuales con abandono, es retrógrada en su dependencia y en la cosificación de los estereotipos —del hombre negro "hipersexual" y del GPN o gran pito negro—. Un toro le comentó a Kai-Ma que se rehusaba a responder a los anuncios de parejas blancas porque tenían un criterio "rígido, estereotípico y simplemente racista". Para algunas de estas personas, un hombre negro necesariamente es un rufián con trenzas o un jugador de baloncesto… "el gran mandingo negro".[30] Suspirando, mencionaba un anuncio que decía: "Queremos que te parezcas a Usher". "El típico toro en Craigslist no se parecerá a Allen Iverson o a Usher, así que… supera tus estereotipos de una vez por todas."

Mireille Miller-Young, la historiadora y académica de la pornografía, tiene una opinión matizada sobre la figura del mandingo y lo que llama la "sociabilidad de los cornudos".[31] Ella y su coautor, Xavier Livermon, subrayan la importancia de reconocer que existen "deseos movibles" en juego en el fetiche racial de la práctica de los cornudos con mandingos, lo cual, dicen, por una parte, está lleno de "posibilidades productivas y potencial de rareza" para todos los actores dentro del trío. Al mismo tiempo, exige labor sexual de hombres negros, convirtiéndolos en el estereotipo de las amenazantes bestias de carga. Miller-Young y Livemon sugieren que la pornografía en general, y los cornudos de mandingos en particular, "son algunos de los lugares donde se revelan nuestros más privados puntos de vista sociales sobre las razas".

"Al erotizar la impotencia sexual y la humillación de la cabeza de la familia (usualmente un hombre blanco), y llevar a la práctica la amenaza de que el hombre negro, con su poder sexual, desplaza al esposo blanco, este género de la práctica de los cornudos también permite la posibilidad de que los hombres blancos sean sexuales con hombres negros en la persona de sus esposas, reinterpretando su ansiedad y su amenaza como emoción. A su vez, el cuerpo de la esposa blanca actúa como un conducto de los deseos del hombre blanco, de pureza racial, y también respecto del cuerpo del hombre negro."

En este sentido, ella no es una mujer que cruza las líneas, sino más bien una actriz en el juego de pasiones de su esposo: complejo, racial, y que tensa la heteronormatividad.

Si ser una esposa caliente suena iluminador, y quizá empoderador, puede no serlo. Algunos hombres dentro de este estilo de vida dan la impresión de que, a la hora de la verdad, están mucho menos interesados por la libertad sexual de su esposa y mucho más interesados por coreografiar con precisión su propio placer. En algunas ocasiones, una esposa puede no disfrutar ser el personaje dentro de los guiones del esposo. O las parejas descubren que sus intereses ya no están alineados. "A veces te encuentras situaciones en que el hombre está muy molesto porque su esposa no lo está haciendo bien", me decía irónicamente David Ley. "Dirán: '¡No, no, no, así es como lo tienes que hacer; este es el tipo de hombre con el que fantaseo que estés!'"[32] Ley parecía estar divertido, apoyando a las mujeres cuando mencionaba: "Lo que vi fue una gran cantidad de mujeres que empezaron a involucrarse en esto para satisfacer las fantasías y las necesidades de sus esposos y gradualmente comenzaron a desarrollar más autonomía e independencia sexual. Estas mujeres dirán: 'Estoy interesada en esto, en desarrollar relaciones', o sólo hacerlo a su manera, sin que estén involucrados los controles del hombre". Parafraseando un dicho entre quienes intercambian parejas, ten cuidado con lo que deseas porque eres un hombre que quizá puede tener varios orgasmos al día, pero estás casado con una mujer que puede tener muchos más por hora. El miedo y la fantasía de "soltar las riendas" de tu esposa es que —como dice Alexis McCall— una vez que tu genio salió de la botella, no va a regresar".[33]

En el fondo, Ley piensa que las relaciones que estudió de este estilo de vida pueden ser muchas cosas para los hombres: bisexualidad, interés en ser sumiso, deseo de control, ansia de ceder el control o ser masoquista. Miller-Young agregaría: acceder al cuerpo masculino negro mientras evitas tu homosexualidad. Lo que más impresiona a Ley, me dijo, es la increíble inventiva y creatividad de los acuerdos que vio. "Es como si estas personas entendieran el poder sexual real de las mujeres con las que están", se maravillaba. Y entonces dice: "Bien, la sexualidad femenina es 'insaciable' de formas en que la masculina no lo es. Entonces vayamos juntos en este viaje. Ellos obtienen satisfacción indirecta por experimentar la sexualidad femenina".

El cornudo elige unir fuerzas con su esposa caliente, a sabiendas de que su capacidad de placer no tiene límites, a diferencia de la suya. Separándose de la tradición de los hombres que han intentado contener, exterminar o disminuir la libido femenina, o contenerla dentro de los límites de la fidelidad, el cornudo sabe hacer algo mejor. La aprovecha, porque así ella lo puede llevar a todos lados.

CAPÍTULO NUEVE

La vida es corta. ¿Deberías ser infiel?

No falta investigación sobre por qué las personas son infieles. Quizás la creencia más común, la que hemos adoptado con fuerza y alrededor de la cual hemos construido toda una cultura y un guión de género, es un planteamiento binario que afirma que los hombres quieren sexo y las mujeres quieren conexión e intimidad. No se puede buscar "aventura" en Google sin, eventualmente, llegar a esta supuesta "verdad universal" sobre la lujuria y el compromiso. Pero díganselo a las participantes en el estudio de Alicia Walker, a las que se metieron a Ashley Madison para buscar y pasar por "audiciones" a hombres que les darían lo que ellas querían y que no tenían en sus matrimonios: sexo. Y a las que estaban en matrimonios heterosexuales declarados que buscaban a otras mujeres, en línea, para encontrarse sexualmente, en persona, por una sola vez. Díganselo a los terapistas de parejas como Tammy Nelson, autor de *La nueva monogamia*, quien dice que, según su experiencia, "los hombres y las mujeres quieren fundamentalmente las mismas cosas cuando tienen una aventura. Quieren sexo y conexión. Quisiera haber sabido eso más pronto en mi carrera y en mi vida: que en lo que tiene que ver con motivaciones, los hombres y las mujeres, en realidad, son muy similares".[1] Con demasiada frecuencia, a los participantes en los estudios se les hacen preguntas que los llevan a responder en cierto sentido o… se sienten presionados por un guión cultural general a hacerlo. Es probable que las mujeres, a quienes se les dice que ellas buscan intimidad y conexión emocional, internalicen que así es

267

como son las mujeres, por lo que así es como ellas deben ser; entonces los investigadores oyen lo que ellas esperan, por lo cual hay pocos incentivos para que ellos hagan el tipo de preguntas que Lisa Diamond y Sarah Hrdy formularon sobre las motivaciones sexuales masculinas y femeninas, las identidades y los deseos. Tal autoinforme es una pendiente resbaladiza cuando la ideología se asoma de manera tan contundente.

Pero, como las mujeres en los estudios de Walker, algunas otras, aparentemente, se resisten de manera persistente al dogma. De las 2 000 usuarias encuestadas de la página Victoria Milan, para gente casada en busca de aventuras, la mayoría respondió, cuando se les preguntó por qué eran infieles, que era "para añadir emoción a mi vida" (35%), y un grandísimo 22.5% (más de uno de cada cinco) reportó hacerlo porque estaban insatisfechos en sus camas maritales.[2] En un estudio Kinsey de 2011 sobre infidelidad y "personalidad sexual", los investigadores encontraron que 506 hombres y 412 mujeres encuestados, en línea, eran infieles, lo que resultaba una tasa estadísticamente comparable.[3] También descubrieron que el temor al fracaso en el desempeño sexual elevaba las posibilidades, tanto entre hombres como entre mujeres, de que tuvieran relaciones sexuales que no fueran con su pareja; quizá porque un compañero nuevo, de un solo encuentro, era una oportunidad para convencerse de que ese no era un problema o representaba la oportunidad de estar tan excitados que no habría tal problema. Finalmente, aquellas mujeres que reportaron estar en relaciones o matrimonios sexualmente incompatibles tenían 2.9 veces más probabilidades de ser infieles que las mujeres que no estaban en esa situación. En su encuesta Buenos en la Cama, de 1 923 mujeres y 1 418 hombres, la investigadora sexual Kristen Mark descubrió que era igualmente probable que hombres y mujeres consideraran ser infieles por "aburrimiento" en una relación y que, en los primeros tres años de una relación, aproximadamente, había el doble de probabilidad de que las mujeres pudieran aburrirse, en comparación con los hombres.[4]

Algunas mujeres se involucran con personas que no son su pareja porque pueden hacerlo. Tener acceso a los recursos y, particularmente, ser el proveedor o el principal proveedor de su casa libera a las mujeres, en el Occidente industrializado, de ser sexualmente autónomas, tal como sucedía con las mujeres huronas, que vivían en una sociedad en la que tenían un estatus alto, porque abastecían al grupo. Escuché al menos una docena de historias de mujeres que me contaban sobre amigas de amigas de amigas que eran ricas por su propia cuenta, tenían sus propias casas y sus fondos fiduciarios o acumulaban o ganaban riqueza, por lo cual estaban en posición de tomar decisiones sobre sus vidas sexuales. En esta categoría viene a la mente Tilda Swinton.[5] Rica, bella y poderosa, por algún tiempo se reportaba que vivía en un castillo en Escocia con su compañero de vida, con quien tenía gemelos, y también con su novio, casi 23 años más joven (en una entrevista con Katie Couric, entre otros, Swinton negó estar en una "relación dual" con esos hombres; sin embargo, no negó tener un arreglo que quizás les parecía inusual a algunos). Una mujer me platicó sobre una conocida, una heredera que vivía en una casa fabulosa con su esposo... que también tenía una relación con el padre de su pequeño niño en Europa. Ella iba y venía entre hombres y continentes. A falta de apoyo intensivo de los parientes, el dinero puede funcionar como una especie de amortiguador en contra de la ideología restrictiva y la amenaza de sus consecuencias para la autonomía sexual femenina, incluyendo represalias masculinas, como retirar el apoyo económico o, incluso... la violencia. Es más difícil imaginar que alguien levante la mano en contra de una mujer que es dueña de la casa donde uno vive y que pone la comida en la despensa, de lo que es imaginarlo en contra de una mujer que es mantenida por un hombre.

Otras mujeres son "infieles" porque tienen que serlo, porque se espera que lo sean o porque es práctico. En varias culturas de paternidad divisible de América del Sur una mujer monógama puede ser considerada tanto tacaña como mala mujer. Más cerca de casa, la antropóloga Arline Geronimus ha demostrado, en su obra y su artículo "Lo que saben las mujeres adolescentes", que en áreas de Estados Unidos en que la proporción de sexos está sesgada en contra de las mujeres —es decir, en que hay notoriamente menos hombres que mujeres—, retrasar la crianza de hijos y la monogamia son estrategias reproductivas y sociales que las mujeres difícilmente se pueden permitir.[6] En vecindarios en que hay altos niveles de encarcelamiento, por ejemplo, las mujeres y los niños podrían beneficiarse de relaciones en serie y de depender de la familia extensa y de otros apoyos de parentesco para criar a los niños. Al contrario de lo que afirman los conservadores sociales, esto tiene menos que ver con la moralidad y más con las circunstancias materiales y con el tipo de estrategias y concesiones de maternidad en un ambiente en ocasiones hostil —en este caso, uno devastado por el racismo institucionalizado—, que ayudó al *Homo sapiens* a progresar.

Hay otros conductores que quizás sean difíciles de "sentir". Algunos biólogos evolutivos creen que salimos en busca de un compañero con quien seamos compatibles a nivel genético. ¿Quién podría olvidar la famosa prueba de la camiseta?[7] En caso de que la hayas olvidado, la prueba presentaba a 49 mujeres las camisetas que habían sido usadas durante dos días por hombres que no se pusieron loción, ni desodorante ni jabón. Cuando se les pidió que las olieran y clasificaran la sensualidad de los olores, ellas escogieron las camisetas de hombres con algo que se llama complejo mayor de histocompatibilidad (CMH), que era más diferente al de ellas. En general, mientras más diferente es el CMH de ambos padres, más saludable será la descendencia. La prueba de las camisetas sugiere que el olor bien podría estar en acción al escoger pareja y que somos atraídos a compañeros a través del olfato con base en qué tan buena mezcla genética son, lo que quiere decir qué tan diferentes son algunos de sus genes. Específicamente, los genes que generan moléculas que le permiten al sistema inmunitario reconocer invasores. Leslie Vosshall, una neurobióloga que estudia el olfato, dice: "Parece improbable que los humanos no usemos este sistema, puesto que tantos animales demuestran claramente tener respuestas a tipos de olor relacionados con el CMH".[8] Entonces, ahí está. (Los hallazgos del estudio estaban invertidos en las mujeres que tomaban la píldora. Al bloquear nuestras hormonas, nuestras narices no funcionan bien y es más probable que escojamos al sujeto equivocado. Puedes estar acostumbrada a oír que las hormonas "conducen" a los hombres, pero este estudio sugiere que las mujeres también se conducen hormonalmente.) Otro estudio, realizado entre parejas huteritas, descubrió que las que poseían un CMH estrechamente emparejado tenían intervalos entre nacimientos más largos (es decir, era más difícil que las mujeres quedaran embarazadas) y más abortos no provocados.[9] El conjunto de estas investigaciones podría sugerir que la atracción —que resulta tan difícil de describir— que sientes por alguien, ese irresistible jalón que alguien ejerce sobre ti, podría ser porque ellos son un mejor emparejamiento genético. Qué pena por las mujeres que se casan con alguien que no lo es, porque podrían andar olfateando todo el tiempo a su alrededor en busca del inefable *je ne sais quoi* (bueno, el CMH) que ella anhela.

Entonces, algo sabemos sobre las mujeres que tienen aventuras. Ellas son tú y yo. Están aburridas de sus matrimonios, o no tienen relaciones sexuales u orgasmos en sus matrimonios, o están felices en sus matrimonios, pero ansiosas de tener relaciones sexuales con alguien que no sea su esposo, o tienen el dinero y el poder y entonces pueden hacer lo que quieran, o viven en una cultura que dicta que la monogamia es tacaña, o en que la monogamia no es una opción. O tienen una "personalidad" sexual especial. A semejanza de los hombres, lo hacen simplemente porque se les antoja. Por diversión, por venganza o porque salieron de noche, bebieron un poco de más y sucumbieron a sus sentimientos por esa mujer del trabajo. Sea cual sea la razón, durante esa ventana de tiempo, ya sea que el encuentro dure menos de una hora o que se extienda por años, cuando lo están haciendo, ellas no son madres, esposas ni empleadas. No son sinceras y no se sacrifican a sí mismas. No son buenas, ni son admirables. No nos equivoquemos: están siendo ellas mismas. Parte de la sexualidad femenina, parte de su legado, su presente y su futuro, es que es asertiva, centrada en el placer y egoísta. Ningún grado de patologización puede cambiar las profundas lecciones que sacamos de los hurones y de los himba, de los bonobos de Amy Parish y de los langures de Sarah Hrdy, de los laboratorios de Meredith Chivers y Marta Meana y de los 20 años de entrevistas de Lisa Diamond: que cuando las circunstancias ecológicas son las correctas, es tan probable que las mujeres se atrevan, como los hombres. Nuestra querida concepción binaria no puede sostenerse. El mundo está siendo reescrito. Pero algunas reglas y fórmulas persisten y la lección de diversas culturas alrededor del mundo y de las mujeres que tú conoces es clara: no puede haber autonomía sin autonomía para escoger, sin coerción, sin restricción o a pesar de quiénes serán nuestros amantes.

Decisiones femeninas

Después de más de dos años y medio escribiendo, investigando y siendo observadora participante del tema de las mujeres que son "infieles" y todas las medias verdades que se han promulgado sobre ellas —en la ciencia, la literatura y la cultura popular—, siento, sobre todo, un cierto asombro por lo vasto que es el terreno. Este libro sólo rasguña la superficie de la historia, de la prehistoria evolutiva de la infidelidad femenina y de la autonomía sexual femenina, que son complejas, sorprendentes y, en muchos aspectos, un trastorno de todo lo que se nos ha enseñado sobre los hombres y las mujeres. Mientras tanto, la investigación sobre el sexo es copiosa, algunas veces contradictoria, y emerge rápidamente de parte de varias comprometidas investigadoras mujeres cuyos hallazgos finalmente reformarán muchas de nuestras suposiciones más profundamente creídas sobre quién y cómo son las mujeres. De manera semejante, parece que cada vez que menciono que estoy escribiendo sobre infidelidad femenina alguien comparte otro nodo de lo que "debe incluir" del paisaje cultural —de *Big Little Lies* a la brillante y engañosamente "sencilla" Florynce Kennedy con sus sentencias agudas que replantearon nuestra conciencia sexual en los años setenta del siglo pasado, hasta las letras de las canciones de Rihanna—. Mi investigación podría haber durado muchos años más y de todos modos no estaría siquiera cerca de estar calificada para escribir *El gran libro de la infidelidad femenina* con alguna exhaustividad o autoridad. El punto para detenerme, y el alcance mismo de *Infiel*, es la necesidad, y resulta también arbitrario. Ojalá sigamos siendo inundados con nuevos retos a nuestras ideas sobre la sexualidad femenina, en la forma de investigaciones innovadoras, así como de canciones, películas, series de Netflix, movimientos sociales, etiquetas en redes sociales y más.

Algunos lectores se harán preguntas sobre las decisiones que tomé y adónde me ha llevado mi investigación y mi viaje. Escribir sobre infidelidad femenina y autonomía sexual femenina enriqueció mi pensamiento y mi matrimonio de maneras que no me habría imaginado. Mi esposo y yo hablamos sobre cuestiones que nunca habíamos tratado, como nuestros sentimientos sobre la exclusividad sexual y el "para siempre"… para comenzar. Aprender del legado de "figuras ocultas" afroestadounidenses de la investigación sexual como Gail E. Wyatt y June Dobbs Butts, ahondando en temas como el de las esposas calientes y el poliamor, investigando y observando la sexualidad femenina bonoba, yendo a fiestas sexuales, entrevistando a mujeres que han tenido aventuras o acuerdos de no monogamia consensual, sumergiéndome yo misma en las ciencias sociales, la ciencia y la bibliografía popular sobre comportamientos femeninos fuera de la pareja, entrevistando a expertos en campos tan variados como la primatología, el acompañamiento de las doulas y el activismo social, fueron todas aventuras que no sólo cambiaron mis ideas sobre las mujeres, el sexo y las relaciones, sino que también sacudieron mis cómodas suposiciones sobre mis prácticas, mis creencias y mi vida misma.

La decisión que una mujer toma sobre ser monógama, o no, tiene todo que ver con su propio ambiente, su ecología y su ser sexual —esa amalgama de deseos, tolerancia a los riesgos, las decisiones y los acuerdos que ella puede tomar y hacer con su compañero, parentela de apoyo, apoyo social, cultura, acceso a recursos y, en una palabra, su *contexto*—. Por esa razón, mi propio camino no es pertinente para la situación de otras mujeres y yo no lo he compartido por la posibilidad de que mis decisiones, de alguna manera, podrían ser malinterpretadas como recomendaciones o afirmaciones que implicarían ser la "mejor opción". No la hay, porque no hay sólo un contexto. Lo que pensamos como "promiscuidad" femenina es una estrategia reproductiva y social con una larga cola, que yo, con otros, he creído que es una adaptación, en ciertos tiempos y en condiciones específicas, pero no extraños; además de ser una decisión inteligente para primates hembras no humanas, para tempranas hembras homínidas y para las mujeres. Para algunas mujeres todavía lo es. Para otras, atreverse a salir de la monogamia puede ser letal. Como han sugerido pensadoras feministas y primatólogas como Sarah Hrdy, Barbara Smuts y Meredith Small, todavía no sabemos qué clase de sistemas de crianza y prácticas sociosexuales escogerán las mujeres si ellas realmente tienen la libertad de elegir. Pero lo que hemos aprendido de nuestros parientes primates más cercanos, de los cazadores recolectores, de los pastores nómadas que imparten lecciones sobre nuestro patrimonio, de quienes van a las fiestas del Club de la Falda, de quienes participan en el movimiento poliamoroso —por ejemplo, Mischa Lin y Carrie Jenkins—, es que ciertamente no podemos suponer que esos sistemas y esas prácticas continuarán siendo los de la exclusividad heterosexual.

Como las historias de Annika y Sarah en el capítulo 3, la de Virgina, una mujer de 93 años que entrevisté en su casa de la tercera edad en el suroeste de Estados Unidos, en 2017, es una historia que ilustra cuán importantes han sido el contexto, la cultura y la restricción en la experiencia de nuestra sexualidad y, específicamente, de nuestra autonomía sexual y de las decisiones que tomamos.

Virginia estuvo casada durante más de seis décadas.[1] Tuvo seis hijos. Simplemente esto me hizo pensar que sería un maravilloso sujeto para una entrevista. Pero, por supuesto, había más: su vida se había extendido a través de la Gran Depresión, la Segunda Guerra Mundial, la llegada del hombre a la Luna, la revolución sexual, la elección del primer presidente negro de nuestra nación, la campaña de una candidata presidencial mujer, la reacción negativa en su contra y la revolución tecnológica. Virginia había visto muchas cosas. Criada como católica, le enseñaron que besarse estaba mal, que cualquier método anticonceptivo que no fuera el del ritmo era un pecado y que las relaciones sexuales prematrimoniales eran un pecado mortal. Sus padres, me dijo, eran estrictos, particularmente su madre. Cuando Virginia se sentó para una entrevista de dos horas en la Universidad de Indiana en Bloomington, en 1944, era una protegida estudiante de primer ingreso que quería mejorar su calificación en la clase de psicología. Su profesor le había contado al grupo, recuerda ella, que participar en el estudio de alguien llamado doctor Kinsey sería visto de manera favorable. Virginia y su familia me dijeron que creían que era probable que ella haya sido entrevistada no por Kinsey mismo, pero sí por uno de sus colegas —¿quizás Clyde Martin o Wardell Pomeroy?—. Virginia no estaba segura. Las preguntas fueron razonables al principio, pensó ella: cosas como qué tan seguido fumaba, bailaba o jugaba a las cartas. Luego llegó una pregunta sobre si ella había jugado alguna vez póker erótico (¡y sí que lo había hecho!), y las cosas sólo siguieron poniéndose más raras después de eso. Se le preguntó, entre otras cosas: "¿Qué edad tenías cuando/Cuándo fue la primera vez que tuviste relaciones sexuales con un animal?" y "¿Qué edad tenías cuando/Cuándo fue la primera vez que tuviste relaciones sexuales con un cadáver?" (Los investigadores de Kinsey formulaban sus preguntas de esta manera para volver más probable que los entrevistados se sintieran cómodos al revelar prácticas estigmatizadas.)

Virginia, quien había descubierto los hechos de la cópula a través de sus amigas de la preparatoria, me dijo que ella casi se desmayó. "Le pregunté: '¿De verdad las gente tiene aventuras con los cadáveres?' Dije 'aventuras', pues yo no usaba la palabra sexo, porque no era bien visto." En ese punto de nuestra entrevista, las dos hijas de Virginia que estaban ahí, y yo, soltamos una carcajada. También Virginia se rió.

"Mamá —logró decir una de ellas—, cuando éramos jóvenes tú y mi papá nos dijeron que ustedes nunca se habían besado antes de que se casaran. Dijeron que… ¡se tomaban de la mano!" Nos reímos todavía más fuerte.

Virginia me dijo que ella se había sentido muy importante, como una persona famosa, después de la entrevista con el investigador de Kinsey. Todas las muchachas de su alojamiento estudiantil querían saber sobre las preguntas. Las pocas que también habían sido entrevistadas querían comparar. "¿Te tocó la pregunta del animal? Ay, ¡yo casi *me muero*!", dijo una. "Ay, ¡yo me morí!", exclamó otra.

La siguiente vez que fue a su casa a ver a sus padres, Virginia, sin duda fascinada y emocionada por su experiencia, le contó todo a su madre. Ésta, que Virginia describe como "simplemente horrorizada", llamó a la escuela. Según una nota archivada de su llamada a la universidad, la madre de Virginia no protestó tanto por las preguntas, sino que, más bien, objetó la manera en que eran planteadas; por ejemplo: "Muchas mujeres jóvenes de tu edad son sexualmente activas. ¿Cuándo por primera vez...?"

"¡Y yo no volví a esa escuela de nuevo!", nos contó Virginia, sentados en su sala, comiendo ensalada de frutas. Se volvió a inscribir, siguiendo los deseos de sus padres, en una universidad católica cercana y vivió con ellos hasta graduarse. Nos reímos de nuevo.

Nuestra risa subrayaba la sorpresa por lo irreconocible que era el mundo apenas medio siglo antes. Virginia todavía creía, cuando la entrevisté, que el sexo prematrimonial era una mala idea. Sus hijas que estaban en la habitación no estuvieron de acuerdo, tampoco lo estarían los nietos de Virginia, probablemente. *Caramba, cómo han cambiado las cosas*, decía nuestra risa.

Y, sin embargo, ¿realmente habían cambiado? Tenemos la sensación de que sencillamente nos liberamos más, en una marcha recta hacia adelante a través del tiempo. Estamos equivocados. Resulta que la madre de Virginia había sido una intérprete de vodevil y parte de una banda compuesta sólo por mujeres. Pero como madre, explicaba Virginia, se había vuelto rigurosa en cuanto a modales en la mesa y más tarde había sido la guardiana de la virtud de su hija.

"¡Mi madre tuvo una vida mucho más interesante que la mía! Pero no había vestigio alguno de vodevil en ella en el momento en que yo estaba aquí", me contó Virginia con una risita. Quizá Virginia no podía, o para el caso nadie más podía, ver lo que pasaba. Pero "el vodevil" estaba ahí, de la misma manera en que está en todos nosotros: las partes que la biología y la evolución construyeron, los deseos y el desenfreno que han sido domados, restringidos y, si se quiere, reempaquetados, como lo había hecho Virginia como madre.

Cuando Virginia era joven, viviendo en el paisaje de la Segunda Guerra Mundial, sin hombres jóvenes a su alrededor, ella y sus amigas jugaban "juegos ridículos".

"Nos tomábamos una Pepsi después de la escuela, que costaba cinco centavos. Y después simplemente bromeábamos. Decíamos cosas como: '¡Te has metido con mi esposo y nunca voy a volver a hablar contigo!'" Interpretaban los dramas que veían y escuchaban, las historias a su alrededor.

Las ingenuas y observantes niñas católicas también eran observadoras, de otras maneras.

Eso fue hace mucho tiempo. Fue también apenas ayer y mañana. Nunca hemos sido completamente inocentes. Parece razonable esperar que, un día, no nos juzgaremos automática e irreflexivamente a nosotras mismas como culpables, o, al menos, desarrollaremos la capacidad de absolvernos del pecado.

Nota de la autora

Para traer a la vida las estadísticas y la investigación, entrevisté a 30 mujeres y a dos hombres sobre sus experiencias con la infidelidad femenina. Padre que se queda en casa, estudiante, artista, dueña de negocio, recepcionista, maestra y retirado, son sólo algunas de las formas en que las personas se describirían a sí mismas. Cinco de los participantes entrevistados eran afroestadounidenses, cuatro eran latinas y el resto eran blancos. El rango de edad era de 20 a 93 años. Vivían en nueve estados. Obviamente, esta muestra no tenía la intención de ser representativa. El objetivo era escuchar a las personas contar sus historias sobre la infidelidad femenina con sus propias palabras para complementar estudios, encuestas y otros datos que utilicé en *Infiel*.

Las entrevistas semiestructuradas fueron diseñadas para motivar a los entrevistados a sentirse cómodos, discutiendo sus motivaciones y sus experiencias subjetivas. Fueron realizadas en persona o por teléfono. Generalmente duraron de una a dos horas.

Al presentar sus historias, cambié varios detalles respecto de los individuos retratados, incluyendo sus nombres (se diga o no se diga esto en el texto) y otros datos que potencialmente podrían llevar a su identificación. Lo que no he cambiado es la manera en que sus historias revelan sus experiencias auténticas. Mis experiencias personales están contadas como las recuerdo.

Agradecimientos

Fue un privilegio hablar con las 30 mujeres y los dos hombres que compartieron sus historias y sus secretos conmigo. Me siento honrada por su confianza, agradecida por su franqueza y espero haberles hecho justicia, en estas páginas, a ellos y a sus experiencias.

Además de los expertos que aparecen en *Infiel*, otros enriquecieron mi entendimiento del tema, ya sea por haber hablado o por haber intercambiado mensajes de correo electrónico, pacientemente, conmigo; al escribir obras que me ofrecieron información, o que me inspiraron, o simplemente por su ejemplo: Suzanne Iasenza, Katie Hinde, Sofia Jawed-Wessel, Sari Cooper, Helen Fisher, Lori Brotto, Jon Marks, Stephen Glickman, Henry Kyemba, Robert Martin, Emily Nagoski, Jeff Nunokawa, Ian Kerner, Mal Harrison, Latham Thomas y Cynthia Sowers. Agradezco de manera especial a la doctora Michelle Bezanson y a su asistente de campo, Allison McNamara, por su generosidad al invitarme a su sitio de campo en Costa Rica, y a Allison, por su invaluable asistencia con la bibliografía del campo de la primatología. Victor P. Corona y Bethany Saltman hicieron excelentes investigaciones y mucho más: ofrecieron sus visiones. Victor sugirió el título del capítulo "Otredad significativa" y el subtítulo "Cucú para los cornudos", Gracias a mis asistentes Florence Katusiime, Melissa Tan y Jerrod MacFarlane, y a mi becaria, Hannah Park.

Estoy en deuda con mi editor, Tracy Behar, por su toque mágico, por su humor y por su incansable entusiasmo y apoyo, y con todos en Little,

Brown —la editora Reagan Arthur, el departamento de arte y el asistente editorial Ian Straus—, quienes pastorearon *Infiel* para lograr que existiera. Mi profunda gratitud con mi agente literario, Richard Pine, quien, con su típica lectura notablemente generosa, me ayudó y me aconsejó desde el comienzo del libro hasta su última palabra. Gracias a Eliza Rothstein por su ayuda.

Mi madre, la primera feminista que conocí en mi vida, me enseñó el amor por la biología y la antropología y se ciñó a los hechos cuando yo era joven y estaba llena de preguntas. Beyoncé fue la pista musical del libro mientras lo escribía y Mary Gaitskill y Roxane Gay dieron el regalo de su lenguaje.

Gracias a mis buenas amigas por alentarme. Su entusiasmo por este proyecto me animó cada día: las amo. Gracias a mis hijos, Eliot y Lyle, quienes dijeron: "¡Ay no, mamá! ¿Ahora vas a escribir sobre sexo?", y después lo sobrellevaron. Gracias a mis hijastras Lexi y Katharine, por su amistad, y a mis ahijadas, Sylvie y Willa, por ser ellas mismas y el futuro del feminismo.

Mi último y más sentido agradecimiento es para mi esposo, Joel Moser, con quien la vida de casados y el amor de casados son las más grandes aventuras de este mundo. Este libro es para él.

Notas

EPÍGRAFE

1. C. R. Darwin, "On the Two Forms, or Dimorphic Condition, in the Species of *Primula,* and on Their Remarkable Sexual Relations", *Journal of the Proceedings of the Linnean Society of Londres (Botany)* 6 (1862): 94-95.
2. K. DeRose, "UCLA Biologists Reveal Potential 'Fatal Flaw' in Iconic Sexual Selection Study", Science + Technology, UCLA Newsroom, 25 de junio de 2012, http://newsroom.ucla.edu/releases/ucla-biologists-reveal-potential-235586.
3. S. Martin, vocalista, "Strange Lovin' Blues", por S. Martin, Okeh Records, General Phonograph Corp., 1925, 45 rpm.

Introducción
CONOCER A LA ADÚLTERA

1. B. Chapais, *Primeval Kinship: How Pair-Bonding Gave Birth to Human Society* (Cambridge, MA: Harvard University Press, 2008); R. D. Alexander, *Darwinism and Human Affairs* (Seattle: University of Washington Press, 1979), 159; R. B. Lee e I. DeVore (eds.), *Man the Hunter* (Chicago: Aldine De Gruyter, 1968); R. J. Quinlan, "Human Pair-Bonds: Evolutionary Functions, Ecological Variation, and Adaptive Development", *Evolutionary Anthropology* 17, núm. 5 (2008): 227-238, y W. Tucker, *Marriage and Civilization: How Monogamy Made Us Human* (Washington, D. C.: Regnery, 2014).
2. S. B. Hrdy, "The Optimal Number of Fathers: Evolution, Demography, and History in the Shaping of Female Mate Preferences", *Annals of the New York Academy*

of Sciences 907, núm. 1 (2000): 75-96; M. Daly y M. Wilson, "The Reluctant Female and The Ardent Male", en *Sex, Evolution, and Behavior* (North Scituate, MA: Duxbury Press, 1978); D. Symons, *The Evolution of Human Sexuality* (Nueva York: Oxford University Press, 1979), ix, citado en *The Woman That Never Evolved*, por S. B. Hrdy (Cambridge, MA: Harvard University Press, 1999), xx, y M. Mills, "Why Men Behave Badly: Causality vs. Morality", *Psychology Today*, 22 de junio de 2011, https://www.psychologytoday.com/us/blog/the-how-and-why-sex-differences/201106/why-men-behave-badly-causality-vs-morality.

3. S. Hite, "Why I Became a German", *New Statesman*, 17 de noviembre de 2003, https://www.newstatesman.com/node/194881.

4. S. Hite, *The Hite Report: Women y Love – A Cultural Revolution in Progress* (Nueva York: Knopf, 1987), 410.

5. D. C. Atkins, D. H. Baucom y N. S. Jacobson, "Understanding Infidelity: Correlates in a National Random Sample", *Journal of Family Psychology* 15, núm. 4 (2001): 735–749; General Social Survey (1993) , citado en "Adultery Survey", *New York Times*, http://www.nytimes.com/1993/10/19/us/adultery-survey-finds-i-domeans-i-do.html; A. M. Walker, *The Secret Life of the Cheating Wife: Power, Pragmatism, and Pleasure in Women's Infidelity* (manuscrito inédito, 2017), PDF, p. 22; "Adultery Survey Finds 'I Do' Means 'I Do,'" *New York Times*, http://www.nytimes.com/1993/10/19/us/adultery-survey-finds-i-do-means-i-do.html; M. W. Wiederman, "Extramarital Sex: Prevalence and Correlates in a National Survey", *Journal of Sex Research* 34, núm. 2 (1997): 167–174; P. Drexler, "The New Face of Infidelity", *Wall Street Journal*, 19 de octubre de 2012, https://www.wsj.com/articles/SB10000872396390443684104578062754288906608; A. Vangelist y M. Gerstenberger, "Communication and Marital Infidelity", en J. Duncombe, K. Harrison, G. Allan y D. Marsden (eds.), *The State of Affairs: Explorations of Infidelity and Commitment* (Nueva York: Routledge, 2014): 59-78, y W. Wang, "Who Cheats More? The Demographics of Infidelity in America", *IFS Blog*, Institute for Family Studies, 10 de enero de 2018, https://ifstudies.org/blog/who-cheats-more-the-demographics-of-cheating-in-america.

6. E. Perel, *The State of Affairs: Rethinking Infidelity* (Nueva York: HarperCollins, 2017), 18-19 (se trabajó a partir del manuscrito no publicado y se revisó con el libro ya publicado), y Z. Schonfeld, "Wives Are Cheating 40% More Than They Used To, But Still 70% as Much as Men", *The Atlantic*, 2 de julio de 2013, https://www.theatlantic.com/national/archive/2013/07/wives-cheating-vs-men/313704/.

7. Alicia Walker, entrevista con la autora, 25 de septiembre de 2017.

8. Michael Moran, entrevista con la autora, 25 de mayo de 2017; Mark Kaupp, entrevista con la autora, 23 de junio de 2017; C. C. Hoff, S. C. Beougher, D. Chakravarty, L. A. Darbes y T. B. Neilys, "Relationship Characteristics and Motivations Behind Agreements Among Gay Male Couples: Difference by Agreement Type

and Couple Serostatus", *AIDS Care* 22, núm. 7 (2010): 827-835, y S. Mcnaughton, "Sleeping with Other People: How Gay Men Are Making Open Relationships Work", *The Guardian*, 22 de julio de 2016, https://www.theguardian.com/lifestyle/2016/jul/22/gay-dating-open-relationships-work-study.

9. Anónimo, entrevista con la autora, 2017.
10. S. B. Hrdy, *Mother Nature: Maternal Instincts and the Shaping of the Species* (Nueva York: Ballantine, 2000): xi.
11. Sarah Hrdy, entrevista con la autora, 25 de octubre de 2016, y E. M. Johnson, "Promiscuity Is Pragmatic", *Slate*, 4 de diciembre de 2013.
12. Página de Pure, www.pure.dating.
13. Bryony Cole, entrevista con la autora, 5 de mayo de 2017.
14. Anónimo, entrevista con la autora, 2017.
15. Mischa Lin, entrevista con la autora, 17 de mayo de 2017; David Ley, entrevista con la autora, 27 de junio de 2017, y Christopher Ryan y Cacilda Jethá, entrevista con la autora, 17 de octubre de 2017.
16. "Tilda Swinton on Rumors of Her Love Life", entrevista con Katie Couric, YouTube, publicado el 16 de junio de 2010, y K. Roiphe, "Liberated en Love: Can Open Marriage Work?", *Harper's Bazaar*, en línea, 13 de julio de 2009.

Capítulo uno
LIBERA TU MENTE

1. S. Freud, *Civilization and Its Discontents* (Londres: Hogarth Press e Institute of Psychoanalysis, 1949).
2. L. Elsroad, "Tenderloin", en T. K. Jackson (ed.), *The Encyclopedia of New York City* (New Haven, CT: Yale University Press, 1995), 1161.
3. E. Burrow y M. Wallace, *Gotham: A History of New York City to 1898* (Londres: Oxford University Press, 2000), 1148-1149.
4. Elsroad, "Tenderloin", 1161.
5. S. Dominus, "Is an Open Marriage a Happier Marriage?", *New York Times Magazine*, 11 de mayo de 2017, www.nytimes.com/2017/05/11/magazine/is-an-open-marriage-a-happier-marriage.html.
6. Página de internet de Cheaters, http://www.cheaters.com.
7. T. Taormino, *Opening Up: A Guide to Creating and Sustaining Open Relationships* (Nueva York: Cleis Press, 2008).
8. D. Easton y C. A. Liszt, *The Ethical Slut: A Guide to Infinite Sexual Possibilities* (San Francisco: Greenery Press, 1997).
9. T. Nelson, *The New Monogamy: Redefining Your Relationship After Infidelity* (Oakland, CA: New Harbinger, 2013).

10. Tammy Nelson, entrevista con la autora, 5 de julio de 2017.

11. E. Perel, *Mating in Captivity* (Nueva York: HarperCollins, 2006), y E. Perel, *The State of Affairs: Rethinking Infidelity* (Nueva York: HarperCollins, 2017).

12. M. Scheinkman, "Beyond the Trauma of Betrayal: Reconsidering Affairs in Couples Therapy", *Family Process* 44, núm. 2 (2005): 232.

13. *Ibid.*, 230.

14. D. Savage, "Monogamish", *Savage Love* (blog), The Stranger, 20 de julio de 2011, https://www.thestranger.com/seattle/SavageLove?oid=9125045, y D. Savage, "Meet the Monogamish", *Savage Love* (blog), The Stranger, 4 de enero de 2012, https://www.thestranger.com/seattle/SavageLove?oid=11412386.

15. J. Treas y D. Giesen, "Sexual Infidelity Among Married and Cohabiting Americans", *Journal of Marriage y Family* 62, núm. 1 (2000): 48-60, citado en A. M. Walker, *The Secret Life of the Cheating Wife: Power, Pragmatism, and Pleasure in Women's Infidelity* (manuscrito inédito, 2017), PDF, p. 17.

16. "Who's Cheating? Agreements About Sexual Exclusivity and Subsequent Concurrent Partnering in Australian Heterosexual Couples", *Sexual Health* 11 (2014): 524-531.

17. Walker, *The Secret Life*, 17 (todas las referencias a las páginas son a una versión manuscrita anterior y han sido revisadas en el libro publicado).

18. S. Johnson, *Hold Me Tight: Seven Conversations for a Lifetime of Love* (Nueva York: Little, Brown, 2008).

19. R. Morin, "Up for Polyamory? Creating Alternatives to Marriage", *The Atlantic*, 19 de febrero de 2014, https://www.theatlantic.com/health/archive/2014/02/up-for-polyamory-creating-alternatives-to-marriage/283920/.

20. David Ley, entrevista con la autora, 27 de junio de 2017; Mischa Lin, entrevista con la autora, 17 de mayo de 2017, y Christopher Ryan y Cacilda Jethá, entrevista con la autora, 17 de octubre de 2017.

21. C. Bodenner, "When Polyamory Isn't Really About Sex", *The Atlantic*, 19 de enero de 2016, https://www.theatlantic.com/notes/2016/01/when-polyamory-isnt-really-about-sex/424653/; C. Camacho, "Polyamory Is About Way More Than Just Having Sex with Multiple People", *MSN Lifestyle,* 22 de agosto de 2017, https://www.msn.com/en-us/lifestyle/family-relationships/polyamory-is-about-way-more-than-just-having-sex-with-multiple-people/ar-AAqyBbx, y C. Jenkins, "Dear Media: Stop Acting Like Polyamory Is All About the Sex", *The Establishment,* 27 de julio de 2016, https://theestablishment.co/dear-media-polyamory-is-not-all-about-sex-6216830b9d39.

22. Mischa Lin, entrevista con la autora, 17 de mayo de 2017.

23. A. N. Rubel y A. F. Bogaert, "Consensual Nonmonogamy: Psychological Well-Being y Relationship Quality Correlates", *Journal of Sex Research* 52, núm. 9 (2015): 961-982.

24. S. Snyder, *Love Worth Making* (Nueva York: St. Martin's Press, 2018), y Stephen Snyder, correspondencia por correo electrónico con la autora, 20 de agosto de 2017.
25. H. Schwyzer, "How Marital Infidelity Became America's Last Sexual Taboo", *The Atlantic*, 29 de mayo de 2013, https://www.theatlantic.com/sexes/archive/2013/05/how-marital-infidelity-became-americas-last-sexual-taboo/276341/.
26. M. L. Haupert, A. N. Gesselman, A. C. Moors, H. E. Fisher y J. R. Garcia, "Prevalence of Experiences with Consensual Nonmonogamous Relationships: Findings from Two National Samples of Single Americans", *Journal of Sex and Marital Therapy* 43, núm. 5 (2017): 424-440.
27. E. Sheff, "Three Waves of NonMonogamy: A Select History of Polyamory in the United States", *Sheff Consulting*, 9 de septiembre de 2012, https://elisabethsheff.com/2012/09/09/three-waves-of-polyamory-a-select-history-of-non-monogamy/, y L. A. Hutchins, "Erotic Rites: A Cultural Analysis of Contemporary United States Sacred Sexuality Traditions and Trends", tesis doctoral en estudios culturales, Union Institute and University, 2001.
28. Bureau of Labor Statistics, "Occupational Employment and Wages, May 2016, 21-1013 Marriage and Family Therapists", U. S. Department of Labor, modificado por última vez el 31 de marzo de 2017, https://www.bls.gov/oes/current/oes211013.htm.
29. C. Bergstry y J. B. Williams, "Today's Alternative Marriage Styles: The Case of Swingers", *Electronic Journal of Human Sexuality* 3, núm. 10 (2000). Hay mención de no monogamia consensual en la sección "Discussion", párrafo 5.
30. D. Baer, "Maybe Monogamy Isn't the Only Way to Love", *The Cut, New York*, 6 de marzo de 2017, http://nymag.com/scienceofus/2017/03/science-of-polyamory-open-relationships-and-nonmonogamy.html; I. Kerner, "Rethinking Monogamy Today", CNN.com, 12 de abril de 2017, http://www.cnn.com/2017/04/12/health/monogamy-sex-kerner/index.html; B. J. King, "A Cultural Moment for Polyamory", National Public Radio, 23 de marzo de 2017, http://www.npr.org/sections/13.7/2017/03/23/521199308/a-cultural-moment-for-polyamory; N. Little, "Black Folks Do: A Real Look at Consensual Non-Monogamy in the Black Community", *Griots Republic*, 6 de junio de 2017, http://www.griotsrepublic.com/black-folks-do/; Z. Vrangalova, "Is Consensual Non-Monogamy Right for You?", *Dr. Zhana*, 10 de marzo de 2017, http://drzhana.com/2017/03/10/is-consensual-non-monogamy-right-for-you/, y V. Safronova, "Dating Experts Explain Polyamory and Open Relationships", *New York Times*, 26 de octubre de 2016, https://www.nytimes.com/2016/10/25/fashion/dating-experts-explain-polyamory-and-open-relationships.html.
31. A. C. Moors, "Has the American Public's Interest in Information Related to Relationships Beyond 'The Couple' Increased Over Time?", *Journal of Sex Research* 54, núm. 6 (2017): 677-684.
32. General Social Survey Stats, citado en A. J. Cherlin, "Americans Prefer Serial Monogamy to Open Relationships", *New York Times*, 21 de mayo de 2013, https://

www.nytimes.com/roomfordebate/2012/01/20/the-gingrich-question-cheating-vs-open-marriage/americans-prefer-serial-monogamy-to-open-relationships?m-cubz=3.

33. Schwyzer, "America's Last Sexual Taboo", https://www.theatlantic.com/sexes/ar-chive/2013/05/how-marital-infidelity-became-americas-last-sexual-taboo/276341/, y Gallup Poll, 2013, https://news.gallup.com/poll/162689/record-high-say-gay-les-bian-relations-morally.aspx.

34. Walker, *The Secret Life*, 22; D. C. Atkins, D. H. Baucom y N. S. Jacobson, "Understanding Infidelity: Correlates in a National Random Sample", *Journal of Family Psychology* 15, núm. 4 (2001): 735-749; M. W. Wiederman, "Extramarital Sex: Prevalence and Correlates in a National Survey", *Journal of Sex Research* 34, núm. 2 (1997): 167-174, y S. Luo, M. Cartun y A. Snider, "Assessing Extradyadic Behavior: A Review, a New Measure, and Two New Models", *Personality and Individual Differences* 49/3 (2010): 155-163.

35. Walker, *The Secret Life*, 22; A. L. Vangelisti y M. Gerstenberger, "Communication and Marital Infidelity", en J. Duncombe, *The State of Affairs*, 59-78, citado en Walker, *The Secret Life*, 22, 285.

36. Herbenick *et al.*, "Sexual Diversity in the U. S.", e0181198.

37. M. Bryon, "The Challenge of Monogamy: Bringing It Out of the Closet y into the Treatment Room", *Sexual and Relationship Therapy* 26, núm. 3 (2011): 271-277, citado en Walker, *The Secret Life*, 22.

38. J. S. Hirsch, H. Wardlow, D. J. Smith, H. M. Phinney, S. Parikh y C. A. Nathanson, *The Secret: Love, Marriage, and HIV* (Nashville: Vanderbilt University Press, 2009): 22, citado en Walker, *The Secret Life*, 3.

39. E. Yerson, "Five Myths About Cheating", *Washington Post*, 13 de febrero de 2012, https://www.washingtonpost.com/opinions/five-myths-about-cheating/2012/02/08/gIQANGdaBR_story.html?utm_term=.ed749d677958.

40. Tammy Nelson, entrevista con la autora, 5 de julio de 2017.

41. The Austin Institute for the Study of Family and Culture, "Relationships in America", encuesta, 2014, p. 43, http://relationshipsinamerica.com/; L. Betzig, "Causes of Conjugal Dissolution: A Cross-Cultural Study", *Current Anthropology* 30, núm. 5 (1989): 654-676, y R. E. Emery (ed.), *Cultural Sociology of Divorce: An Encyclopedia* (Thousand Oaks, CA: SAGE Publications, 2013), 36.

42. S. B. Hrdy, "Empathy, Polyandry, and the Myth of the Coy Female", en E. Sober (ed.), *Conceptual Issues in Evolutionary Biology* (Cambridge, MA: MIT Press, 1994), 131-159; M. F. Small, *Female Choices* (Ithaca, NY: Cornell University Press, 1993), 193-195, y B. A. Scelza, "Choosy but Not Chaste: Multiple Mating in Human Females", *Evolutionary Anthropology* 22, núm. 5 (2013): 269.

43. M. Kalmijn, "The Ambiguous Link Between Marriage and Health: A Dynamic Reanalysis of Loss and Gain Effects", *Social Forces* 95, núm. 4 (2017): 1607-1636.

44. D. Cohn, J. S. Passel, W. Wang y G. Livingston, "Barely Half of U. S. Adults Are Married – A Record Low", *Social and Demographic Trends*, Pew Research Center, 14 de diciembre de 2011, http://www.pewsocialtrends.org/2011/12/14/barely-half-of-u-s-adults-are-married-a-record-low/.

45. Cohn *et al.*, "Barely Half of US Adults", http://www.pewsocialtrends.org/2011/12/14/barely-half-of-u-s-adults-are-married-a-record-low/. Véase también el reporte de Pew Research Center, *The Decline of Marriage and Rise of New Families*, 18 de noviembre de 2010, http://www.pewsocialtrends.org/2010/11/18/the-decline-of-marriage-and-rise-of-new-families/6/.

46. E. Barkhorn, "Cheating on Your Spouse Is Bad; Divorcing Your Spouse Is Not", *The Atlantic*, 23 de mayo de 2013, https://www.theatlantic.com/sexes/archive/2013/05/cheating-on-your-spouse-is-bad-divorcing-your-spouse-is-not/276162/, y GSS Data Explorer, "Is It Wrong to Have Sex with Person Other Than Spouse", https://gss-dataexplorer.norc.org/trends/Gender%20&%20Marriage?measure=xmarsex.

47. Schwyzer, "America's Last Sexual Taboo", https://www.theatlantic.com/sexes/archive/2013/05/how-marital-infidelity-became-americas-last-sexual-taboo/276341/.

Capítulo dos

MUJERES QUE AMAN EL SEXO DEMASIADO

1. NORC General Social Survey, http://www.norc.org/pages/search-all.aspx#k=female%20infidelity%2040%25, y National Data Program for the Social Sciences, *General Social Surveys, 1972-2016: Cumulative Codebook* (NORC, Universidad de Chicago, septiembre de 2017), http://gss.norc.org/documents/codebook/GSS_Codebook.pdf.

2. J. Ohikuare, "The Fate of Today's TV Mistresses: Not Death, but Shame", *The Atlantic*, 17 de julio de 2013, https://www.theatlantic.com/sexes/archive/2013/07/the-fate-of-todays-tv-mistresses-not-death-but-shame/277874/; Z. Schonfeld, "Wives Are Cheating 40% More Than They Used to But Still 70% as Much as Men", *The Atlantic*, 2 de junio de 2013, https://www.theatlantic.com/national/archive/2013/07/wives-cheating-vs-men/313704/; F. Bass, "More Wives in the U. S. Are Having Affairs", *Boston Globe*, 3 de julio de 2013, https://www.bostonglobe.com/news/nation/2013/07/02/wives-narrow-infidelity-gap-with-increase-cheating/kkwYp8P-2Q3jcXKwR7YAKYP/story.html, y V. Taylor, "Cheating Wives Narrowing the Infidelity Gap: Report", *The Daily News*, 3 de julio de 2013, http://www.nydailynews.com/life-style/wives-narrowing-infidelity-gap-report-article-1.1389687.

3. P. Druckerman, *Lust in Translation: Infidelity from Tokyo to Tennessee* (Nueva York: Penguin, 2008), 59, y "Telling Tales Explain the Discrepancy in Sexual Partner Reports", *Nature* 365 (1993): 437-440.

4. D. C. Atkins, D. H. Baucom y N. S. Jacobson, "Understanding Infidelity: Correlates in a National Random Sample", *Journal of Family Psychology* 15, núm. 4 (2001): 735-749, citado en Druckerman, *Lust in Translation*, 54.

5. Atkins *et al.*, "Understanding Infidelity", citado en Druckerman, *Lust in Translation*, 54, y W. Wang, "Who Cheats More? The Demographics of Infidelity in America", *IFS Blog*, Institute for Family Studies, 10 de enero de 2018, https://ifstudies.org/blog/who-cheats-more-the-demographics-of-cheating-in-america.

6. D. Herbenick, J. Bowling, T.-C. (J.) Fu, B. Dodge, L. Guerra-Reyes y S. Sanders, "Sexual Diversity in the United States: Results from a Nationally Representative Probability Sample of Adult Women y Men", *PLoS One* 12, núm. 7 (2017): e0181198.

7. E. Perel, *The State of Affairs: Rethinking Infidelity* (Nueva York: HarperCollins, 2017), 18 (se trabajó a partir del manuscrito no publicado y se revisó con el libro ya publicado).

8. N. Angier, *Woman: An Intimate Geography* (Boston: Houghton Mifflin Harcourt, 1999), 389.

9. R. Basson, "The Female Sexual Response: A Different Model", *Journal of Sex and Marital Therapy* 26, núm. 1 (2000): 51-65.

10. D. Bergner, *What Do Women Want? Adventures in the Science of Female Desire* (Nueva York: HarperCollins, 2013): 5, y E. Blair, "I'll Have What She's Having", entrevista de *What Do Women Want?*, por D. Bergner, *New York Times*, 13 de junio de 2013, http://www.nytimes.com/2013/06/16/books/review/what-do-women-want-by-daniel-bergner.html.

11. S. J. Dawson y M. L. Chivers, "Gender Differences and Similarities in Sexual Desire", *Current Sexual Health Reports* 6, núm. 4 (2014): 211-219.

12. Meredith Chivers, entrevista con la autora, 21 de abril de 2017.

13. *Idem.*

14. *Idem.*

15. *Idem.*

16. K. E. Sims y M. Meana, "Why Did Passion Wane? A Qualitative Study of Married Women's Attributions for Declines in Sexual Desire", *Journal of Sex and Marital Therapy* 36, núm. 4 (2010): 360-380.

17. Marta Meana, entrevista con la autora, 22 de abril de 2017.

18. C. A. Graham, C. H. Mercer, C. Tanton, K. G. Jones, A. M. Johnson, K. Wellings y K. R. Mitchell, "What Factors Are Associated with Reporting Lacking Interest in Sex and How Do These Vary by Gender? Hallazgos de la Third British National Survey of Sexual Attitudes y Lifestyles", *BMJ Open* 7, núm. 9 (2017): e016942.

19. L. Borreli, "Moving in with Your Boyfriend Can Kill Your Sex Drive, Study Finds", *Newsweek*, 14 de septiembre de 2017, http://www.newsweek.com/moving-boyfriend-kill-sex-drive-study-665071.

20. Meana, entrevista, 22 de abril de 2017.

21. M. Meana y E. Fertel, "It's Not You, It's Me: Exploring Erotic Self-Focus" (presentación en PowerPoint, Society for Sex Therapy and Research 41st Annual Meeting, Chicago, 16 de abril de 2016).
22. *Idem.*
23. Meana, entrevista, 22 de abril de 2017.
24. M. Meana, "Sexual Desire Issues in Women" (conferencia, Society for Sex Therapy y Research 42nd Annual Meeting, Montréal, 20 de abril de 2017).
25. "About", página de Alicia M. Walker, https://www.alicia-walker.com/.
26. A. M. Walker, *The Secret Life of the Cheating Wife: Power, Pragmatism, and Pleasure in Women's Infidelity* (manuscrito inédito, 2017), PDF, 61.
27. Alicia Walker, entrevista con la autora, 25 de septiembre de 2017.
28. P. Bourdieu y L. J. D. Wacquant, *An Invitation to Reflexive Sociology* (Chicago: University of Chicago Press, 1992), 53.
29. Walker, *The Secret Life*, 64-65.
30. *Ibid.,* 65.
31. *Ibid.,* 64.
32. *Idem.*
33. *Idem.*
34. *Ibid.,* 82.
35. *Ibid.,* 93.
36. *Ibid.,* 99.
37. *Ibid.,* 104.
38. *Idem.*
39. Walker, entrevista, 25 de septiembre de 2017.
40. Walker, *The Secret Life*, 85.
41. *Ibid.,* 97.
42. *Ibid.,* 74.
43. *Ibid.,* 242.
44. Walker, entrevista, 25 de septiembre de 2017.
45. Walker, *The Secret Life*, 44.
46. *Ibid.,* 80.
47. *Ibid.,* 87.
48. Walker, entrevista, 25 de septiembre de 2017.
49. A. M. Walker, "'I'm Not a Lesbian; I'm Just a Freak': A Pilot Study of the Experiences of Women in Assumed-Monogamous Other-Sex Unions Seeking Secret Same-Sex Encounters Online, Their Negotiation of Sexual Desire, y Meaning-Making of Sexual Identity", *Sexuality y Culture* 18, núm. 4 (2014): 911-935.
50. D. C. Atkins, D. H. Baucom y N. S. Jacobson, "Understanding Infidelity: Correlates in a National Random Sample", *Journal of Family Psychology* 15, núm. 4 (2001): 735-749; J. Treas y D. Giesen, "Sexual Infidelity Among Married and Cohabiting

Americans", *Journal of Marriage and Family* 62, núm. 1 (2000): 48-60; Walker, *The Secret Life*, 19; D. Selterman, J. R. Garcia e I. Tsapelas, "Motivations for Extradyadic Infidelity Revisited", *Journal of Sex Research*, publicado en línea antes de la versión impresa (15 de diciembre de 2017), y S. Glass y T. Wright, "Sex Differences in Type of Extramarital Involvement and Marital Dissatisfaction", *Sex Roles* 12 (1985): 1101-1120, citado en H. Fisher, *The Anatomy of Love* (Nueva York: Norton, 2016).

51. T. D. Conley, "Perceived Proposer Personality Characteristics and Gender Differences in Acceptance of Casual Sex Offers", *Journal of Personality and Social Psychology* 100, núm. 2 (2011): 309-329.

52. P. W. Eastwick y E. J. Finkel, "Sex Differences in Mate Preference Revisited: Do People Know What They Initially Desire in a Romantic Partner", *Journal of Personality and Social Psychology* 94, núm. 2 (2008): 245-264.

53. M. W. Wiederman, "Extramarital Sex: Prevalence and Correlates in a National Survey", *Journal of Sex Research* 34, núm. 2 (1997): 167-174, y Wang, "Who Cheats More?", https://ifstudies.org/blog/who-cheats-more-the-demographics-of-cheating-in-america.

54. L. Wolfe, "The Oral Sex Void: When There's Not Enough at Home", *Electronic Journal of Human Sexuality* 14 (2011): 1-14.

Capítulo tres
¿QUÉ TAN LIBRES SOMOS?

1. Sarah, entrevista con la autora, 2016.

2. S. Shange, "A King Named Nicki: Strategic Queerness and the Black Femmecee", *Women y Performance: A Journal of Feminist History* 24, núm. 1 (2014): 29-45.

3. L. Moore, "8 Ways to Get What You Want in Bed", *Cosmopolitan*, 23 de octubre de 2014, http://www.cosmopolitan.com/sex-love/a32424/ways-to-get-what-you-want-in-bed/.

4. H. Havrilesky, "Thank God for Selina Meyer's Unapologetic 50-Something Sex Drive", *The Cut, Nueva York*, 6 de junio de 2016, https://www.thecut.com/2016/06/thank-god-for-selinas-sex-life-on-veep.html.

5. K. M. J. Thompson, "A Brief History of Birth Control in the U. S.", *Our Bodies Ourselves Website*, 14 de diciembre de 2013, https://www.ourbodiesourselves.org/health-info/a-brief-history-of-birth-control/.

6. E. Jong, *Fear of Flying* (Nueva York: Holt, Rinehart and Winston, 1973).

7. R. F. Baumeister, "The Reality of the Male Sex Drive", *Psychology Today*, 8 de diciembre de 2010, https://www.psychologytoday.com/blog/cultural-animal/201012/the-reality-the-male-sex-drive.

8. M. Gerressu, C. H. Mercer, C. A. Graham, K. Wellings y A. H. Johnson, "Prevalence of Masturbation and Associated Factors in a British National Probability

Survey", *Archives of Sexual Behavior* 37, núm. 2 (2008): 226-278; correspondencia de la doctora Cynthia Graham con la autora, 13 de octubre de 2017; H. Leitenberg y K. Henning, "Sexual Fantasy", *Psychological Bulletin* 117, núm. 3 (1995): 469-496, citado en N. Wolf, *Promiscuities: The Secret Struggle for Womanhood* (Nueva York: Random House, 1997), 161, y J. Jones y D. Barlow, "Self-Reported Frequency of Sexual Urges, Fantasies, and Masturbatory Fantasies in Heterosexual Males y Females", *Archives of Sexual Behavior* 19, núm. 3 (1990): 269-279.

9. R. D. Clark y E. Hatfield, "Gender Differences in Receptivity to Sexual Offers", *Journal of Psychology and Human Sexuality* 2, núm. 1 (1989): 39-55.

10. T. Conley, "Perceived Proposer Personality Characteristics and Gender Differences in Acceptance of Casual Sex Offers", *Journal of Personality and Social Psychology* 100, núm. 2 (2011): 309-329; T. D. Conley, A. C. Moors, J. L. Matsick y A. Ziegler, "The Fewer the Merrier?: Assessing Stigma Surrounding Consensually Non-Monogamous Romantic Relationships", *Analyses of Social Issues and Public Policy* 13, núm. 1 (2013): 1-30, y A. M. Baranowski y H. Hecht, "Gender Differences and Similiarities in Receptivity to Sexual Invitations: Effects of Location and Risk Perception", *Archives of Sexual Behavior* 44, núm. 8 (2015): 2257-2265.

11. D. J. Ley, *Insatiable Wives* (Lanham, MD: Rowman and Littlefield, 2009), 34. Adicionalmente, una revisión del año 2000 del Registrar General on Marriages, Divorces, and Adoptions en Inglaterra y Gales sugiere que 29% de los hombres declararon el "adulterio" como causa del rompimiento de su matrimonio mientras que 21% de las mujeres hicieron lo mismo, según K. Smedley, "Why Men Can Never Forgive a Wife's Affair. Even Though They'd Expect YOU to Forgive Them", *Daily Mail*, 17 de diciembre de 2009, http://www.dailymail.co.uk/femail/article-1236435/Why-men-forgive-wifes-affair-theyd-expect-YOU-forgive-them.html.

12. I. Kerner, "Female Infidelity: It's Different from the Guys", *The Chart* (blog), CNN, 7 de abril de 2011, http://thechart.blogs.cnn.com/2011/04/07/female-infidelity-its-different-from-the-guys/; P. Hall in Smedley, "Why Men Can Never Forgive a Wife's Affair", y D. Buss *et al.*, "Jealousy: Evidence of Strong Sex Differences Using Both Forced Choice and Continuous Measure Paradigms", *Personality and Individual Differences* 86 (2015): 212-216.

13. J. Deetz y P. S. Deetz, *The Times of Their Lives* (Nueva York: W. H. Freeman, 2000).

14. *Ibid.*, 143.

15. *Ibid.*, 144.

16. *Ibid.*, 143.

17. *Ibid.*, 148.

18. *Idem.*

19. K. Thomas, "The Double Standard", *Journal of the History of Ideas* 20, núm. 2 (1959): 195-216.

20. R. von Krafft-Ebing, *Psychopathia Sexualis, with Especial Reference to Contrary Sexual Instinct: A Medico-Legal Study*, trad. C. G. Chaddock (Nueva York: G. P. Putnam, 1965), 9, citado en Ley, *Insatiable Wives*, 3.

21. Cacilda Jethá, entrevista con la autora, 17 de octubre de 2017.

22. S. P. Jenkins, "Marital Splits and Income Changes over the Longer Term" (documento de trabajo, núm. 2008-07, Institute for Social and Economic Research, University of Essex, Colchester, UK, 2008).

23. D. Cunha, "The Divorce Gap", *The Atlantic*, 28 de abril de 2016, https://www.theatlantic.com/business/archive/2016/04/the-divorce-gap/480333/.

24. *Idem.*

25. Jenkins, "Marital Splits and Income Changes over the Longer Term", citado en A. Hill, "Men Become Richer After Divorce", *The Guardian*, 24 de enero de 2009, https://www.theguardian.com/lifeystyle/2009/jan/25/divorce-women-research.

26. L. Brown, *Divorce: For Richer, for Poorer*, AMP.NATSEM Income and Wealth Report, número 39 (2016), https://www.amp.com.au/content/dam/amp/digitalhub/common/Documents/Insights/News/December%2013%20-%20AMP.NATSEM39%20-%20For%20Richer%20For%20Poorer%20-%20Report%20-%20FINAL%20(1).pdf, y D. Dumas, "Women with Children Biggest Financial Losers of Divorce: Report", *Sydney Morning Herald*, 13 de diciembre de 2016, http://www.smh.com.au/lifestyle/news-and-views/news-features/women-with-children-biggest-financial-losers-of-divorce-report-20161212-gt920p.html.

27. Sarah, entrevista, 2016.

28. A. Breslaw, "Divorce Recap: A Tough Time", *Vulture, New York*, 16 de octubre de 2016, http://www.vulture.com/2016/10/divorce-recap-season-1-episode-2.html.

29. S. C. Stearns, "Trade-Offs in Life-History Evolution", *Functional Ecology* 3 (1989): 259-268.

30. Marta Meana, entrevista con la autora, 22 de abril de 2017.

31. P. Druckerman, *Lust in Translation: Infidelity from Tokyo to Tennessee* (Nueva York: Penguin, 2008), 71-77.

32. *Ibid.*, 72-73.

33. *Ibid.*, 74–78.

34. *Ibid.*, 71.

35. *Ibid.*, 75.

36. B. A. Scelza, "Choosy but Not Chaste: Multiple Mating in Human Females", *Evolutionary Anthropology* 22, núm. 5 (2013): 259-269, y E. M. Johnson, "Promiscuity Is Pragmatic", *Slate*, 4 de diciembre de 2013, http://www.slate.com/articles/health_and_science/science/2013/12/female_promiscuity_in_primates_when_do_women_have_multiple_partners.html.

37. D. M. Buss, C. Goetz, J. D. Duntley, K. Asao y D. Conroy-Beam, "The Mate Switching Hypothesis", *Personality and Individual Differences* 104 (2017): 143-149.

38. Druckerman, *Lust in Translation*, 75.
39. J. A. Spring, How Can I Forgive You? (Nueva York: HarperCollins, 2004).
40. Druckerman, *Lust in Translation*, 17-18.
41. *Ibid.*, 18.
42. Annika, entrevista con la autora, 2016.
43. C. R. Wong, *Never Too Late* (Nueva York: Kensington, 2017).
44. M. Meana y E. Fertel, "It's Not You, It's Me: Exploring Erotic Self-Focus" (presentación en PowerPoint, Society for Sex Therapy and Research 41st Annual Meeting, Chicago, 16 de abril de 2016).
45. D. Bergner, *What Do Women Want?* (Nueva York: HarperCollins, 2013), 44-50.
46. B. I. Strassmann, "Menstrual Hut Visits by Dogon Women: A Hormonal Test Distinguishes Deceit from Honest Signaling", *Behavioral Ecology* 7, núm. 3 (1996): 304-315, y Brooke Scelza, entrevista con la autora, 22 de marzo de 2017.

Capítulo cuatro
ARADOS, PROPIEDAD, DECORO

1. C. S. Larsen, "Our Last 10 000 Years: Agriculture, Population, y the Bioarchaeology of a Fundamental Transition", cap. 13 en *Our Origins: Discovering Physical Anthropology* (Nueva York: W. W. Norton, 2010), recuperado de http://www.wwnorton.com/college/anthro/our-origins2/ch/13/answers.aspx; K. Nair *et al.*, "Origins of Agriculture", *Encyclopædia Britannica*, modificado por última vez el 10 de marzo de 2017, https://www.britannica.com/topic/agriculture, y L. Evans, "Early Agriculture and the Rise of Civilization", en *Science and Its Times: Understanding the Social Significance of Scientific Discovery*, vol. 1, ed. N. Schlager (Farmington Hills, MI: Gale Group, 2001), en Encyclopedia.com, http://www.encyclopedia.com/science/encyclopedias-almanacstranscripts-andmaps/early-agriculture-and-rise-civilization.
2. Evans, "Early Agriculture", http://www.encyclopedia.com/science/encyclopedias-almanacs-transcripts-andmaps/early-agriculture-and-rise-civilization.
3. Larsen, "Our Last 10,000 Years".
4. *Idem.*
5. J. Diamond, "The Worst Mistake in the History of the Human Race", *Discover*, mayo de 1987, 64-65, http://discovermagazine.com/1987/mayo/02-the-worst-mistake-in-the-history-of-the-human-race.
6. H. Fisher, "Why We Love, Why We Cheat", TED video, 9:00-9:33 (de 23:24), filmado en febrero de 2006, https://www.ted.com/talks/helen_fisher_tells_us_why_we_love_cheat/transcript#t-576310.
7. M. Shostak, *Nisa: The Life and Words of a !Kung Woman* (Cambridge, MA: Harvard University Press, 1981), 195.

8. *Idem.*

9. S. B. Hrdy, *Mothers and Others: The Evolutionary Origins of Mutual Understanding* (Cambridge, MA: Belknap Press, 2011), *passim;* S. B. Hrdy, "Evolutionary Context of Human Development: The Cooperative Breeding Model", cap. 2 en C. S. Carter, L. Ahnert, K. E. Grossmann, S. B. Hrdy, M. E. Lamb, S. W. Porges y N. Sachser (eds.), *Attachment and Bonding: A New Synthesis* (Cambridge, MA: MIT Press, 2006), http://citeseerx.ist.psu.edu/viewdoc/download?doi=10.1.1.207.8922&rep=rep1 &type=pdf; A. V. Bell, K. Hinde y L. Newson, "Who Was Helping? The Scope for Female Cooperative Breeding in Early *Homo*", *PLoS One* 8, núm. 12 (2013): e83667; K. Hawkes, "The Grandmother Effect", *Nature* 428, 11 de marzo de 2004, 128-129, http://radicalanthropologygroup.org/sites/default/files/pdf/class_text_002.pdf; K. Hawkes, "Grandmothers and the Evolution of Human Longevity", *American Journal of Human Biology* 15 (2003): 380-400, y K. L. Kramer, "Cooperative Breeding and Its Significance to the Demographic Success of Humans", *Annual Review of Anthropology* 39 (2010): 417-436.

10. C. Ryan y C. Jethá, *Sex at Dawn: How We Mate, Why We Stray, and What It Means for Modern Relationships* (Nueva York: HarperCollins, 2012), 94.

11. C. O. Lovejoy, "The Origin of Man", *Science* 211, núm. 4480 (1981): 341-350; R. B. Lee e I. DeVore (eds.), *Man the Hunter* (Chicago: Aldine De Gruyter, 1968), *passim,* y S. B. Hrdy, *Mother Nature: Maternal Instincts and the Shaping of the Species* (Nueva York: Ballantine, 2000), 253.

12. Bell, Hinde y Newson, "Who Was Helping?", e83667; Ryan y Jethá, *Sex at Dawn;* Hrdy, *Mother Nature,* 64-65, 90-93, 266-277, y Hrdy, *Mothers and Others,* 30-31, 197-203, 276-280.

13. Katherine MacKinnon, entrevista con la autora, agosto de 2015.

14. Hrdy, *Mother Nature,* 248, 252.

15. Ryan y Jethá, *Sex at Dawn,* 95.

16. *Idem.*

17. G. Sagard, *The Long Journey to the Country of the Hurons,* ed. G. McKinnon Wrong (Toronto: Champlain Society, 1939).

18. Citado en J. Steckley, "For Native Americans, Sex Didn't Come with Guilt", *Fair Observer,* 30 de marzo de 2015, www.fairob server.com/region/north_america/for-native-americans-sex-didnt-come-with-guilt-21347/, y Sagard, *The Long Journey to the Country of the Hurons,* 120.

19. B. G. Trigger, *The Children of Aataentsic: A History of the Huron People to 1660,* vol. 2 (Kingston, Ontario: McGill-Queen's University Press, 1987), 49, citado en C. Tindal, "The Sex-Positive Huron-Wendat", *Acres of Snow* (blog), 11 de febrero de 2017, https://acresofsnow.ca/the-sex-positive-huron-wendat/.

20. Hrdy, *Mother Nature,* 231.

21. *Ibid.,* 252.

22. H. Baumann, "The Division of Work According to Sex in African Hoe Culture", *Africa* 1, núm. 3 (1928): 290.

23. R. L. Blumberg, "'Dry' Versus 'Wet' Development and Women in Three World Regions", *Sociology of Development* 1, núm. 1 (2015): 91-122.

24. Citado en A. E. Bromley, "Patriarchy and the Plow", *UVA Today*, 23 de agosto de 2016, https://news.virginia.edu/content/patriarchy-and-plow.

25. *Idem*.

26. K. Kh. Kushnareva, *The Southern Caucasus in Prehistory: Stages of Cultural and Socioeconomic Development from the Eighth to the Second Millennium BC*, University Museum, monografía 99, trad. H. N. Michael (Filadelfia: University Museum, University of Pennsylvania, 1997), 170.

27. S. Hornblower, A. Spawforth y E. Eidinow (eds.), *The Oxford Classical Dictionary*, 4ª ed. (Oxford, GB: Oxford University Press, 2012), 708.

28. A. Fuentes, *Race, Monogamy, and Other Lies They Told You: Busting Myths About Human Nature* (Berkeley: University of California Press, 2012), 178, y J. S. Hyde, "The Gender Similarities Hypothesis", *American Psychologist* 6, núm. 6 (2005): 581-592.

29. A. F. Alesina, P. Giuliano y N. Nunn, "On the Origins of Gender Roles: Women and the Plough", *Quarterly Journal of Economics* 128, núm. 2 (2013): 470-471.

30. Citado en N. Angier, *Woman: An Intimate Geography* (Boston: Houghton Mifflin Harcourt, 1999), 313.

31. S. Coontz, *Marriage, a History: From Obedience to Intimacy or How Love Conquered Marriage* (Nueva York: Penguin, 2006), 47.

32. *Idem*.

33. Y. Thomas, "Fathers as Citizens of Rome, Rome as a City of Fathers", en A. Burguière, C. Klapisch-Zuber, M. Segalen y F. Zonabend (eds.), *A History of the Family, Vol. I: Distant Worlds, Ancient Worlds*, trads. S. H. Tenison, R. Morris y A. Wilson (Cambridge, UK: Polity Press, 1996), 265, citado en Coontz, *Marriage, a History*, 46.

34. L. Hazleton, *Jezebel: The Untold Story of the Bible's Harlot Queen* (Nueva York: Doubleday, 2009).

35. "II Kings 9:30-37 NKJV", Bible.com, www.bible.com/bible/114/2KI.9.30-37.

36. Hazleton, *Jezebel*, 157.

37. G. W. Bromiley (ed.), *The International Standard Bible Encyclopedia*, vol. 2 (Gry Rapids, MI: William. B. Eerdmans, 1979), 1058.

38. Hazleton, *Jezebel*, 66-67.

39. *Ibid.*, 67.

40. *Ibid.*, 68-69.

41. "Jezebel", *Merriam-Webster's Collegiate Dictionary*, 10ª ed. (Springfield, MA: Merriam-Webster, 1993), 629.

42. M. Cartwright, "Food and Agriculture in Ancient Greece", *Ancient History Encyclopedia*, 25 de julio de 2016, https://www.ancient.eu/article/113/food-agriculture-in-ancient-greece/.

43. S. Forsdyke, "Street Theatre and Popular Justice in Ancient Greece: Shaming, Stoning, and Starving Offenders Inside and Outside the Courts", *Past and Present* 201, núm. 1 (2008): 3n2.

44. L. Mastin, "Ancient Greece – Aeschylus – Agamemnon", conferencia clásica, consultado el 8 de febrero de 2018, www.ancient-literature.com/greece_aeschylus_agamemnon.html.

45. M. C. Nussbaum, "The Incomplete Feminism of Musonius Rufus, Platonist, Stoic, and Roman", en M. C. Nussbaum y J. Sihvola (eds.), *The Sleep of Reason: Erotic Experience and Sexual Ethics in Ancient Greece and Rome* (Chicago: University of Chicago Press, 2002), 283-326, y C. Edwards, *The Politics of Immorality in Ancient Rome* (Cambridge, GB: Cambridge University Press, 2002), 34-35.

46. Virgil, "The Georgics", Internet Classics Archive, http://classics.mit.edu/Virgil/georgics.html, y Virgil, *The Bucolics, Æneid, y Georgics of Virgil*, ed. J. B. Greenough (Boston: Ginn and Company, 1900), www.perseus.tufts.edu/hopper/text?doc=Perseus%3Atext%3A1999.02.0058.

47. "Julia", *Encyclopædia Britannica*, 3 de mayo de 2013, www.britannica.com/biography/Julia-daughter-of-Agostous.

48. M. Lefkowitz y M. Fant, *Women's Life in Greece and Rome* (Baltimore: Johns Hopkins University Press, 2016), 196.

49. "Julia", *Encyclopædia Britannica*, 3 de mayo de 2013, www.britannica.com/biography/Julia-daughter-of-Agostous.

50. Angier, *Woman*, 316.

51. Alesina, Giuliano y Nunn, "On the Origins of Gender Roles", 469-530.

52. A. Mason, "What Was the Women's Land Army?", página de internet de Imperial War Museums, 30 de enero de 2018, www.iwm.org.uk/history/what-was-the-womens-land-army, y S. R. Grayzel, "Nostalgia, Gender, and the Countryside: Placing the 'Land Girl' in First World War Britain", *Rural History* 10, núm. 2 (1999): 155-170.

53. Alesina, Giuliano y Nunn, "On the Origins of Gender Roles", 477.

54. *Idem.*

55. International Labour Organization, "Labor Force Participation Rate, Female", noviembre de 2017, recuperado de Index Mundi, https://www.indexmundi.com/facts/indicators/SL.TLF.CACT.FE.ZS/rankings.

56. Catalyst, "Women in Government", reporte, 15 de febrero de 2017, http://www.catalyst.org/knowledge/women-government.

57. A. Lenhardt, L. Wise, G. Rosa, H. Warren, F. Mason y R. Sarumi, *Every Last Girl: Free to Live, Free to Learn, Free from Harm*, Save the Children, 2016, https://www.

savethechildren.org.uk/content/dam/global/reports/advocacy/every last-girl.pdf. Véase también A. MacSwan, "U. S. Ranks Lower Than Kazakhstan and Algeria on Gender Equality", *The Guardian*, 11 de octubre de 2016, https://www.theguardian.com/global-development/2016/oct/11/us-united-states-ranks-lower-than-kazakhstan-algeria-gender-equality-international-day-of-the-girl.

58. L. Villarosa, "Why America's Black Mothers and Babies Are in a Life-or-Death Crisis", *New York Times Magazine*, 11 de abril de 2018.

59. "Election 2016: Exit Polls", *CNN Politics*, 23 de noviembre de 2016, www.cnn.com/election/2016/results/exit-polls (Nate Silver creía que la cifra correcta era 53%), y C. Malone, "Clinton Couldn't Win Over White Women", 9 de noviembre de 2016, https://fivethirtyeight.com/features/clinton-couldnt-win-over-white-women/.

60. Alesina, Giuliano y Nunn, "On the Origins of Gender Roles", 473.

61. B. I. Strassmann, "The Biology of Menstruation in *Homo sapiens*: Total Lifetime Menses, Fecundity, and Nonsynchrony in a Natural-Fertility Population", *Current Anthropology* 38, núm. 1 (1997): 123-129.

62. C. García-Moreno, A. Guedes y W. Knerr, "Understanding and Addressing Violence Against Women: Sexual Violence", Organización Mundial de la Salud, 2012, http://apps.who.int/iris/bitstream/10665/77434/1/WHO_RHR_12.37_eng.pdf.

63. A. Mulholland, "Increase in 'Vaginal Tightening' Surgeries Worries Doctors", *CTVNews*, 20 de mayo de 2014, https://www.ctvnews.ca/health/increase-in-vaginal-tightening-surgeries-worries-doctors-1.1829041.

64. American College of Obstetricians and Gynecologists, "Vaginal 'Rejuvenation' y Cosmetic Vaginal Procedures", ACOG Committee Opinion núm. 378, *Obstetrics and Gynecology* 110 (2007): 737-738, https://www.acog.org/Clinical-Guidance-y-Publications/Committee-Opinions/Committee-on-Gynecologic-Practice/Vaginal-Rejuvenation-and-Cosmetic-Vaginal-Procedures.

65. American College of Obstetricians and Gynecologists, "Expanding Cosmetic Gynecology Field Draws Concern", 2017, minutas de la reunión anual, 17 de mayo de 2017, http://annualmeeting.acog.org/expying-cosmetic-gynecology-field-draws-concern/.

66. D. Gross, correspondencia con la autora, 4 y 20 de septiembre de 2017.

67. I. Ting, "Men Want Beauty, Women Want Money: What We Want from the Opposite Sex", *Sydney Morning Herald*, 1° de octubre de 2015, http://www.smh.com.au/lifestyle/life/family-relationships-and-sex/men-want-beauty-women-want-money-what-people-want-in-a-sexual-partner-20151001-gjyyot.html.

68. Citado en A. E. Bromley, "Patriarchy and the Plow", *UVA Today*, 23 de agosto de 2016, https://news.virginia.edu/content/patriarchy-and-plow.

69. IResearchNet.com, "Anthropology Research Topics: 338. Mbuti Pygmies", consultado el 8 de febrero de 2018, www.iresearchnet.com/topics/anthropolo-

gy-research-topics.html, y A. J. Noss y B. S. Hewlett, "The Contexts of Female Hunting in Central Africa", *American Anthropologist*, 103, núm. 4 (2001): 1024-1040.

Capítulo cinco
SER HIMBA

1. B. A. Scelza, "Female Choice and Extra Pair Paternity in a Traditional Human Population", *Biology Letters* 7, núm. 6 (2011): 889-891.
2. M. Bollig y H. Lang, "Demographic Growth and Resource Exploitation in Two Pastoral Communities", *Nomadic Peoples* 3, núm. 2 (1999): 17.
3. A. S. Cameron, "The Influence of Media on Himba Conceptions of Dress, Ancestral, and Cattle Worship, and the Implications for Culture Change", tesis de maestría, Brigham Young University, 2013.
4. *Ibid.*, 25.
5. Katie Hinde, entrevista con la autora, 27 de enero de 2017.
6. Scelza, "Female Choice", 889-891, y B. A. Scelza, "Jealousy in a Small-Scale, Natural Fertility Population: The Roles of Paternity, Investment, and Love in Jealous Response", *Evolution y Human Behavior* 35, núm. 2 (2014): 103-108.
7. M. Norman, "Getting Serious About Adultery; Who Does It y Why They Risk It", *New York Times*, 4 de julio de 1998, http://www.nytimes.com/1998/07/04/arts/getting-serious-about-adultery-who-does-it-and-why-they-risk-it.html.
8. Scelza, "Jealousy in a Small-Scale", 103-108.
9. Brooke Scelza, entrevista con la autora, 22 de marzo de 2017.
10. *Idem*.
11. Scelza, "Female Choice", 889-891.
12. Brooke Scelza, entrevista con la autora, 11 de octubre de 2016.
13. Scelza, "Female Choice", 889-891.
14. C. Darwin, *The Descent of Man, and Selection in Relation to Sex* (Nueva York: D. Appleton and Company, 1896), y A. G. Jones y N. L. Ratterman, "Mate Choice and Sexual Selection: What Have We Learned Since Darwin?", *Proceedings of the National Academy of Sciences* 106, suplemento 1 (2009): 10001-10008.
15. Darwin, *The Descent of Man*, y Jones y Ratterman, "Mate Choice and Sexual Selection", 10001-10008.
16. Darwin, *The Descent of Man*, 222, 557, 563.
17. S. B. Hrdy, *The Woman That Never Evolved* (Cambridge, MA: Harvard University Press, 1981): xiii.
18. W. Acton, *The Functions and Disorders of the Reproductive Organs in Childhood, Youth, Adult Age, and Advanced Life, Considered in the Physiological, Social, and Moral Relations*,

1857, Archivo de la Biblioteca Británica, https://www.bl.uk/romantics-and-victorians/articles/victorian-sexualities.

19. Acton, *The Functions and Disorders of the Reproductive Organs*, 112, y Hrdy, *The Woman That Never Evolved*, 165. También citado por S. B. Hrdy, correspondencia con la autora, 19 de enero de 2017.

20. R. von Krafft-Ebing, *Psychopathia Sexualis, with Especial Reference to Contrary Sexual Instinct: A Medico-Legal Study*, trad. C. G. Chaddock (Filadelfia: F. A. Davis: 1894), 13.

21. Alexander G. Ophir, Steven M. Phelps, Anna Bess Sorin y Jerry O. Wolff, "Social but Not Genetic Monogamy Is Associated with Greater Breeding Success in Prairie Voles", 2008, https://pdfs.semanticscholar.org/526d/c2781f6094002810f8eeb-0b604e5ad155486.pdf, y M. C. Mainwaring y S. C. Griffith, "Looking After Your Partner: Sentinel Behavior in a Socially Monogamous Bird", *PeerJ* 1, e83 (2013), https://doi.org/10.7717/peerj.83.

22. "Ballistic Penises y Corkscrew Vaginas – The Sexual Battles of Ducks", *Discover*, 22 de diciembre de 2009.

23. J. Ridley, *Bertie: A Life of Edward VII* (Nueva York: Penguin Random House, 2013), 200-212.

24. C. Groneman, *Nymphomania: A History* (Nueva York: W. W. Norton, 2001), 13-16.

25. *Ibid.*, 14.

26. *Ibid*, 16.

27. J. Beach, "Limits to Women's Rights in the 1930s", Classroom, 29 de septiembre de 2017, https://classroom.synonym.com/limits-to-womens-rights-in-the-1930s-12082808.html; L. K. Boehm, "Women, Impact of the Great Depression On", en R. S. McElvaine (ed.), *Encyclopedia of the Great Depression*, vol. 2 (Nueva York: Macmillan Reference EUA, 2004), 1050-1055, http://link.galegroup.com/apps/doc/CX3404500550/UHIC?u=vol_h99hs&xid=73687bb3, y L. Hapke, *Daughters of the Great Depression: Women, Work, and Fiction in the American 1930s* (Atenas: University of Georgia Press, 1997).

28. Beach, "Limits to Women's Rights", https://classroom.synonym.com/limits-to-womens-rights-in-the-1930s-12082808.html.

29. U. S. Department of Labor, *Women's Bureau, Women Workers in Ten War Production Areas and Their Postwar Employment Plans*, boletín 209 (Washington, D. C.: U. S. Government Printing Office, 1946), y M. Schweitzer, "World War II and Female Labor Force Participation Rates", *Journal of Economic History* 40 (1980): 89-95.

30. B. Kahan, "The Walk-In Closet: Situational Homosexuality and Homosexual Panic", *Criticism* 55, núm. 2 (2013): 177-201; J. L. Jackson, "Situational Lesbians and the Daddy Tank: Women Prisoners Negotiating Queer Identity and Space, 1970-1980", *Genders* 53 (2011), y E. Kennedy y M. Davis, *Boots of Leather, Slippers of Gold* (Nueva York: Routledge, 1993).

31. J. Toops, "The Lavender Scare: Persecution of Lesbianism During the Cold War", *Western Illinois Historical Review* 5 (2013): 91-107, http://www.wiu.edu/cas/history/wihr/pdfs/Toops-LavenderScareVol5.pdf.

32. L. Diamond y R. C. Savin-Williams, "Explaining Diversity in the Development of Same-Sex Sexuality Among Young Women", *Journal of Social Issues* 56, núm. 2 (2000): 297-313, y L. M. Diamond, *Sexual Fluidity* (Cambridge, MA: Harvard University Press, 2008).

33. A. J. Bateman, "Intra-Sexual Selection in *Drosophila*", *Heredity* 2 (1948): 349-368.

34. D. A. Dewsbury, "The Darwin-Bateman Paradigm in Historical Context", *Integrative and Comparative Biology* 45, núm. 5 (2005): 831-837.

35. Bateman, "Intra-Sexual Selection *Drosophila*", 362.

36. *Ibid.*, 364.

37. *Ibid.*, 365.

38. M. E. Murray, "Whatever Happened to G. I. Jane?: Citizenship, Gender, and Social Policy in Postwar Era", *Michigan Journal of Gender and Law* 9, núm. 1 (2002): 123.

39. Dewsbury, "The Darwin-Bateman Paradigm", 831-837.

40. *Idem.*

41. R. L. Trivers, "Parental Investment and Sexual Selection", en B. Campbell (ed.), *Sexual Selection and the Descent of Man, 1871-1971* (Chicago: Aldine, 1972), 136-179, y R. L. Trivers y D. E. Willard, "Natural Selection of Parental Ability to Vary the Sex Ratio of Offspring", *Science* 179, núm. 4068 (1973): 90-92.

42. Trivers, "Parental Investment y Sexual Selection", *passim*.

43. S. B. Hrdy, "Quality vs. Quantity", en *Mother Nature: Maternal Instincts and the Shaping of the Species* (Nueva York: Ballantine, 2000), 8-10.

44. S. B. Hrdy, "Empathy, Polyandry, and the Myth of the Coy Female", en E. Sober (ed.), *Conceptual Issues in Evolutionary Biology* (Cambridge, MA: MIT Press, 1994), 131-159.

45. "Why You Do What You Do: Sociobiology: A New Theory of Behavior", *Time*, 1° de agosto de 1977, http://content.time.com/time/magazine/article/0,9171,915181,00.html.

46. D. J. Trump y B. Zanker, *Think Big and Kick Ass in Business and Life* (Nueva York: HarperLuxe, 2007), 270-271, citado en H. Dunsworth, "How Donald Trump Got Human Evolution Wrong", *Washington Post*, 14 de julio de 2017, https://www.washingtonpost.com/news/speaking-of-science/wp/2017/07/13/human-evolutions-biggest-problems/?utm_term=.3215e2a12035.

47. Dunsworth, "How Donald Trump Got Human Evolution Wrong", https://www.washingtonpost.com/news/speaking-of-science/wp/2017/07/13/human-evolutions-biggest-problems/?utm_term=.3215e2a12035.

48. "Lock Her Up Is Right", *Washington Post* video, Donald Trump, discurso de campaña, 10 de octubre de 2016, https://www.washingtonpost.com/video/politics/

trump-on-clinton-lock-her-up-is-right/2016/10/10/fd56d59e-8f51-11e6-bc00-1a9756d4111b_video.html?utm_term=.44a85887919e.

49. P. Rucker, "Trump Says Fox's Megan Kelly Had 'Blood Coming Out of Her Wherever,'" *Washington Post*, 8 de agosto de 2015, https://www.washingtonpost.com/news/post-politics/wp/2015/08/07/trump-says-foxs-megyn-kelly-had-blood-coming-out-of-her-wherever/?utm_term=.caa657382a49.

50. Sarah Blaffer Hrdy, entrevista con la autora, 25 de octubre de 2016.

51. S. B. Hrdy, "Male and Female Strategies of Reproduction Among the Langurs of Abu", tesis doctoral, Harvard University, 1975, recuperada de ProQuest Dissertations and Theses database (UMI núm. 1295398).

52. Hrdy, entrevista, 25 de octubre de 2016.

53. S. B. Hrdy, "Male-Male Competition and Infanticide Among the Langurs *(Presbytis entellus)* of Abu, Rajasthan", *Folia Primatologica* 22, núm. 1 (1974): 19-58.

54. Sarah Blaffer Hrdy, correspondencia con la autora, 19 de enero de 2017.

55. Hrdy, entrevista, 25 de octubre de 2016, y correspondencia con la autora, 9 de enero de 2017.

56. Hrdy, entrevista, 25 de octubre de 2016.

57. S. B. Hrdy, *The Woman That Never Evolved* (Cambridge, MA: Harvard University Press, 1981).

58. Hrdy, entrevista, 25 de octubre de 2016.

59. D. Bergner, *What Do Women Want? Adventures in the Science of Female Desire* (Nueva York: HarperCollins, 2013), 43-51, 121.

60. C. Barelli, K. Matsudaira, T. Wolf, C. Roos, M. Heistermann, K. Hodges, T. Ishida, S. Malaivijitnond y U. H. Reichard, "Extra-Pair Paternity Confirmed in Wild White-Handed Gibbons", *American Journal of Primatology* 75, núm. 12 (2013): 1185-1195.

61. M. F. Small, "Female Choice in Nonhuman Primates", *American Journal of Physical Anthropology* 32, núm. S10 (1989): 103-127, y M. F. Small, "Female Choice and Primates", en *Female Choices: Sexual Behavior of Female Primates* (Ithaca, NY: Cornell University Press, 1993), 171.

62. Small, *Female Choices, passim*; A. Jolly, "Pair Bonding, Female Aggression, and the Evolution of Lemur Societies", *Folia Primatologica* 69, suplemento 1 (1998): 1-13; B. Smuts, *Sex and Friendship in Baboons* (Nueva York: Aldine, 1985); B. Smuts, "The Evolutionary Origins of Patriarchy", *Human Nature* 6, núm. 1 (1994): 1-32, y J. Altmann y S. C. Alberts, "Variability in Reproductive Success Viewed from a Life-History Perspective in Baboons", *American Journal of Human Biology* 15, núm. 3 (2003): 401-409.

63. C. M. Drea, "Bateman Revisited: The Reproductive Tactics of Female Primates", *Integrative and Comparative Biology* 45, núm. 5 (2005): 915-923.

64. J. Soltis, "Do Primate Females Gain Nonprocreative Benefits by Mating with Multiple Males? Theoretical and Empirical Considerations", *Evolutionary Anthropology* 11, núm. 5 (2002): 187-197.

65. S. Winston, "The Missing Female Pleasure Parts", *Intimate Arts Center Blog*, 20 de septiembre de 2016, https://intimateartscenter.com/the-missing-female-pleasure-parts/, y S. Winston, "Lost Sexy Bits", Intimate Arts Center blog, 12 de agosto de 2016, https://intimateartscenter.com/the-missing-sexy-pieces/.

66. N. Angier, *Woman: An Intimate Geography* (Boston: Houghton Mifflin Harcourt, 1999), 67.

67. *Ibid.*, 65.

68. Winston, "The Missing Female Pleasure Parts", https://intimateartscenter.com/the-missing-female-pleasure-parts/, y S. Winston, "Lost Sexy Bits", https://intimateartscenter.com/the-missing-sexy-pieces/.

69. L. R. Emery, "Here's [Why] Many Single Women Have Multiple Orgasms", *Bustle*, 2 de febrero de 2016, https://www.bustle.com/articles/139224-heres-many-single-women-have-multiple-orgasms.

70. E. Gordon, correspondencia con la autora, 8 de abril de 2018, y R. J. Levin y G. Wagner, "Orgasm in Women in the Laboratory – Quantitative Studies on Duration, Intensity, Latency, and Vaginal Blood Flow", *Archives of Sexual Behavior* 14, núm. 5 (1985): 444.

71. J. R. García, E. A. Lloyd, K. Wallen y H. E. Fisher, "Variation in Orgasm Occurrence by Sexual Orientation in a Sample of U. S. Singles", *Journal of Sexual Medicine* 11, núm. 11 (2014): 2645-2652, y L. Wade, "The Orgasm Gap", *AlterNet*, 3 de abril de 2013.

72. S. B. Hrdy, "The Primate Origins of Human Sexuality", en G. Stevens y R. Bellig (eds.), *The Evolution of Sex* (San Francisco: Harper y Row, 1988), 101-136.

73. Hrdy, entrevista, 25 de octubre de 2016.

74. Hrdy, "The Primate Origins of Female Sexuality", 122.

75. *Ibid.*, 123.

76. C. Ryan y C. Jethá, *Sex at Dawn: How We Mate, Why We Stray, and What It Means for Modern Relationships* (Nueva York: HarperCollins, 2012), 265-267.

77. J. E. Rodgers, *Sex: A Natural History* (Nueva York: Henry Holt, 2002), 99, y Ryan y Jethá, *Sex at Dawn*, 222-232.

78. A. L. Dixson y M. J. Anderson, "Sexual Selection, Seminal Coagulation, and Copulatory Plug Formation in Primates", *Folio Primatologica* (Basel) 73, núm. 2-3 (2002): 63-69.

79. G. G. Gallup, R. L. Burch, M. L. Zappieri, R. A. Parvez, M. L. Stockwell y J. A. Davis, "The Human Penis as a Semen Displacement Device", *Evolution and Human Behavior* 27, núm. 4 (2003): 277-289.

80. Ryan y Jethá, *Sex at Dawn*, 228, y Amy Parish, entrevista con la autora, 13 de marzo de 2017.

81. Z. Clay, S. Pika, T. Gruber y K. Zuberbühler, "Female Bonobos Use Copulation Calls as Social Signals", *Biology Letters* 7, núm. 4 (2011): 513-516.

82. Smuts, *Sex and Friendship in Baboons*, y Small, *Female Choices*, 6, 171.

83. W. Shakespeare, *Hamlet*, ed. Cyrus Hoy (Nueva York: W. W. Norton, 1996), 143-146.

84. C. Hua, *A Society Without Fathers or Husbands: The Na of China*, trad. A. Hustvedt (Nueva York: Zone Books, 2001).

85. C. M. Beall y M. C. Goldstein, "Tibetan Fraternal Polyandry: A Test of Sociobiological Theory", *American Anthropologist* 83, núm. 1 (1981): 5-12.

86. K. E. Starkweather y R. Hames, "A Survey of Non-Classical Polyandry", *Human Nature* 23, núm. 2 (2012): 149-172.

87. Small, *Female Choices*, 214.

88. S. B. Hrdy, "The Optimal Number of Fathers: Evolution, Demography, and History in the Shaping of Female Mate Preferences", *Annals of the New York Academy of Sciences* 907, núm. 1 (2000): 75-96, y M. Borgerhoff Mulder, "Serial Monogamy as Polygyny or Polyandry? Marriage in the Tanzanian Pimbwe", *Human Nature* 20, núm. 2 (2009): 130-150.

89. J. F. Peters y C. L. Hunt, "Polyandry Among the Yanomama Shirishana", *Journal of Comparative Family Studies* 6, núm. 2 (1975): 197-207.

90. K. A. Haddix, "Leaving Your Wife and Your Brothers: When Polyandrous Marriages Fall Apart", *Evolution and Human Behavior* 22, núm. 1 (2001): 47-60.

91. Hrdy, "The Optimal Number of Fathers", 75-96.

92. Borgerhoff Mulder, "Serial Monogamy", 130-150.

93. Hrdy, "The Optimal Number of Fathers", 75-96.

94. Borgerhoff Mulder, "Serial Monogamy", 130-150.

95. *Idem.*

96. *Idem.*

97. S. Beckerman y P. Valentine, *Cultures of Multiple Fathers: The Theory and Practice of Partible Paternity in Lowland South America* (Gainesville: University of Florida Press, 2002).

98. K. Hill y A. M. Hurtado, *Aché Life History: The Ecology and Demography of a Foraging People* (Nueva York: Aldine de Gruyter, 1996), citado en Hrdy, *Mother Nature*, 246.

99. *Idem.*

100. Beckerman y Valentine, *Cultures of Multiple Fathers*, 10.

101. S. Beckerman, R. Lizarralde, C. Ballew, S. Schroeder, C. Fingelton, A. Garrison y H. Smith, "The Bari Partible Paternity Project: Preliminary Results", *Current Anthropology* 39, núm. 1 (1998): 164-168, citado en Hrdy, *Mother Nature*, 247-248.

102. Hrdy, *Mother Nature*, 248.

103. Z. Tang-Martínez, "Rethinking Bateman's Principles: Challenging Persistent Myths of Sexually Reluctant Females and Promiscuous Males", *Journal of Sex Research* 53, núm. 4 (2016): 532-559, y Z. Tang-Martínez, "Data Should Smash the Biological Myth of Promiscuous Males and Sexually Coy Females", *Phys.org*, 20 de enero de 2017, https://phys.org/news/2017-01-biological-myth-promiscuous-males-sexually.html.

104. Drea, "Bateman Revisited", 915-923.

105. *Idem.*

106. P. A. Gowaty, Y.-K. Kim y W. A. Yerson, "No Evidence of Sexual Selection in a Repetition of Bateman's Classic Study of *Drosophila melanogaster*", *Proceedings of the National Academy of Sciences* 109, núm. 29 (2012): 11740-11745.

107. Drea, "Bateman Revisited", 915-923, y Gowaty, Kim, y Yerson, "No Evidence of Sexual", 11740-11745.

108. Brooke Scelza, entrevista con la autora, 11 de octubre de 2016.

109. H. Greiling y D. M. Buss, "Women's Sexual Strategies: The Hidden Dimension of Extra-Pair Mating", *Personality and Individual Differences* 28, núm. 5 (2000): 929-963, citado en Scelza, "Female Choice and Extra Pair Paternity", 889-891.

110. Scelza, "Female Choice and Extra Pair Paternity", 889-891, y A. Saini, *Inferior: How Science Got Women Wrong – And the New Research That's Rewriting the Story* (Boston: Beacon, 2017), 129-131.

111. Scelza, entrevista, 11 de octubre de 2016.

112. Scelza, "Female Choice y Extra Pair Paternity", 889-891.

113. *Idem.*

114. Hrdy, "The Optimal Number of Fathers", 246, y E. M. Johnson, "Promiscuity Is Pragmatic", *Slate*, 4 de diciembre de 2013, http://www.slate.com/articles/health_and_science/science/2013/12/female_promiscuity_in_primates_when_do_women_have_multiple_partners.html.

115. Scelza, "Female Choice and Extra Pair Paternity", 889-891.

Capítulo seis
BONOBOS EN EL PARAÍSO

1. L. Wolfe, "Behavioral Patterns of Estrous Females of the Arashiyama West Troop of Japanese Macaques *(Macaca fuscata)*", *Primates* 20, núm. 4 (1979): 525-534, citado en M. F. Small, *Female Choices: Sexual Behavior of Female Primates* (Ithaca, NY: Cornell University Press, 1993), 111.

2. D. G. Lindburg, S. Shideler y H. Fitch, "Sexual Behavior in Relation to Time of Ovulation in the Lion-Tailed Macaque", en P. G. Heltne (ed.), *The Lion-Tailed Macaque: Status and Conservation*, vol. 7 (Nueva York: Alan R. Liss, 1985), 131-148, citado en Small, *Female Choices*, 111-112.

3. Lindburg, Shideler y Fitch, "Sexual Behavior in Relation to Time of Ovulation", citado en Small, *Female Choices*, 111-112.

4. R. Foerg, "Reproductive Behavior in *Varecia variegata*", *Folia Primatologica* 38, núm. 1-2 (1982): 108-121, citado en Small, *Female Choices*, 112.

5. C. H. Janson, "Female Choice y Mating System of the Brown Capuchin Monkey *Cebus apella*", *Ethology* 65, núm. 3 (1984): 177-200, citado en Small, *Female Choices*, 158.

6. *Idem.*
7. Small, *Female Choices*, 174.
8. D. G. Lindburg, "Mating Behavior and Estrus in the Indian Rhesus Monkey", en P. K. Seth (ed.), *Perspectives in Primate Biology* (Nueva Delhi: Today and Tomorrow's Publishers, 1983), 45-61, citado en Small, *Female Choices*, 172.
9. G. S. Saayman, "The Menstrual Cycle and Sexual Behavior in a Troop of Free-Ranging Chacma Baboons *(Papio ursinus)*", *Folia Primatologica* 12, núm. 2 (1970): 81-110, citado en Small, en *Female Choices*, 173.
10. K. Milton, "Mating Patterns of Woolly Spider Monkeys, *Brachyteles arachnoides*: Implications for Female Choice", *Behavioral Ecology and Sociobiology* 17, núm. 1 (1985): 53-59, citado en Small, *Female Choices*, 172-173; K. B. Strier, "New World Primates, New Frontiers: Insights from the Woolly Spider Monkey, or Muriqui *(Brachyteles arachnoides)*", *International Journal of Primatology* 11, núm. 1 (1990): 7-19, citado en Small, *Female Choices*, 172-173, y K. B. Strier, "Causes and Consequences of Nonaggression in the Woolly Spider Monkey, or Muriqui *(Brachyteles arachnoides)*", en J. Silverberg y J. P. Gray (eds)., *Aggression and Peacefulness in Humans and Other Primates* (Nueva York: Oxford University Press, 1992), 100-116, citado en Small, *Female Choices*, 172-173.
11. J. Kuester y A. Paul, "Female Reproductive Characteristics in Semifree-Ranging Barbary Macaques *(Macaca sylvanus)*", *Folia Primatologica* 43, núm. 2-3 (1984): 69-83, citado en Small, *Female Choices*, 172; M. F. Small, "Promiscuity in Barbary Macaques *(Macaca sylvanus)*", *American Journal of Primatology* 20, núm. 4 (1990): 267-282, citado en Small, *Female Choices*, 172, y D. M. Taub, "Female Choice and Mating Strategies Among Wild Barbary Macaques *(Macaca sylvanus)*", en D. G. Lindburg (ed.), *The Macaques: Studies in Ecology, Behavior, and Evolution* (Nueva York: Van Nostry Reinhold, 1980), citado en Small, *Female Choices*, 172.
12. M. F. Small, "Female Choice in Nonhuman Primates", *American Journal of Physical Anthropology* 32, núm. S10 (1989): 103-127, y Small, *Female Choices*, 171.
13. Small, "Female Choice in Nonhuman Primates", 103-127, y Small, *Female Choices*, 171.
14. *Idem.*
15. D. Bergner, *What Do Women Want? Adventures in the Science of Female Desire* (Nueva York: HarperCollins, 2013), 43-51, 121.
16. U. Reichard, "Extra-Pair Copulations in a Monogamous Gibbon *(Hylobates lar)*", *Ethology* 100, núm. 2 (1995): 99-112; R. A. Palombit, "Extra-Pair Copulations in a Monogamous Ape", *Animal Behaviour* 47, núm. 3 (1994): 721-723, y C. Barelli, K. Matsudaira, T. Wolf, C. Roos, M. Heistermann, K. Hodges, T. Ishida, S. Malaivijitnond y U. H. Reichard, "Extra-Pair Paternity Confirmed in Wild White-Handed Gibbons", *American Journal of Primatology* 75, núm. 12 (2013): 1185-1195.
17. Small, *Female Choices*, 171.
18. *Ibid.*, 164.

19. Wolfe, "Behavioral Patterns of Estrous Females", 525-534.

20. C. Srivastava, C. Borries y V. Sommer, "Homosexual Mounting in Free-Ranging Hanuman Langurs *(Presbytis entellus)*", *Archives of Sexual Behavior* 20, núm. 5 (1991): 487-516, citado en Small, *Female Choices*, 146.

21. A. L. Zihlman, J. E. Cronin, D. L. Cramer y V. M. Sarich, "Pygmy Chimpanzee as a Possible Prototype for the Common Ancestor of Humans, Chimpanzees, and Gorillas", *Nature* 275, núm. 5682 (1978): 744-746; K. Prüfer, K. Munch, I. Hellman, K. Akagi, J. R. Miller, B. Walenz, S. Koren *et al.*, "The Bonobo Genome Compared with the Chimpanzee and Human Genomes", *Nature* 486, núm. 7404 (2012): 527-531, y A. Gibbons, "Bonobos Join Chimps as Closest Human Relatives", *Science*, 13 de junio de 2012, https://www.sciencemag.org/news/2012/06/bonobos-join-chimps-closest-human-relatives.

22. "Zoos", *The Bonobo Project*, página de internet, consultado en 2018, https://bonoboproject.org/heroes-for-bonobos/zoos/.

23. Prüfer *et al.*, "The Bonobo Genome Compared", 527-531, y Gibbons, "Bonobos Join Chimps", https://www.sciencemag.org/news/2012/06/bonobos-join-chimps-closest-human-relatives.

24. R. Diogo, J. L. Molnar y B. A. Wood, "Bonobo Anatomy Reveals Stasis and Mosaicism in Chimpanzee Evolution, and Supports Bonobos as the Most Appropriate Extant Model for the Common Ancestor of Chimpanzees y Humans", *Scientific Reports* 7, artículo 608 (2017), y George Washington University, "Bonobos Mayo Be Better Representation of Last Common Ancestor with Humans Than Chimps: Study Examined Muscles of Bonobos and Found They Are More Closely Related to Humans Than Common Chimpanzees", noticia, *ScienceDaily*, 29 de abril de 2017, https://www.sciencedaily.com/releases/2017/04/170429095021.htm.

25. T. C. Nguyen, "Gorillas Caught in a Very Human Act", *Live Science*, 13 de febrero de 2008, https://www.livescience.com/2298-gorillas-caught-human-act.html, y Small, *Female Choices*, 175.

26. E. Palagi y I. Norscia, "Bonobos Protect and Console Friends y Kin", *PLoS One* 8, núm. 11 (2013): e79290.

27. F. B. M. de Waal y F. Lanting, *Bonobo: The Forgotten Ape* (Berkeley: University of California Press, 1997), 33.

28. Small, *Female Choices*, 175.

29. J. H. Manson, S. Perry y A. R. Parish, "Nonconceptive Sexual Behavior in Bonobos and Capuchins", *International Journal of Primatology* 18, núm. 5 (1997): 767-786.

30. F. B. M. de Waal, "Bonobo Sex and Society", *Scientific American*, 1º de junio de 2006, https://www.scientificamerican.com/article/bonobo-sex-and-society-2006-06/.

31. Manson, Perry y Parish, "Nonconceptive Sexual Behavior in Bonobos and Capuchins", 767-786.

32. J. P. Balcombe, *The Exultant Ark: A Pictorial Tour of Animal Pleasure* (Berkeley: University of California Press, 2011).

33. Z. Clay, S. Pika, T. Gruber y K. Zuberbühler, "Female Bonobos Use Copulation Calls as Social Signals", *Biology Letters* 7, núm. 4 (2011): 513-516.

34. Amy Parish, entrevista con la autora, 16 de marzo de 2017.

35. A. R. Parish, "Sex and Food Control in the 'Uncommon Chimpanzee': How Bonobo Females Overcome a Phylogenetic Legacy of Male Dominance", *Ethology and Sociobiology* 15, núm. 3 (1994): 157-179.

36. D. P. Watts, M. Muller, S. J. Amsler, G. Mbabazi y J. C. Mitani, "Lethal Intergroup Aggression by Chimpanzees in Kibale National Park, Uganda", *American Journal of Primatology* 68, núm. 2 (2006): 161-180.

37. A. C. Arcadi y R. W. Wrangham, "Infanticide in Chimpanzees: Review of Cases and a New Within-Group Observation from the Kanyawara Study Group in Kibale National Park", *Primates* 40, núm. 2 (1999): 337-351.

38. I. Parker, "Swingers", *New Yorker*, 30 de julio de 2007, https://www.newyorker.com/magazine/2007/07/30/swingers-2; P. Raffaele, "The Smart and Swinging Bonobo", *Smithsonian Magazine*, noviembre de 2006, https://www.smithsonianmag.com/science-nature/the-smart-and-swingingbonobo-134784867/, y "The Make Love, Not War Species", *Living on Earth*, PRI, programa de radio, 14:47, transmitido el 7 de julio de 2006, https://loe.org/shows/segments.html?programID=06-P13-00027&segmentID=2.

39. A. R. Parish, "Female Relationships in Bonobos *(Pan paniscus)*: Evidence for Bonding, Cooperation, and Female Dominance in a Male-Philopatric Species", *Human Nature* 7, núm. 1 (1996): 61-96; Parish, "Sex and Food Control in the 'Uncommon Chimpanzee,'" 157-179; A. R. Parish, F. B. M. de Waa y D. Haig, "The Other Closest Living Relative: How Bonobos *(Pan paniscus)* Challenge Traditional Assumptions About Females, Dominance, Intra- and Intersexual Interactions, and Hominid Evolution", *Annals of the New York Academy of Sciences* 907 (2000): 97-113, y T. Furuichi, "Female Contributions to the Peaceful Nature of Bonobo Society", *Evolutionary Anthropology: Issues, News, and Reviews* 20, núm. 4 (2011): 131-142.

40. J. D. Roth, "Ape Bites Off Keeper's Finger, Returns It", *Animal Intelligence*, 26 de marzo de 2007, http://www.animalintelligence.org/2007/03/26/ape-bites-off-keepers-fingerreturns-it/.

41. M. F. Small, "Casual Sex Play Common Among Bonobos", *Discover*, 1º de junio de 1992, citado en Small, *Female Choices*, 144.

42. G. Hohmann y B. Fruth, "Use and Function of Genital Contacts Among Female Bonobos", *Animal Behavior* 60, núm. 1 (2000): 107-120; Furuichi, "Female Contributions to the Peaceful Nature of Bonobo Society", 131-142, y Parish, De Waal y Haig, "The Other Closest Living Relative", 97-113.

43. P. Orenstein, *Girls and Sex: Navigating the Complicated New Landscape* (Nueva York: Oneworld, 2016).

44. V. Grigoriadis, *Blurred Lines: Rethinking Sex, Power, and Consent on Campus* (Boston: Houghton Mifflin Harcourt, 2018).

45. B. Smuts, "The Evolutionary Origins of Patriarchy", *Human Nature* 6, núm. 1 (1995): 1-32, y Z. Tang-Martínez, "Rethinking Bateman's Principles: Challenging Persistent Myths of Sexually Reluctant Females and Promiscuous Males", *Journal of Sex Research* 53, núm. 4 (2016): 532-539.

46. M. A. Fischer, "Why Women Are Leaving Men for Other Women", *O, The Oprah Magazine*, abril de 2009, http://www.oprah.com/relationships/why-women-are-leaving-men-for-lesbian-relationships-bisexuality/all.

47. M. L. Chivers, M. C. Seto y R. Blanchard, "Gender and Sexual Orientation Differences in Sexual Response to Sexual Activities Versus Gender of Actors in Sexual Films", *Journal of Personality and Social Psychology* 93, núm. 6 (2007): 1108-1121; M. L. Chivers y A. D. Timmers, "Effects of Gender and Relationship Context in Audio Narratives on Genital and Subjective Sexual Response in Heterosexual Women and Men", *Archives of Sexual Behavior* 41, núm. 1 (2012): 185-197, y M. L. Chivers, G. Rieger, E. Latty y J. M. Bailey, "A Sex Difference in the Specificity of Sexual Arousal", *Psychological Sciences* 15, núm. 11 (2004): 736-744.

48. A. M. Walker, "'I'm Not a Lesbian; I'm Just a Freak': A Pilot Study of the Experiences of Women in Assumed-Monogamous Other-Sex Unions Seeking Secret Same-Sex Encounters Online, Their Negotiation of Sexual Desire, and Meaning-Making of Sexual Identity", *Sexuality y Culture* 18, núm. 4 (2014): 911-935.

49. M. Dawson, "This Sex Club Gives Men Major FOMO", *New York Post*, 3 de marzo de 2016, https://nypost.com/2016/03/03/men-are-dying-to-get-into-this-all-female-sex-club/.

50. Bryony Cole, entrevista con la autora, 5 de mayo de 2017.

51. L. M. Diamond, *Sexual Fluidity: Understanding Women's Love and Desire* (Cambridge, MA: Harvard University Press, 2008).

52. Lisa Diamond, entrevista con la autora, 28 de septiembre de 2017.

53. W. Martin, "Gay Until Labor Day: Stretching Female Sexuality in the Hamptons", *Observer*, 18 de mayo de 2016, http://observer.com/2016/05/gay-until-labor-day-stretching-female-sexuality-in-the-hamptons/.

54. *Saturday Night Live*, temporada 40, "Forgotten TV Gems: Whoops! I Married a Lesbian", transmitido el 16 de mayo de 2015 en NBC, http://www.nbc.com/saturday-night-live/video/forgotten-tv-gems-whoops-i-married-a-lesbian/2866702?snl=1.

55. B. Kerr, "Inside the Sex Party That Lets Straight Women Be Gay for a Night", *Rolling Stone*, 23 de febrero de 2017, https://www.rollingstone.com/culture/features/inside-a-sex-party-where-straight-women-are-gay-for-a-night-w467015.

NOTAS

56. J. Gay, "'Mummies y Babies' and Friends and Lovers in Lesotho", *Cambridge Journal of Anthropology* 5, núm. 3 (1979): 32-61, citado en E. Blackwood (ed.), *The Many Faces of Homosexuality: Anthropological Approaches to Homosexual Behavior* (Nueva York: Harrington Park Press, 1986), 97-116.

57. M. Shostak, *Nisa: The Life y Words of a !Kung Woman* (Cambridge, MA: Harvard University Press, 1981), 99, 103.

58. G. Wekker, "'What's Identity Got to Do with It?' Rethinking Identity in Light of the *Mati* Work in Suriname", en E. W. E. Blackwood y S. E. Wieringa (eds.), *Female Desires: Same-Sex Relations and Transgender Practices Across Cultures* (Nueva York: Columbia University Press, 1999), 119-138, 232.

59. H. E. Fisher, *Anatomy of Love: A Natural History of Marriage, Mating, and Why We Stray* (Nueva York: W. W. Norton, 2016), y H. E. Fisher, *The Sex Contract: The Evolution of Human Behavior* (Nueva York: William Morrow, 1982).

60. E. M. Morgan y E. M. Thompson, "Processes of Sexual Orientation Questioning Among Heterosexual Women", *Journal of Sex Research* 48, núm. 1 (2011): 16-28.

61. A. Tsoulis-Reay, "Are You Straight, Gay, or Just… You?", *Glamour*, 11 de febrero de 2016, https://www.glamour.com/story/glamour-sexuality-survey.

62. Diamond, entrevista, 28 de septiembre de 2017.

Capítulo siete
OTREDAD SIGNIFICATIVA

1. D. Philyaw, "Eula", *Apogee* 9 (verano de 2017).
2. Tiffany Dufu, entrevista con la autora, 25 de enero de 2018.
3. D. Philyaw, "Milk for Free", *Brevity* 49 (mayo de 2015).
4. T. Winfrey Harris, *The Sisters Are Alright: Changing the Broken Narrative of Black Women in America* (Oakland, CA: Berrett-Koehler, 2015).
5. D. Philyaw, entrevistas con la autora, 26 de julio y 9 de noviembre de 2017.
6. Winfrey Harris, *The Sisters Are Alright*, 3-4.
7. P. Hill Collins, *Black Feminist Thought: Knowledge, Consciousness, and the Politics of Empowerment* (Nueva York: Routledge, 2002), 98.
8. *Ibid.*, 9.
9. Winfrey Harris, *The Sisters Are Alright*, 32-33.
10. Victor Corona, correspondencia con la autora, verano de 2017.
11. J. K. Williams, G. E. Wyatt, H. F. Myers, K. N. Presley Green y U. S. Warda, "Patterns in Relationship Violence Among African American Women", *Journal of Aggression, Maltreatment, and Trauma* 16, núm. 3 (2008): 296-310; G. Pollard-Terry, "For African American Rape Victims, a Culture of Silence", *Los Angeles Times*, 20 de julio de 2004, http://articles.latimes.com/2004/jul/20/entertainment/et-po-

llard20, y N. G. Alexander-Floyd, "Beyond Superwoman: Justice for Black Women Too", *Dissent*, invierno de 2014, https://www.dissentmagazine.org/article/beyond-superwoman-justice-for-black-women-too.

12. J. Katz, C. Merrilees, J. C. Hoxmeier y M. Motisi, "White Female Bystanders' Responses to Black Women at Risk for Incapacitated Sexual Assault", *Psychology of Women Quarterly* 41, núm. 2 (2017): 273-285.

13. T. Winfrey Harris, "No Disrespect: Black Women and the Burden of Respectability", *Bitch Media*, 22 de mayo de 2012, https://www.bitchmedia.org/article/no-disrespect.

14. Winfrey Harris, *The Sisters Are Alright*, 7.

15. Philyaw, entrevista, 26 de julio de 2017.

16. Winfrey Harris, *The Sisters Are Alright*, 79.

17. Issa Rae, entrevista con Larry Wilmore, "Issa Rae from 'Insecure' on the 'Hoe Phase' and Finding Her Voice", *Black on the Air*, episodio 10, 3 de agosto de 2017, en The Ringer podcast network, https://www.theringer.com/2017/8/4/16100040/issa-rae-on-the-hoe-phase-and-finding-her-voice.

18. F. Chideya, "Sex Stereotypes of African Americans Have Long History", entrevista con H. Samuels y M. Miller-Young, *News and Notes*, National Public Radio, transmitido el 7 de mayo de 2007, https://www.npr.org/templates/story/story.php?storyId=10057104.

19. M. Miller-Young, *A Taste for Brown Sugar: Black Women in Pornography* (Durham, NC, y Londres: Duke University Press, 2014), 9.

20. Miller-Young, *A Taste for Brown Sugar*, 90-98.

21. *Ibid.*, 91.

22. *Ibid.*, 97.

23. "6.9 Questions with Dr Mireille Miller-Young", entrevista en video con M. Miller-Young por K. Shibari, 14:55, publicado el 10 de abril de 2013, por hotmoviesforher, https://www.youtube.com/watch?time_continue=2&v=DmZzLFznr-0.

24. *Idem.*

25. Chideya, "Sex Stereotypes of African Americans", https:// www.npr.org/templates/story/story.php?storyId=10057104.

26. "6.9 Questions with Dr Mireille Miller-Young", entrevista, https://www.youtube.com/watch?time_continue=2&v=DmZzLFznr-0.

27. Miller-Young, *A Taste for Brown Sugar*, 110, 243.

28. Anónimo, entrevista con la autora, 2017.

29. T. McMillan Cottom, "How We Make Black Girls Grow Up Too Fast", *New York Times*, 29 de julio de 2017, https://www.nytimes.com/2017/07/29/opinion/sunday/how-we-make-black-girls-grow-up-too-fast.html.

30. McMillan Cottom, "Black Girls Grow Up Too Fast", https://www.nytimes.com/2017/07/29/opinion/sunday/how-we-make-blackgirls-grow-up-too-fast.html.

31. *Idem.*

32. Crunktastic, "SlutWalks v. Ho Strolls", *Crunk Feminist Collective*, 23 de mayo de 2011, https://crunkfeminist collective.wordpress.com/2011/05/23/slutwalks-v-ho-strolls/.

33. Miller-Young, *A Taste for Brown Sugar*, 201.

34. Issa Rae Productions, *The Misadventures of Awkward Black Girl*, serie de internet, dos temporadas, 2011-2013, http://awkwardblackgirl.com, e I. Rae, *The Misadventures of Awkward Black Girl* (Nueva York: Atria, 2016).

35. Rae entrevista con Wilmore, *Black on the Air*.

36. *Insecure*, temporada 1, episodio 2, "Messy as F**k", transmitido el 16 de octubre de 2016, en HBO, https://www.hbo.com/insecure/season-01/2-messy-as-f-k.

37. Rae, entrevista con Wilmore, *Black on the Air*.

38. C. Northrup, P. Schwartz y J. Witte, "Why People Cheat: 'The Normal Bar' Reveals Infidelity Causes", *Divorce* (blog), *Huffington Post*, 22 de enero de 2013, fragmento de *The Normal Bar: The Surprising Secrets of Happy Couples and What They Reveal About Creating a New Normal in Your Relationship* (Nueva York: Harmony, 2014), https://www.huffingtonpost.com/2013/01/22/why-people-cheat_n_2483371.html.

39. E. Perel, *Mating in Captivity* (Nueva York: HarperCollins, 2006), y E. Perel, *The State of Affairs: Rethinking Infidelity* (Nueva York: HarperCollins, 2017).

40. *Insecure*, temporada 2, episodio 1, "Hella Great", transmitido el 23 de julio de 2017, en HBO, https://www.hbo.com/insecure/season-01/2-messy-as-f-k.

41. D. Young, "The Problem with #TeamLawrence, Explained", *Very Smart Brothas*, 25 de julio de 2017, https://verysmartbrothas.the-root.com/the-problem-with-team lawrenceexplained-1822521432.

42. Rae, entrevista con Wilmore, *Black on the Air*.

43. Frenchie Davis, entrevistas con la autora, 1º de agosto y 1º de diciembre de 2017.

44. "Fucking Ain't Conscious", *Frenchie (Def Poetry)*, video, publicado por rpolanco3, 11 de noviembre de 2010, fragmento de *Def Poetry Jam*, temporada 3, episodio 5, transmitido el 3 de mayo de 2003, en HBO, https://www.youtube.com/watch?v=n-GbNKaJcFbo.

45. F. Davis, *Not from Between My Thighs* (autopublicación, 2001), https:// www.amazon.com/Not-From-Between-My-Thighs/dp/0971438404.

46. G. E. Wyatt, S. D. Peters y D. Guthrie, "Kinsey Revisited, Part I: Comparisons of the Sexual Socialization and Sexual Behavior of White Women Over 33 Years", *Archives of Sexual Behavior* 17, núm. 3 (1988): 201-239, y G. E. Wyatt, S. D. Peters y D. Guthrie, "Kinsey Revisited, Part II: Comparisons of the Sexual Socialization and Sexual Behavior of Black Women Over 33 Years", *Archives of Sexual Behavior* 17, núm. 4 (1988): 289-332.

47. Wyatt, Peters y Guthrie, "Kinsey Revisited, Part II", 327.

48. *Ibid.*, 316.

49. *Ibid.*, 314.

NOTAS

50. *Ibid.*, 317.

51. G. Pollard-Terry, "A Refined Eye", entrevista de Gail Elizabeth Wyatt, *Los Angeles Times*, 3 de enero de 2004, http://articles.latimes.com/2004/jan/03/entertainment/et-pollard3.

52. C. Kelley, "Sex Therapist, Witness to Civil Rights Movement to Speak Sunday", *Atlanta in Town*, 15 de julio de 2016, http://atlantaintownpaper.com/2016/07/32886/; "June Dobbs Butts Oral History Interview", entrevista por F. Abbott, 29 de enero de 2016, Special Collections and Archives, Georgia State University Library, http://digitalcollections.library.gsu.edu/cdm/ref/collection/activistwmn/id/17, y M. McQueen, "June Dobbs Butts, Pioneer Work on Sex Therapy's New Frontier", *Washington Post*, 9 de octubre de 1980, https://www.washingtonpost.com/archive/local/1980/10/09/junio-dobbs-butts-pioneer-work-on-sex-therapys-new-frontier/7db54898-4411-45a8-9035-19b7543db4ff/?utm_term=.654db922f5a0.

53. J. Dobbs Butts, "Sex Education: Who Needs It?", *Ebony*, abril de 1977, 96-98, 100.

54. *Ibid.*, 128, 130, 132, 134.

55. J. Dobbs Butts, "Inextricable Aspects of Sex y Race", *Contributions in Black Studies* 1, núm. 5 (1977): 53.

56. R. Gay, *Difficult Women* (Nueva York: Grove Press, 2017).

Capítulo ocho
AMAR A LA MUJER INFIEL

1. Tim, entrevistas con la autora, 2016 y 2017.

2. *Perfil*, "Carrie Jenkins", Universidad de Columbia Británica, página de internet, consultado el 11 de febrero de 2018, https://philosophy.ubc.ca/persons/carrie-jenkins/.

3. C. S. Jenkins, *Grounding Concepts: An Empirical Basis for Arithmetical Knowledge* (Oxford, GB: Oxford University Press, 2008).

4. And What It Could Be: C. Jenkins, *What Love Is: And What It Could Be* (Nueva York: Basic Books, 2017).

5. Carrie Jenkins, entrevista con la autora, 7 de agosto de 2017.

6. Jenkins, *What Love Is*, ix.

7. Jenkins, correspondencia con la autora, 15 de agosto de 2017.

8. Jenkins, entrevista, 7 de agosto de 2017.

9. M. Weigel, "'I Have Multiple Loves': Carrie Jenkins Makes the Philosophical Case for Polyamory", *Chronicle of Higher Education*, 3 de febrero de 2017.

10. D. Baer, "Maybe Monogamy Isn't the Only Way to Love", *The Cut*, *New York*, 6 de marzo de 2017, https://www.thecut.com/2017/03/science-of-polyamory-open-relationships-and-nonmonogamy.html.

314

11. K. Snyder, "Hollywood Sets Up Its Lady Superheroes to Fail", *Wired*, 14 de junio de 2015, https://www.wired.com/2015/06/hollywood-sets-lady-superhe-roes-fail/, y J. Bailey, "Will November's Diverse Blockbusters Kill Hollywood's Teenage Boy Obsession?" *Flavorwire*, 4 de diciembre de 2013, http://flavorwi-re.com/428023/will-noviembres-diverse-blockbusters-kill-hollywoodsteena-ge-boy-obsession.

12. N. Woolf, "Leslie Jones Bombarded with Racist Tweets After *Ghostbusters* Opens", *The Guardian*, 18 de julio de 2016, https://www.theguardian.com/culture/2016/jul/18/leslie-jones-racist-tweets-ghostbusters.

13. Jenkins, entrevista, 7 de agosto de 2017.

14. Mara, entrevista con la autora, 2017.

15. Alicia Walker, entrevista con la autora, 25 de septiembre de 2017.

16. Michelle, entrevista con la autora, 2017.

17. Robert, entrevistas con la autora, 2017.

18. *Double Indemnity*, dirigida por B. Wilder, guión de B. Wilder y R. Chyler (Holly-wood, CA: Paramount Pictures, 1944), película.

19. D. Ley, *Insatiable Wives: Women Who Stray and the Men Who Love Them* (Lanham, MD: Rowman and Littlefield, 2009), 8.

20. J. J. Lehmiller, *Tell Me What You Want: The Science of Sexual Desire and How It Can Help You Improve Your Sex Life* (Boston: Da Capo Press, 2018), y J. J. Lehmiller, correspondencia con la autora, 25 deoctubre de 2017.

21. K. Ma, "Take My Wife, Please: The Rise of Cuckolding Culture", *DateHookup.com* (originalmente *Nerve.com*), 3 de marzo de 2010, https://www.datehookup.com/sin-gles-content-take-my-wife-please--the-rise-of-cuckolding-culture.htm.

22. A. McCall, "Hotwife Feedback", *Combined Blogs*, *AlexisMcCall.com*, 30 de enero de 2017, http://www.alexismccall.com/combined_blogs.html.

23. A. McCall, "Hotwife Sex vs. Adultery", *Combined Blogs*, *AlexisMcCall.com*, 14 de junio de 2017, http://www.alexismccall.com/combined_blogs.html.

24. D. Ley, *Insatiable Wives*.

25. D. Ley, entrevista con la autora, 27 de junio de 2017.

26. D. Ley, *Insatiable Wives*, 17.

27. J. J. Lehmiller, D. Ley y D. Savage, "The Psychology of Gay Men's Cuckolding Fan-tasies", *Archives of Sexual Behavior*, publicado en línea antes de ser impreso (28 de diciembre de 2017): 1-15.

28. D. Ley, entrevista, 27 de junio de 2017.

29. D. Ley, *Insatiable Wives*, 113.

30. Ma, "Take My Wife, Please", https://www.datehookup.com/singles-content-take-my-wife-please--the-rise-of-cuckolding-culture.htm.

31. "Black Stud, White Desire: Black Masculinity in Cuckold Pornography and Sex Work", en A. Davis y Black Sexual Economies Collective (eds.), *Black Sexual*

Economies: Race and Sex in a Culture of Capital (Champaign: University of Illinois Press, por publicarse), 1-11.

32. D. Ley, entrevista, 27 de junio de 2017.

33. McCall, "Hotwife Feedback", http://www.alexismccall.com/combined_blogs.html.

Capítulo nueve
LA VIDA ES CORTA. ¿DEBERÍAS SER INFIEL?

1. Tammy Nelson, entrevista con la autora, 5 de julio de 2017.

2. "The Top Five Reasons Married Moms Cheat", *Divorce* (blog), *Huffington Post*, 27 de febrero de 2014, https://www.huffingtonpost.com/2014/02/27/married-moms-cheat_n_4868716.html.

3. K. P. Mark, E. Janssen y R. R. Milhausen, "Infidelity in Heterosexual Couples: Demographic, Interpersonal, and Personality-Related Predictors of Extradyadic Sex", *Archives of Sexual Behavior* 40, núm. 5 (2011): 971-982.

4. "Good in Bed Surveys, Report #1: Relationship Boredom", GoodinBed.com, https://www.goodinbed.com/research/GIB_Survey_Report-1.pdf.

5. K. Roiphe, "Liberated in Love: Can Open Marriage Work?", *Harper's Bazaar*, 13 de julio de 2009, http://www.harpersbazaar.com/culture/features/a400/open-marriages-0809/.

6. A. Geronimus, "What Teen Mothers Know", *Human Nature* 7, núm. 4 (1996): 323-352.

7. C. Wedekind, T. Seebeck, F. Bettens y A. J. Paepke, "MHC-Dependent Mate Preferences in Humans", *Proceedings of the Royal Society B, Biological Sciences* 260, núm. 1359 (1995): 245-249.

8. Leslie Vosshall, correspondencia con la autora, 26 de octubre de 2017.

9. C. Ober, L. R. Weitkamp, N. Cox, H. Dytch, D. Kostyu y S. Elias, "HLA y Mate Choice in Humans", *American Journal of Human Genetics* 61, núm. 3 (1997): 497-504.

Epílogo
DECISIONES DE MUJERES

1. Virginia, entrevistas con la autora, 2017.

Sobre la autora

La doctora Wednesday Martin es autora de *Primates of Park Avenue* [Primates de Park Avenue], primer lugar de la lista de libros mejor vendidos del *New York Times*. Su libro *Stepmonster* [Madrastruo], único en su aproximación feminista a ser madrastra, fue finalista en el Premio a los Libros por una Vida Mejor, y ha escrito para el *New York Times*, *The Atlantic*, *The Forward*, el *Hollywood Reporter*, el *Sunday Times* (Londres), el *Daily Beast* y *Refinery29*, entre otros. Ha aparecido en los programas *The Dr. Oz Show*, *Good Morning America*, *Nightline*, CNN y *Today*. Wednesday obtuvo su doctorado en literatura comparada y estudios culturales en la Universidad de Yale y vive en la ciudad de Nueva York con su esposo y sus dos hijos.

CPSIA information can be obtained
at www.ICGtesting.com
Printed in the USA
LVHW041742040121
675651LV00006B/36

9 786075 620404